高校 これでわかる

地理B

文英堂編集部 編

文英堂

基礎からわかる！

成績が上がるグラフィック参考書。

1 ワイドな紙面で，わかりやすさバツグン

2 カラフルな図と斬新レイアウト

3 イラストも満載，面白さ満杯

4 教科書にもしっかり対応
- ▶ 教科書の内容を地図や図表・写真を多く使って，わかりやすく解説。
- ▶ テストに出るところはウンと強調。
- ▶ カラー写真で構成した「シグマ先生の世界巡り」で，楽しくスタディー。
- ▶ 「Test Time」は，写真や図表から考えさせるグラフィックテスト。
- ▶ 「プラスα」や「Tea Time」は，地理の知識の宝庫。
- ▶ チェック問題で，基礎をしっかり定着。

5 章末のチェック問題で定期テスト対策も万全！

もくじ

シグマ先生の世界巡り	①自然と産業 ……………………………………………… 8
	②世界の国々 ……………………………………………… 188

1編 さまざまな地図と地理的技能

1章 地図と地域調査

1 地球は丸かった！ 地理的視野の拡大と地図の図法 …………… 18
2 地図化すれば，何が分かるか？ 地図化してとらえる現代世界 …… 24
3 地図はホントに知識の宝庫 地図と地理情報 ……………………… 26
4 その土地の本当のすがたを調べる 地域調査 ……………………… 30
Tea Time 時差を知らなきゃ地理ボケ?! 時差と日付変更線 ……………… 32
テスト直前チェック ……………………………………………………………… 33

Test Time 丸く自転する地球 図法は？ 時差は？ …………………… 34

2編 現代世界の系統地理的考察

2章 自然環境 ― 地形環境

1 地球ウォッチング　大陸と山地 …………………………………… 36
2 人類の活動する舞台　平野と盆地，海岸 ………………………… 39
3 特異な地表のようす　特色のある地形 …………………………… 43
テスト直前チェック ……………………………………………………… 45

3章 自然環境 ― 気候環境

1 気候って何だ？　世界の気候 ……………………………………… 46
2 ケッペンの気候区分は今も生きている　気候帯と気候区分 …… 50
3 ところかわれば，気候もかわる　世界の気候区 ………………… 53
4 地形と気候の落とし子　土壌と植生 ……………………………… 57
5 水は世界をめぐる　海洋と陸水 …………………………………… 59
Tea Time エルニーニョ現象で豆腐の値段が上がる？ …………… 62
テスト直前チェック ……………………………………………………… 63

4章 資源と産業 ― 農業と水産業

1 世界各地にさまざまな作物　農業の発達と地域分化 …………… 64
2 季節風がもたらす雨で米作り　モンスーンアジアの農業 ……… 66
3 きびしい自然とたたかう　西アジアと北アフリカの農業 ……… 70
4 焼畑とプランテーション　中南アフリカの農業 ………………… 71
5 合理的でたくみなやり方　ヨーロッパやロシアの農業 ………… 72
6 苦悩する世界の穀倉　北アメリカの農業 ………………………… 77
7 モノカルチャーから多角化へ　ラテンアメリカの農業 ………… 81
8 羊の背に乗って発展　オセアニアの農業 ………………………… 82
9 動物性たんぱく質の需要増にこたえる　世界の水産業 ………… 84
テスト直前チェック ……………………………………………………… 86

5章 資源と産業 ── 資源と鉱工業

1 石炭から石油中心へ，さらに次は… エネルギー資源 ……… 87
2 地中や森林にいろいろあるぞ 鉱産資源と森林資源 ……… 89
3 工業はどんなところに発達するのか？ 工業化と工業立地 ……… 91
4 今や「世界の工場」 中国の鉱工業 ……… 94
5 アジアNIEsにつづくASEAN4 アジアの鉱工業 ……… 97
6 近代工業発祥の地はEUで団結 ヨーロッパの鉱工業 ……… 100
7 市場経済の復活で成長 ロシアと周辺の国々の鉱工業 ……… 106
8 世界最大の工業国アメリカ 南北アメリカとオセアニアの鉱工業 ……… 108
Tea Time BRICsが世界の中心になる?! ……… 112
テスト直前チェック ……… 113

6章 環境，エネルギー問題

1 重化学工業の発展で環境悪化 工業開発と環境問題 ……… 114
2 今，地球がアブない！ 地球環境の保全 ……… 116
3 アメリカのTVAから学んだ 地域開発と環境保全 ……… 120
4 化石に頼りっぱなしではもうダメ エネルギー問題 ……… 122
Tea Time 新エネルギーあれこれ ……… 123

7章 交通，通信，貿易

1 第3次産業をリードする 世界の交通や通信 ……… 124
Tea Time インターネットを活用しよう！ ……… 127
2 国と国との商品売買 世界の貿易 ……… 128
テスト直前チェック ……… 131

8章 人口，食料問題

1 地球号はもう満員？ 世界の人口と人口問題 ……… 133
Tea Time ままならぬ人口問題 ……… 138
2 足りなくて困り，余っても困る 世界の食料問題 ……… 139

9章 村落・都市と行動空間の拡大

1 都市化や過疎化の波にゆれる村落　村落の立地と機能 …………… 141
2 さまざまな顔をもつ都市　都市の立地と機能 …………………… 145
Tea Time 特定の企業が大きな力をもつ企業城下町 …………………… 149
3 内部で分かれ，外部へ広がる　都市地域の分化と拡大 ………… 150
4 日本列島が縮む　行動空間の拡大と余暇 ………………………… 153
テスト直前チェック ………………………………………………………… 155

10章 都市，居住問題

1 過密によって失われた快適環境　先進国の都市，居住問題 …… 157
2 人口爆発で増えた人口が都市へ集中　発展途上国の都市，居住問題 …… 159

11章 生活文化

1 じつに多様な世界が広がる　世界各地の衣食住 ………………… 160
Tea Time 世界を食する―食の世界地理― …………………………… 164
2 何でも取り入れちゃう　日本の文化 ……………………………… 167

12章 民族，領土問題

1 人種や民族のちがいで対立　人種，民族と国家 ………………… 169
2 日本人だけじゃない日本　日本の民族，領土問題 ……………… 172
テスト直前チェック ………………………………………………………… 173

Test Time 動く大地か？　動かない大地か？ ………………………… 174
Test Time 雨が降るのは　雨季？　夏？　冬？ ……………………… 175
Test Time 食料や工業製品　どこで？　何が？ ……………………… 176
Test Time このままで大丈夫か？　これからの地球環境 …………… 177
Test Time 民族と宗教　世界は画一？　多様？ ……………………… 178

3編 現代世界の地誌的考察

13章 現代世界の地域区分
1 地域に分けると，何が分かるか？　地域区分でとらえる現代世界 ……… 180
2 国って，いったい何だろう？　現代の国家 …………………………… 181
3 地球は1つ，これが最終目標　国家群と国際協力 …………………… 183

テスト直前チェック …………………………………………………………… 187

14章 アジアとアフリカ
1 13億の人口をかかえる　中国こと中華人民共和国 ………………… 206
2 経済成長が著しい国も多い　東～東南～南アジア …………………… 210
3 乾燥地域のイスラーム世界　西アジアと中央アジア ………………… 215
4 さまざまな困難をかかえる地域　アフリカ …………………………… 216

テスト直前チェック …………………………………………………………… 218

Tea Time HOW TO 世界巡り　あれこれtip(チップ)集 …………… 220

15章 ヨーロッパとロシア
1 単一のヨーロッパが目標　EUとその拡大 …………………………… 222
2 おしゃれで魅力いっぱい　ヨーロッパの国々 ………………………… 225
3 かつてはアメリカのライバル　ロシアと東ヨーロッパ ……………… 230

テスト直前チェック …………………………………………………………… 233

16章 南北アメリカとオセアニア
1 世界の巨人とそのパートナー　アメリカとカナダ …………………… 234
2 日本からいちばん遠い　ラテンアメリカ ……………………………… 241
3 南の先進国　オーストラリアとニュージーランド …………………… 243

テスト直前チェック …………………………………………………………… 245

17章 日本の特色と課題

1　変動帯にあり不安定　日本の地形 …………………………………… 246
Tea Time　地形でみる住宅地の選び方　キミはどこに住むか？ ……… 248
2　夏は熱帯，冬は亜寒帯　日本の気候 ………………………………… 249
3　これからどうなるのか？　日本の農業 ……………………………… 251
4　大好きな魚も輸入モノが増える　日本の水産業 …………………… 254
5　種類は多くても量は少ない　日本の資源 …………………………… 257
6　太平洋ベルトの三大工業地帯が中心　日本の工業 ………………… 259
Tea Time　日本の未来をになう　ハイテク産業 ………………………… 262
7　世界各国との結びつきの中で生きる　日本の貿易 ………………… 263
8　ピークをすぎてその後は？　日本の人口と人口問題 ……………… 265
テスト直前チェック ……………………………………………………………… 267

Test Time　アジア，アフリカ　人口は？　資源は？ ………………… 268
Test Time　ヨーロッパ，南北アメリカ　経済は？　産業は？ ……… 269
Test Time　オセアニア，日本　文化は？　貿易は？ ………………… 270

Test Time　これまでのテストの正解と解説 …………………………… 271

さくいん ……………………………………………………………………… 272
ふろく　世界の気候区分 …………………………………………………… 286

シグマ先生の世界巡り

【①自然と産業】

> こんにちは，私はシグマ先生。これまで世界中を回って旅をしてきた。世界にはさまざまな国があり，山や川の1つひとつにも表情がある。それらは，長い歴史をへてつくり出されたものだ。そして，そこでくらす人々は，じつに多様な活動をしている。
>
> これからいっしょに，いろいろな自然のすがたと，人間の営みをたどっていこう。

変化に富む自然景観

グランドキャニオン

　左は，アメリカ合衆国の西部，**コロラド高原**にある**グランドキャニオン**。最大1700mもの深さをもった巨大な峡谷だ。

　グランドキャニオンは，もともとスペイン語で，「大峡谷」を意味する。赤茶けた何段もの絶壁をもつ幅6〜30kmの狭い谷が，何と350kmもつづく雄大さである。350kmというのは，ほぼ東京〜名古屋間の距離にあたるから，すごい！

　さらに驚くべきことは，コロラド高原は，先カンブリア代から古生代二畳紀までの4億年以上にわたる地層が，ほぼ水平に堆積していることだ。しかも，硬さが異なるために，**コロラド川**の侵食によって階段状の崖が形成され，大峡谷を生み出したのだ。

　この地形，例の有名なデービスの**侵食輪廻**（→p.38）の段階では，典型的な**幼年期**の地形であることも，知っておこう。

9

パタゴニアの氷河

　パタゴニアは，南アメリカ大陸の南緯40度以南の地域。アルゼンチンとチリの国境になっているアンデス山脈の西側（チリ側）は，偏西風が山脈にぶつかり上昇気流が起こりやすいので，**年中多雨**。一方，アンデス山脈の東側（アルゼンチン側）は，下降気流が年中卓越（たくえつ）するため**乾燥気候**（かんそう）となる。

　アンデス山脈にぶつかり上昇した空気は，高地に多くの雪を降らせるため，固まった雪によって，氷原や**氷河**が形成されている。また，低緯度で，冬も比較的気温が高いため，氷河は末端部でとけやすく，世界有数の流動速度の速い氷河となっている。しかし，近年の温暖化の影響で先端が後退している場所が多く，パタゴニアの氷河は縮小をつづけている。

　下の**モレノ氷河**は，世界遺産にも登録されており，数分ごとに，大きな音とともに，氷河の末端部が崩れるようすを観察することができる。1日に約2m移動する末端部の高さは60〜80mもあり，氷河が崩れるようすは圧巻。観光地としても人気がある。

サンゴ礁の島

　右の島は，かつてフランスの画家ゴーギャンも訪れた，タヒチのボラボラ島。海をはさんで島をとりまくように，**サンゴ礁**が発達している。

　なお，サンゴ礁とは，サンゴなどの造礁生物が集積し，分泌物や遺骸が固結して形成された岩礁。熱帯～亜熱帯の，浅くてきれいな海底に形成される。

　タヒチの島々は，リゾート地，観光地として有名だが，地球の温暖化が進み，水没の危機にさらされている。

ヒマラヤ山脈

　下の写真の中央は，世界最高峰の**エベレスト山**（チョモランマ，サガルマータ）。インドプレートとユーラシアプレートの衝突によってできた褶曲山地である。

世界各地の農牧業

アルプスの移牧

下は，ヨーロッパのアルプス山麓にみられる**移牧**の風景。冬は麓の集落で舎飼いされ，夏になると，アルプとよばれる高地の牧場で放牧するという，垂直移動の牧畜形態だ。麓の集落では，チーズやバターなどの乳製品が生産される。

フランスのぶどう栽培

左は，フランス中部のブルゴーニュ地方の**ぶどう**の収穫のようす。

ぶどうの木は，樹高の低いことが特色。もちろん，ここのぶどうは，すべてワインとなる。昔ながらの方法で，足で踏んで，つぶしている。フランス人にとってワインは，生活に不可欠の飲み物だ。

プランテーション作物のバナナ

バナナは，熱帯や亜熱帯の代表的な果物。

左上は，南アメリカの**コロンビア**のバナナ農園だ。バナナは，アメリカの多国籍企業であるデルモンテ社，ドール社などが経営・契約する農園で生産され，アメリカやヨーロッパ，日本など先進国に輸出される。

右上は，**フィリピン**のミンダナオ島。おもにアメリカ資本のプランテーションで，ほとんどが日本向け。写真のようにまだ青いうちに収穫し，薬液で洗浄してからパッキングされて，輸出する。

インドネシアの稲作

下は，インドネシアのバリ島における**棚田**の稲作。「ライステラス」とよばれる。ココやしの木がなければ，日本の山間部と見分けがつかない。

なお，インドネシアの人々は，ほとんどがムスリム（イスラム教徒）であるが，バリ島だけはヒンドゥー教徒が多いことも知っておこう。

世界各地の
資源開発

ウユニ塩原

　地球温暖化の影響が深刻化する中，世界的に注目を集める資源が，レアメタルの**リチウム**である。リチウムを使用したリチウムイオン電池は，従来の電池と比べて軽量で，一度に大きな電流を流せるうえ，丈夫で寿命が長いという特徴がある。このため，携帯電話やパソコン，**電気自動車**やハイブリッドカーのバッテリーなどに使用されている。とくに，電気自動車のバッテリーとして，大きな需要の増加がみこまれている。

　リチウムは鉱石のほか，海水中に大量に含まれているが，経済的に採算がとれるよう採取するのは，まだ難しいとされている。地球上で取り出しやすい形で存在するのが，塩原や塩湖である。中でも，世界最大級の埋蔵量をもつのが左ページ上のボリビアの**ウユニ塩原**（ウユニ塩湖）。ウユニ塩原は「世界で最も平らな場所」としても知られ，約1.1万km²という世界最大の塩類平原である。雨季に雨が降った後は，薄く水がたまり，鏡のようになるので，観光地としても注目されている。

熱帯林の伐採

　左ページ下は，**マレーシア**のサバ州における**熱帯林**の伐採のようす。機械力を利用して，大量の木材が伐採されるようになり，熱帯林の減少は，地球環境にも影響をおよぼしている。

　日本は，東南アジアの熱帯林の木材を大量に輸入しているが，「持続可能な開発」にも責任をもたなければならない。

フランスの潮力発電所

　下は，フランスのランスにある**潮力発電所**。イギリス海峡に近い，フランス西部のランス川河口にある。満潮時と干潮時の海水面の高さの差を利用して，海水の移動により水力タービンを回し，発電をおこなう。

▶ 空から見たランス潮力発電所（左）と堤防付近のようす（右）

北極海の天然ガス田

　日本では，2011年の東日本大震災以後，再生可能エネルギーと並んで**天然ガス**が注目を集めるようになった。天然ガスは，排出されるCO_2が，同じ化石燃料である石油や石炭に比べて少ないこと，**シェールガス**(頁岩中に含まれる天然ガス)開発の実用化により，埋蔵量が劇的に増加したことなどで，当面の主要エネルギーとして脚光を浴びている。

　北極海は，**石油**や**天然ガス**などの資源が豊富な海域。北極海に面したノルウェーでは，近年その資源の採掘がさかんで，石油や天然ガスのパイプラインがのびている。北極海に面した最北の港町**ハンメルフェスト**は，水産加工でさかえてきたが，近年は採掘基地などへの出かせぎ労働者などによって，にぎわうようになった。左の写真は，沖合いにあるスノービット天然ガス田からパイプラインで運ばれた天然ガスを，LNG(液化天然ガス)に加工する基地で，無人島につくられた。

▼ハンメルフェストのガス基地(上)と町並み(下)

1編 さまざまな地図と地理的技能

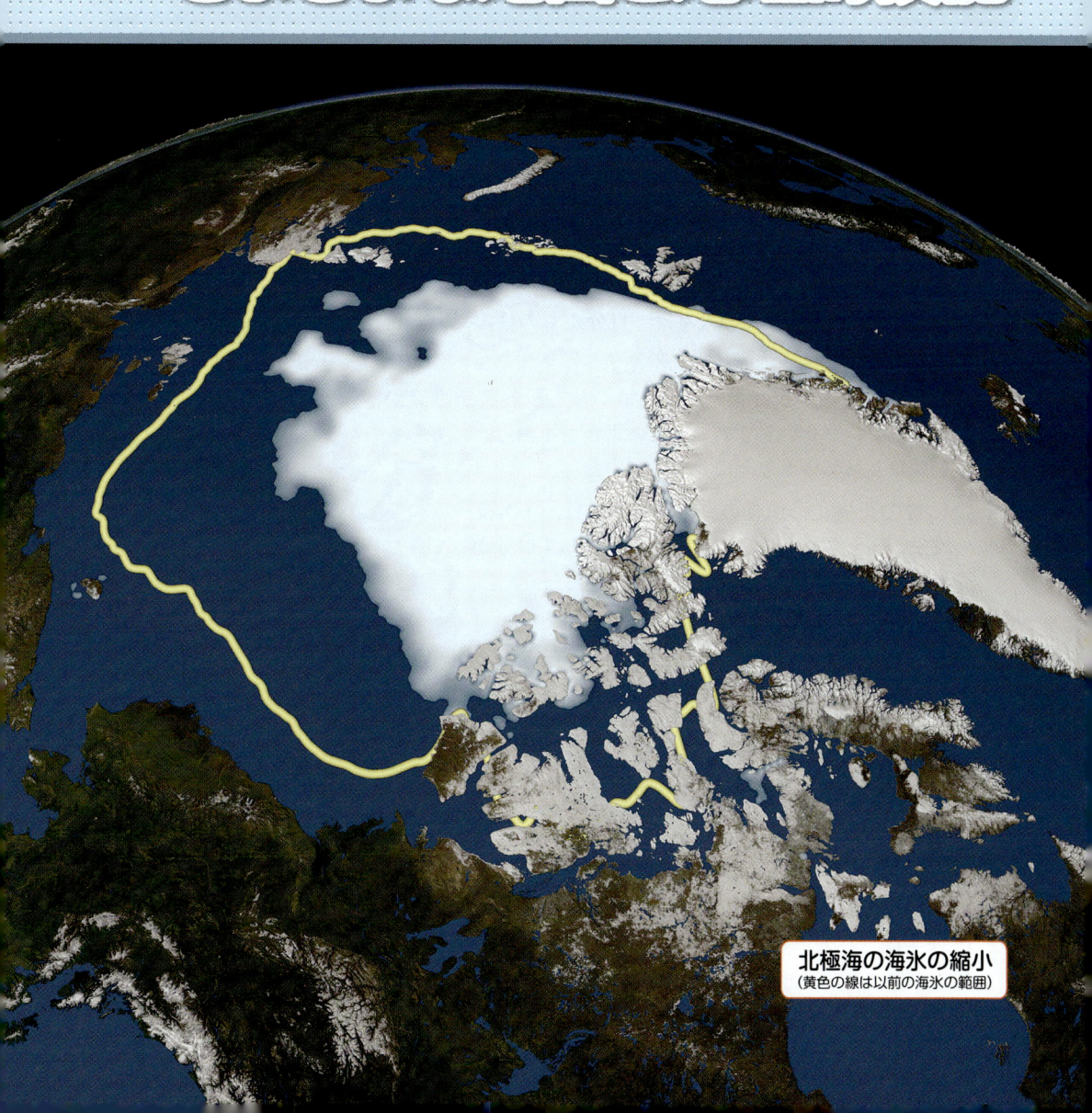

北極海の海氷の縮小
（黄色の線は以前の海氷の範囲）

1章 地図と地域調査

→インターネットで調べる

1 地球は丸かった！地理的視野の拡大と地図の図法

▶テレビをみれば，地球上のすみずみのことまで分かる。インターネットで，世界中の人々と交流できる。ニューヨークの街並み，アマゾンの熱帯林のことを知ることができる。
▶でも，昔の人は，こんなことは何も知らなかった。未知の世界を知ろうとして，ときには，命がけの冒険すらしてきたのだ。

1 古代～中世

1 それぞれの世界 古代の人々は，自分たちの住んでいる狭い土地を中心とした狭い世界観しかもっていなかった。

2 地球は丸い 紀元前3世紀には，早くも**エラトステネス**がエジプトのアレクサンドリアで地球の大きさを測った。もちろん，地球は丸いという考えに基づいていた。

3 少しずつ正確に 中世のヨーロッパでは，イスラームの学術の成果が伝えられ，地球の正確な姿が少しずつ分かってきた。

2 地理的「発見」の時代

ヨーロッパでは，15～16世紀に地理的視野が拡大した。この時代のことを，地理的「発見」の時代とか，大航海時代という。

1 大航海時代 ヨーロッパでは，15世紀になると，自国では得られない貴重な品物を求めて，多くの人々が航海に出た。コロンブスがアメリカ大陸付近に到達した航海は，インドへ東回りで行くためだった。**ヴァスコ＝ダ＝ガマ**の喜望峰回りのインド航路も，貿易目的だった。
▶アフリカ大陸の南端

2 世界一周 1522年，**マゼラン**一行による世界一周によって，地球が本当に丸いことが実証された。
▶マゼランは途中のフィリピンで死去

プラスα

● エラトステネスの地球の測り方

エラトステネスは，下図のように夏至の日の正午に南中する太陽の角度から地球の大きさ（全円周）を測った。現在の測定値との誤差は約15％といわれる。

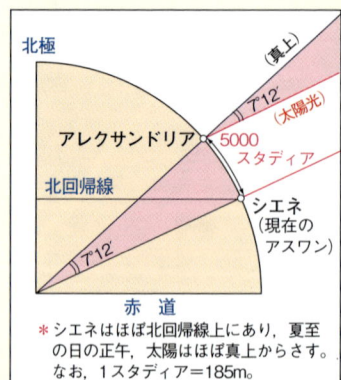

＊シエネはほぼ北回帰線上にあり，夏至の日の正午，太陽はほぼ真上からさす。なお，1スタディア＝185m。

18　1編　さまざまな地図と地理的技能

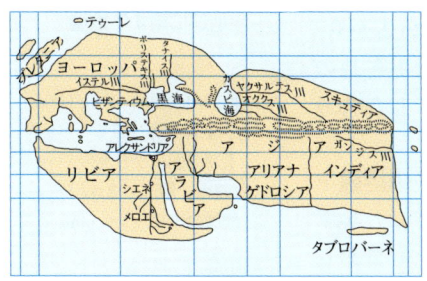

⬆ エラトステネスの世界地図（紀元前3世紀ごろ）地中海地方がほぼ正しいギリシャ時代の地図。初めて経緯線が使われている。

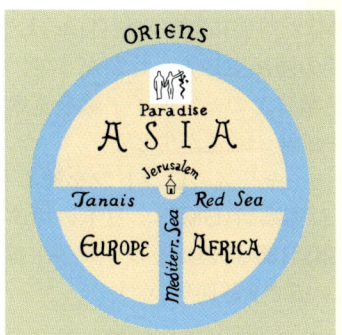

⬅ TOマップ（900年ごろ）
OT図ともいう。ヨーロッパでは中世には，キリスト教の世界観に基づいた非科学的な地図が作成された。エルサレムを中心とした円盤状の世界を表している。この地図では，上が東。

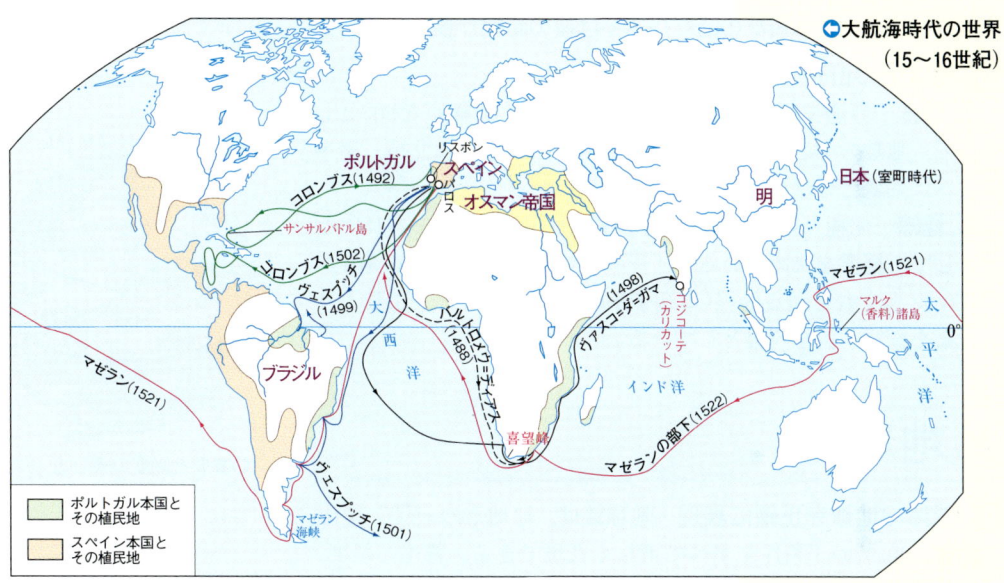

⬅ 大航海時代の世界（15〜16世紀）

3 侵略者たち こうしたヨーロッパの航海者たちの新航路の発見は，多くの地理的知識を人々にもたらした。しかし，一方でヨーロッパ諸国がアジア，アフリカ，ラテンアメリカを支配する植民地時代の幕開けになったのも事実である。

▶例えば，コロンブスの「新大陸発見」というのは，おかしい。なぜならば，コロンブスが新大陸（付近）に到達したとき，ちゃんと人々が住んでいたからだ。1992年にコロンブスの新大陸到達500年祭がおこなわれたが，もとからの住民にとってはありがためいわくのものであったかもね。

3 地球の自転と傾き，位置

1 地球は丸くない!? 厳密にいうと，地球は完全な球体ではなく，ごくわずかながら上下に押しつぶされた形をしている。
▶回転楕円（だえん）体
とはいえ，ほぼ球形と考えて問題ない。

2 自転 地球は1日に1回自転している。だから，昼と夜が生まれる。このことは，国際的な通信や金融，株式市場などの面に大きな影響をおよぼしている。

1章 地図と地域調査　**19**

3 **自転と時差** 地球は24時間に360°回転（自転）しているから，**経度15°ごとに1時間の差が生じる**。したがって，世界各地の**標準時**(国あるいは地域ごとの一定の子午線を基準にした共通の時刻)の間には，時刻差＝**時差**が生じる。

世界的な標準時は，イギリスのロンドンを通る**0°の経線**を基準とした**グリニッジ標準時(GMT)**。日本の標準時は，兵庫県明石市などを通る**東経135°の経線**を標準時子午線としており，GMTに比べて，135÷15で9時間早い。

4 **地球の傾き** 地球の自転軸は23°26′傾きながら，太陽のまわりを公転しているため，季節の変化を生み出している。**緯度が高いほど，夏は昼間の時間が，冬は夜の時間が長くなる**。

5 **地球上の位置を表す** 緯度と経度を用いる。
① **緯線**…赤道に平行な線。赤道を0°，北(南)極点を90°として，地球の中心となす角を**緯度**という。北半球は**北緯**，南半球は**南緯**と分けている。
② **経線**…北極と南極を結ぶ線(**子午線**)。地球半周を各180°として，**経度**を決めている。イギリスのロンドンにあるグリニッジ天文台を通る経線(**本初子午線**)を0°として，これより東を**東経**，西を**西経**としている。

4 地球儀

1 **球体の地球を正確に表現** 地球儀は，地球上の**方位**，**角度**，**距離**，**面積**の4条件をすべて正しく表現できる。緯度，経度，地名も記入され，わかりやすく工夫してある。このため，地球儀はコロンブスやマゼランらの航海に，大きな影響を与えた。

2 **携帯に不便** 正確ではあるが，地球儀は持ち運びに不便だし，大きさにも限界がある。そこで，球体の地球を平面の地図に表現することが必要になる。

5 地図の図法

1 **地図の基礎条件** 完全で正しい小縮尺の地図(世界全図)であるためには，**正距**(正距離)，**正積**，**正方位**，**正角**の4条件が必要である。しかし，平面である地図上で上の4条件をすべて同時に満たすことは不可能である。そのため，地図を使うときは，目的に応じて必要な条件を正しく表す図法を選ぶことが必要となってくる。

●**地球に関する数値**

地球の全周…約4万km
地球の表面積…約5.1億km²
　陸地面積…29％
　海洋面積…71％
　(陸地：海洋＝3：7)
地球の半径…約6400km

●**メートル(m)の決め方**

フランスで，フランス革命の時代に地球の円周の1/4（赤道〜北極）の1/1000万を1mと決めた。だから子午線一周の長さは約40000kmとなる。

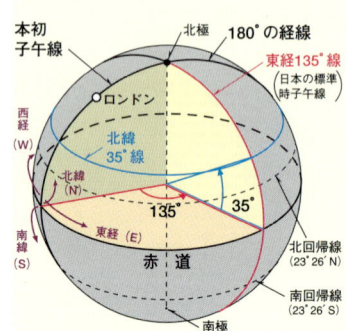

↑緯度と経度の表し方

↑メルカトル図法の欠点

正角図法のメルカトル図法では，高緯度ほど距離，面積が実際より拡大して示される。正積図法のモルワイデ図法と比べた場合，上図のように，グリーンランドは17倍も拡大される。

2 おもな図法の特色①

	図法名	ひと言特色！	長所と短所	おもな用途	経緯線などの特徴
正積図法	サンソン図法	赤道につよい！	・中央経線と赤道付近は形のひずみが小さい ・図の周縁部の形のひずみが大きい	世界全図…とくに低緯度地方	・緯線…等間隔の平行直線で，実際の長さに比例 ・経線…中央経線以外は正弦(サイン)曲線
	モルワイデ図法	極につよい！	・サンソン図法より，中緯度のひずみが小さく，高緯度の形がよい	世界全図…気候図，植生図	・緯線…高緯度ほど間隔の狭い平行直線 ・経線…楕円曲線 ・中央経線と赤道の長さの比は1：2
	ホモロサイン(断裂，グード)図法 覚え得	サンソン，モルワイデのいいとこどり！	・全体的に形のひずみが小さく，平均化されている ・接合部で経線がくびれるので，流線図や海洋部分を表示するには不適	世界全図…分布図，密度図	・サンソン(低緯度)，モルワイデ(高緯度)の両図法を緯度40°44′で接合 ・海洋部分で断裂
	エケルト図法	中緯度につよい！	・中緯度の形のひずみが小さい ・極の形のひずみが大きい	世界全図	・緯線…高緯度ほど間隔の狭い平行直線 ・経線…正弦or楕円曲線 ・極は赤道の半分の直線
	ハンメル(ハンマー)図法	楕円が特徴！	・モルワイデ図法より，形のひずみが小さい	世界全図	・輪郭は楕円。経線は外側にかなり湾曲 ・長軸と短軸の比は2：1
	ボンヌ図法	大陸図にピッタリ！	・周縁部のひずみが大きい ・世界全図はハート型となる	大陸図 地方図	・緯線…等間隔の同心円 ・経線…中央経線以外は曲線となる
正角図法	メルカトル図法 覚え得	客船大好き！ 等角航路はおまかせ！	・等角航路を直線で示す→海図(大圏航路は曲線) ・距離や面積が高緯度ほど拡大 ➡ グリーンランドが大陸？	海図，世界全図，航空図(低緯度のみ)	・緯線…高緯度ほど間隔の広がる平行直線 ・経線…等間隔の平行直線 ・緯線と経線は直交する
正方位図法	正距方位図法 覚え得	飛行機大好き！ 大圏航路はおまかせ！	・図の中心と任意の点とを結んだ直線は，2点間の正方位，正距離，大圏航路(最短コース)を示す ・図の周縁部の形のひずみがひじょうに大きい	航空図 国連旗…北極中心で，南緯60度以南はカット	・緯線…独特の曲線 ・経線…中央経線以外は曲線となる
	ランベルト正積方位図法	半球なら得意！	・図の中心と任意の点とを結んだ直線は，2点間の正方位，大圏航路を示す	地方図 半球図…水半球と陸半球など	・緯線…独特の曲線 ・経線…中央経線以外は曲線となる

キャッチフレーズで覚えよう！

1章 地図と地域調査 **21**

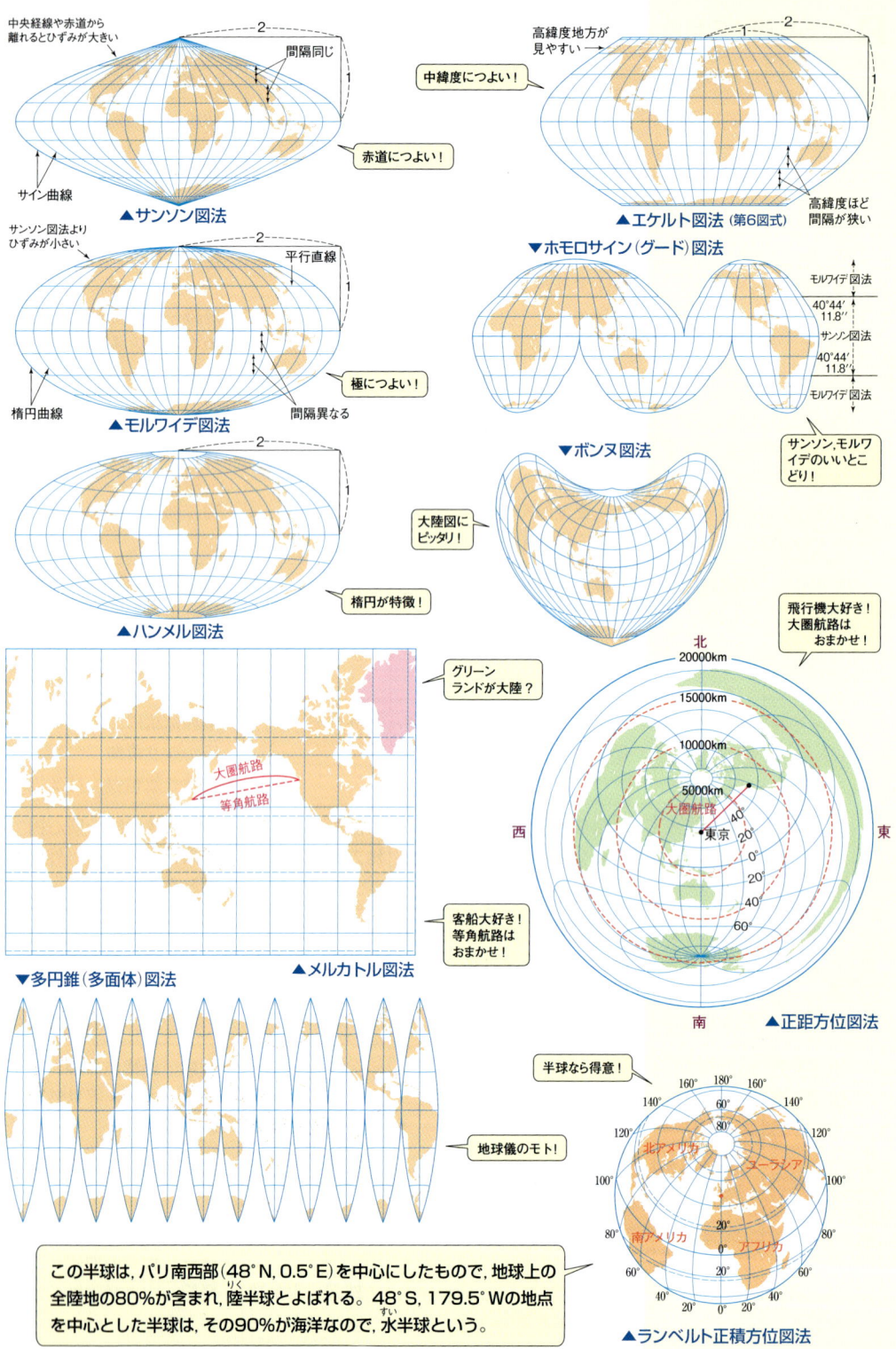

3 おもな図法の特色②

図法名	ひと言特色！	長所と短所，経緯線などの特徴	おもな用途
多面体図法	昔の地形図	・経度差や緯度差が1度以内の小地域の地図作成用 ・輪郭は台形。地球の中心より投影。正積，正角	大縮尺図…昔の地形図
ユニバーサル横メルカトル図法 覚え得	今の地形図	・中央経線が実際の長さよりやや短く投影されるように，横向きの円筒に投影。経度6度ごとにおこない，この範囲の地図は，平面としてつなげる。正角	大縮尺図…今の地形図
ミラー図法	正しくないが，使いやすい！	・メルカトル図法の改良。経線と緯線は，平行直線で，直交する。正積，正方位，正角のいずれでもない ・形のひずみがメルカトル図法より小さい	世界全図としてよく利用される
多円錐図法	地球儀のモト	・各緯線に接する多数の円錐に投影して展開。同一経度部分を接合すると，舟底型の地図となる ・舟底型の各地図を，赤道部分で接合→地球儀のモト	大陸図，地球儀のもとの地図

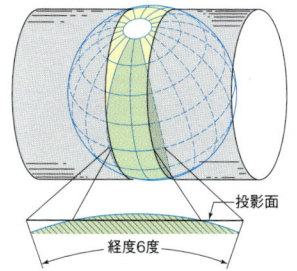

↑ユニバーサル横メルカトル図法　国際横メルカトル図法，UTM図法ともいう。

↓心射図法（左）とメルカトル図法（右）の等角航路と大圏航路　覚え得

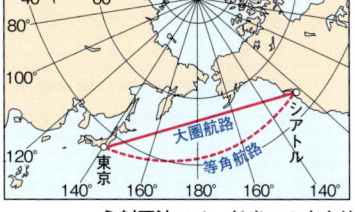

心射図法では，任意の2点を結んだ直線が，その2点間の大圏航路を示す。しかし，**正距方位図法やランベルト正積方位図法では，図の中心からの大圏航路だけが直線で示される**ので，要注意。左ページの正距方位図法は東京中心の図なので，東京からの大圏航路は，直線で示される。

4 等角航路と大圏航路　テストに出るぞ！

① **等角航路**とは…任意の2地点間を結ぶときに，**つねに経線と一定の角度で交わるコース**のこと。航海する場合には，舵角（経線と船の進路がなす角度，舵の角度）を一定にしておけばよいので，簡単で便利。しかし，その航路は，普通は最短コースにはならない。**メルカトル図法では，等角航路が直線で表現される**ので，**海図には，メルカトル図法が利用されてきた**。

② **大圏航路**とは…任意の2地点間を結ぶときに，**最短となるコース**のこと。大円航路ともいう。航空機の飛行ルートを示す**航空図**として利用されてきた。**正距方位図法では，図の中心地点からの大圏航路が直線で表現**され，距離も読みとることができる。**心射図法**では，図中の任意の2点を結ぶ直線が，その2点間の大圏航路となる。

→メルカトル図法では，**赤道上の2点を結ぶ直線は，等角航路であり，かつ，大圏航路でもある**。同一子午線上の2点も同様である。この2つの場合以外，メルカトル図法上の大圏航路は曲線となるので，地図上で最短コースを求めることは難しい。

なお，メルカトル図法では，赤道に近い低緯度の地域では，比較的ひずみが小さい。このため，低緯度地域の航空図に利用されてきた。

1章　地図と地域調査　23

2 地図化すれば，何が分かるか？ 地図化してとらえる現代世界

▶ 私，地図ってキライ。地図をみてても，すぐ道に迷っちゃう。地理の授業も，やたら地図を使うからイヤ。……というキミには，ここはぜひよく読んでほしい。
▶ 自宅から学校へ行く経路を文章だけで説明するのに比べたら，地図ははるかに便利。地図を見てても道に迷うというのは，地図の方が悪い！ 地図を見れば，理解は深まるハズ！

1 地図化のメリット

1 ひと目で分からない統計表 地理では，さまざまな統計を活用する。統計の数値はとても大切だが，それを，例えば表形式にしてずらりと並べてみても，何が何だか，さっぱり分からない。右の表を参照➡

2 ひと目で分かる地図 ところが，それを地図化してみよう。そうすれば，何と，ひと目でおおよそのようすがつかめてしまう。下の地図を参照⬇

データではわけ分からん！

中　国	5958
日　本	48324
コンゴ民主	263
スウェーデン	56340
アメリカ	52013
ペルー	6229
⋮ これではねぇ	

1人あたり国民総所得
(2012年)　　　(単位：ドル)

⬇各国の1人あたり国民総所得

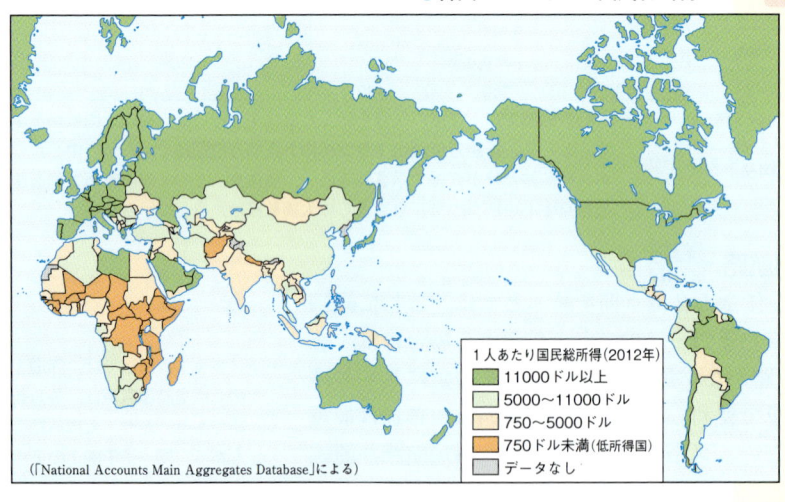

1人あたり国民総所得(2012年)
- 11000ドル以上
- 5000〜11000ドル
- 750〜5000ドル
- 750ドル未満(低所得国)
- データなし

(「National Accounts Main Aggregates Database」による)

左の地図は，経緯線がないので，わかりにくいが，実は**メルカトル図法**(→p.22)。したがって，高緯度地方が異様なまでに拡大されている点に注意すること。ロシア，カナダ，アラスカ，グリーンランドなどは，実際はもっと狭い。位置関係だけを読みとるならよいが，長さや面積などは読みとらないように！

3 主題図と一般図 ところで，それぞれのテーマでつくった地図を，**主題図**という。上の地図や次のページの地図のような統計地図をはじめ，土地利用図，地質図，土壌図，観光地図，道路地図，海図，地籍図などがある。

主題図に対して，多目的に利用できるように，いろいろな要素をもりこんだ地図を，**一般図**という。国土地理院が発行している地形図や地勢図は，その代表。

24　1編　さまざまな地図と地理的技能

2 地図化して考えよう

1 地図を使おう すでにつくられた地図をみても，さまざまなことが分かる。また，最近ではパソコン用の地図ソフトも市販されていて，数値を入れるだけで，地図化できるものもある。自分でつくれば，より理解も深まるだろう。

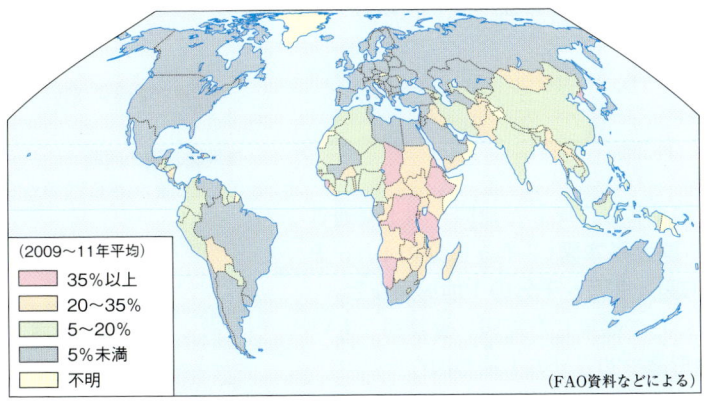

(2009〜11年平均)
- 35%以上
- 20〜35%
- 5〜20%
- 5%未満
- 不明

(FAO資料などによる)

❶各国の栄養不足の人口の割合

前頁の「各国の1人あたり国民総所得」の地図と比較すると，何となく似ていることに気付くはず。なぜ似ているのか考えてみましょう。

2 ダイエットに悩むキミへ 世界の人々の中で，食べるものがないというケースは，少なくない。とくに中南アフリカや南アジアなどが深刻。上の地図をみれば，やれ食べすぎだ，やれダイエットだってのが，ぜいたくだって分かる。

国連食糧農業機関(FAO)などの調べによると，発展途上国の7人に1人は，飢えに苦しんでいるといわれる。世界の人々の1日当たり平均カロリー摂取量は2800キロカロリーであるが，2000キロカロリーを下回ると，飢餓の危険性がある。

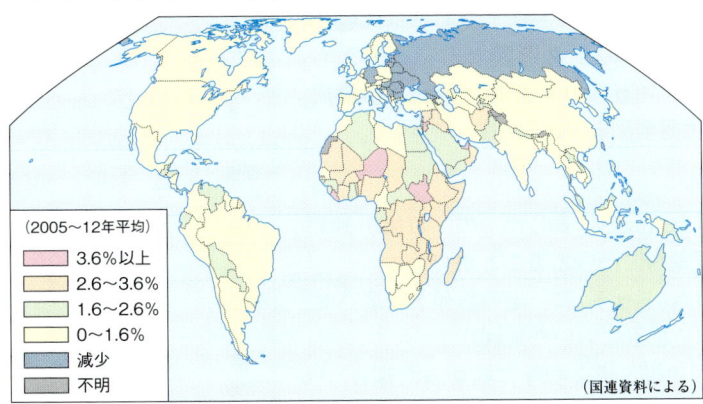

(2005〜12年平均)
- 3.6%以上
- 2.6〜3.6%
- 1.6〜2.6%
- 0〜1.6%
- 減少
- 不明

(国連資料による)

❶世界の人口増加率

3 タマゴかニワトリか 人口増加率の高い国は，食料不足に悩む中南アフリカに多い。人口が増えたから食料が足りないのか，食料が足りずに小さな子どもたちが生きられないからさらに子どもを生むのか。上と下の地図を見比べても，いろいろなことが分かってくる。

クワシオルコル
やせ衰えて骨と皮だけになって，異様に腹がふくらんだ子どもの写真を見たことはないだろうか。これは，カロリーとたんぱく質の欠乏によって，腹部の水分バランスが乱される「クワシオルコル」という病気だ。医師は，高カロリーのビスケットと砂糖水を与えて，健康を回復させようとする。しかし，食生活のレベルを全体的に上げないことには解決にならない。先進国では過食や生活習慣病が問題になり，多くの発展途上国では飢餓が深刻なこの世界。何とかしないと。

1章 地図と地域調査

3 地図はホントに知識の宝庫 地図と地理情報

▶地図は，私たちの毎日の生活にとけこんでいる。学校への案内図，ドライブ用の地図，新しい店の位置を示す地図，事件の起こった現場を示す地図など。友達がキミの家へ来るとき書いてあげる道順の地図だって，立派な地図の1つだ。

1 地図の種類

1 作成法による分類

① **実測図**…実際に地表を測量して作成した地図。国土交通省の**国土地理院**が発行する**国土基本図**（2千5百分の1，5千分の1），**1万分の1地形図**，**2万5千分の1地形図**など。
② **編集図**…実測図をもとにして編集した地図。編纂図ともいう。最近の**5万分の1地形図**や**20万分の1地勢図**など。

2 表現内容による分類

① **一般図** 地形，集落，交通路などさまざまな地表のようすを網羅的に表現した地図。地形図，地方図，世界全図など。
② **主題図** **特定の事象**をくわしく示した地図。海図，気候図，地質図，土地利用図，土地条件図，交通図など。

3 縮尺による分類
一般に，1万分の1以上であれば**大縮尺**（縮める度合いが小さい，**1万分の1地形図**など），1万から10万分の1であれば**中縮尺**，10万分の1未満であれば**小縮尺**（縮める度合いが大きい，**世界全図**など）とされる。

4 統計地図 テストに出るぞ！
場所に関係する統計数値を地図中に表したもの。数値が示す事象の**地域的な特色を，視覚的にとらえる**ことができる。

① **ドットマップ**…1つの点（ドット）に一定の数値を代表させ，その点を地図上の分布する位置においた地図。
② **メッシュマップ**…地図の縦，横を均等に区切った網目（メッシュ）の中に，統計数値を入れた地図。
③ **等値線図**…等しい数値の地点を線で結んで分布を示した地図。
④ **階級区分図**…地域がもつ数値をいくつかの階級に区分し，地域を各階級に応じて塗り分けて示した地図。
⑤ **その他**…数値を線，円，球などの図形の大小（**図形表現図**）や流線の太さ（**流線図**）によって示した地図など。

プラスα

●地図表現の原則
①一定の割合（縮尺）で縮めて表現している。
②一定の地図記号を使って表現している。
③地表の事物のうち，重要なものだけを選んで簡略化して表現している。

▶各種の地形の分類，地盤の高さ，防災施設などを色分けによって示した地図。防災対策，土地保全，土地開発などを目的に作成される。

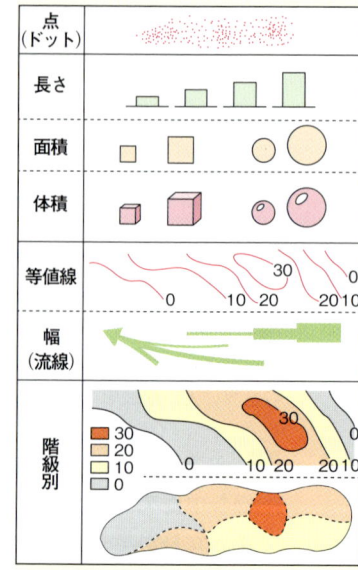

❶統計地図上の数値の表し方の例

2 地形図の基本原則

1 方位 一般に，上が北，下が南，右が東，左が西を示す。この原則にしたがわないときは，方位記号をもって示す。

2 縮尺 地図上の長さを実際の距離で割った比。2万5千分の1などの縮尺は距離(長さ)に関するものである。面積の場合は，縮尺を平方した大きさとなることに注意。

3 等高線 海面からの高さが等しい地点を結んだ曲線。

縮尺	1:50000	1:25000	1:10000**	覚え得
計曲線	100mごと	50mごと	10mごと	———
主曲線	20mごと	10mごと	2mごと	———
補助曲線	10mごと	5mごと*	1mごと	- - -
補助曲線	5mごと			- - - -

【等高線の読み方】 テストに出るぞ！

① 主曲線(細い実線)の間隔が10mごとなら，縮尺は2万5千分の1，20mごとなら縮尺は5万分の1。
② 等高線の間隔が密ならば傾斜が急，間隔がまばらならば傾斜はゆるやか。
③ 等高線の凸部が高い方に向いていれば谷，低い方に向いていれば山の尾根を示す。

4 地形図の記号 地図上に，地形や地物のほか土地利用などを示すために，多くの地図記号が使われている(→p.29)。主要なものは覚えておくと便利である。

3 地形図の読図

1 扇状地の地形図 テストに出るぞ！ →次ページの左図参照
① 扇状地(→p.40)では，等高線は谷の出口を中心とするまばらな扇形(同心円状)となっている。
② 扇頂(谷の出口)や扇端(末端)には，集落や水田がみられるが，扇央(中央部)は水に乏しい(砂や石ころ〔礫〕からなるので，水が浸透しやすい)ため，畑地，果樹園，桑畑などが分布し，集落は少ない。

2 三角州の地形図 →次ページの中央図参照
① 三角州(→p.40)では，河川の流域に何本もの小河川(水路)がみられるが，土地が平らなため，ほとんど等高線がない。

→例えば，2万5千分の1地形図では，1kmの距離は，$\frac{1}{25000}$で4cmとなる。1km = 1000m = 100000cmであるから 100000÷25000 = 4cm。面積は$\left(\frac{1}{25000}\right)^2$に縮小されるので，1km²は$\left(\frac{1}{25000}\right)^2$で16cm²となる。計算式は，
1km² = 1000000m² = 10000000000cm²であるから，
↓25000×25000
10000000000÷625000000 =
10000÷625 = 16cm²。

*2.5mごとにひかれることもある。
**平地，丘陵の場合を示す。山地では，計曲線20mごと，主曲線4mごと，補助曲線2mごと。

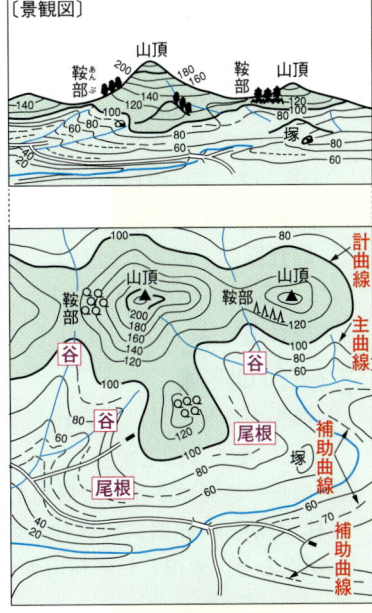

❶実際の地形と等高線の関係

●三角点と水準点
①三角点…地図を作成するために測量する位置の基準となる点。
②水準点…土地の標高の基準となる点。山の高さや等高線は，この点を基準として測られる。
便宜的に三角点・水準点の両方に標高も示されている。

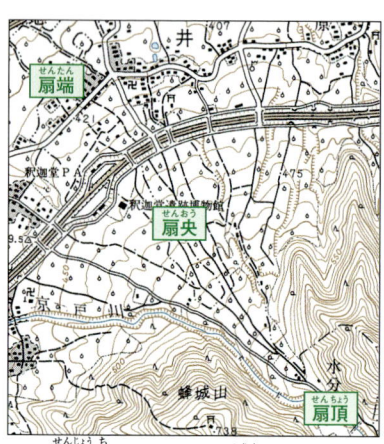
⬆扇状地（2万5千分の1「石和」）

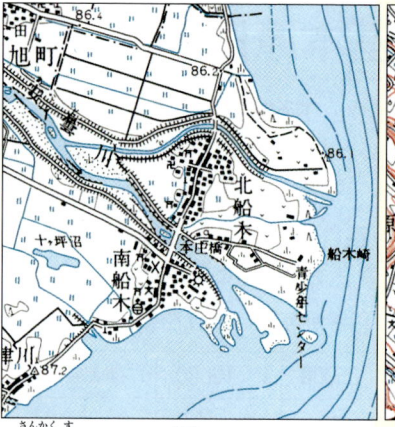
⬆三角州（5万分の1「彦根西部」）

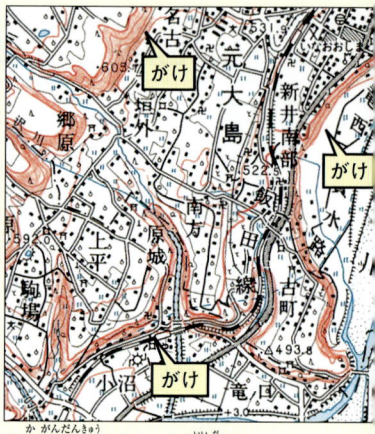
⬆河岸段丘（5万分の1「飯田」）

② 一面に水田地帯または荒れ地となっている。
③ 開発の新しいところでは，集落名に「新田」の名がついていることもある。

3 河岸段丘の地形図

① 河岸段丘（→p.41）では，河川の流れにそって，等高線の間隔の広いところ（段丘面＝平坦面）と，間隔の狭いところ（段丘崖＝がけ）とが交互に並び，階段状になっている。
② 段丘面は一般に水利がよくないため，畑地，果樹園となっているところが多い。
③ 段丘崖では，坂道を上り下りするため道路が屈曲している。

4 砂丘の地形図

① 海岸の砂丘では，等高線の屈曲が複雑。小丘が散在し，砂丘上に小さな凹地がみられることがある。
② 砂丘の海側は砂礫地，飛砂止めの植林地（針葉樹林，広葉樹林）だが，内陸側には森林，畑，集落がある。砂丘間に低地があると，水田として利用されることもある。

●谷や川の右岸・左岸
　高いところから低いところに向かって，谷や川の右側を右岸，左側を左岸とよぶ。

●地形断面図のつくり方
①地形図上で断面図をつくりたいところに，XYの直線を水平にひく。
②この直線と平行に方眼紙上に，同じ長さのX′Y′の直線をひいて基準線とし，この線と平行に高度を示す直線を何本かひく。
③XY線と地形図の等高線とが交わった点から，その高度の地点まで垂線をおろし，高度線と交わったところに点をうち，それらの点を結んでいく。

⬆砂丘（5万分の1「鳥取北部」）

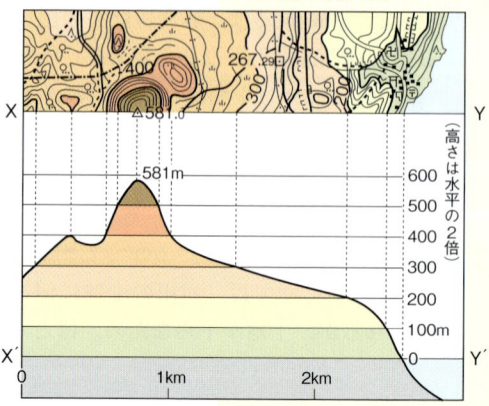
⬆地形の断面図

地形図の記号

大正6年式

◎	道庁・府県庁
○	支庁島庁及び郡役所
◉	市役所
○	町村役場及び区役所
⊞	病院
⊞	避病院及び隔離病舎
×	警察署
♱	控訴院及び裁判所
文	学校
⊤	郵便・電信(電話)を兼ねる局
〒	郵便局
T	電信局
⌣	電話局
〇	銀行
·32	独立標高点

普通／高圧｝電線

国道
府県道
道幅3m以上／道幅2m以上／道幅1m以上｝町村道

2線以上 単線 鉄道
停車場

二軌以上 一軌 特種鉄道

府県・支庁(北海道)界
郡市界
区町村界

鉄橋 木橋 徒渉所 車両渉所出一船岸 人渡出一船岸 人馬渡出両岸

凹 陥地
灯台
固定標(無灯)
浮標(無灯)

乾田	果園
水田	草地
沼田	広葉樹林
畑または空地	針葉樹林
桑畑	竹林
茶畑	荒地

平成元年5万分の1地形図図式

幅員13.0m以上の道路
幅員5.5〜13.0mの道路
幅員3.0〜5.5mの道路
幅員1.5〜3.0mの道路
幅員1.5m未満の道路
(2) 国道および路線番号
庭園路等
建設中の道路
有料道路および料金所

単線 駅 複線以上 (JR線)／(JR線)／側線 地下駅 トンネル ｝普通鉄道

地下鉄および地下式鉄道
特殊軌道
路面の鉄道
索道
(JR線) 建設中または運行休止中の普通鉄道
橋および高架部
切取部
盛土部
送電線
へい
石段
都・府県界
北海道の支庁界
郡・市界、東京都の区界
町村界、指定都市の区界

△ 52.6 三角点　・349.2 標石のある標高点
⊿ 24.7 電子基準点
□ 21.7 水準点　・561 標石のない標高点

建物／中高層建物(小)(大)／建物の密集地／中高層建築街／温室・畜舎タンク等／立体交差／墓地／道路の分離帯等／樹木に囲まれた居住地／空地等

◎	市役所 東京都の区役所	博物館・美術館
○	町・村役場 指定都市の区役所	図書館
♁	官公署(特定のないもの)	病院
♁	裁判所	老人ホーム
◆	税務署	神社
✳	森林管理署	寺院
⊺	気象台・測候所	高塔
⊗	警察署	記念碑
×	交番・駐在所	煙突
Y	消防署	電波塔
⊕	保健所	油井・ガス井
⊕	郵便局	灯台
日	自衛隊	坑口・洞口
☼	工場	城跡
☼	発電所・変電所	史跡・名勝・天然記念物
文	小・中学校	噴火口・噴気口
⊗	高等学校	温泉・鉱泉
(大)(専) 大学・高専	採鉱地
(短)(文) 短大	採石地
	重要港
	地方港
	漁港

田		広葉樹林
畑		針葉樹林
果樹園		竹林
桑畑		荒地
茶畑		はいまつ地
その他の樹木畑		しの地
		やし科等樹林

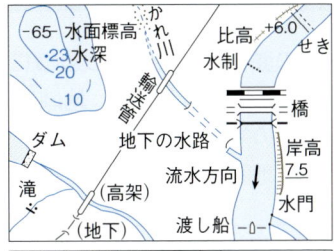

-65- 水面標高　比高 +6.0
-23- 水深　かれ川
-20／-10　水制
橋
ダム　地下の水路
滝(高架)　岸高 7.5
(地下)　流水方向
渡し船　水門

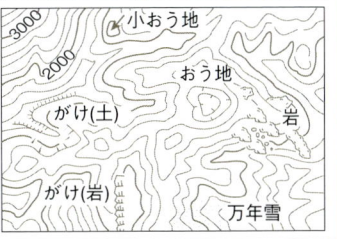

3000／2000／小おう地／おう地／がけ(土)／岩／がけ(岩)／万年雪

湿地／砂礫地／干潟／堤防／岩／護岸／隠顕岩／フェリーボート／防波堤

1章　地図と地域調査

4 新しい地理情報の利用

1 **地理情報とは** 地形や気候などの自然環境，人口や土地利用，産業のようすなどの社会環境に関わる情報のことをいう。次のような技術を利用して得られる地理情報は，地図によって空間的に表現できる。

2 **リモートセンシング** 人工衛星や航空機から地球の情報をキャッチするように，対象物と遠く離れたところから対象物のようすを観測したり，分析したりすること。**遠隔計測**または**遠隔探査**といわれる。地球観測衛星の**ランドサット**は有名だ。こ こから送られてくる情報によって，地球の砂漠化の進行が知られるようになった。その他，気象衛星から送られてくる雲のようすを映した映像は，毎日の天気予報でおなじみだ。

▶1972年に第1号が打ち上げられた地球観測用の人工衛星。現在運用中の第7号・第8号は，90分で地球を一周，約700kmの上空から地球をみつめている。

3 **全地球測位システム（GPS）** 複数の測位衛星を利用して，地球上の位置を求めるシステム。**カーナビゲーション**などに利用される。
▶Global Positioning System

4 **地理情報システム（GIS）** 地域に関するデータを地理情報としてコンピュータに蓄積し，必要に応じて検索するシステム。コンピュータの画面に示されたデータを見ながら，変換，解析，作図などをおこなうができる。カーナビゲーションは，最も身近なGISといえる。また，**ハザードマップ**（防災地図）の作成にも利用される。
▶Geographic Information System

↑カーナビゲーションの画面

▶各種の災害による被害を予測し，危険箇所や避難経路を表現した地図。

4 その土地の本当のすがたを調べる 地域調査

▶人の顔がみんなちがうように，土地の顔もみんなちがう。日本の，世界の地域はどんな顔をしているのかな？ 地域探偵団は，ワクワクするほどおもしろい。
▶地理の学習は，学校のまわりや住んでいるところなど，身近な地域を知ることから始まる。さあ，地図をもって地域を歩いてみよう。

1 身近な地域の調べ方

1 **まず準備編** 地図は基本アイテムだ。
・何を調べるか→これが決まっていないと，始まらない！
・県庁，市役所，図書館などは，**資料**の宝の山。
・**インターネット**が利用できれば，それはもう便利。

30　1編　さまざまな地図と地理的技能

- おっと，地域調査で最も基本のアイテム，**地図**を忘れちゃいけないよ。調査する地域，調査の順番，歩くルートを地図上で確認すること。

2 **いよいよ調査編** 足で稼ぐのが，探偵の基本。
- じっくり観察，「なぜ」の気持ちをもとう。
- 人にたずねると，価値百倍！
- メモは当然，写真やビデオも忘れずに。

3 **最後にまとめでキメッ！** 苦労をムダにしない。
- 調べたことをまとめよう。地図やグラフにすると，高得点。
- **レポート**はていねいに。
- 発表はわかりやすく。**プレゼンテーション**っていうんだ。
- おっと，礼状も忘れずに。

2 外国の調べ方

1 **まず準備編** 何を調べるか，どこの国を調べるか。
- 自分の興味のあることを，調べてみよう。
- 資料や地図を集めるのは，身近な地域の場合と同じ。

2 **いよいよ調査編** 実際に現地へ行ければ，それがベストなんだけど，そうもいかないときはどうするか。
- **外国大使館**や**政府観光局**は，利用価値大。郵送料だけで，資料がたくさんもらえるかも。
- **インターネット**は国境を越える。外国のホームページに直接ジャンプだ。英語の勉強にもなるかも。
- テレビ番組も，旅行パンフも，立派な資料。

3 **最後にまとめでキメッ！**
- これは，身近な地域の場合と同じ。
- まとめがなければ，価値はなし。

⬇外国を調べるときに役立つ資料

書名	発行所	調べられるおもな内容
理科年表	丸善	気候，地形など自然科学のデータ
世界国勢図会	矢野恒太記念会	世界の全般的な統計
世界年鑑	共同通信社	世界の国ごとの詳細なデータ
世界の統計	総務省統計局	世界の全般的な統計
通商白書	勝美印刷	世界と日本の経済・貿易の動き
データブック オブ・ザ・ワールド	二宮書店	世界の全般的な統計と 世界の国ごとのデータ
現代用語の基礎知識	自由国民社	世界の新しい動き，最新の用語 などの解説

プラスα

●**インターネットは検索サイトから始める**
　情報が整理されているわけでないインターネットでは，検索サイトが重要。YAHOO!，Googleなどがある。
　ただし，インターネットの情報には不正確なものも含まれているので注意しよう。

●**こんなテーマはどうだろう？**
①**身近な地域**
　例えば，商店やスーパー，分譲マンションの分布を調べれば，立派な研究に。駅に広告看板を出している店などを調べて，地図で分布を示せば，駅ごとの勢力圏がわかったりする。
②**外国**
　例えば，サッカーなんかどうだろう？　イギリスが，イングランドなど地域代表なのはなぜなんだ？　もうこれだけで，立派な研究テーマだ。

●**外国大使館資料の活用**
　外国のことを調べるとき，本など一般に買える資料以外で意外におもしろいのが，その国の大使館のホームページや大使館発行のパンフレット。現地の雰囲気がナマで分かる。英語版なら，英語の勉強にもなる。そんなに難しい単語は使っていない（ハズ？）。
　パンフレットなどの請求は，東京にある各国大使館へ。送付してもらえるかどうか，確認のうえ，必要な返信用切手の額を問い合わせて同封しておくなど，マナーはきちんと守ろう。大使館ではなく，観光局扱いの国もある。

1章　地図と地域調査

時差と日付変更線
時差を知らなきゃ地理ボケ?!

　海外旅行のパンフレットを見ていると,「ロサンゼルス4泊6日10万円から」というのを目にする。ふつうなら,4泊5日か5泊6日だ。4泊6日とは,ちょっとオカシイと思うだろうが,これが**時差**にまつわる話だ。

　初めて世界一周をなしとげたあのマゼラン一行も,『八十日間世界一周』の主人公フォッグ卿も,日誌と到着の日付が合わず頭を悩ませた。地球は1日に1回自転しているから,地球上では**経度15°ごとに,1時間の時差が生じる**。360°÷24(時間)=15°だからだ。したがって,ある地点(経度X度としておく)の時刻は,イギリスのロンドンを通る0°の経線(**本初子午線**)を基準とした世界的な標準時間である**グリニッジ標準時(GMT)**との差,つまり,**GMT±(X÷15)**で計算できる。その地点が**ロンドンより東(東経)にある場合は+,西(西経)にある場合は-**すればよい。

　さて,本題に入ろう。東京(東経135°とする)からロサンゼルス(西経120°とする)をみると,ロサンゼルスの方が東にあるので,日本より早く日が昇るはずであり,日本との時差17時間は,考えようによっては,日本より7時間(24-17)早いともいえる。つまり,日本が午後3時のとき,ロサンゼルスはもう夜の10時ということだ。

　このような混乱をなくすために,太平洋のまん中の**経度180°付近に日付変更線**を定めたのだ。すなわち,日付変更線を西から東(例えば東京からロサンゼルス)へこえるときは**1日遅らす**(前日の同時刻),東から西へこえるときは**1日進ませる**(翌日の同時刻)ことにする。こういう約束があれば,マゼラン一行やフォッグ卿の悩みも解決されたはずだ。

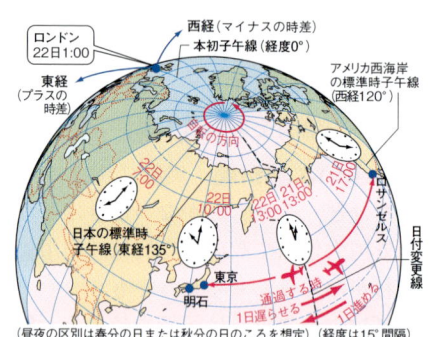

(昼夜の区別は春分の日または秋分の日のころを想定)(経度は15°間隔)

　それでは,ココで問題。ロンドンが22日午前1時のとき,東京は何日の何時か。

　135÷15=9(時間)で,22日午前10時となったかな。これは簡単に計算できたと思う(GMT+9)。東京は日本の標準時子午線の**東経135°**(明石市などを通る)を使い,ロンドンより東にあるので,9時間進んでいるからだ。

　ちなみに,東京が22日の午前10時のとき,
　　パリ(GMT+1)・・・・・・・・・・・・・22日午前2時
　　ニューヨーク(GMT-5)・・・・・・・21日午後8時
　　ロサンゼルス(GMT-8)・・・・・・・21日午後5時
　　ホノルル(GMT-10)・・・・・・・・・21日午後3時

応用問題 テストに出るぞ!

① 東京を4月1日正午に出発した飛行機は,13時間でパリに到着する。パリの現地時間の到着時刻は,何月何日何時か。

② ハワイのホノルルを4月1日午前10時に出発した飛行機は,9時間かかって成田に到着する。さて,到着時刻は,何月何日何時か。

〔答〕　① 4月1日午後5時
　　　② 4月2日午後2時

テスト直前チェック　定期テストにかならず役立つ！

1. □ 1522年に世界一周をなしとげたのは，誰の船隊か？
2. □ 正しい地図の図法の4条件は，正距，正方位，正角のほか，もう1つは何か？
3. □ 地図の中心から各地点への距離と方位が正しく示される地図の図法は？
4. □ 海図に利用されてきた，等角航路が直線で示される地図の図法は？
5. □ サンソン，モルワイデ両図法を接合し，海の部分で切り開いた地図の図法は？
6. □ 大圏航路が直線で示される図法は，メルカトル図法，正距方位図法のどちらか？
7. □ 現在，国土地理院発行の地形図の作成に使われている地図の図法は？
8. □ 特定の事象をくわしく示した地図は，一般図と主題図のどちらか？
9. □ 1万分の1の地図と10万分の1の地図では，どちらが大縮尺の地図か？
10. □ 1つの点に一定の値を代表させ，その点を図上の分布する位置においた地図は？
11. □ 2万5千分の1の地形図で，高度10mごとにひかれた等高線を，何というか？
12. □ 2万5千分の1の地形図上で，6cmで示された長さは，実際には何kmか？
13. □ 一定高度ごとに塗り分けた下の地形図❶の縮尺は？
14. □ 等高線の間隔が密なところは，間隔の疎なところに比べて，土地の傾斜はどうか？
15. □ 等高線の凸部が川の上流のほうに向いている地形は，谷，尾根のどちらか？
16. □ 地形図作成のもとになる位置の基準を示す点は，三角点，水準点のどちらか？
17. □ 扇状地の地形図で，畑や果樹園が広がっているのは，扇端，扇央のどちらか？
18. □ 川の上流に向かって，右側は川の右岸，左岸のどちらか？
19. □ 人工衛星から地球の情報をキャッチし分析する遠隔計測のことを，カタカナで何というか？
20. □ GISとよばれ，コンピュータを使って大量の地理情報を処理するのは，何システムか？

解答

1. マゼラン
2. 正積
3. 正距方位図法
4. メルカトル図法
5. ホモロサイン（断裂，グード）図法
6. 正距方位図法
7. ユニバーサル横メルカトル図法
8. 主題図
9. 1万分の1の地図
10. ドットマップ
11. 主曲線
12. 1.5km
13. 2万5千分の1（計曲線が50mおき）
14. 急
15. 谷
16. 三角点
17. 扇央
18. 左岸
19. リモートセンシング
20. 地理情報システム

テストに出る図　チェック❶

1章　地図と地域調査　33

丸く自転する地球
図法は？ 時差は？

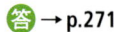

1 次の地図は，東京を中心とする正距方位図法で世界を表現しています。この図の説明の中で，正しくないものを1つ選びなさい。

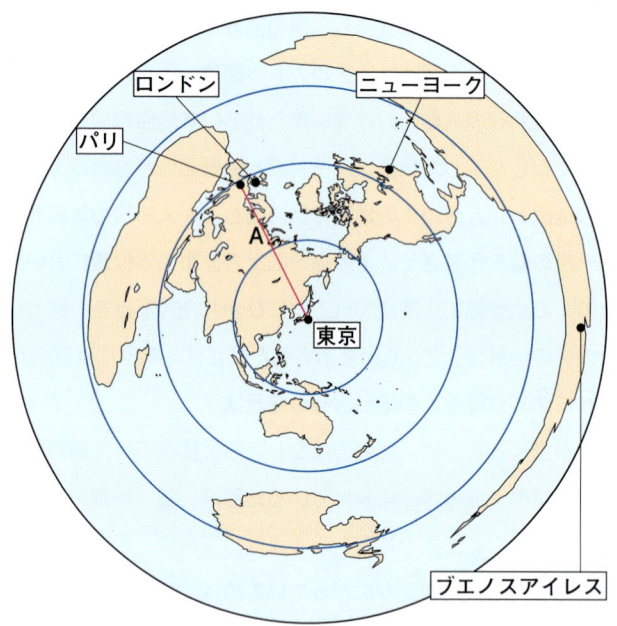

① ニューヨーク，ロンドン，ブエノスアイレスの中で，東京から最も近い都市は，ブエノスアイレスである。
② Aの直線は，東京からパリまでの大圏航路を表している。
③ 東京からみたニューヨークの方位は，北北東である。
④ 図の外周の地球上での実際の距離は，0kmである。

2 成田7月22日，10:00AM発の飛行機に乗り，ちょうど9時間後にシアトルに到着した。シアトル到着は現地時間の何時ですか。なお，シアトルの標準時子午線は西経120°で，シアトルはサマータイムを用いているものとします。

① 7月21日 11:00PM
② 7月22日 1:00AM
③ 7月22日 3:00AM
④ 7月22日 5:00PM

34　1編　さまざまな地図と地理的技能

2編 現代世界の系統地理的考察

甲府盆地の扇状地

2章 自然環境 ―地形環境

➡アルプス山脈

1 地球ウォッチング 大陸と山地

▶地球は大きい。けれども，人類が生活している陸地は，そのうちの約29％にすぎず，圧倒的に海の方が広い。そのわずかな陸地で，ぼくらは毎日を生きているんだ。
▶しかも，その陸地もデコボコ。山地がかなりの面積を占めている。まず，生活のステージの大陸と，山地についてみていこう。

1 地球の水陸分布

1 海と陸 地球上では圧倒的に海が広い。実に全地表面積の約71％までが海（海洋）で，陸地は約29％にすぎない。
これを面積比の形で簡単に示すと，
陸地：海洋＝3：7 覚え得 となる（海が陸地の2.4倍）。

2 陸半球と水半球 陸地の面積が最大になるように分けた半球（これを**陸半球**という）には，全陸地の約80％が含まれる。しかし，それでもなお，陸地より海の方が広い。その反対の半球（これを**水半球**という）では，約90％が海となる。
［ランベルト正積方位図法で表した陸半球→p.22］

◆地球の最高峰と最深の地点 世界で最も高い山，最も深い海底は，プレートの動きによって形成されたことが分かってきた。

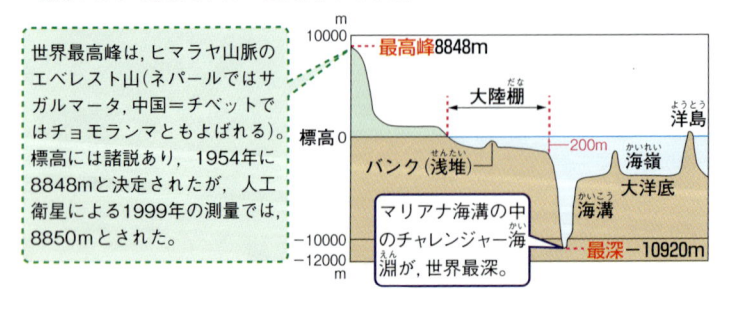

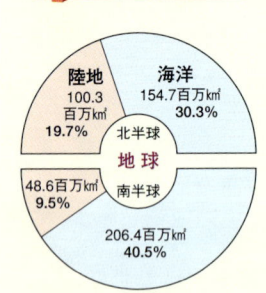

世界最高峰は，ヒマラヤ山脈のエベレスト山（ネパールではサガルマータ，中国＝チベットではチョモランマともよばれる）。標高には諸説あり，1954年に8848mと決定されたが，人工衛星による1999年の測量では，8850mとされた。

最高峰8848m
大陸棚
バンク（浅堆）
200m
洋島
海嶺
海溝
大洋底
マリアナ海溝の中のチャレンジャー海淵が，世界最深。
最深−10920m

プラスα

陸地 100.3 百万km² 19.7％
海洋 154.7百万km² 30.3％
北半球
地球
南半球
48.6百万km² 9.5％
206.4百万km² 40.5％

◆地球の陸地面積と海洋面積

●陸半球と水半球の中心

陸半球の中心は，フランスのパリ南西（北緯48度，東経0.5度）にある。水半球の中心は，地球上でその反対の地点（南緯48度，西経179.5度）となるが，それは，ニュージーランド南東のアンティポディーズ諸島付近。「アンティポディーズ」とは，地球上の反対側（裏側）の地点（**対蹠点**）という意味だ。

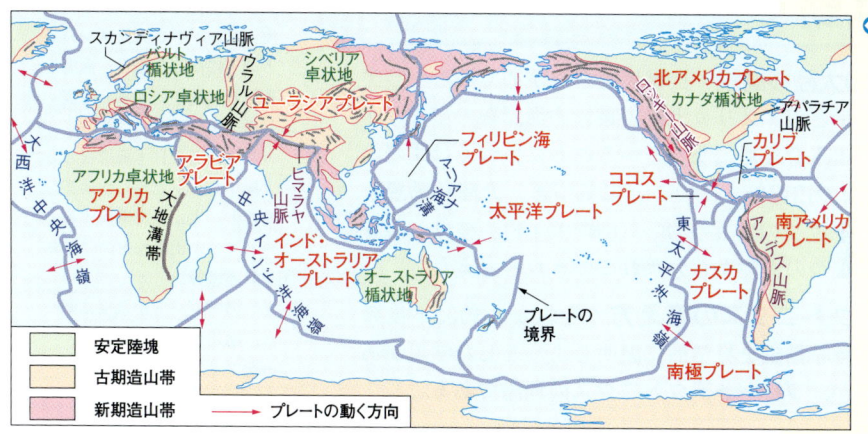

[世界の大地形とプレートの地図]

凡例：安定陸塊／古期造山帯／新期造山帯／→プレートの動く方向

● 世界の大地形とプレート　プレートの境界では，地震や火山が多く，山地はけわしく（**新期造山帯**），**変動帯**とよばれる。変動帯に囲まれた内部は安定していて，陸地は，**安定陸塊**や**古期造山帯**になっている。中国西部のテンシャン山脈やモンゴルのアルタイ山脈は，プレートの運動で隆起したため，古期造山帯のわりに標高が高い。

2 山地

世界の山地は，**古期造山帯**と**新期造山帯**に分けられる。

1 古期造山帯〈テストに出るぞ！〉 古い地質時代にでき，侵食が進んで低くなだらかになった山脈や丘陵の連なり。
例…アパラチア山脈，ウラル山脈，スカンディナヴィア山脈，グレートディヴァイディング（大分水嶺）山脈。

2 新期造山帯〈テストに出るぞ！〉 比較的，新しい地質時代にできた，高くけわしい山脈の連なり。地震も多く，火山活動もさかん。

- **アルプス＝ヒマラヤ造山帯**…ユーラシア大陸の南縁を東西にはしる。ピレネー山脈，アルプス山脈，カフカス山脈，パミール高原，ヒマラヤ山脈など。
- **環太平洋造山帯**…太平洋をとり囲む。アンデス山脈→ロッキー山脈→アリューシャン列島→日本列島→フィリピン諸島→ニューギニア島→ニュージーランド。
  ▶シグマ先生の世界巡り→p.11

3 山地の特色
① **交流の障害となる**…国境にもなりやすい。
② **資源に富む**…水資源，林産資源，鉱産資源など。
③ **観光地になりやすい**…とくに火山。

● **卓状地**
安定陸塊中の地形で，全体的に標高が高く，先カンブリア時代の基盤の上に古い地層を水平にのせている。シベリア卓状地，ロシア卓状地など。

● **楯状地**
安定陸塊中の地形で，長い間の侵食により，なだらかになっている。バルト楯状地，カナダ楯状地は，かつての大陸氷床の重みで中央部が低くなっている。

● 卓状地と楯状地のちがい

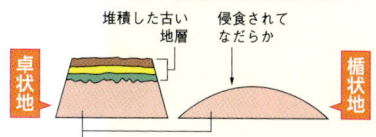

[卓状地：堆積した古い地層／楯状地：侵食されてなだらか／最も古い地質時代（先カンブリア時代）の基盤岩]

2章　自然環境―地形環境　37

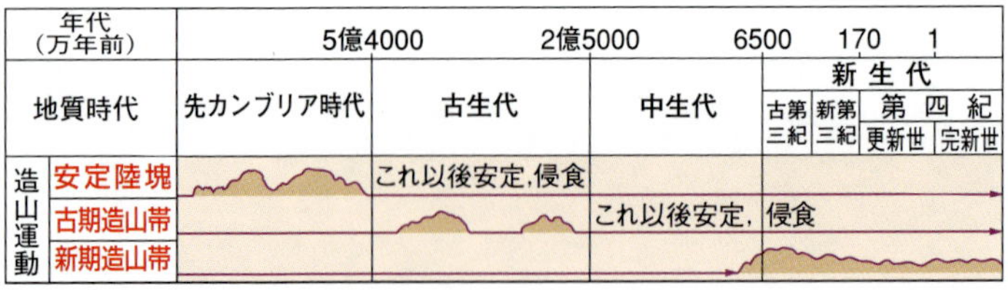

年代 (万年前)		5億4000	2億5000		6500	170	1
地質時代		先カンブリア時代	古生代	中生代	新生代			
					古第三紀	新第三紀	第四紀
							更新世	完新世
造山運動	安定陸塊		これ以後安定,侵食				
	古期造山帯			これ以後安定,侵食			
	新期造山帯							

↑地質時代の区分と造山運動の時期

③ 大陸は動く

1 ウェゲナーの大陸移動説 世界地図をながめていると，アフリカ大陸の西岸と南アメリカ大陸の東岸の海岸線の出入りが，ひじょうによく組み合う形になっていることに気づくはずだ。今から約100年前の1912年，このことに気づき，大陸移動説を発表したのが，ドイツの**ウェゲナー**（1880〜1930年）。彼は，現在の大陸はかつて1つの大陸から分かれてできたと考えた。

2 プレートテクトニクスの考え方 それから約50年後の1960年代に，大陸移動説を科学的に説明しようとした学説があらわれた。これが，**プレートテクトニクス**の理論である。

> **プレートテクトニクス**の理論　覚え得
> ① 地球の表面は，地殻とマントル上層からなる厚さ100kmほどの10数枚の**プレート**（剛体板＝岩石圏の板）からなる。世界地図で確認しよう（→p.37）。
> ② 各プレートは，地球内部の熱で対流を生じている**マントル対流**の流れにのって移動している。
> ③ 各プレートの中央部は安定して安定陸塊となるが，境界部は不安定となり，海溝や大山脈が生じる。

④ 地形の侵食輪廻

侵食によって地形が低くなっていく過程を，アメリカの地形学者デービス（1850〜1934年）は，**地形の侵食輪廻**とよんだ。

①原地形 → ②幼年期（高くけわしい山地。V字谷）→ ③壮年期（低くなだらかな山地）→ ④老年期 → ⑤準平原（侵食されつくした平原。残丘が残る）──侵食基準面（海面）

［隆起準平原］

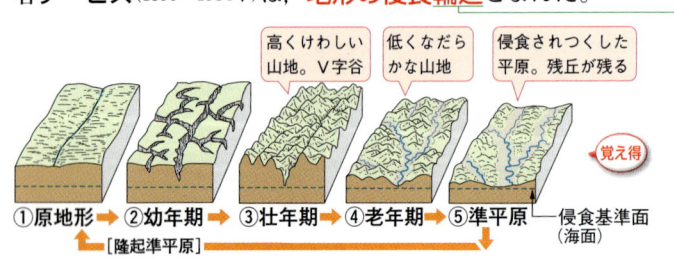

●各プレートの境界では，何が起こっているか？
① 広がる境界
・陸と陸が広がれば，陸はひきさかれて地溝帯ができる。
→東アフリカ大地溝帯。
・海と海が広がれば，大洋底に海嶺（海底山脈）ができる。
→大西洋中央海嶺，東太平洋海嶺，中央インド洋海嶺。
② 狭まる境界
・海洋プレートが大陸プレートの下に沈みこむと，海溝や弧状列島ができる。地震帯や火山帯が多い。
→日本列島と日本海溝など。
・大陸プレートどうしが衝突すると，大山脈を形成する。
→ヒマラヤ山脈など。
③ ずれる境界
2つのプレートが水平にずれ，断層地形を形成する。
→北アメリカ大陸西部のサンアンドレアス断層。

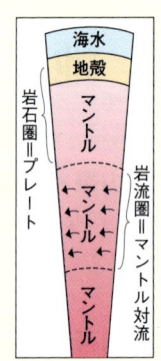

●地球の上層部の構造

海水／地殻／マントル
岩石圏＝プレート
岩流圏＝マントル対流

▶輪廻は仏教用語。生物が生まれて死ぬ過程（ライフサイクル）を永久にくり返すこと。

38　2編　現代世界の系統地理的考察

2 人類の活動する舞台 平野と盆地，海岸

▶ 平野は，平坦な広い地表のこと。周囲を山地に囲まれていれば，盆地ということになる。日本で平野といえば，大半が河川の侵食作用や堆積作用でつくられた堆積平野で，小規模。
▶ ところが，世界は広い。北アメリカ大陸の中央平原などの侵食平野は，日本のスケールでは考えられないような広大さである。

1 侵食平野

侵食平野は，安定した地殻（**安定陸塊**など）が，長い間に侵食されてできた地形。**構造平野と準平原**がある。日本にはない。

1 構造平野 元来，構造的に平野であり，大平原となる。古い地層がほぼ水平に堆積して，地表面の起伏は小さい。つまり，地質構造上からして平野なので，この名称がつけられた。卓状地（→p.37）は，構造平野になっていることが多い。

① **ケスタ**…構造平野に含まれる。**硬い地層と軟らかい地層がゆるやかに傾斜**して順に堆積していると，長い年月の間に軟らかい地層の侵食が進み，硬い地層は低い丘陵となって残される。**パリ盆地**のケスタ地形はあまりにも有名だが，ほかに，ロンドン盆地，五大湖周辺にもみられる。

② **メサとビュート**…ケスタ同様，硬軟の地層が互層をなしていても，**地層がほぼ水平の場合**は，硬い部分がテーブル状に台地や丘陵として残り，**メサ**となる。一方，メサがいっそう侵食されて塔状になったものを**ビュート**という。下図(右)で，その特徴をつかんでおこう。

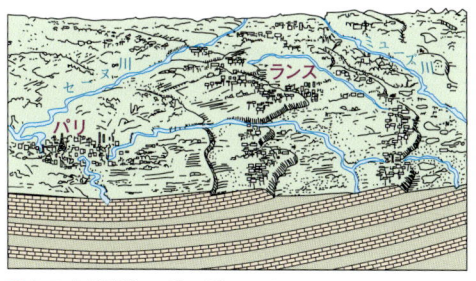

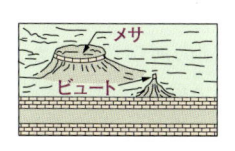

↑ケスタ地形とメサ，ビュート

2 準平原 山地が侵食されつくして平坦化した地形。ところどころに侵食されずに残った**残丘**（**モナドノック**）がみられる。楯状地（→p.37）の多くは，準平原となっている。

プラスα

●**構造平野の代表例**
北アメリカの中央平原，東ヨーロッパ平原，西シベリア低地，オーストラリアのグレートアーテジアン（大鑽井）盆地など。また，アフリカ大陸の大部分，ブラジル高原などの台地や高原も地質構造上，構造平野に分類される。

●**構造平野と準平原とは，どうちがうか？**
構造平野も準平原も侵食作用をうけてできた平地だが，構造平野は水平に堆積した地層からなり，地形的にも地質構造上でも平坦面つまり平野である。これに対し，準平原は低い山や谷からなる複雑な地質構造の地形が，侵食されつくしてつくられた平坦面だ。

パリ盆地のケスタ地形
セーヌ川中流に位置するパリは，ケスタ地形によってつくられた盆地に発達した都市。パリの東方にあるランスはシャンパーニュ地方の中心で，周辺ではケスタ地形の傾斜地を利用したぶどう栽培がさかん。シャンパンという酒が有名。

2章 自然環境―地形環境 39

2 沖積平野

河川や海，氷河などの堆積作用によってつくられた平野を，**堆積平野**という。侵食平野に比べると一般に小規模である。堆積平野のうち，完新世（沖積世，今から1万年前～現在）に河川の堆積作用によってつくられた平野をとくに，**沖積平野**という。わが国には沖積平野（三角州，扇状地など）が多く，重要。

1 扇状地
山麓（谷の出口）に扇形に広がる堆積地形。河川が山地から運んできた土砂を堆積させて，ゆるやかな傾斜地がつくられる。
▶平野に出たところで河水の流速が小さくなるから

① **堆積した土砂は，つぶの大きな砂れき質。だから，**…水は**扇央**（扇状地の中央部分）で地下にしみこみ，伏流水となり，河川は**水無川**となる場合もある。そのため，扇央では水が得にくく，水田に向かないので，畑や果樹園にする。

② **扇央で伏流した水は，どこで地上にあらわれるか？**〈テストに出るぞ！〉
…**扇端**（扇状地の円弧の部分）でわき水（湧水）となって地上に出る。だから，扇端では水が得やすく，集落や水田ができる。

2 氾濫原
河川が洪水によって土砂を運搬，堆積して形成した平坦地。自然堤防や後背湿地がみられる。

① **ほとんど平坦な地形。だから，**…河川はゆるやかに**蛇行**（曲流）。洪水などをきっかけに蛇行した河川の堤防が切れると，河川の一部がとり残されて，**三日月湖（河跡湖）**となる。

② **低湿地が多い。だから，**…洪水が起こりやすく，洪水になると河川からあふれた水は流速をおとし流路にそって土砂を堆積させ，**自然堤防**とよばれる微高地をつくる。この自然堤防には，畑や集落ができている。一方，自然堤防のまわりには水はけの悪い低湿地が広がる。これを**後背湿地**といい，おもに水田に利用されている。

3 三角州（デルタ）
海や湖の河口にできた堆積地形。河川は分流，蛇行。土砂はこまかい砂や泥で，ほとんどが平坦な低湿地。土壌は肥沃で，古くから農地や人口密集地となっている。
▶ギリシャ文字のΔの文字に形が似ている

◎扇状地・氾濫原・三角州の地形

●平野の形成時期
侵食平野（構造平野や準平原）は安定陸塊などの古い地層が5億年以上の長い年月の間に侵食されてできた地形だ。

これに対して，堆積平野は新生代第四紀の完新世（沖積世）[→沖積平野]と更新世（洪積世）[→洪積台地]につくられた地形である。人間生活にとってとくに重要な沖積平野は，わずか1万年の間につくられてきた，とても若い平野である。

●天井川
河床（川床）が周囲の平地よりも高い川。川の下を鉄道や道路が通る場合もある。自然堤防がしだいに高くなったり，堤防をかさあげしたりしてできる。中国の黄河や，琵琶湖東岸の野洲川，島根県の斐伊川などの天井川が有名。なお，琵琶湖東岸の草津川は，新幹線や国道1号線の上を流れていたが，洪水防止のために，新しい放水路が建設された(2002年)。

◎扇状地の断面
扇央部は水の便が悪いわけを理解しよう。

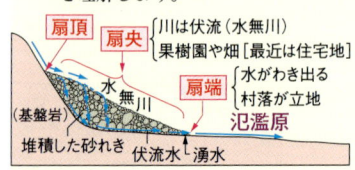

◎いろいろな形状の三角州

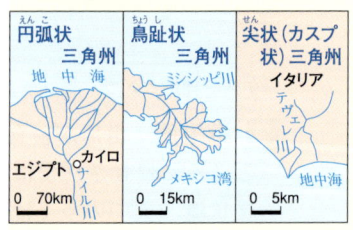

円弧状三角州	鳥趾状三角州	尖状（カスプ状）三角州
地中海 エジプト ナイル川 カイロ	ミシシッピ川 メキシコ湾	イタリア テヴェレ川 地中海
0 70km	0 15km	0 5km

4 **谷底平野** 山あいの谷間に河川が側方侵食(谷壁を削る)や堆積をくり返して形成された平野。

③ 洪積台地

洪積台地は，更新世(洪積世，約170万年前～約1万年前)に形成された堆積平野が，後の時代に隆起してできた台地。全般に水が得にくいので，開発が遅れた。

1 **河岸段丘** 河川の両岸にみられる階段状の地形。隆起した回数に応じて**段丘崖**が形成される。

2 **海岸段丘** 海底の平坦な**海食台**(海食棚)と傾斜の急な海食崖が離水して形成された階段状の地形。

● **河岸段丘と海岸段丘**
① 河岸段丘…天竜川の伊那盆地(長野県)，利根川支流の片品川(群馬県)，相模川上流の桂川(山梨県)など。
② 海岸段丘…野寒布岬(北海道)，室戸岬や足摺岬(高知県)など。

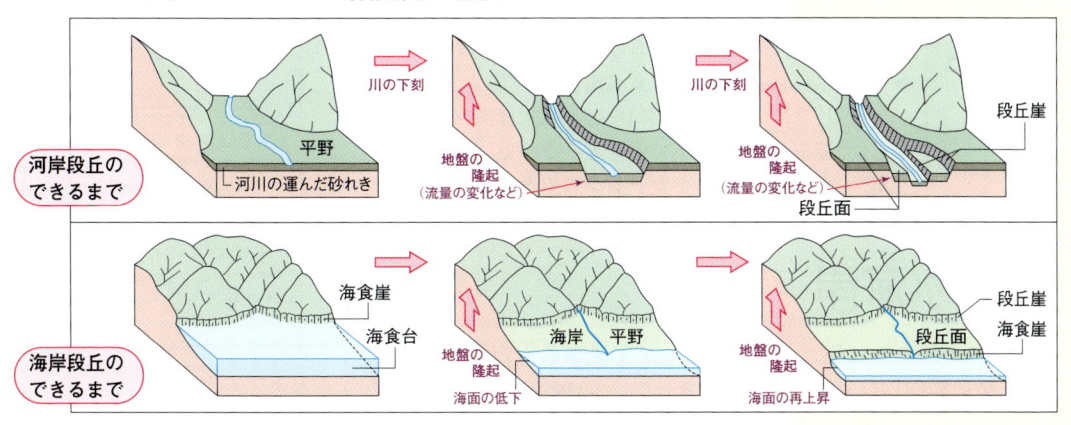

● **隆起扇状地や隆起三角州**
更新世のころできた扇状地や三角州が隆起して一段と高くなった台地。関東地方の武蔵野，下総台地，青森県の三本木原，静岡県の牧ノ原，磐田原，三方原の各台地など。

河岸段丘のできるまで

海岸段丘のできるまで

④ 海岸平野

海底の堆積面や海食による海食台が隆起したり，海面低下により相対的に上昇して陸化したものを**海岸平野**という。九十九里平野や宮崎平野，アメリカの大西洋岸平野などが好例。

⑤ 盆　地

1 **断層盆地** 両側を断層崖で区切られた**地溝盆地**(諏訪盆地，京都盆地，タリム盆地など)と，一方側だけを断層崖で区切られた**断層角盆地**(亀岡盆地など)とがある。
▶京都府

2 **曲降盆地** 地層が中心に向かって四方からたわみ下がってできた盆地。パリ盆地，コンゴ盆地，グレートアーテジアン(大鑽井)盆地が有名。一般に，**自噴井**ができやすい。
▶オーストラリア

◎ 盆地の断面図

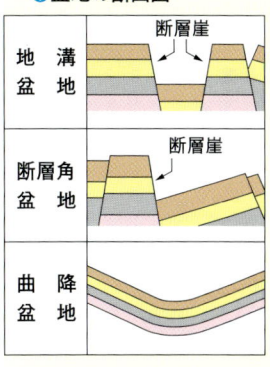

地溝盆地

断層角盆地

曲降盆地

2章　自然環境―地形環境　41

❻ 沈水海岸

海面の上昇または陸地の下降によって形成された海岸を，**沈水海岸(沈降海岸)**という。次の３つが重要。

リアス海岸	▶山地が沈水し，谷の部分は入り江や湾になる。海岸線はのこぎりの歯のように，出入りがはげしい。 ▶天然の良港。平野が少なく，大都市は発達しない。 ▶三陸海岸(岩手県)，若狭湾(福井県)など世界各地。
フィヨルド(峡湾)	▶氷食によるU字谷(両側は絶壁)が，海に沈水。 ▶リアス海岸より，入り江や湾の奥行きが長い。 ▶ノルウェー西岸のほか，グリーンランド，アラスカ，チリ南部，ニュージーランドの南島の海岸。
エスチュアリ(三角江)	▶河川の河口が沈水してできたラッパ状の入り江。 ▶背後に平野が展開し，大きな港[貿易港]が発達。 ▶テムズ川[ロンドン]，エルベ川[ハンブルク]，ラプラタ川[ブエノスアイレス]など。以上は河口に発達した[都市]名とセットで覚える。その他，ガロンヌ川，セーヌ川，セントローレンス川など。

❼ 離水海岸

海面の下降または陸地の上昇によって形成された海岸を，**離水海岸(隆起海岸)**という。海底が離水すると**海岸平野**(→p.41)，海食崖をもった海岸平野が隆起すると，**海岸段丘**(→p.41)ができる。

🔽**海岸の小地形**　砂浜海岸には，各種の小地形がみられる。

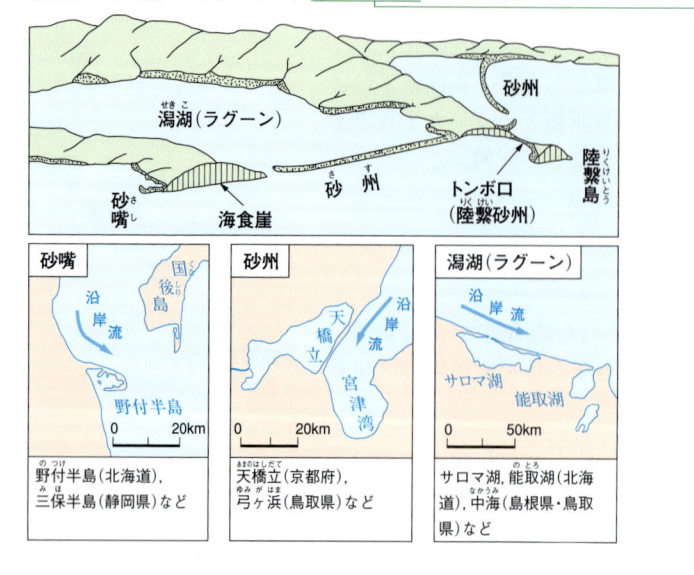

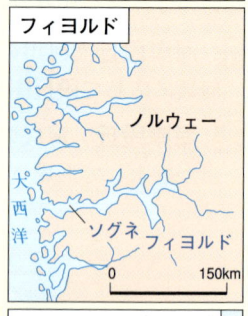

図：潟湖(ラグーン)，砂州，砂嘴，海食崖，トンボロ(陸繋砂州)，陸繋島

砂嘴：野付半島(北海道)，三保半島(静岡県)など
砂州：天橋立(京都府)，弓ヶ浜(鳥取県)など
潟湖(ラグーン)：サロマ湖，能取湖(北海道)，中海(島根県・鳥取県)など

地図：リアス海岸（スペイン）
地図：フィヨルド（ノルウェー，ソグネフィヨルド）
地図：エスチュアリ(三角江)（イギリス，テムズ川，北海）

●**ソグネフィヨルド**
ノルウェーのソグネフィヨルドは，幅は平均5kmだが，奥行きは204kmもある。水深は最大で1208mに達する。世界最大級の規模だ。

海岸から堆積物が海へ突き出た地形が**砂嘴**，砂嘴が成長したものが**砂州**，砂州により閉じこめられた湖が**潟湖(ラグーン)**，陸地と島(**陸繋島**)を結ぶ砂州が**トンボロ(陸繋砂州)**。

●**陸繋島の代表例**
函館山(北海道)，潮岬(和歌山県)，男鹿半島(秋田県)，志賀島(福岡県)，ジブラルタル(イギリス領)など。

3 特異な地表のようす 特色のある地形

▶ここでの内容は，カルスト地形をのぞき，日本ではあまりお目にかかれない「珍しい地形」ばかり。現物を実際に目でみる機会が少ないので，理解しにくいかもしれない。
▶しかし，氷河地形，乾燥地形，カルスト地形と，特異なものばかりなので，一度聞いたら忘れられないはず。

1 氷河地形

氷河地形は，更新世（洪積世，約170万年前〜約1万年前）の氷期に，氷河の侵食により形成。氷河には，**山岳氷河**と**大陸氷河**がある。

1 山岳氷河 〈テストに出るぞ！〉 高山にできる氷河。万年雪になりやすい山岳地帯に次のような氷食地形を形成。
① **カール（圏谷）**…山頂部にできる椀でえぐったような丸い谷。
② **U字谷**…山腹にできるU字形の谷。谷底が広い。
③ **モレーン（氷堆石）**…氷河によって運搬された砂れきや粘土が堆積したもの。谷がせきとめられると，**氷河湖（氷食湖）**ができる。モレーンは平野部にも分布。

2 大陸氷河 高緯度地方では低地にも氷河地形がみられる。ヨーロッパのアルプス山脈以北や北アメリカの五大湖以北は，氷期に**大陸氷河（氷床**ともいう）におおわれていた。大陸氷河の移動した跡には，氷河湖（氷食湖），**エンドモレーン（終堆石）**，ドラムリン，エスカーなどの地形を形成。

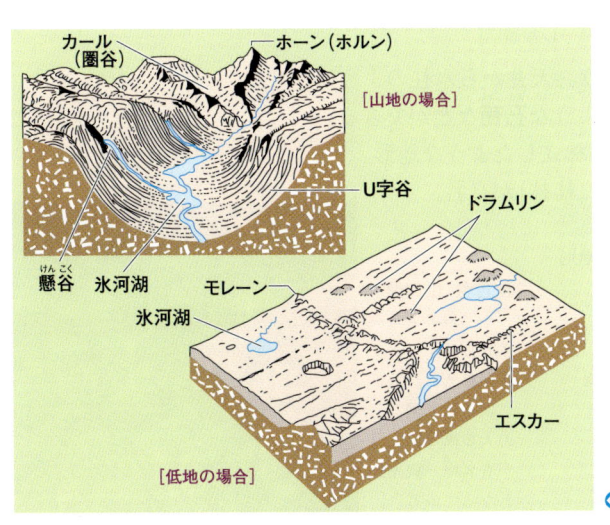

＋プラスα

●山岳氷河による小地形
①ホーン（ホルン）…氷食作用で形成されたするどい峰。アルプス山脈のマッターホルン山が有名。
②懸谷…本谷（本流）と支谷（支流）との間の急な崖。水流は滝や早瀬をつくる。カールの「圏谷」と区別する。

●大陸氷河による小地形
①ドラムリン…エンドモレーンの内側に，氷河の流動方向にそって形成された楕円形の円頂丘群。
②エスカー…氷河にそって堆積された線状の低い堆石丘。

▶現在は，南極やグリーンランドにみられる。

日本にもある氷河地形と氷河
カールは，わが国では，穂高岳（長野県・岐阜県）の涸沢，剱岳や薬師岳（以上富山県）などの日本アルプス，北海道の日高山脈にみられるだけだ。
富士山（静岡県・山梨県），乗鞍岳（長野県・岐阜県），八ケ岳（長野県・山梨県）などは最後の氷河期以後に起こった噴火によって形成された火山で，氷河地形はみられない。
なお，2012年に立山と剱岳で，氷河そのものが存在することが分かった。

◯いろいろな氷河地形

2章 自然環境―地形環境

2 乾燥地形

1 砂漠　砂漠といえば，一面の砂原を思いうかべると思うが，砂砂漠はむしろ少なく，全体の80％は岩石砂漠か礫砂漠。
① **砂砂漠（エルグ）**…砂漠全体の約20％を占めるのみ。リビア，アルジェリアに多く分布。
　▶シグマ先生の世界巡り→p.192
② **岩石砂漠（ハマダ）と礫砂漠**…風で表層の砂が運び去られ，基盤岩石が露出したり，岩が風化によってくだかれた荒野。

2 いろいろな乾燥地形
① **ワジ（涸川）**…降雨の直後しか水が流れない涸れた水無川。
② **塩湖**…水分の蒸発がはげしく，海に出口をもたないため塩分の濃度が濃い湖。西アジアの**死海**，アメリカの**グレートソルト湖**が代表例。
③ **外来河川**…湿潤地域に源流をもち，乾燥地域を貫流する河川。ナイル川，ティグリス川やユーフラテス川，インダス川などが代表例。これらの河川の流域では，降水量はきわめて少ないが，外来河川がオアシスとなって古代文明が発達した。

3 カルスト地形

カルスト地形は，**石灰岩**からなる地域が，雨水（大気中の二酸化炭素＝CO_2がわずかに溶けた弱い炭酸水）に**溶食**されてできた地形。中国のコイリン（桂林）や，山口県の秋吉台などは，特異な景観によって観光地となっている。
　▶シグマ先生の世界巡り→p.188
① **溶食により形成された地表の凹地**…小さい順に，
　　ドリーネ　＜　ウバーレ　＜　ポリエ（溶食盆地）　となる。
　　［すり鉢状の凹地］　［ドリーネの結合］　［ウバーレが連結］
② **地下にできた空洞**…**鍾乳洞**という。天井から氷柱のように垂れ下がった**鍾乳石**，たけのこのような**石筍**などができる。
　▶「鍾」の字は「鐘（かね）」ではない
③ **カレンフェルト（石塔原）**…墓石が林立したような地形。
④ **タワーカルスト**…中国のコイリン（桂林）が有名。

● **メサやビュートも乾燥地形？**
　構造平野上のメサやビュート（→p.39）の地形も，実は乾燥地帯に多く，風化による侵食の進んだ地形だ。アメリカのグランドキャニオンやモニュメントヴァレーなどが有名。
　▶シグマ先生の世界巡り→p.8

▶ワジはアラビア語で「河谷」を意味する。サハラ砂漠では，商人の交易路（隊商路）として使用されている。

▶グレートソルト湖は塩分の濃度が海水の約6倍もあり，魚類をはじめ生物は生息できない。

● **内陸河川**
　海（外洋）に出口をもたない河川。乾燥地域に多くみられ，中央アジアのアムダリア川やシルダリア川などが有名。

▶カルストの名称の由来は，スロベニア西部のカルスト地方に，典型的な石灰岩の溶食地形が発達しているところからきている。

◆カルスト地形
（図：ポリエ（溶食盆地），ウバーレ，ドリーネ，鍾乳石，石灰岩層，鍾乳洞，カレンフェルト（石塔原））

➡秋吉台（山口県）
小凹地のドリーネとカレンフェルトがみえる。地下にある秋芳洞などの大規模な鍾乳洞が有名で，観光地となっている。

テスト直前チェック　定期テストにかならず役立つ！

1. □ 全地表面積に占める陸地と海洋の比率は，およそ何：何か？
2. □ アパラチア山脈，ウラル山脈などが属する造山帯を，何というか？
3. □ プレートの移動により，地球表面のさまざまな地学現象を説明しようとする考え方は？
4. □ 古い基盤岩の上の水平な地層が長期にわたって堆積した侵食平野を，何というか？
5. □ パリ盆地など，硬軟の互層が緩傾斜と急崖をなしている地形は？
6. □ 扇状地で伏流水が湧出し，集落や水田がみられるところは？
7. □ 氾濫原上で河川にそって形成された微高地を，何というか？
8. □ 河床が河川の両側の平地面より高くなった河川を，何というか？
9. □ 隆起扇状地や段丘など，沖積面より一段高いところに位置する台地を，何というか？
10. □ 何回かの隆起により，河川の流路にそって形成された階段状の地形は？
11. □ 日本の三陸海岸や若狭湾など，山地が沈水してできた，出入りのはげしい海岸は？
12. □ 氷河による深いU字谷に海水が侵入した，下の写真❷のような地形は？
13. □ 河口部が沈水してラッパ状になった地形を，何というか？
14. □ 砂浜海岸で，沿岸流の堆積物が鳥のくちばし状に海に突き出して陸化した地形は？
15. □ サロマ湖や旧八郎潟など砂州によって海から切り離された湖を，何というか？
16. □ 函館や潮岬の串本など，陸地と島とを結ぶ砂州を，カタカナで何というか？
17. □ 山頂付近で，氷河の侵食によりできたお椀状の丸い谷を，カタカナで何というか？
18. □ 乾燥地域で，降雨の直後しか水が流れない涸れた水無川を，カタカナで何というか？
19. □ 湿潤地域に源流をもち，乾燥地域を貫流する河川を，何というか？
20. □ 石灰岩地帯で，溶食により形成された小さなすり鉢状の凹地を，何というか？

解答

1. 3：7
2. 古期造山帯
3. プレートテクトニクス
4. 構造平野
5. ケスタ
6. 扇端
7. 自然堤防
8. 天井川
9. 洪積台地
10. 河岸段丘
11. リアス海岸
12. フィヨルド（峡湾）
13. エスチュアリ（三角江）
14. 砂嘴
15. 潟湖（ラグーン）
16. トンボロ
17. カール
18. ワジ
19. 外来河川
20. ドリーネ

テストに出る写真 チェック❷

3章 自然環境 ―気候環境

→熱帯のマングローブ林

1 気候って何だ？ 世界の気候

▶ 世界各地の気候には，大きなちがいがみられる。最も気温の高くなりやすいのは，北アフリカから西アジアにかけてで，50℃を越える日もある。こうなると毛布で身体を包みこんでいたほうが涼しい。一方，極寒の地＝南極では−80℃以下になることがある。
▶ こうした大きなちがいは，なぜ起こるのだろうか。

1 気候とは何？

大気は，気温や雨（雪），風などを刻々と変化させているが，時間的な大気の状態のちがいによって，次のように分けられる。
- 気象…ある一定時刻における大気の現象。
- 天候…1～2日など短期間の大気の現象。
- 気候…気象や天候の長年にわたる平均的な大気の状態。

2 気候要素と気候因子

1 **気候要素** 気候を構成し表現するもの。**気温，降水量，風**（気候の3大要素）のほか，日照時間，湿度，気圧，蒸発量など。

2 **気候因子** 気候要素に影響を与えるもの。緯度，高度，水陸分布，隔海度（海に近いか内陸にあるか），大陸の東岸か西岸かといった相対的位置，海流など。

3 世界の気温分布の特色

① 等温線は緯線にほぼ平行する。 〔テストに出るぞ！〕
つまり，気温は低緯度ほど高く，高緯度ほど低い。これが気温分布の原則。ただし，世の中，原則どおりいかぬのも常識。

プラスα

●世界の気候に関するデータ（観測している地点での記録）

〔最高気温〕
世界…56.7℃ ファーニスクリーク（アメリカ）
日本…41.0℃ 江川崎（高知県）

〔最低気温〕
世界…−93.2℃ 南極大陸東部
日本…−41.0℃ 旭川

〔最大年降水量〕
世界…26467mm チェラプンジ（インドのアッサム地方）
日本…6294mm 屋久島（鹿児島県）

こんないい方笑われるゾ
「今朝の気候は快晴だ。」
「パリの天候は，さわやかで住みやすい。」
　もうおわかりと思うが，上のいい方，気候と天候を入れかえると正しくなる。

1月の世界の気温分布

等温線の状態から北半球が冬となる1月では，大陸の西岸が東岸より暖かいことが分かる。

また，シベリア北東部（オイミャコン，ヴェルホヤンスク付近）に極端に気温の低いところがあり，「北半球の寒極」となっている。

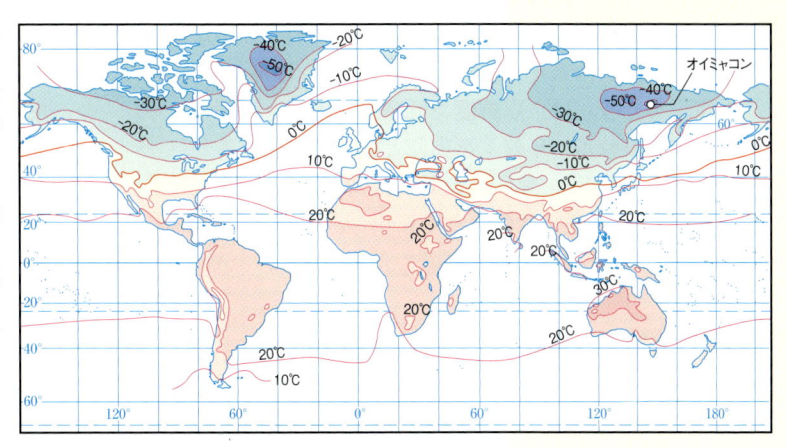

② 大陸の西岸と東岸を比べると
- 西岸…夏涼しく，冬暖かい。
- 東岸…夏は暑く，冬は寒い。

例えば 冬の**西ヨーロッパ（大陸の西岸）**は，高緯度にも関わらず，日本など**東アジア（大陸の東岸）**より温和な気候。

なぜか 西ヨーロッパでは，**暖流の北大西洋海流**と，その上を吹いてくる風（**偏西風**）の影響で，高緯度まで温和。こうした気候を，**西岸海洋性気候**という。東アジアでは，**季節風（モンスーン）**の影響で，夏は暑く，冬は寒くなる。

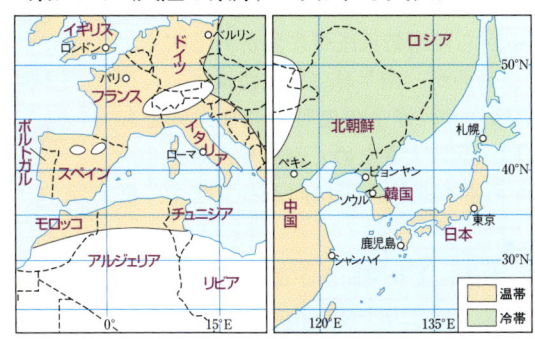

↑大陸の西岸（左）と東岸（右）の気候帯
同じ緯度でもずいぶん気候が異なる。

③ **気温は高度が上がるにつれて低下する。** テストに出るぞ！
一般に，**100m上昇するごとに気温は平均0.65℃低下**する。▶0.55℃とする場合も
この0.65を**気温の逓減率**という。

例えば 平地の気温が20℃であれば，富士山頂の気温は，
▶0m　　　　　　　　　　　　　　　▶3776m
$$20℃ - \left(0.65 × \frac{3776}{100}\right) = -4.544 ≒ -4.5℃ となる。$$

④ 気温の較差

- **日較差**…1日の最高気温と最低気温の差。
- **年較差**…最暖月と最寒月の月平均気温の差。

●真夏日，真冬日，熱帯夜

最高気温が30℃以上になる日を**真夏日**という。東京では年間平均で48.5日，札幌では8.0日，鹿児島では76.8日である。

これに対し，最高気温が0℃未満の日を**真冬日**という。東京では年間平均で0.0日，札幌では45.0日，旭川では76.0日である（統計期間は1981～2010年，「理科年表」による）。

また，真夏には深夜になっても気温が下がらず，寝苦しい夜がつづくことがある。1日の最低気温が25℃より下がらない夜を**熱帯夜**という。

●海面更正

高所で測定した気温を海面上のものに計算しなおすこと。等温線図では，地形の高さの影響をとりのぞくために，海面上の気温に計算しなおして表現される。

●世界の気温の年較差

東京の年較差は21.3℃。日本は東岸気候で，寒暖の差が大きいといわれるが，シベリア北東部のオイミャコンでは，なんと年較差が61.2℃にもなる。

3章 自然環境—気候環境　47

① 気温の日較差の大小を比較すると，次のようになる。
　晴天＞曇天(雨天)，内陸＞海岸，砂漠＞森林
② 気温の年較差は，高緯度＞低緯度，内陸＞海岸となる。
③ 気温の日較差，年較差を内陸と海岸で比較すると，

　｜内陸…日較差，年較差ともに大〔乾燥〕→**大陸性気候**。
　｜海岸…日較差，年較差ともに小〔湿潤〕→**海洋性気候**。

したがって，内陸部ほど寒暖の差が大きく，気候が乾燥する。

▶日中は50℃以上，夜間は氷点下に下がることも

5 世界の風

風はなぜ起こるか 　地球の自転や海洋，大陸の分布により気圧に差ができ，気圧の高いところから気圧の低いところへの大気の流れ(＝風)が生じる。風は次のような種類がある。

1 恒常風　ほとんど年中，一定方向に吹く風。
① 貿易風…亜熱帯高圧帯から熱帯収束帯に向かって吹く，東よりの風。北半球では北東風，南半球では南東風。
② **偏西風**…亜熱帯高圧帯から亜寒帯低圧帯に向かって吹く，西よりの風。北半球では南西風，南半球では北西風。

影響　西ヨーロッパでは，大西洋上の温暖湿潤な大気をもたらして気候を和らげ人間生活に大きなめぐみを与える。

③ **極偏東風**…極高圧帯から亜寒帯低圧帯に向かって吹く，東よりの寒冷な風。

2 季節風(モンスーン)　季節により風向きが逆になる風。

なぜ起こるか　大陸は海洋より暖まりやすく冷めやすい。その結果，気圧の差が生じ，季節風となる。

　｜夏…**海洋から大陸**へ吹く。高温で湿潤な風→降水が多い。
　｜冬…**大陸から海洋**に向かって吹く。寒冷で乾燥した風。

影響　季節風はアジアの南東部でとくに顕著で，この地方に稲作を発達させた(→p.66)。

3 熱帯低気圧にともなう風　はげしい暴風雨をもたらす。発生する地方によって，名称がちがうことに注意。

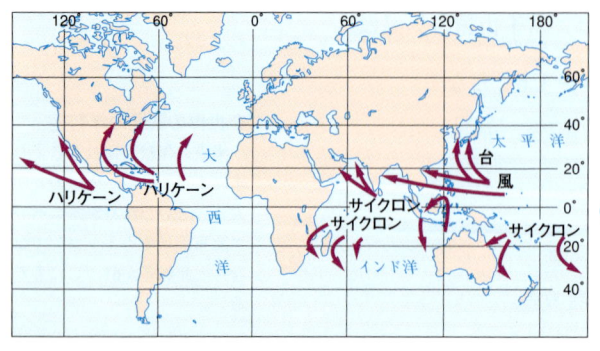

●発達した熱帯低気圧による暴風雨

● **ジェット気流**
　偏西風帯の高度約1万mの上空に吹く強い西風。風速30〜100m／秒。その強弱や風向きは，梅雨前線や台風の進路などに影響を与える。

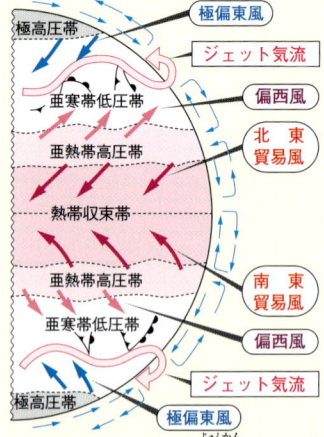

↑世界の風(大気の大循環)

● **転向力と風向き**
　地球の自転により，北半球では進行方向に対して右向きに，南半球では進行方向に対して左向きに力がかかる。これを転向力という。風が緯度により「東より」や「西より」になるのは，この転向力の影響による。

↓アジア南東部の季節風

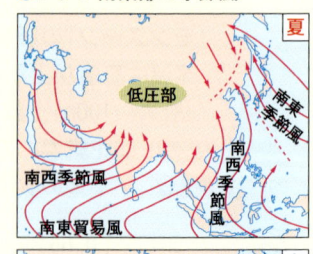

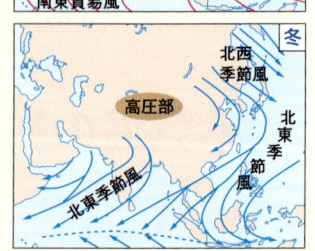

4 地方風（局地風）　特定の地域に限って吹く風。

名　称	性　質
フェーン	アルプス山脈越えの**高温で乾燥した風**。現在は高温乾燥風の世界共通のよび方になっている。
海風 陸風	海岸地方で，日中に海から陸へ吹く風が**海風**，夜間に陸から海へ吹く風が**陸風**。なお，海風と陸風の交代時（1日2回）は，**凪**とよばれる無風状態。
山風 谷風	山地で，日中に斜面にそって上昇する**谷風**（川風）が発生し，夜間には山頂付近から谷（川）へ向かって吹き下ろす**山風**が起こる。

◯地中海沿岸に吹く風
アドリア海に向かって吹く**ボラ**，ローヌ河谷を通る**ミストラル**は，乾燥した寒冷風。**シロッコ**は，春にサハラ砂漠から吹きつける熱風で，エジプトではカムシンという。

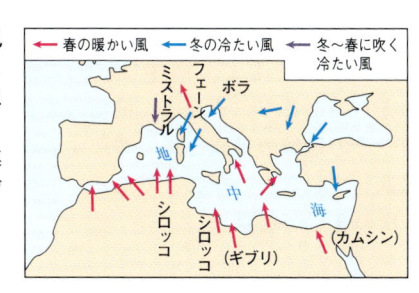

← 春の暖かい風　← 冬の冷たい風　← 冬～春に吹く冷たい風
ミストラル　フェーン　ボラ　地中海　シロッコ　シロッコ（ギブリ）　（カムシン）

6 世界の降水量

1 降水量の分布　地球全体でみると，
① **熱帯収束帯で最も多く，高緯度地方へいくほど少ない。**
　ただし，亜熱帯高圧帯は極端に降水量が少ない。
② **海岸部で多く，内陸部で少ない。**

2 降水の種類　雨の降る原因によって分けられる。
① **対流性降雨**…上昇気流がもたらす降雨。熱帯のスコールや日本の夏にみられる**夕立**などの雨。
② **地形性降雨**…湿った空気が山地の斜面を上昇するとき降る雨。山地の反対側の風下斜面では乾燥する。
③ **前線性降雨**…暖かい気流と冷たい気流の接触によって起こる降雨。温暖前線，寒冷前線による雨。
④ **低気圧性降雨**…低気圧にともなう雨。

世界の多雨地域（年降水量8000mm以上）　覚え得
インドのアッサム地方
ギニア湾岸のカメルーン山地　｝すべて風上斜面にある。
ハワイのカウアイ島北東部

●フェーン現象
湿った空気が山地を越えて風下側に吹き下ろすとき，乾燥した熱風となる現象。

湿った空気が山の斜面をはい上がるとき，水蒸気が飽和し雲ができる。雲ができる場合は−0.5℃/100m，そうでない場合は−1.0℃/100mで気温が下がる。風が山を越えて吹き下りるとき，雲がない場合は＋1.0℃/100mで気温が上がり，結果風上側より風下側の気温が高くなる。

ただし，これらの空気は風が吹いて山にぶつかり，無理に高度が上下している場合であり，気温の逓減率0.65℃/100mはあてはまらない。

◯フェーン現象による気温変化の計算例

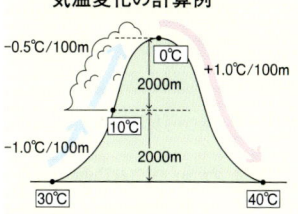

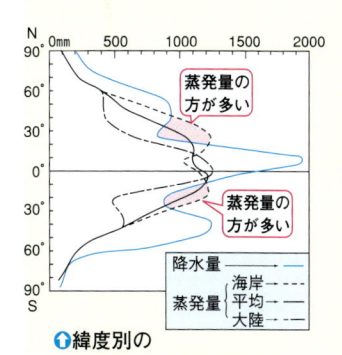

−0.5℃/100m　0℃　＋1.0℃/100m
2000m
10℃
−1.0℃/100m　2000m
30℃　40℃

◯緯度別の降水量と蒸発量の変化

蒸発量は気温との関係が大きいので，低緯度で大きく，高緯度ほど小さい。南北回帰線（23°26′）付近は，亜熱帯高圧帯におおわれ，降水量が少ないので，蒸発量が降水量を上回り，乾燥する。

2 ケッペンの気候区分は今も生きている 気候帯と気候区分

▶ 世界には，いろいろな気候がみられる。この狭い日本ですら，北海道と沖縄では気温も降水量も大きくちがう。また，冬の日本海側と太平洋側でも極端に天気がちがう。
▶ 日本海側ではドカ雪が降っているのに，太平洋側では快晴だ。この小さな島国の日本ですらこうなのだ。いわんや広い世界では，熱帯から寒帯まで各種の気候がみられる。

1 ケッペンの気候区分

1 区分の基本原則 ドイツの気候学者**ケッペン**は，気候のちがいをうまく反映させるもの（指標）として，**植生**(植物)に着目した。ココがケッペンのえらいところ。それは，植物の生育する条件は，農作物の分布やその地域の景観と深く関連するので，人間生活を調べるのに適しているということである。
▶1846〜1940年
▶大陸移動説で有名なウェゲナーの義父であることは，あまり知られていない

（ケッペンの気候区分の特徴） 次の３点が重要。
① 植生の分布に着目
② 気温と降水量（降水パターンの季節変化）の組み合わせ
③ 記号の組み合わせで表現

2 ケッペンの気候区分の実際
　まず，**樹木**か**無樹木**かで分類する。乾燥帯をのぞけば，**最暖月に月平均気温が10℃以上あるかないか**が，樹木か無樹木かの区分の基準である。つまり，樹木は，１年のうち１か月でも平均気温が10℃以上にならないと，生育しない。

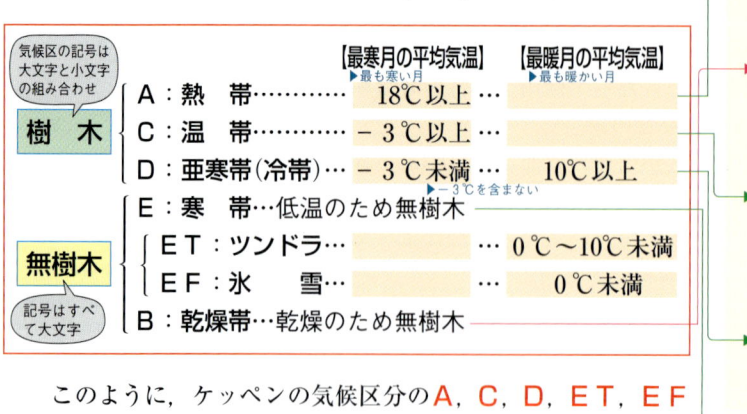

		【最寒月の平均気温】▶最も寒い月	【最暖月の平均気温】▶最も暖かい月
気候区の記号は大文字と小文字の組み合わせ **樹木**	A：熱　帯	18℃以上	
	C：温　帯	−３℃以上	
	D：亜寒帯（冷帯）	−３℃未満 −３℃を含まない	10℃以上
無樹木 記号はすべて大文字	E：寒　帯…低温のため無樹木		
	ET：ツンドラ		０℃〜10℃未満
	EF：氷　雪		０℃未満
	B：乾燥帯…乾燥のため無樹木		

　このように，ケッペンの気候区分の**A，C，D，ET，EF**などの大文字は，すべて気温で分類されていることが分かる。別のいい方をすれば，気温の**18℃，10℃，０℃，−３℃**から，気候区分の大文字の分類ができる（ただし，乾燥帯をのぞく）。

プラスα

●ごく初期の気候区分
　最も簡単なものに，緯度によって区分した気候帯（気候区）の区分法がある。

熱帯	０°〜23°26′
温帯	23°26′〜66°34′
寒帯	66°34′〜90°

　要するに，回帰線と極圏で機械的に区分したものだ。これを勉強するんだったら楽なんだけど…。

○ケッペンらによる気候区分

熱帯	Af：熱帯雨林気候 Aw：サバナ気候 Am：弱い乾季のある熱帯雨林気候
乾燥帯	BW：砂漠気候 BS：ステップ気候
温帯	Cw：温暖冬季少雨気候 Cs：地中海性気候 Cfa：温暖湿潤気候 Cfb：西岸海洋性気候
亜寒帯（冷帯）	Df：亜寒帯湿潤気候 Dw：亜寒帯冬季少雨気候
寒帯	ET：ツンドラ気候 EF：氷雪気候

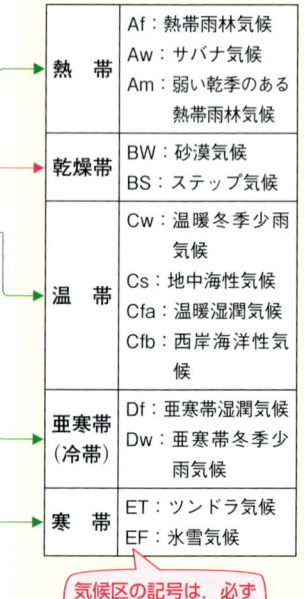

気候区の記号は，必ずすべて覚えておくこと

50　2編　現代世界の系統地理的考察

2 各気候区の判別法

1 熱帯(A気候)の見分け方

熱帯には、次の3つがある。

- **Af**：熱帯雨林気候
- **Aw**：サバナ気候
- **Am**：弱い乾季のある熱帯雨林気候

Aのあとのf, w, mの小文字に注意。 〈覚え得〉

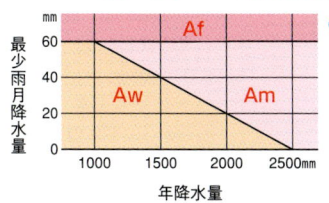

●A, C, D, ET, EFの範囲
　A, C気候は温暖なため、最寒月だけに注意。ET, EF気候は寒冷な気候のため、最暖月に着目せよ。

（グラフ：最少雨月降水量と年降水量によるAf, Aw, Amの区分）

●A気候区分図
① まず、最少雨月でも降水量が60mm以上あれば文句なくAf気候。
② 例えば、最少雨月降水量が20mmで年降水量が1500mmであればAw気候。
③ しかし、これが年降水量が2500mmになると、Am気候となる。

〔A気候の小文字の意味〕
- f：年中多雨
- w：雨季と乾季が明瞭
- m：mittel form(ドイツ語)のmで、fとwの中間型。

まとめ　上のグラフからわかるとおり、
Afは1年を通して湿潤(雨が多い)。
Awは雨季と乾季に分かれる。
Amは、AfとAwの中間型。

▶夏はいつか、よくまちがえるので注意！　北半球なら7～8月、南半球なら1～2月だ。夏や冬を月でみてはダメ。**必ず気温で判断せよ。**

2 温帯(C気候)と亜寒帯(D気候)の見分け方

- **Cw**：温暖冬季少雨気候(温帯夏雨気候)
- **Cs**：地中海性気候(温帯冬季少雨気候)
- **Cfa**：温暖湿潤気候(温帯湿潤気候)
- **Cfb**：西岸海洋性気候
- **Df**：亜寒帯湿潤気候
- **Dw**：亜寒帯冬季少雨気候(亜寒帯夏雨気候)

〈覚え得〉〔その分類方法は〕

① まず、1年のうち雨が多いのは夏か冬かを判断する。
② 夏に雨が多い場合…夏の最多雨月降水量が冬の最少雨月降水量の10倍以上あれば小文字wをつける。
③ 冬に雨が多い場合…冬の最多雨月降水量が夏の最少雨月降水量の3倍以上あれば、小文字sをつける。
④ 上記の②もしくは③にあてはまらなかった(wやsがつかなかった)場合…小文字fをつける。

（以上の作業でCw, Cs, Dw, Dfの判読は終了。Cfの場合のみ⑤へ進もう。）

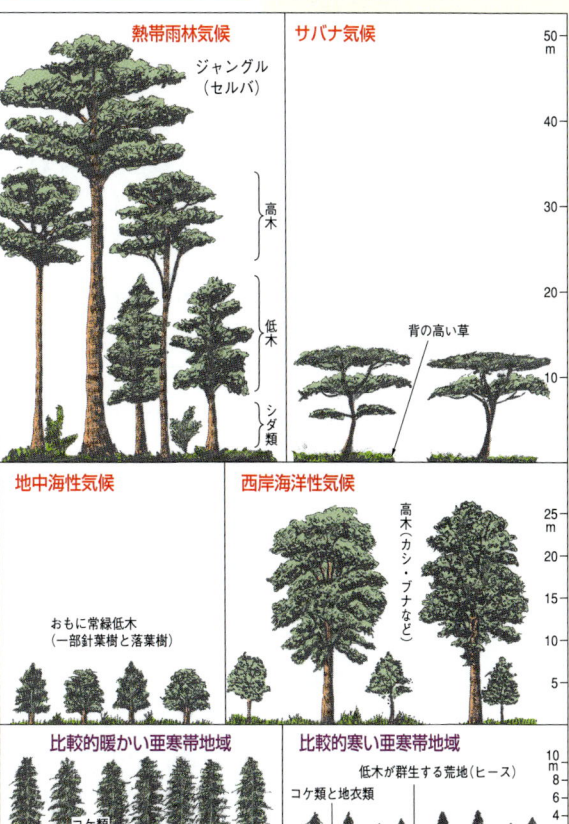

●熱帯(上), 温帯(中), 亜寒帯(下)の植生の比較

3章　自然環境—気候環境　51

⑤ Cfと判別された場合は，最暖月平均気温を22℃で区分する。
- 22℃以上のときは… Cfa→夏は猛暑のCfa。
- 22℃未満のときは… Cfb→夏でも涼しいCfb。

以上で，ややこしいC気候とD気候の判別は完了だ!!

【参考】 温帯の4つの気候区の特色を一口でいうと，

> Cw（温暖冬季少雨気候）……熱帯のAwにつづく亜熱帯
> Cs（地中海性気候）……夏は砂漠のように乾燥する
> Cfa（温暖湿潤気候）……夏は熱帯のように高温多湿
> Cfb（西岸海洋性気候）…夏は涼しく，すごしやすい 〔覚え得〕

③ 寒帯（E気候）の見分け方
E気候は気温だけで判別できる。
- ET：ツンドラ気候……最暖月平均気温0℃以上10℃未満。
- EF：氷雪気候………最暖月平均気温0℃未満。

つまり，ET気候は短い夏の間だけ0℃を超えること。
　　　　EF気候は月平均気温が年中氷点下であること。
▶夏の間は雪や氷が溶ける
▶1日単位では0℃以上になることもある。雪や氷が溶けにくい

④ 乾燥帯（B気候）の見分け方
B気候は，降水量＜蒸発量のとき。

　もちろん降水量の少ないところは，B気候になりやすい。しかし，問題は蒸発量。蒸発量が降水量より多い地域が，B気候となる。蒸発量は気温に関係するので，くわしくは乾燥限界値を使う。しかし，大学入試レベルでも，これが必要となることはまずないので，次の簡便な方法をめやすとしてもよい。

> A気候かC気候（要は最寒月でも－3℃以上）の地域で，
> 年降水量が
> - 250mm未満 ……………… BW：砂漠気候。
> - 250mm以上で500mm未満… BS：ステップ気候。
> - 500mm以上 ……………… B気候でない。

【参考】 農牧業と降水量の関係をみると，

> 年降水量が
> - 250mm以上で500mm未満… 牧羊
> - 500mm前後 …………………小麦の栽培
> - 750mm以上 …………………稲作が可能 〔覚え得〕

⑤ 高山気候Hの見分け方
　高山気候は標高の高い場所でみられる。低緯度地域では，気温の年較差が小さいことが特色。つまり，常春の気候である。
① 気温は温帯の範囲内にある→最寒月平均気温18℃未満。
▶標高がかなり高くなったり中緯度地域になると寒帯の範囲に入る
② 年較差が小さい→温帯のような四季の変化がない。

　以上の①②のとき，H気候と判断する。

● C，D気候の小文字の意味
① 降水のパターンで分類
- f：1年を通じて降水がある。fはfeucht（ドイツ語で湿潤）の頭文字。
- w：wはwinter trocken（ドイツ語で冬乾燥）の頭文字。したがって冬季少雨＝夏雨型となる。
- s：sはsommer trocken（ドイツ語で夏乾燥）のs。したがって冬雨型となる。ただし，sがつくのはCsのみである。

② 次に気温で区分… Cfのみ。
- a：最暖月平均気温が22℃以上。暑い夏となる。
- b：最暖月平均気温が22℃未満。涼しい夏となる。

● 乾燥限界値は，次の式から算出できる。
- t：年平均気温，℃
- r：乾燥限界値。現実の年降水量（mm）と比較。

① w気候の地方では，rを，r＝20(t＋14)で算出。
② f気候の地方では，rを，r＝20(t＋7)で算出。
③ s気候の地方では，rを，r＝20tで算出。

　このあと，rの値を，現実の年降水量R（mm）と比較して，
- $R < \frac{1}{2}r$ ならば→BW。
- $\frac{1}{2}r \leq R < r$ ならば→BS。
- $R \geq r$ ならばB気候ではないことになる。

● Cs気候とBS気候の判読
　よくまちがえるのは，CsとBSの判読である。両者は地域的にも隣接しているので，Csと判断したらr＝20tを算出して確認の必要あり。

3 ところかわれば，気候もかわる 世界の気候区

▶これまで勉強した気候区は，世界で10以上にもなる。これらを全部覚えるのはたいへんなことだが，自分たちの住んでいる土地の気候や植物と比較しながら覚えるとよい。
▶世界の人々の生活や文化を考えるうえで，各地の気候を理解することは大切なことだ。

1 熱帯〔A気候〕 テストに出るぞ！

1 熱帯雨林気候Af　1年中真夏で常夏！

特色　1年中高温多雨で，毎日のように**スコール**がある。常緑の森林におおわれ，p.51のような密林をなす。この**熱帯林**は，東南アジアで**ジャングル**，アマゾン川流域で**セルバ**とよばれる。気温の年較差は小さいが，日較差は大きい。

分布　アフリカのコンゴ川流域（コンゴ盆地），東南アジアの島々，ブラジルのアマゾン川流域など。→赤道付近はAf。
▶マダガスカルの東岸のAfは貿易風の影響で年中多雨

2 サバナ気候Aw　野生動物の王国！

特色　雨季と乾季が明瞭。Af気候の密林と異なり，**疎林**（まばらな林）と丈の高い**草原**（熱帯草原）が広がる。

分布　主としてアフリカ・南アメリカ大陸のAf気候の周辺に分布。ほかに，インド半島，インドシナ半島など。

3 弱い乾季のある熱帯雨林気候Am　稲作がさかん！

特色　Afのうち，とくに**季節風**（モンスーン）の影響をうける。

分布　Afの周辺地域。インド半島西岸やインドシナ半島西岸など。

プラスα

●スコール
　熱帯地方にみられる突風をともなうにわか雨。日中の強い日射によって暖められた上昇気流によって起こる。毎日午後に起こり，日本の夏の夕立に似ている。

●A気候の雨温図とハイサーグラフ

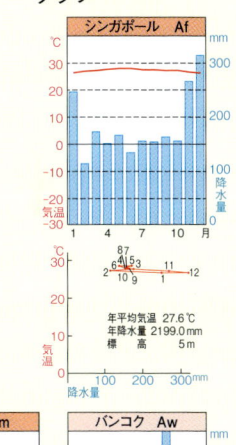

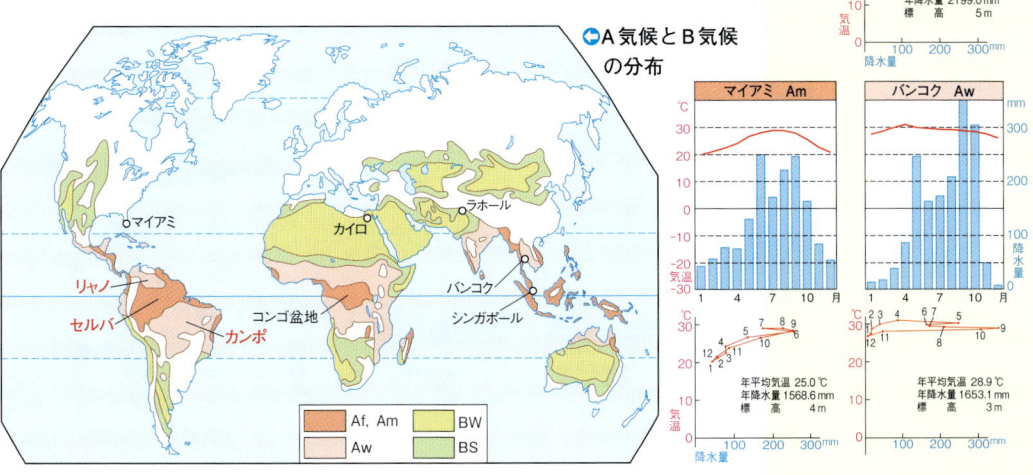

シンガポール　Af
年平均気温 27.6℃
年降水量 2199.0mm
標高 5m

マイアミ　Am
年平均気温 25.0℃
年降水量 1568.6mm
標高 4m

バンコク　Aw
年平均気温 28.9℃
年降水量 1653.1mm
標高 3m

●A気候とB気候の分布

Af, Am / Aw / BW / BS

3章　自然環境―気候環境　53

2 乾燥帯〔B気候〕 テストに出るぞ！

1 砂漠気候BW　乾燥しすぎて無樹木！

特色　砂砂漠もあるが，世界的には岩石むきだしの砂漠の方が多い。年降水量250mm以下。**オアシス**や**外来河川**(→p.44)の流域以外は植物が育たず，動物も極端に少ない。

分布　南北両回帰線付近の亜熱帯高圧帯の地域が中心。

BW気候の要因	●**亜熱帯高圧帯**…サハラ，グレートサンディー砂漠。 ●**内陸部**…海から遠いため。タクラマカン，ゴビ砂漠。 ●**海岸砂漠**…強い寒流の影響。アタカマ，ナミブ砂漠。 　　　　　　　　　　　　　　▶ペルー海流　　▶ベンゲラ海流 ●**山脈の風下側**…パタゴニア地方，ロッキー山脈東麓。 　　　　　　　　▶アルゼンチンのアンデス山脈東側

2 ステップ気候BS　樹木はないが草原が広がる！

特色　**長い乾季と短い雨季**。遊牧や大規模な牧畜，**小麦栽培**。

分布　BW気候を囲んで分布。A・C気候への中間地帯。サハラ南部の**サヘル地方**は，近年，砂漠化が進む(→p.117)。

3 温帯〔C気候〕 テストに出るぞ！

1 温暖冬季少雨気候Cw　亜熱帯の気候！

特色　亜熱帯というイメージが強い。季節風(**モンスーン**)の影響が大で，アジアでは稲作地帯となっている。

分布　**大陸の東岸**で，Cfa気候の低緯度側。ホンコン，中国南部(華南)～インドのガンジス川流域，オーストラリア北東部。アフリカ，ラテンアメリカの一部。
▶標高が高いため気温が下がり，AwではなくCwとなる

2 温暖湿潤気候Cfa　夏は熱帯のように高温多湿！

特色　**緯度のわりに夏は暑く，冬は寒冷**。1年中降水があり，農業がさかん。米(東アジア)，小麦(北アメリカ)の大産地。
▶熱帯の気候　　▶亜寒帯の気候

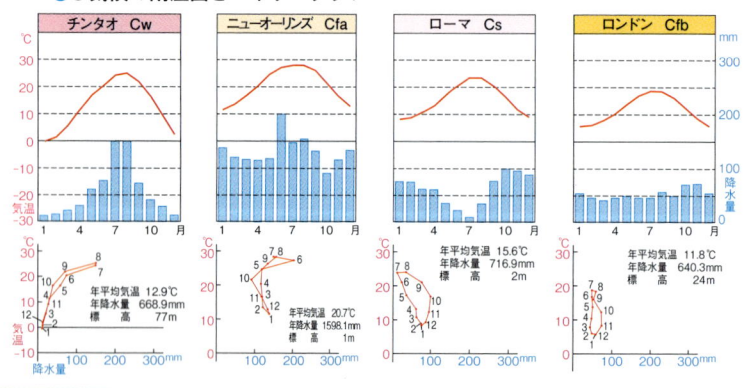

●B気候の雨温図とハイサーグラフ

カイロ　BW　　　ラホール　BS
年平均気温 21.7℃　　年平均気温 24.8℃
年降水量 34.6mm　　年降水量 613.7mm
標高 116m　　　　　標高 214m

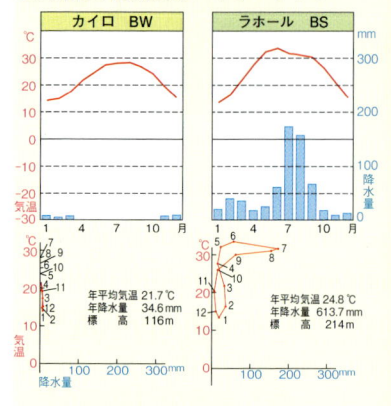

●オアシス

砂漠中の緑地のこと。地下水がわきだし，植物が茂り，集落が発達。

海岸付近になぜ砂漠？

本来，海岸は海洋性気候だから湿潤なはず。にもかかわらず砂漠となるのは，なぜか？　じつは，沖合を流れる**寒流**が犯人なのだ。寒流によって冷やされた空気の上に暖かい空気がのり，この状態で上昇気流が起こりにくく大気が安定してしまう。つまり，雨が降らないのだ。お風呂でも，かき回さなければ，下は水，上は熱いお湯の状態で安定してしまうのに似ている。

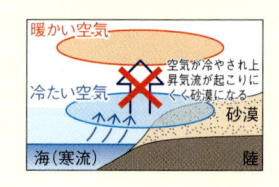

暖かい空気／冷たい空気　空気が冷やされ上昇気流が起こりにくく砂漠になる　砂漠　海(寒流)　陸

●C気候の分布(模式図)

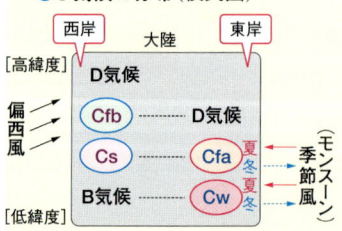

西岸　大陸　東岸
[高緯度]
D気候
偏西風　Cfb ― D気候
　　　　Cs ― Cfa　夏冬夏冬(モンスーン)季節風
B気候　　　　 Cw
[低緯度]

●C気候の雨温図とハイサーグラフ

チンタオ Cw　　　ニューオーリンズ Cfa　　　ローマ Cs　　　ロンドン Cfb
年平均気温 12.9℃　年平均気温 20.7℃　　　年平均気温 15.6℃　年平均気温 11.8℃
年降水量 689.9mm　年降水量 1598.1mm　　　年降水量 716.9mm　年降水量 640.3mm
標高 77m　　　　　標高 1m　　　　　　　　標高 2m　　　　　標高 24m

54　2編　現代世界の系統地理的考察

|分布| 大陸の東岸で，低緯度側はCw気候に，高緯度側はD気候に隣接することが多い。東アジア，北アメリカ南東部，南アメリカ南東部，オーストラリア南東部など。

3 地中海性気候Cs　夏は砂漠のように乾燥し，冬に雨！

|特色| 夏は亜熱帯高圧帯の圏内で乾燥気候の特徴を示す。冬は偏西風が降水をもたらす。夏の乾燥に強い，オリーブ，オレンジ，レモン，月桂樹などの硬葉樹やぶどうなどの果樹を栽培。

|分布| 地中海沿岸のほか，カリフォルニア地方，アフリカ南端，オーストラリア南端，チリ中部など。大陸の西岸に分布。

4 西岸海洋性気候Cfb　夏は涼しく，すごしやすい！

|特色| 年間を通じて偏西風の影響を強くうけ，夏は冷涼，冬は高緯度のわりに温暖。商工業の発達する大都市が多い。

|分布| 北西ヨーロッパ，カナダ西岸，オーストラリア南東岸，ニュージーランドなど。Csより高緯度側の大陸の西岸に分布。

4 亜寒帯（冷帯）〔D気候〕 テストに出るぞ！

1 亜寒帯湿潤気候Df　森林資源の宝庫─タイガ！

|特色| 冬の寒さは長く，きびしい。南部は夏に高温となり，農業もおこなわれる。単調なタイガ（→p.58）の森林地帯がつづき，林業や製紙・パルプ工業がさかん。

|分布| 東ヨーロッパからシベリア西部，カナダのほぼ全域。日本の北海道もお忘れなく。

2 亜寒帯冬季少雨気候Dw

|特色| 冬は厳寒で北半球の寒極とよばれる地方もあるが，夏は高温となり，世界で最も気温の年較差が大。
▶シベリア高気圧の影響で少雨

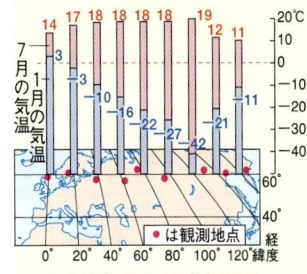

◐C気候，D気候，E気候の分布

○東岸気候と西岸気候の比較

北緯60度線に沿った各地の1月と7月の平均気温を示す。7月はあまり変わらないのに，1月の平均気温は大陸の西側で高く，大陸内部と東側でかなり低い。

● 世界の寒極
地球上での最寒冷地のこと。東シベリアのヴェルホヤンスクの－67.8℃（1892年），オイミャコンの－71.2℃（1933年）〔以上Dw気候〕，南極大陸東部の－93.2℃（2010年）〔EF気候〕など。

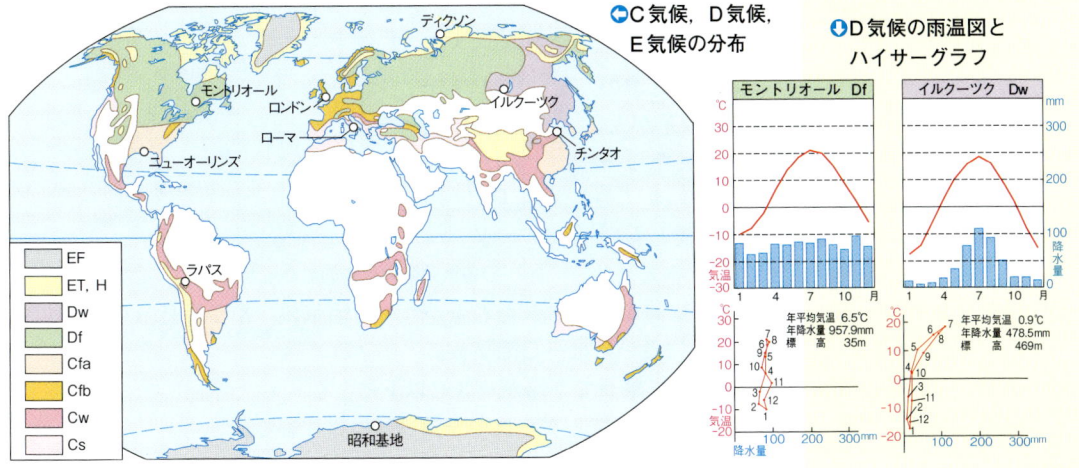

○D気候の分布（模式図）

	西	東	
北	Df	Dw	タイガ（針葉樹林）
南	Df	Dw	大陸性混合林

ユーラシア大陸

○D気候の雨温図とハイサーグラフ

モントリオール Df　年平均気温 6.5℃　年降水量 957.9mm　標高 35m

イルクーツク Dw　年平均気温 0.9℃　年降水量 478.5mm　標高 469m

3章　自然環境─気候環境

|分布| 亜寒帯の気候は，**北半球のみ**。南半球にはない。Dw気候は，東シベリアから中国の東北部にかけてのみ。
▶南半球では南緯50～60°付近の緯度帯に陸地がないため

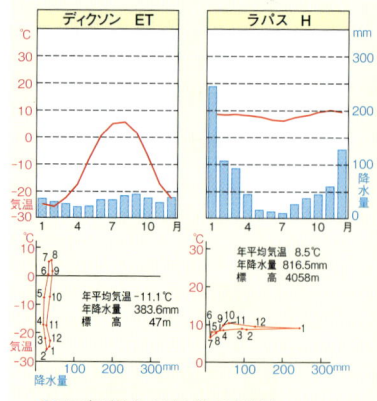

5 寒帯〔E気候〕 テストに出るぞ!

1 ツンドラ気候ET　イヌイットなど極北の民族!

|特色| 地表の氷がとける短い夏の間だけ，地衣類や蘚苔類(コケ類)が生える。イヌイット，サーミ，ネネツなどの極北の民族が生活。
▶トナカイの遊牧やアザラシなどの狩猟をして生活

|分布| ロシア，アラスカ，カナダの北極海沿岸や，グリーンランドの海岸部。

2 氷雪気候EF　1年中，雪と氷の世界!

|特色| 月平均気温は1年中氷点下で，氷雪の世界。高山や砂漠とともに世界のアネクメーネ(非居住地域)の1つ。
▶夏には1日単位では0℃以上になることもある

|分布| 南極大陸，グリーンランド内陸部。

6 高山気候〔H気候〕

|特色| 高地は，平地より気温や気圧が低い。**気温の逓減率**で標高が高くなるほど気温が低下する(→p.47)。熱帯では，気温の年較差が小さいため，高地へ行くと**常春の気候**となる。

|分布| アンデス山脈，メキシコ高原，エチオピア高原，ヒマラヤ山脈など。2000～3000mの高地には，**高山都市**が発達。

↑ET気候とH気候の雨温図とハイサーグラフ

● **クライモグラフ**
　クライモグラフは，縦軸に湿球温度，横軸に相対湿度をとって毎月の点を結んだ気候グラフ。縦軸に気温，横軸に降水量をとった**ハイサーグラフ**で便宜的に代用することもある。

ハイサーグラフの見方　覚え得

① グラフが右上にあれば→高温多雨，左上にあれば→高温乾燥，右下にあれば→低温多雨，左下にあれば→低温乾燥。
② グラフが横に長い場合→雨季と乾季の差が大。縦長の場合→気温の年較差が大。
③ 7月や8月がほかの月より高温なら→北半球，低温なら→南半球のもの。
④ 熱帯気候は，Af・Aw・Am気候ともに横に長いが，Awは左端が左に片寄る。
⑤ 温帯気候では，右上がりは2つ。途中でねじれた右上がり→Cfa気候，やや横長→Cw気候。左上がりは→Cs気候，縦に長いのは→Cfb気候。
▶右端が左端の値の10倍以上
⑥ 亜寒帯気候は，Df・Dw気候ともに縦長で下端が－3℃以下となる。
⑦ 乾燥気候は，BW・BS気候ともに縦長で，グラフの左端(縦軸)に片寄る。

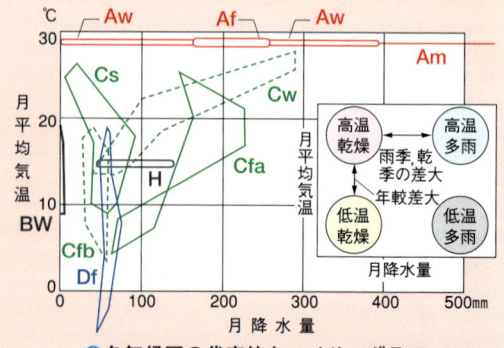

↑各気候区の代表的なハイサーグラフ

4 地形と気候の落とし子 土壌と植生

▶土壌は，岩石の風化物に気候や植物が作用してつくられる。植生もまた気候の影響の下にある。したがって，土壌帯も植物帯も気候帯によく対応して分布している。
▶さらに，土壌や植生は各地の気候とともに世界の農業地域をつくりだしている。

1 土壌の生成

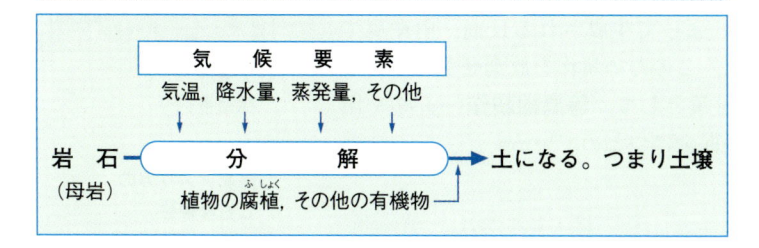

```
                気 候 要 素
            気温，降水量，蒸発量，その他
岩 石 ──→   分    解    ──→ 土になる。つまり土壌
(母岩)      植物の腐植，その他の有機物
```

＋プラスα

●土壌の色と肥沃度
　土壌の色は腐植(動植物が分解された有機物)が多いほど黒色を示し，酸化鉄やアルミナなど金属酸化物が多いほど赤色となる。
　黒色のチェルノーゼム(黒土)はとくに肥沃で，黒海北岸のウクライナなどは，小麦の大穀倉地帯となっている。

2 いろいろな土壌

1 成帯土壌　気候と植生の影響を強くうけ，気候帯に対応。

	名　　称	中心の気候	表土の色	人間生活との関係
湿潤土壌	ラトソル (ラテライト)	Af, Aw, Am	赤　色 (紅色)	高温多雨で化学的分解が進んだ強酸性のやせた土壌 土壌中の酸化鉄やアルミナのため，赤色となる
	赤色土	Aw, Am	赤　色	亜熱帯を中心に，ラトソルと同様の性質を示す酸性土壌
	黄色土	Cw, Cs	黄　色	
	褐色森林土	Cfa, Cfb Df南部	褐　色	落葉広葉樹林の下に発達 腐植が多い中性から弱酸性の肥沃土
	ポドゾル	Df北部 Dw	灰白色	低温で腐植が少なく，非生産的な酸性の土壌 石灰，カリを散布し酸性を改良。タイガの分布と一致
	ツンドラ土	ET	灰褐色	トナカイの遊牧，狩猟中心。強酸性のやせた土壌
半乾燥土壌	チェルノーゼム (黒　土)	BS	黒　色	腐植が多い中性から弱アルカリ性の最肥沃土 世界的な小麦，牧畜地帯 ｛ウクライナ，グレートプレーンズ(アメリカ) パンパ(アルゼンチン，一部Cfa)など
	プレーリー土	BS(Cfa)	黒　色	チェルノーゼムと性質は同じだが，やや湿潤地域に分布
乾燥土壌	栗色土	BS	栗　色	遊牧，放牧地域 灌漑をすれば農耕地化できる弱アルカリ性の土壌
	砂漠土	BW	淡赤色(熱帯) 淡灰色(温帯)	強アルカリ性土で農業には不適 灌漑で農耕地化が可能

3章　自然環境―気候環境　57

2 間帯土壌
母岩や地形の影響が強く、局部的に分布。 **覚え得**

名称	母岩	分布	特徴
テラローシャ	玄武岩 輝緑岩	ブラジル高原南部	火山岩が風化した粘土質の赤紫色の土。**コーヒー栽培に最適**
テラロッサ	石灰岩	地中海沿岸	カルシウムなどの無機養分を含む赤色、赤褐色の土。果樹栽培
レグール	玄武岩	デカン高原	火山岩が風化した黒色の肥沃な土。綿花栽培で有名
レス（黄土）	風積土	黄河流域など	砂漠の砂や氷河のけずった岩くずなどが風で運ばれた土

3 土壌侵食
土壌は気候によって生成される反面、雨や風で侵食される。アメリカでは、このため耕作を放棄せざるを得ない土地もみられる。その対策として、**等高線耕作**（→p.79）や階段耕作などにより、土壌の保全につとめている。

③ 世界の植物帯 テストに出るぞ！

	気候帯	植物帯	おもな樹木、植物	おもな動物
森林	熱帯 Af	熱帯雨林	各種の高木。ラン、シダ類、マングローブなどが密生	サル、両生類、爬虫類など
		熱帯モンスーン林	チーク、竹、ヤシ類など	
	温帯 C	硬葉樹林	オリーブ、コルクがしなど（地中海性気候地域）	イノシシ、サル類、ナマケモノ、カモシカ、クマ、ヘビ類など
		照葉樹林 落葉広葉樹林 温帯針葉樹林	シイ、クス、サザンカなど ナラ、ブナ、クヌギなど ヒノキ、スギ、モミなど	
	亜寒帯 D	タイガ（針葉樹林）	エゾマツ、トドマツ、カラマツ、ドロヤナギなど	クマ、キツネ、テン、リスなど
	寒帯 ET	ツンドラ（凍原）	地衣類、蘚苔類	トナカイなど
草原	熱帯 Aw	サバナ（熱帯草原）	疎林（バオバブ、ユーカリなど）と丈の高い草	草食獣、肉食獣、ダチョウなど
	温帯 C	プレーリー	丈の高い草	牛、馬、羊など
	乾燥帯 B	ステップ	丈の低い草	
		砂漠	サボテン、マツバギク、球根類など	ラクダ、トカゲ、カメなど

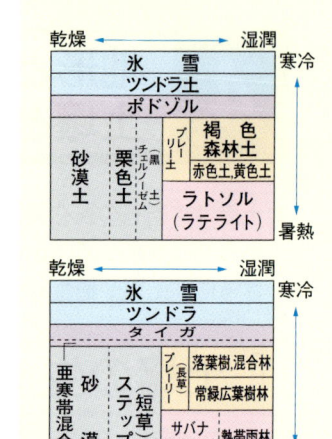

↑ 土壌帯（上）と植物帯（下）

↑ 南北アメリカのおもな植生

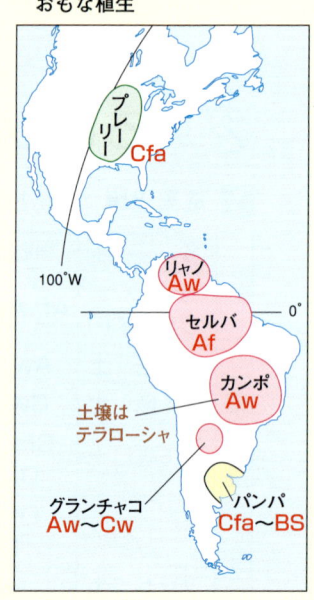

プレーリー Cfa
100°W
リャノ Aw
セルバ Af
カンポ Aw
土壌はテラローシャ
グランチャコ Aw〜Cw
パンパ Cfa〜BS

● **プスタとサバナ**
ハンガリー盆地の温帯草原は、**プスタ**とよばれる。氷河の末端から風に飛ばされた細砂や粘土が堆積したレスの土壌は肥沃で、農牧業がさかん。
熱帯草原の**サバナ**（サバンナ）は、アフリカ東部高原のみを指す場合もある。

5 水は世界をめぐる 海洋と陸水

▶水は，私たちにとってごくありふれたものだ。地球表面の約70％は海で，地球は水によって生きた惑星となっているのである。しかも生物体も食物も，大部分が水である。
▶生物の生命も，食物を育てる大地のはたらきも，すべて地球と大気の間を循環する水によって維持されている。

1 海洋と海底地形

1 海洋の分布
- 三大洋…**太平洋，大西洋，インド洋**。
- 付属海
  - 地中海…ヨーロッパ地中海，アメリカ地中海，北極海，黒海など。
    ▶大陸に囲まれた海　▶メキシコ湾とカリブ海
  - 縁海…北海，ベーリング海，日本海，オホーツク海，東シナ海，黄海，バルト海など。
    ▶大陸にそった海で多くは大陸棚が発達

2 海底の地形
① **最深部**…マリアナ海溝の**チャレンジャー海淵**10920m。
② **平均深度**…3729m（ちなみに全陸地の平均高度は875m）。
　▶富士山の高さと同じくらい
③ **大陸棚**…水深200m程度まで。好漁場となるほか，石油開発も進む。大陸棚のうち，とくに浅い部分が**バンク**（浅堆）。

プラスα

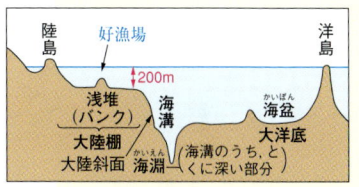

❶海底地形のようす
　海底のおよそ58％は深さ4000m以上であり，大陸棚は，全海底のわずか8％しかない。

→地形としての「大陸棚」という用語以外に，最近は法的な「大陸棚」という用語が使われるようになってきた。これは，海底の魚介類や鉱産資源などの独占的開発権が得られる海域を指す国際法で使用される用語で，地形とは関係なく，沿岸から200海里までの海域および地形・地質条件がそろえばさらに延長される海域である。現在各国が延長を申請している。

2 海流と潮流

1 海流とは何か　次のような特徴をもつ海水の流れ。
① ほぼ一定の水温をもち，一定の方向に移動する。
② **暖流**と**寒流**がある。
　- 暖流は低緯度から高緯度へ。
　- 寒流は高緯度から低緯度へ。

2 海流の流れ　北半球では時計回り，南半球ではその逆。
　▶自転の影響

		太平洋	大西洋
①	暖	**黒潮（日本海流）**	**メキシコ湾流（北大西洋海流）**
②	寒	**親潮（千島海流）**	**ラブラドル海流**
③	寒	カリフォルニア海流	カナリア海流
④	暖	東オーストラリア海流	ブラジル海流
⑤	寒	**ペルー（フンボルト）海流**	**ベンゲラ海流**

＊⑤の海流は，南アメリカ（アタカマ砂漠）やアフリカ（ナミブ砂漠）で，乾燥気候→**海岸砂漠**の形成の一因。①〜⑤は右図と対応。

❷海流の流れ（模式図）
①〜⑤は左の表に対応。

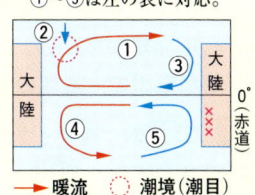

→暖流　○潮境（潮目）
→寒流　×××海岸砂漠

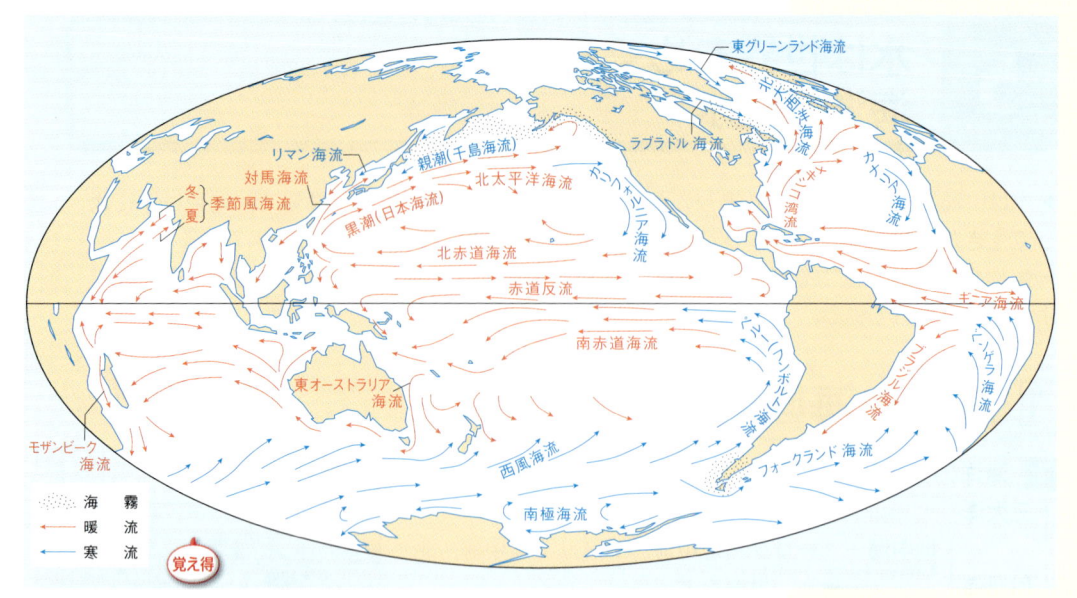

◯世界の海流

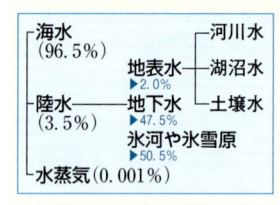

3 **潮境(潮目)** 暖流と寒流が交わるところ。海底に近い水が上昇するため,海底の栄養分が上がり,プランクトンが多くなる。その結果,魚類が集まり**よい漁場**となる。また,海霧も発生しやすい。日本列島の東岸では,**黒潮**(暖流)と**親潮**(寒流)が交わる潮境がみられる。

4 **潮流** 月や太陽の引力によって起こる海水の周期的な流れ。1日2回,6時間ごとに流れの方向が逆になる。浅い海や海峡では潮流の速度が大きい。**鳴門海峡のうず潮**は有名。

◯地球上の水の分類 青色の数字の%は,陸水を100%とした構成比を示す。

海水(96.5%)
陸水(3.5%) ― 地表水 ▶2.0% ― 河川水, 湖沼水, 土壌水
　　　　　　― 地下水 ▶47.5%
　　　　　　― 氷河や氷雪原 ▶50.5%
水蒸気(0.001%)

3 陸水と水の循環

1 **河川水** 河川の性質は,流量(流域面積,降水量)の変化,水位(降水量の季節的変化),水質(火山地域→酸性,石灰岩地域→アルカリ性)などによって異なる。

2 **湖沼水** 動植物を養う力(生産力)のちがいにより,**富栄養湖**,**貧栄養湖**,**酸栄養湖**などに分けられる。▶湖水が酸性で生物がほとんどいない このうち,**富栄養湖**は,プランクトンが成育し魚介類が多いが,都市の家庭排水や工場廃水などが原因で,過度の富栄養湖となるおそれがある。

▶琵琶湖,霞ケ浦,諏訪湖,浜名湖,河口湖,宍道湖など。

3 **地下水** 陸水の約48%を占め,陸地にある淡水のうちでは,河川水,湖沼水よりも,はるかに大きな割合を占める。

◯河川流量の季節的変化

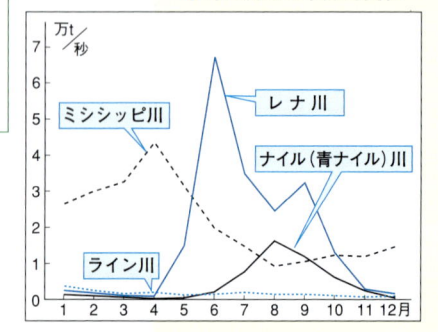

60　2編　現代世界の系統地理的考察

自由地下水	地表に最も近い最初の連続した不透水層の上にたまった地下水。浅井戸によってくみ上げる。
宙水	局部的な不透水層の上にたまった地下水。洪積台地では自由地下水面が深く，宙水が利用された。
被圧地下水	2つの不透水層の間にたまった地下水。大気圧より大きな圧力をうけている。**掘り抜き井戸**(鑽井)は，被圧地下水面が井戸より高い場合は自噴する。オーストラリアでは，掘り抜き井戸による被圧地下水を羊の飲み水に利用。

❶ **地下水の種類** 右の断面図で，位置を確認すること。

❶ **地下水の構造**(断面図)
　不透水層は，粘土層や緻密な岩盤からなり，水を通さない。不透水層以外の部分は透水層で，帯水層ともいう。

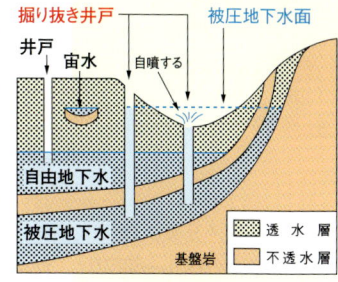

4 水の循環　地球上では，約14億km³もの水が循環している。

① 地球上の水は，96.5％をしめる海洋中の**海水**のほか，河川水や湖沼水，地下水などの**陸水**(3.5％)，および大気中の**水蒸気**の形をとって存在し，蒸発(蒸散)→降水→流出→浸透などによって循環している。

② 陸上に1年間に降る降水量は，河川水や湖沼水などが陸上から大気中に蒸発(蒸散)する量よりも多いが，この陸上における過剰水が，河川水や地下水となって海洋に流入する。

③ 海洋では，1年間に降る降水量よりも多くの水が海面から大気中に蒸発している。

④ このような水の循環の過程を通して，地球上の水は全体としてバランスがとれている。

❶ **地球上の水収支**　下図のa，bの数字を答えよ(答えはこのページの左下)。
[ヒント]
陸上の降水量＝
　流出量＋陸上からの蒸発量
海上の降水量＋流入量＝
　海上からの蒸発量

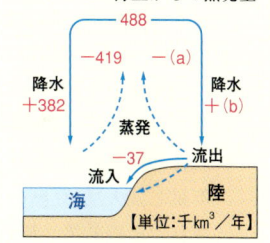

❶ **水の循環**(模式図)

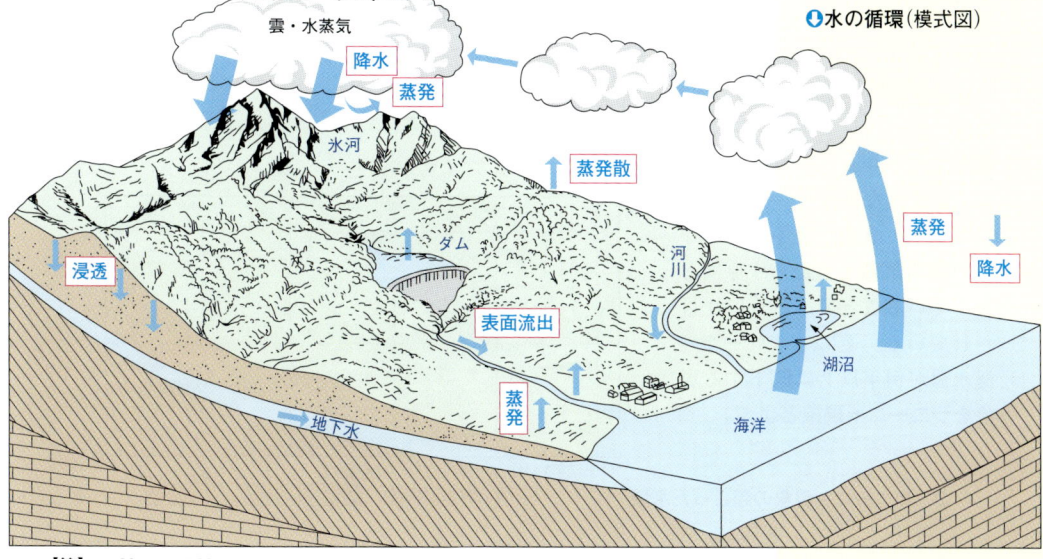

【答】a＝69，b＝106

3章　自然環境—気候環境

Tea Time

エルニーニョ現象で豆腐の値段が上がる？

■南アメリカ大陸の太平洋側を北上する寒流の**ペルー海流**は，低温の湧昇流をともない，海水温は低い。沿岸は降水量が少なく，**アタカマ砂漠**(チリ北部)などの**海岸砂漠**(→p.54)が形成されている。

■このペルー沖では，数年に一度，**貿易風の弱まり**によりめだって水温が上昇する，**エルニーニョ現象**が起こる。エルニーニョとは，スペイン語の幼児語で，「イエス＝キリスト」を意味する。この現象が，クリスマスのころに始まることから名づけられた。

■ところで，表題の意味はどういうことか。エルニーニョ現象は，**アンチョビ**(かたくちいわし)を主とするペルーの漁獲量を激減させる。アンチョビは，**フィッシュミール**(魚粉)に加工して，家畜の飼料に利用されるので，飼料が不足し，**大豆**(豆腐の原料)が飼料に回され，その結果，原料不足から豆腐の値段が上がるというわけ。もっとも，最近はアンチョビの激減を，エルニーニョ現象以外の理由によるとする説も出ている。

■エルニーニョ現象は，近年では，地球的な規模で，世界各地に干ばつ，豪雨，暖冬，冷夏などの**異常気象**をもたらす原因となっていることで，とくに注目されている。逆に，ペルー沖の海水温が例年以上に低下する現象を**ラニーニャ現象**とよぶ。

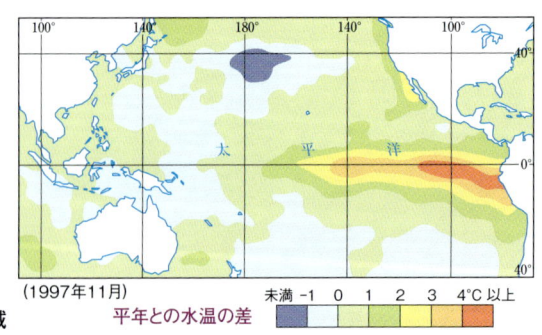

◎エルニーニョ現象の起こった水域

もし，地球に海がなかったら？

▶大陸棚の石油開発は，海水がないと楽になるよね。

▶でも，魚がいなくなってしまう→魚屋，すし屋がつぶれてしまう→これは，たいへんですよ！

▶寒暑の差がひじょうにきびしいものになる。そして，雨も極端に少なくなる。世界中が砂漠になってしまうかも。

▶海底地形がどんなに複雑でも，海上を船舶でスイスイ航行できるのは，海のおかげだ。どんな深い海でも，海上交通は，安価に大量輸送のできる重要な交通手段だ。

(1997年11月)
平年との水温の差
未満 -1　0　1　2　3　4℃以上

テスト直前チェック　定期テストにかならず役立つ！

1. 大陸の西岸と東岸では，夏涼しく冬暖かいのは，どちらか？
2. 気温の年較差が大で，年降水量が少ない気候は，海洋性気候に対して，何というか？
3. 亜熱帯高圧帯から高緯度地方に向かって吹く恒常風とは，何か？
4. アルプス山脈を越えて，春から夏に吹く高温乾燥の地方風は？
5. 熱帯雨林のうち，アマゾン川流域にみられる密林は，何というか？
6. キリン，ライオンなどが生息する下の写真❸のような気候区は？
7. 遊牧，牧牛や牧羊などの企業的牧畜，および小麦の大産地が分布する気候区は？
8. サハラ砂漠の南に位置し，砂漠化が進行中なのは，何地方か？
9. 最寒月−3℃以上，最暖月22℃以上で，年中湿潤な気候区は？
10. ケッペンの気候区分で唯一，夏に乾季をもつ温帯の気候区は？
11. 問3の風と暖流の影響をうけ，主として大陸の西岸に発達する気候区は？
12. 最暖月10℃以上，最寒月−3℃未満で，冬乾燥し，夏に雨の多い気候区は？
13. 短い夏の間に地衣類や蘚苔類が生える気候区は？
14. ブラジルにみられるコーヒー栽培に適した土壌を，何というか？
15. 亜寒帯（冷帯）の北部に分布する針葉樹林帯のことを，何というか？
16. アルゼンチンのラプラタ川下流域に分布する，温帯〜乾燥帯の草原を，何というか？
17. アメリカ中西部に分布する温帯草原を，何というか？
18. 大陸の周縁に位置する深さ200m程度までの海底は？
19. 南アメリカ大陸の西側の沖合を北上し，アタカマ砂漠の成因となる海流は？
20. 不透水層と不透水層の間にある地下水を，何というか？

解答

1. 西岸
2. 大陸性気候
3. 偏西風
4. フェーン
5. セルバ
6. サバナ気候（Aw）
7. ステップ気候（BS）
8. サヘル地方
9. 温暖湿潤気候（Cfa）
10. 地中海性気候（Cs）
11. 西岸海洋性気候（Cfb）
12. 亜寒帯冬季少雨気候（Dw）
13. ツンドラ気候（ET）
14. テラローシャ
15. タイガ
16. パンパ
17. プレーリー
18. 大陸棚
19. ペルー（フンボルト）海流
20. 被圧地下水

テストに出る写真　チェック❸

3章　自然環境—気候環境

4章 資源と産業 ——農業と水産業

⇨アジアの稲作（ベトナム）

1 世界各地にさまざまな作物 農業の発達と地域分化

▶米と小麦では，どちらが寒さに強いか，知ってるかい？　もちろん小麦のほうだね。このように農作物には，それぞれ適した気候（気温，降水量）があり，えん麦やライ麦は亜寒帯，小麦やとうもろこしは温帯，コーヒーやカカオは熱帯がおもな産地となっている。
▶ここでは，世界の農業地域のタイプ分けを勉強しよう。

1 農業の成立条件

1 農業に影響する自然条件
① 気候…**気温**や**降水量**によって，**栽培限界**ができる。
② 地形…平坦な平野が最適。傾斜地は保水に困難。
③ 土壌…肥沃なチェルノーゼムやプレーリー土が最適。
　　　　▶黒土
④ 高度条件…高地は低温なので，**高距限界**ができる。

2 農業に影響する社会条件
① 交通と輸送…**チューネン**（1783～1850年）は『**孤立国**』という本の中で，市場までの距離に応じて，集約度のちがった農業経営をおこなうべきことを説いた。実際，消費地への流通が容易になると，農業地域は変化していく。
② 資本や技術…大規模な農業にとって重要な条件。
③ 文化や生活様式…各民族ごとに，独特の食料生産がある。

2 農業のタイプ分け テストに出るぞ！

アメリカの地理学者**ホイットルセイ**がおこなった農業地域の区分法をもとに，世界の農業をタイプ別に分類してみよう。

1 自給的農業　世界各地でみられる伝統的で小規模な農業の様式。次の5タイプ。

プラスα

●農業の気候条件とは？

| 気温 | 生育期間中の最暖月の気温，**積算温度**（生育期間中の気温の総和），日照時間など。 |
| 降水量 | 年降水量200～300mmが**乾燥限界**（それ以上必要），生育期に多雨，収穫期に少雨が最適。 |

●ホイットルセイの農業地域区分の特徴
　アメリカの地理学者**ホイットルセイ**（1890～1956年）は，①農作物と家畜の組み合わせ②農牧業の経営形態をもとに，世界の農業地域を13のタイプに区分した。
　その後，フランスの地理学者ジョルジュが，初めて集団的農業を加えた。

① **焼畑農業**…熱帯で，森林を焼いては耕作→移動する農業。
② **オアシス農業**…アフリカやアジアのオアシス(→p.54)でみられる農業。小麦や綿花などを栽培。
③ **遊牧**…水と草を求めて家畜とともに移動する牧畜。
④ **集約的稲作農業**…東・東南・南アジアの降水の多い地域でみられる自給的農業。
⑤ **集約的畑作農業**…デカン高原，黄河(ホワンホー)流域などの少雨地域でみられる自給的農業。

2 **商業的農業** ヨーロッパから北アメリカにみられる商品作物を中心とした農業。次の4タイプ。
① **混合農業**…穀物，飼料作物の栽培と家畜の飼育。収益性大。
② **地中海式農業**…果樹と穀物，野菜の栽培。Cs気候に適合。
③ **酪農**…乳牛飼育と牧草，飼料作物の栽培。乳製品の生産。
④ **園芸農業**…野菜，果樹，草花の栽培。集約的で収益性大。

3 **企業的農業** 新大陸の大平原や，アジア，アフリカ，ラテンアメリカの熱帯地域などにみられる大規模な商業的農業。
① **企業的穀物農業**…輸出用の小麦，とうもろこしを大量生産。
② **企業的牧畜業**…大規模農場で，放牧により牛，羊を飼育。
③ **プランテーション農業**…熱帯の特産物を大規模農園(プランテーション)で単一耕作(モノカルチャー)。

4 **集団的農業** 社会主義国で多くみられた。国家の指導・計画のもとで生産がおこなわれる。

○**熱帯産の商品作物の名称が分かるかな？**

答 ①さとうきび，②コーヒー，③カカオ，④綿花，⑤茶，⑥天然ゴム。その他に，バナナ，アブラやし，ココやし，ジュート(黄麻(おうま))，サイザル麻(あさ)なども，イラストを調べておこう。

●**集約的と粗放的(そほう)**
単位面積あたりの労働力や肥料の投下量が多い農業を集約的農業，その逆を粗放的農業という。

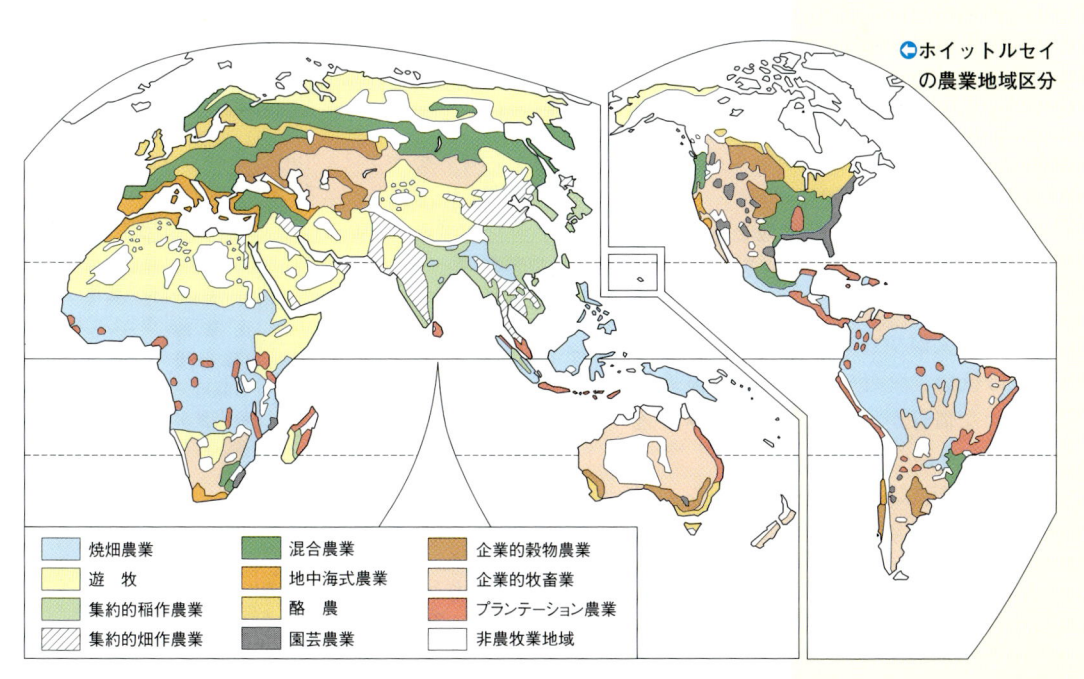

○**ホイットルセイの農業地域区分**

焼畑農業	混合農業	企業的穀物農業
遊 牧	地中海式農業	企業的牧畜業
集約的稲作農業	酪 農	プランテーション農業
集約的畑作農業	園芸農業	非農牧業地域

4章 資源と産業―農業と水産業

2 季節風がもたらす雨で米作り モンスーンアジアの農業

▶ モンスーンアジアとは，季節風(モンスーン)の吹く東～東南～南アジアをさす。
▶ モンスーンアジアでは，どこでも稲作(米作り)がさかんだが，大河の流域の広大な沖積平野での稲作のほか，狭い棚田での稲作もある。

1 モンスーンアジアの稲作

1 稲とモンスーン 稲は，南アジア～東南アジアを原産地とする熱帯の農作物で，夏の高温多雨と収穫期の乾燥とが必要である。その点，**東アジア**，**東南アジア**，**南アジア**の地域は，夏に海から陸地に向かって**モンスーン**(**季節風**)が吹くため，気温が高くなり，多くの降水があるので稲作に適している。そこで，**世界の米の約90%**は，**モンスーンアジアで生産**される。

プラスα

●モンスーンアジアの畑作
　モンスーンアジアでも，降水量が不十分(年降水量750mm以下)だったり，気温が低くて稲作に向かないところでは，麦類，雑穀，とうもろこしなどをつくっている。

2 モンスーンアジアの稲作の特徴

① **植民地支配の影響**…第二次世界大戦前は，東南アジア，南アジアのほとんどは，先進資本主義国の植民地とされ，人頭税などの重税，強制栽培，プランテーションによる土地取り上げと食料生産の圧迫，地主制度の形成などにより，大多数の農民は貧しい生活を強いられた。その結果，資本の蓄えが不足し，生産の土台が弱い。

② **低い労働生産性**…土地をもたない農民(小作農)が多く，その人手にたよる集約的農業で，畜力や機械の導入が少ないため，労働生産性は低い。灌漑や農地管理に前近代的な慣行が残り，古いしくみが近代化を遅らせている。

③ **不安定な収穫量**…モンスーンの風向きや強さにより，降水量は大きく変動する。そのため，洪水や干害がたびたび発生し，収穫量が不安定になりやすい。

	稲作地域	単位収量 経営形態	経営の特徴
モンスーンアジア	東アジア 日本，朝鮮半島，中国(長江，チュー川流域)	大 自給的	二毛作。南部で二期作。土地生産性高い
モンスーンアジア	東南アジア ベトナム(ホン川，メコン川流域)，タイ(チャオプラヤ川流域)，ミャンマー(エーヤワディー川流域)	小 自給的 商業的	灌漑設備が不備。一部で二期作。米の輸出は多い
モンスーンアジア	南アジア インド(海岸部，ガンジス川中・下流域)，バングラデシュ(ブラマプトラ川流域)	小 自給的	灌漑設備が不備。二期作は行われず。封建的土地制度
その他	地中海沿岸 イタリア，スペイン，エジプトのナイル川の下流	大 商業的 (輸出用に栽培→輸出量が多い)	灌漑設備は完備。輪作の一環として栽培
その他	アメリカ カリフォルニア州，メキシコ湾岸		経営規模が大きい。機械力，化学肥料を多用→労働生産性が高い
その他	オーストラリア		

⬆ **世界の稲作の類型** 二期作とは，同じ耕地で年に2回同じ作物をつくること。同じ耕地で年に2つの作物をつくることは，二毛作といい，主な作物を**表作**，そうでない作物を**裏作**という。米を表作とし，麦や菜種などを裏作とする二毛作が代表的。

❷ 中国の農業と近代化

中国の農業地域（地図）

↑こうりゃん

●中国が世界の上位を占める農産物や家畜

中国の農業生産は，人口14億人の食料だけでなく，近年は日本などへ輸出されるものも多くなっている。

		順位	％
穀物	米	①	28.4
	小麦	①	18.0
	とうもろこし	②	23.9
採油用	大豆	④	5.3
	落花生	①	40.8
	菜種	②	21.5
工芸作物	茶	①	35.3
	綿花	①	26.3
	天然ゴム	⑥	6.9
いも	さつまいも	①	70.9
	じゃがいも	①	23.5
家畜の数	豚	①	48.2
	羊	①	16.0
	鶏	①	24.2
	牛	③	7.7

①②…世界1位，2位を示す。％は，世界全体に占める割合。(2012年)（「日本国勢図会」による）

1 中国の農業地域の地図のポイント

① 南北の区分…年降水量**750mm**の線は，チンリン山脈とホワイ川を結ぶ線にあたり，北部の**畑作**地域と，南部の**稲作**地域を区分する。
▶750〜800mm　▶チンリン・ホワイ線

② 東西の区分…海抜3000ｍと年降水量300㎜の線は，東部の農業地域と，西部の遊牧やオアシス農業の境界。

③ おもな農業地域　テストに出るぞ！

東部
- 東北…大豆，春小麦，こうりゃん。
- 華北…冬小麦，こうりゃん，とうもろこし，寒冷地は春小麦。
- 華中…水稲，茶。茶は南部の丘陵地や福建省に多い。
- 華南…水稲の二期作。南部では天然ゴムやバナナも栽培。

西部
- チベット高原……**牧畜**地域。チベット独特の**ヤク**など。
- タリム盆地など…オアシス農業（小麦，綿花）。

▶高さが1.5〜3.5ｍで，先に実をつける。実は食用になり，茎は飼料に利用する。中国の東北や華北で広く栽培されている。

2 人民公社から生産責任制へ

① **人民公社**…1949年に社会主義国の中国が成立してから，ほとんどの農家が1958年ごろまでに人民公社に組織された。人民公社は，生産手段の所有，運営と，行政，教育，軍事などが一体となった農村組織であるが，食料生産は停滞しがちであった。1980年代に人民公社は解体，**生産責任制**にかわった。

② **生産責任制**…一定の契約量を国に納めれば，残りは，個々の農家が**自由市場**などで販売し，利益をあげることができる。1979年に導入されてから，農家の生産意欲は向上して，さまざまな商品作物の生産や農村工業もさかんになり，「**万元戸**」とよばれる裕福な農家が増加した。
▶現在では「億元戸」も存在する

▶ヤク（下の写真）はチベット高原で飼育されている牛の一種。農耕や運搬のほか，乳から乳製品をつくる。

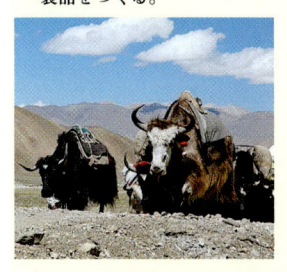

③ 東南アジアの農業

1 タイの農業 タイは典型的な農業国で，稲作がさかん。チャオプラヤ川デルタ（▶三角州のこと）は19世紀半ば以後，イギリスによって**輸出用の稲作地域**として開発された。

① **粗放的な栽培方法**…雨季に運河の水位が上昇すると，水田に水をあふれさせて灌漑をする。デルタの深水地帯では，**浮稲**（うきいね）が栽培されるが，粗放的なため，収穫量は少ない。

② **農業経営の多角化**…最近，米のモノカルチャー経済から脱するため，とうもろこしや野菜類などが栽培され，砂糖，パイナップル，でんぷん（キャッサバ），天然ゴムなども主要輸出品となっている。

③ **流通過程をにぎる華人**（かじん）…米の流通過程では，中国系住民の**華人**（→p.213）が強い力をもっている。

2 マレーシアの農業

① **天然ゴムのプランテーション**…19世紀末にイギリス人が始めた。**プランテーション**とは，**欧米の資本と，現地や移民の安い労働力による，輸出用の熱帯農作物の単一耕作＝モノカルチャーを行う大規模農園**。

② **天然ゴムの生産**…ゴムの採集にはインドからの**移民**（▶タミル人）を導入し，マレーシアは世界最大のゴム供給地となった。最盛期には，輸出額の3分の2までをゴムが占めるまでになった。

③ **アブラやしへの転換**…1960年代以後，天然ゴムは**合成ゴム**（▶石油化学工業で生産）との競争にやぶれ，しだいに生産が振るわなくなった。政府

● 緑の革命

米や麦などの多収量品種の導入によって，食料増産をはかる試み。

1960年代からインドでは米や小麦，東南アジアでは米，パキスタンでは小麦の多収量品種が導入された。

こうした新品種の栽培には，灌漑施設の整備，農薬や肥料の使用などが必要であった。そのため，その普及は富農層が中心となり，農民の間で貧富の差を拡大した面がある。

しかし，近年では，アジアについて，小規模農家への普及も進み，富農の独占という傾向は減っているという報告もある。

● 浮稲

雨季に，水田の増水とともに成長し，背たけが3～5mにも伸びる稲。稲刈りは乾季の始まる11月ごろからで，一部では舟の上から穂を刈り取る。下の模式図で，実際のようすを確かめておこう。

🔎 浮稲のしくみとチャオプラヤ川の流量変化

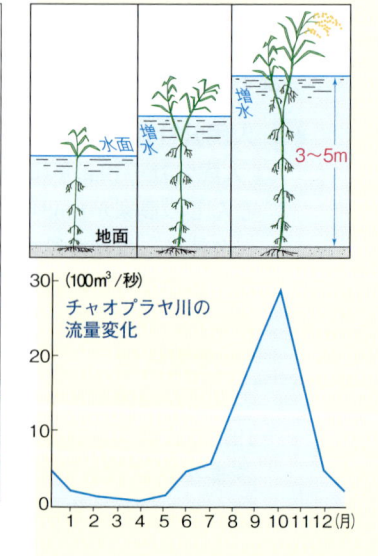

🔎 南アジア～東南アジアの農業

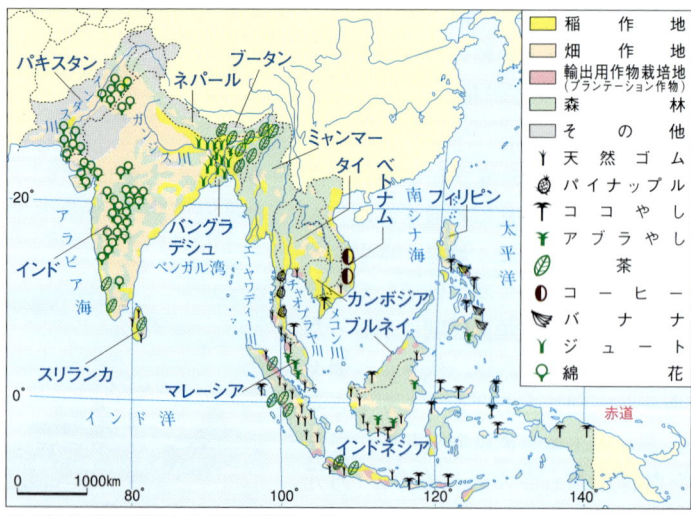

インドネシアの棚田の稲作 ▶ シグマ先生の世界巡り→p.13

68　2編　現代世界の系統地理的考察

は，農業の**多角化**政策の一環として，**アブラやし**の栽培をとり入れ，ゴム園からのきりかえを進めた。

3 ベトナムの農業 1980年代後半の**ドイモイ(刷新)政策**導入後，米の生産量・輸出量が増加。フランスの旧植民地だったこともあり，**コーヒー**が小規模ながら生産されていたが，これもドイモイ政策導入後に急増。生産は中部の高原地帯が中心。
▶生産量は世界2位

↑アブラやしの収穫(マレーシア) アブラやしは，アフリカ原産のヤシ科の常緑高木(樹高約20m)。その実から採取される**パーム油**は，石けんやマーガリンの原料となる。

4 南アジアの農業

1 南アジアの農業地域 <テストに出るぞ!> 降水量の多い東部と降水量の少ない西部とで農作物の地域差が大きい。米，小麦のほか，商品作物の綿花，茶，ジュート，さとうきび，落花生などを栽培。おもな農作物の生産地は，

米……ガンジス川やブラマプトラ川の中・下流域。
小麦…パンジャブ地方，ガンジス川の上・中流域。
　　　▶パキスタン北部
綿花…デカン高原，パンジャブ地方。
茶……アッサム地方，スリランカ。
　　　▶インド北東部で世界的多雨地域
ジュート(黄麻)…ガンジス川下流域。
　　　おうま

2 貧しいインドの農民 インドは働く人の約50％が農民で，GDP(国内総生産)の18％を農業が占めるという農業国(2009年)。しかし，生産性が低く，人口が多いため，慢性的に食料不足がつづいてきた。さらに収穫が不安定なため，多くの農民の生活は貧しい。

3 インドの農村の近代化 インドでは，1950年代に実施された土地改革によって，**大土地所有制**(**ザミンダール**とよばれる**徴税請負人**が寄生地主として小作人を支配)が廃止され，小作料の引き下げ，耕作者の権利の強化，土地所有の制限などが進められた。しかし，その内容は不十分で，今なお，農業従事者の半分は，農業労働者や土地をもたない小作農で占められている。

4 食料の増産 インドでは，米や小麦の多収量品種の導入によって，食料増産をはかる**緑の革命**(→p.68)が推進されてきた。

① **その成果**…米や小麦の食料増産が進み，食料不足の事態が改善されている。穀物の自給率は100％をこえている(2009年で104％)。

② **問題点**…灌漑や肥料を使って新品種を導入できた農民と，できなかった農民との格差が拡大した。

↓南アジアの農業地域
①は米。年降水量1000mm以上の海岸部やガンジス川，ブラマプトラ川流域に分布。②は，パンジャブ地方を主産地とする小麦。③は，デカン高原の綿花。レグール土の地域。④は，アッサム地方とスリランカの茶。スリランカの茶は重要な輸出品で，リプトンなどの製品が有名である。⑤は，ガンジス川，ブラマプトラ川デルタのジュート(黄麻)。以上の五大作物ではないが，さとうきびも，世界有数。

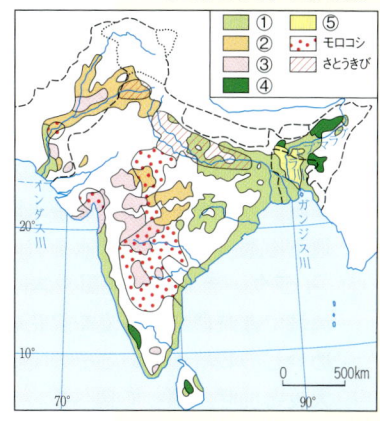

4章 資源と産業─農業と水産業　69

3 きびしい自然とたたかう西アジアと北アフリカの農業

▶砂漠やステップなどの乾燥地帯の家畜といえば，どんなものを思い浮かべるかな？
▶乾燥地帯の家畜のベスト３は，羊，ヤギ，ラクダの３つだ。これらの家畜は，北アフリカや西アジアでは生活の必需品となっている。とくに羊は，ベドウィンなどアラビア半島に住む遊牧民にとっては貴重で，生活が羊と一体になっているといってよい。

1 遊牧の生活

1 遊牧とは 羊，ヤギ，ラクダ，馬などの家畜の群をつれて，水と草を求めて移動する牧畜の形態。季節によって，決まったコースを順に移動していく。西アジア，北アフリカ，モンゴル，中央アジアなどの乾燥した，ステップ地帯で遊牧生活がみられる。アラビア半島の遊牧民ベドウィンがとくに有名。

2 衣食住 遊牧民の生活は，家畜に依存する部分がきわめて大きい。家畜の肉，毛，乳，糞などを利用するが，大切な家畜を殺すことになる肉類の利用はまれ。オアシスの農耕民と，羊と食料品や生活品の交換をおこなう。

＋プラスα

●**遊牧民のテント**
アラビア半島の遊牧民ベドウィンのテントは，黒ヤギの毛で織った布をはる。日よけのような感じにはっただけの部分と，囲んだ部分からなる。
モンゴルや中国の内陸部では，木の骨組みに，羊の毛でつくったフェルトでしっかりおおう。直径５～８ｍの円形。モンゴルでは**ゲル**，中国では**パオ**，中央アジアでは**ユルト**とよぶ（→p.166）。

2 オアシスや灌漑による農業

1 灌漑農業 西アジアから北アフリカにかけての広い乾燥地域では，オアシス（オアシス農業）や，人工的な灌漑のできる地域で，小麦，大麦，なつめやし，綿花などを栽培。

2 各国の灌漑農業の特色
① エジプト…ナイル川流域の狭い河谷では，アスワンハイダムによる灌漑で，綿花，小麦などを栽培。エジプト綿は良質の繊維として有名（もとはイギリス人のプランテーション）。
② イラン…カナートとよばれる地下水路で灌漑。カナートは山麓の帯水層から砂漠の地下を通って，耕地に水を引いている。
③ イラク…ティグリス川やユーフラテス川流域で灌漑農業。小麦や綿花のほか，なつめやしの栽培が多い。その実は生食したり，大麦と混ぜ，練って食べる。

⬇**カナートの模式図**
カナートは少数の地主が所有しており，水利権をもとに農民を支配している。北アフリカではフォガラとよばれる。

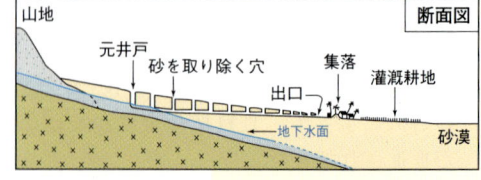

4 焼畑とプランテーション 中南アフリカの農業

▶右のイラストは、どれも熱帯の焼畑農業でつくられるいも類である。名前が分かるかな？
▶左から順にヤムいも（ながいもに似ている）、タロいも（さといもに似ている）、キャッサバとなる。

1 伝統的な焼畑農業

焼畑農業とは、山林や草原を焼きはらい、その灰を肥料にして、いも類やバナナ、とうもろこしなどの自給用の作物を栽培する農業。地力が衰えると、一定期間、休耕して再び開墾する。ハック耕もみられる。

プラスα

●ハック耕とは？
　長さ2m（太さ5cm）ほどの木の棒（ハック）で地面に穴をあけ、その中に種をまく原始的な耕作法。焼畑農業の一部にみられる。

2 プランテーション農業

1 いろいろな商品作物 西部ではカカオ、アブラやし、落花生、綿花など、東部ではコーヒー、サイザル麻、茶など。
▶葉からとる繊維をロープなどの原料にする

2 ギニア湾岸のカカオ栽培 コートジボワール、ガーナなどでさかん。チョコレートやココアの原料として輸出。

◐プランテーション作物の栽培条件と適地

作物名	気候条件	適地
コーヒー	年平均気温16℃～22℃ 年降水量2000～3000mm 収穫期に乾燥	熱帯の高原、ブラジルのテラローシャ地域
さとうきび	年平均気温20℃以上 年降水量1000mm以上 多雨かつ収穫期に乾燥	熱帯モンスーン地域とサバナ地域
綿花	生育期間中18℃以上 年降水量500mm以上 無霜期間210日以上 収穫期に乾燥	排水のよい非酸性土壌の地域
天然ゴム	年平均気温26℃以上 年降水量2000mm以上	熱帯雨林地域 砂質の土壌
カカオ	年平均気温24℃～28℃ 年降水量は2000mm以上 強風地帯は不適	排水のよい地域 防風や日陰用に母の木が必要
茶	年平均気温14℃以上 年降水量2000mm以上	排水のよい熱帯高地、温帯の丘陵地

◐西アジアとアフリカの農業地域

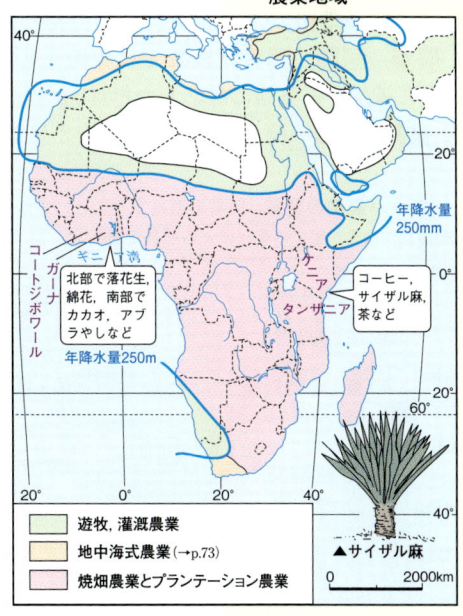

北部で落花生、綿花、南部でカカオ、アブラやしなど

コーヒー、サイザル麻、茶など

遊牧、灌漑農業
地中海式農業（→p.73）
焼畑農業とプランテーション農業

▲サイザル麻

4章 資源と産業―農業と水産業

5 合理的でたくみなやり方 ヨーロッパやロシアの農業

▶ ヨーロッパの農業は，三圃式農業から発展した。この農法は耕作と牧畜とを組み合わせた，きわめて合理的で頭のよいやり方である。
▶ 三圃式農業をもとに発達した西ヨーロッパの混合農業，酪農，地中海式農業，園芸農業の特色を学んでいこう。

1 ヨーロッパの農業の歩み

1 産業革命以前の農業
① **三圃式農業**…中世の北西ヨーロッパで広くおこなわれた農法で，耕地を冬作物地，夏作物地，休閑地（放牧地）に 3 区分して，3 年周期で**輪作**した。 ▶古代は二圃式
② **土地の囲い込み**…封建領主の没落により，独立した自営農民が土地を囲い込み（エンクロージャー），自営農地としていった。こうした自営農民が農業のおもな担い手となる。

2 産業革命後の変化…産業革命は18世紀後半から始まった。
① **農業人口の減少**…工業の発展にともない，工場労働者となる者が増え，農村から都市への人口流出が進んだ。
② **穀物の輸入**…アメリカ大陸から安い穀物が輸入され，ヨーロッパの穀物農業は危機におちいった。
③ **農業の専門化**…アメリカ大陸の農業に対抗するため，**混合農業**，**酪農**，**園芸農業**などに専門化した。地中海沿岸は，夏に乾燥する気候に対応した**地中海式農業**となった。 ▶地中海性気候
④ **農業の保護**…輸入作物には関税をかけるようになった。

プラスα
同じ耕地に各種の農作物を，年ごとに一定の順序で循環的に作付けすること。連作障害や地力の消耗を防ぎ，また労働力も合理的に配分できる利点をもつ。4 年輪作や 7 年輪作などがあり，クローバーや豆類は地力を向上させる力をもつ。

⬆ ドイツの 7 年輪作の例

❶ **ヨーロッパ農業の発展** 飼料を増産することにより，家畜頭数が増え，家畜の糞尿による肥料が増加。

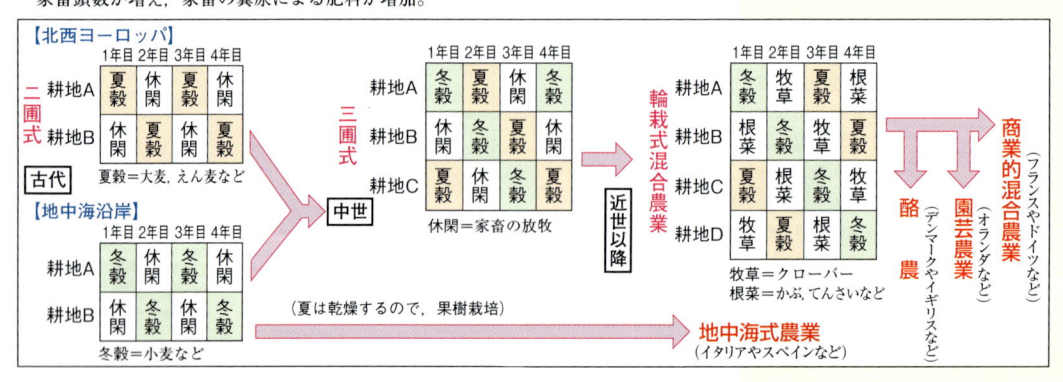

【北西ヨーロッパ】
二圃式：夏穀＝大麦，えん麦など
古代
→ 中世（三圃式）休閑＝家畜の放牧
→ 近世以降 輪栽式混合農業
牧草＝クローバー
根菜＝かぶ，てんさいなど
→ 商業的混合農業（フランスやドイツなど）
→ 園芸農業（オランダなど）
→ 酪農（デンマークやイギリスなど）

【地中海沿岸】
冬穀＝小麦など
（夏は乾燥するので，果樹栽培）
→ 地中海式農業（イタリアやスペインなど）

2 ヨーロッパの農業の特色

1 **有畜農業** 農作物の栽培と家畜飼育とが一体。「**家畜なくして農業なし**」。農地の一部は牧場として使用される。

2 **畑作中心の輪作** 小麦，ライ麦のほか，飼料作物として，大麦，えん麦，テンサイ，牧草などが輪作でつくられる。

3 **高い生産性** 自作農が主体で，機械化が進み，農業技術もすぐれ，肥料も多く用いるので，高い**土地生産性**と**労働生産性**をあげている。

3 西ヨーロッパの農業地域 テストに出るぞ！

大都市地域や工業地域の ┌ 近郊…**酪農，園芸農業**が発達
　　　　　　　　　　　 └ 周辺…**商業的混合農業**が発達
地中海沿岸…………**地中海式農業**(小麦，大麦，果樹など)

1 **酪農のさかんな地域** 気候が湿潤冷涼で土壌がやせているデンマーク，アルプス地方および大都市近郊など。

2 **商業的混合農業のさかんな地域** イギリス南東部，フランス，ドイツ，イタリア北部など。

3 **園芸農業のさかんな地域** ロンドンなど大都市近郊，オランダ，地中海沿岸など。

4 **地中海式農業のさかんな地域** 地中海沿岸の地域。
▶地中海性気候(Cs)

4 EUの農業政策

EUは**欧州連合**のこと。ヨーロッパの28か国が加盟(→p.224)。

1 **共通農業政策** EU諸国は，経営規模の拡大，機械化の推進，農産物の統一価格，域外からの輸入農産物への課徴金(関税など)制度の導入などを進め，国際競争力の強化をめざしてきた。

2 **問題点** 需給関係を無視した買い支えなどで，農産物の過剰生産が深刻。(小麦，じゃがいも，乳製品など) EU予算の約半分を農業政策による経費が占め，財政も悪化→統一価格を引き下げ，余剰農産物の輸出補助金を撤廃した。

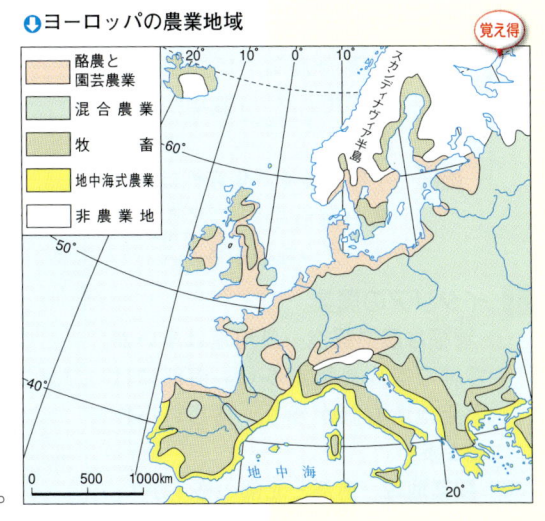

● **農業の生産性**
労働生産性と土地生産性とがある。**労働生産性**は農民1人あたりの生産量，**土地生産性**は単位面積あたりの生産量で示す。アジアの稲作は，一般に労働集約的(多くの人手をかける)で，労働生産性は低い。

● **西ヨーロッパの農業**
①**酪農**…乳牛を飼育し，牛乳や乳製品を出荷する。
②**園芸農業**…都市向けの野菜，草花，果実などを出荷する集約的農業。
③**商業的混合農業**…作物栽培と家畜飼育を基本とし，畜産物を出荷する。
④**地中海式農業**…Cs気候地域でおこなわれる農業。ぶどう，オリーブなどの樹木作物と小麦栽培が中心。コルクがしの木を栽培し，樹皮からコルクを採る(→p.175)。コルクはワインのびんの栓などに使う。

◆ヨーロッパの農業地域

	酪農と園芸農業
	混合農業
	牧畜
	地中海式農業
	非農業地

覚え得

4章　資源と産業─農業と水産業　73

5 ヨーロッパ各国の農業

1 イギリスの農業
① **農業の歩み**…1846年の穀物法の廃止で新大陸の安い小麦が流入。これに対して乳牛,肉牛,羊の飼育や園芸農業へ専門化。第二次世界大戦後,小麦など食料の自給率を高めるために努力し,成果が上がっている。
② **企業的経営**…農業人口は,全就業人口の約1.4%で生産性は高い。農業経営者が地主から土地を借り,農業労働者を雇って農業生産をおこない,出荷している。
▶ヨーロッパ主要国では最低

2 ドイツの農業
① **経営の特色**…小規模な家族経営が多く,西ヨーロッパの中では生産性が低い。EUの体制内で構造改善政策を進めている。
② **農業地域**
- 北部…ハイデの土地改良と合理的な輪作がおこなわれる。
- 中部…肥沃なレス(→p.58)土壌が分布。混合農業がさかんで,ベルデ(穀倉地帯)とよばれる。
- 南部…ライン河谷は気候が温暖で,小麦,ぶどう栽培がさかん。ビール原料の大麦,ホップもつくられる。
▶ビールに苦味をつける

3 フランスの農業 〈テストに出るぞ!〉
① **西ヨーロッパ最大の農業国**…おもに家族労働による自作農が多いが,経営規模はやや大きい。小麦,大麦,乳製品などの生産が多く,**農産物の自給率も高い**。
② **農業地域**
▶シグマ先生の世界巡り→p.12, 197
- 北部…パリ盆地とその北部で**小麦**の大規模栽培や,混合農業がさかん。
- 西部…ブルターニュ地方で酪農と混合農業,ビスケー湾沿岸で**ぶどう**栽培がさかん。
▶ワインの生産
- 南部…小農が多く,生産性は低い。地中海沿岸でぶどうやオリーブの栽培がさかん。
▶地中海式農業

4 イタリアの農業
① **零細な農業経営**…農用地は多いが,零細な家族農場が多い。南部には大土地所有制が残り,貧しい小作農が多い。
② **農業地域**…南部と北部の格差が大。
▶南部の方が貧しい

●EU諸国の農業構造の変化
EU(欧州連合)の共通農業政策では,構造改善事業として,規模の拡大が推進されてきた。イギリス,ドイツ,フランスとも,小規模な農家は離農によって大きく減少した。それにかわって,広い耕地を持つ農家が増加している。

→氷河あとのやせ地のことで,ハイデ草などの低い灌木の生えた荒れ地。

フランスのワインの特産地
▶特産地と呼び名を示す

シャンパーニュ地方…ワインからつくる独特のシャンパン。

コニャック地方…ワインを蒸留したブランデーのコニャック。

ボルドー地方…ボルドー酒とよばれるワイン。

●フランスとドイツの農業地域,農産物

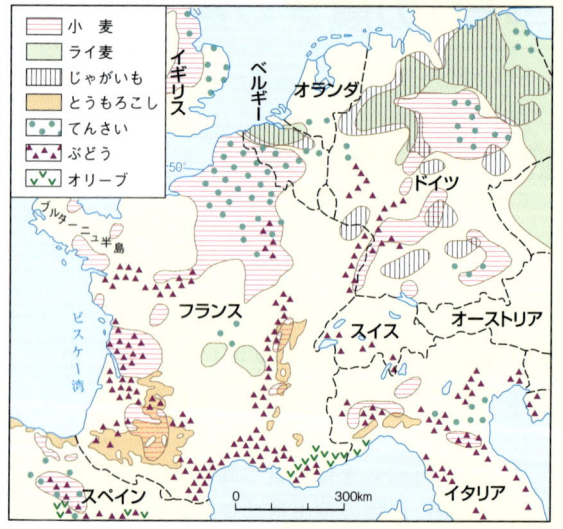

- 北部…パダノ＝ヴェネタ平野は，混合農業が中心。ポー川中流域では，輪作の中で**稲作**もおこなわれている。
- 中南部…前近代的な**分益小作農**制度が残り，農民の生活は貧しい。ほかのEU諸国への**出かせぎ**が多い。**地中海式農業**。

▶農地のほか，住宅や農機具などを地主から借りうけ，収穫物を一定の比率で地主と分ける制度。

5 オランダの農業　テストに出るぞ！

① **輸出産業**…国土の4分の1を占める**ポルダー**（海面下の干拓地）で**園芸農業**と**酪農**がさかん。生花，球根や，乳製品のバター，チーズは，重要な輸出品となっている。

② **農業地域**…ポルダーではトマト，きゅうり，レタスなどの野菜栽培と酪農がさかん。砂丘地帯ではチューリップ，スイセン，ヒヤシンスなどの球根生産がさかん。

6 デンマークの農業　テストに出るぞ！

① **有数の酪農国**…国土の約61％が耕地や牧草地で，大麦を主とする飼料用作物が輪作され，酪農がさかん。

② **協同組合による経営**…農産物の加工，販売や肥料，飼料などの共同購入をおこない，良質の乳製品や肉製品を生産し輸出する。ハム，ベーコンの輸出が，とくに多い。

7 スイスの農業　テストに出るぞ！

① **農業の特色**…国土の60％が山地で，耕地に乏しい。乳牛を飼育し乳製品をつくる**酪農**がさかん。経営は零細。最近では，観光客相手の民宿などを営む農家もみられる。

② **移牧**…山麓から高地の牧場まで，季節によって家畜を垂直的に移動させながら飼育する牧畜のこと。スイスでは，アルプスの緩斜面を利用。地中海沿岸で広くみられる。

▶シグマ先生の世界巡り→p.12

●デンマークの酪農

1864年，デンマークはプロシア（ドイツ）との戦いに敗れ，豊かなシュレースヴィヒ地方とホルシュタイン地方を失った。その結果，国土の大部分は氷食をうけたやせ地や沼沢地の多いユーラン半島と付近の島々に限られてしまった。さらに，新大陸からの安い穀物（小麦）の流入で大きな打撃をうけた。

そのため，土壌改良による荒れ地の開拓や農地改革を進め，さらに農業教育，農業協同組合の普及をはかり，質のそろった農産物を生産するなどして，不利な条件を克服してきた。今日では世界有数の酪農国になっている。

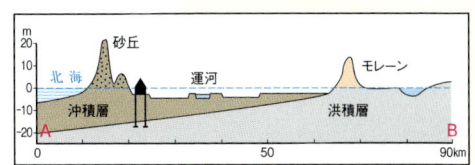

⇒オランダの農業地域 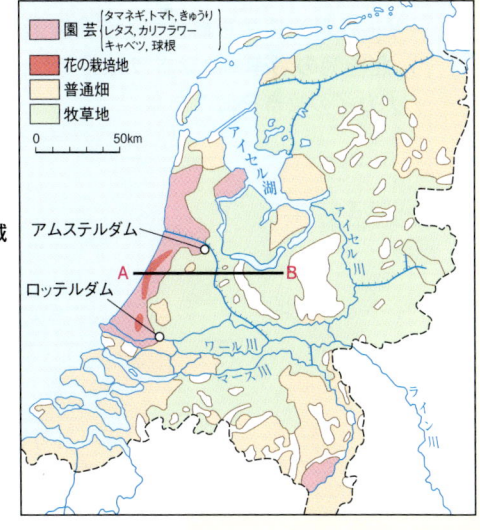
⇩スイス（アルプス）の移牧

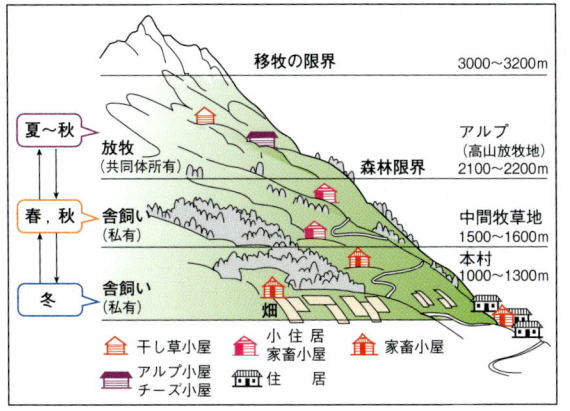

4章　資源と産業—農業と水産業　75

⑥ ロシアの農業

1 旧ソ連時代からの変化
ロシアが、ソ連という社会主義国家であったころは、**集団的農業**がおこなわれていた。つまり、土地は国有、農業機械などは共有の農業であった。それが、1991年、ソ連の社会主義体制が崩壊し、**市場経済**(→p.230)が導入され、農業も企業化や個人農化の方向へ変わった。

2 ロシアの農業の特色
① **広大な国土と低い耕地率**…国土面積は世界1位であるが、耕地面積の割合は、8％ほどしかない。
② **きびしい自然環境**…北部は凍土が広がり、南部は乾燥地帯で自然条件にはめぐまれない。冷夏、干ばつなどの被害。
③ **農業生産の回復**…市場経済導入の混乱で不振だったが、1999年以降に生産を回復。今では世界有数の穀物輸出国。

3 ロシアの農業地域 [テストに出るぞ!] 東西に帯状に広がっている。
① **黒土地帯**…肥沃な**黒土(チェルノーゼム)**が広がり、世界有数の**小麦**の産地。**春小麦**が中心。小麦との輪作で、てんさい、とうもろこし、ひまわりなどをつくる。
  ▶年降水量…500mm前後、7〜8月の平均気温…20℃以上。
② **黒土地帯の北側**…すぐ北側では**ライ麦やじゃがいも**(いずれも食料)、さらに北側では**えん麦や大麦**(いずれも飼料)を栽培し、豚や肉牛を飼育する**混合農業**。
③ **北極海の沿岸**…ツンドラ地帯では、極北の少数民族が、**トナカイ**の牧畜をおこなう。

▶ソ連の時代には、**コルホーズ(集団農場)**と**ソフホーズ(国営農場)**による集団化が進められた。市場経済の導入により、株式会社や集団農業企業などの形に再編されたが、生産性の高い企業的農業への転換が遅れている。

▶自宅付属地(ダーチャ)などでの小規模自給経営である「個人副業経営」と、個人独立農場である「農民経営」がある。

● ウクライナの農業
　黒海北部のウクライナは、ロシアからつづく黒土地帯が広がり、**小麦**の栽培がさかん。ロシアより温暖で、南部では冬小麦、その他の地域では春小麦をつくる。じゃがいも、てんさいを栽培し、豚、肉牛を飼育する混合農業もさかん。

⬇ロシアと周辺諸国の農業地域 [覚え得]

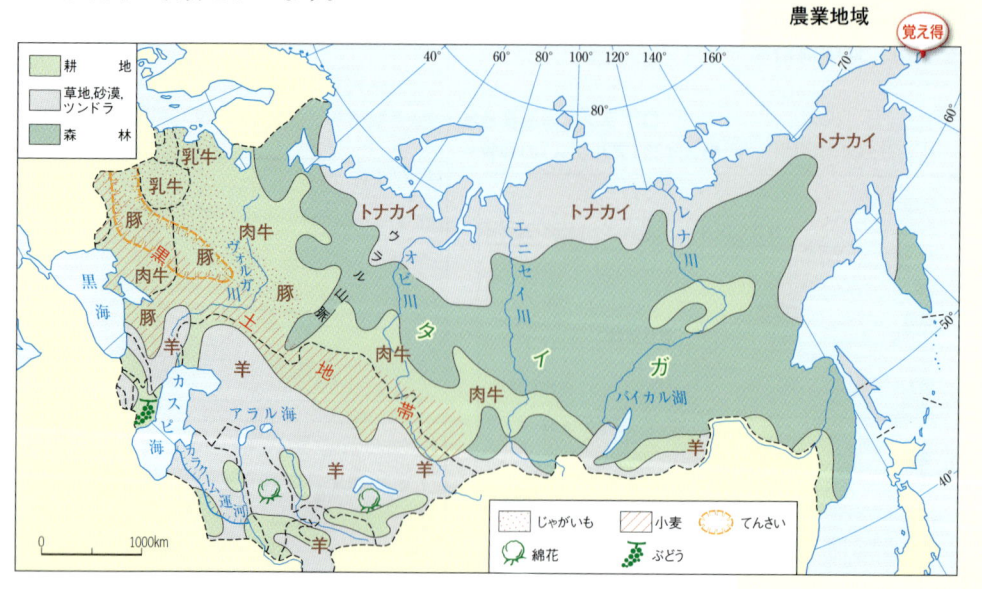

6 苦悩する世界の穀倉 北アメリカの農業

▶アメリカは，世界有数の穀倉（食料倉庫）であり，穀物，肉類，果実などの生産や輸出では世界のトップだ。中でも，小麦などの食用作物，採油用やたんぱく質食料あるいは飼料として重要な大豆，飼料のとうもろこしなどの生産と輸出はその代表。

▶また，米の生産量，輸出量とも，アジア以外の地域としては多い方となっている。

1 アメリカの農業の発展

1 企業的農業の発展 17世紀初めから，開拓前線（フロンティア）は西進した。19世紀後半，ヨーロッパの農作物需要が増大し，輸出向けの大規模な農業経営がおこなわれた。

① **南部の綿花栽培**…イギリスやニューイングランド地方の綿工業の発展にともない，南部で綿花栽培が広がった。

② **中央平原の小麦栽培**…ヨーロッパへの輸出用として，畜力を使った大農法により小麦栽培が広がった。

③ **ミシシッピ川中流域のとうもろこし栽培**…国内での食料需要（とくに肉類）の増大によって，とうもろこし栽培と肉牛，豚の飼育をおこなう商業的混合農業が広がった。

2 高い労働生産性 第一次世界大戦後，農業の生産技術や機械化が進んだ。大型農業機械の導入によって，労働生産性（→p.73）が高くなった。

2 アメリカの農業の特色 〈テストに出るぞ！〉

1 商品作物の生産 とうもろこし，大豆，小麦，綿花など市場向けの作物を大量に生産する。市場は国内だけでなく，西ヨーロッパ諸国や日本など全世界におよぶ。

① **世界有数の生産量**…とうもろこし，大豆，綿花，オレンジ類，グレープフルーツ，肉類，小麦，えん麦などの生産では，世界でも指おりの生産国となっている。

② **世界最大の農産物輸出国**…第二次世界大戦後，農産物の生産過剰が深刻となった。そこで，最低価格の保障，作付制限などを進めた。輸出にも力を入れた結果，世界で最大の農産物輸出国となっている。中でも，穀物の輸出量は世界の約25％を占め，「**世界の穀倉**」とよばれている。

▶世界有数の生産，輸出量…**とうもろこし，大豆，小麦**。

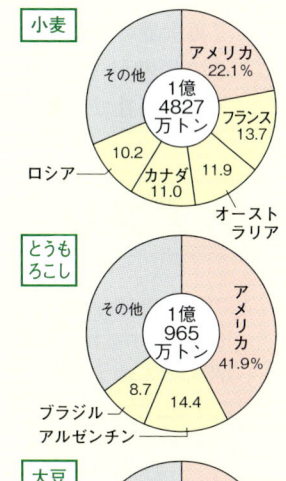

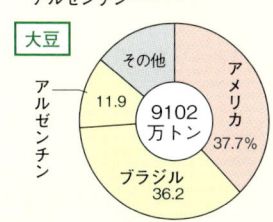

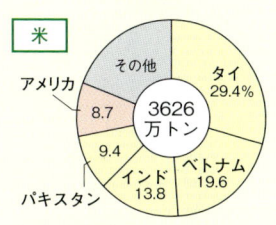

プラスα

小麦 1億4827万トン
- アメリカ 22.1%
- フランス 13.7
- オーストラリア 11.9
- カナダ 11.0
- ロシア 10.2
- その他

とうもろこし 1億965万トン
- アメリカ 41.9%
- アルゼンチン 14.4
- ブラジル 8.7
- その他

大豆 9102万トン
- アメリカ 37.7%
- ブラジル 36.2
- アルゼンチン 11.9
- その他

米 3626万トン
- タイ 29.4%
- ベトナム 19.6
- インド 13.8
- パキスタン 9.4
- アメリカ 8.7
- その他

（2011年）（「世界国勢図会」による）

おもな農作物の輸出国
とうもろこし，大豆は世界の全輸出量の4割ほどがアメリカとなっている。

2 **適地適作主義** 各地域の気候や土壌に適した単一耕作が多いため，作物別の農業地域がはっきり分かれている。

3 **大規模経営** 農業就業者は全就業者数の1.5％。農家1戸あたりの経営面積がきわめて広く，平均で約160haの農地を経営している。しかも，機械化による省力化と大規模化が進み，ますます巨大農場が有利となっている。

4 **農業関連企業の巨大化** 農業機械が大型化し，農業投資が増大するにつれて，少数の企業的な大農場に生産が集中した。とくに畜産業や園芸農業では，アグリビジネスと契約を結んだ大農場が多くなるなど，いっそう資本集約的になりつつある。こうしたアグリビジネスは，しだいに巨大化し，アメリカをはじめ世界の農業全体に大きな影響力をもつようになっている。その代表が，小麦の流通を中心にした穀物メジャーとよばれる穀物商社で，多国籍企業として世界中に進出している。

●**アグリビジネス**
農業関連企業のこと。農畜産物（種子，ひな），農業機械，肥料，農薬などの生産から加工，貯蔵，運搬，販売などをおこなう。

●**穀物メジャー**
アメリカで，穀物の集荷，貯蔵，運搬，船積みなどの流通システムと施設を所有している巨大穀物商社。
穀物メジャーは広大な内陸の穀倉地帯から大量の穀物を輸出して，世界の国際穀物市場において大きな影響力をもっている。穀物メジャーのトップはカーギル社である。

❸ アメリカの農業地域 〈テストに出るぞ!〉

| おもな農業地域は，西経100°線，すなわち年降水量が500mmの線よりも，東側に分布。 | → | 気候，土壌などの自然条件や，市場との距離などからみて，適地適作の考え方で作物が決められる。 | → | 農業の地域分化がひじょうに明確である。各農業地域は，東西に帯状に分布している。 |

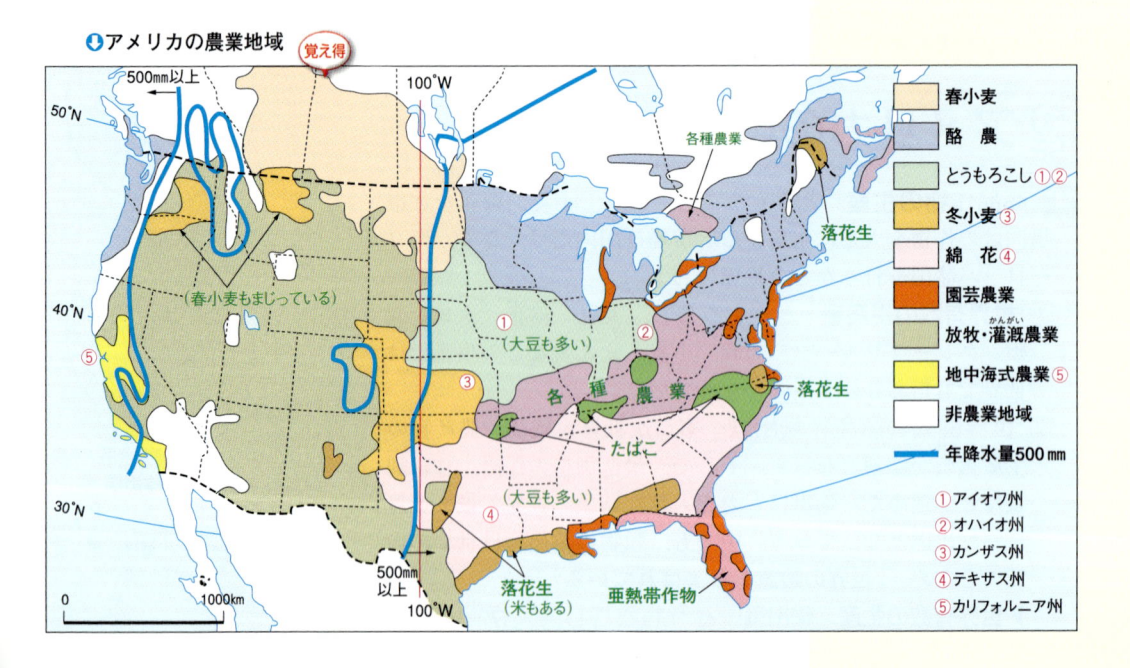

⬇ アメリカの農業地域

- 春小麦
- 酪農
- とうもろこし ①②
- 冬小麦 ③
- 綿花 ④
- 園芸農業
- 放牧・灌漑農業
- 地中海式農業 ⑤
- 非農業地域
- ━━ 年降水量500mm

① アイオワ州
② オハイオ州
③ カンザス州
④ テキサス州
⑤ カリフォルニア州

1 小麦地帯 カナダ南部からアメリカにかけての冷涼で降水量の比較的少ない内陸部に分布。グレートプレーンズの西部やプレーリーが中心で，北部に**春小麦**地域，中央部にカンザス州などの**冬小麦**地域がみられる。
▶シグマ先生の世界巡り→p.200
▶台地状の大平原→p.239
▶肥沃な温帯草原→p.239

① **小麦栽培の発展**…小麦の栽培地は19世紀後半から，ヨーロッパにおける需要の増大により増加し，大型トラクターやコンバインによる**大農法**が進んだ。また，**乾燥農法**の採用により栽培面積が拡大した。

② **経営規模**…冬小麦地域で100ha程度，春小麦地域で数百haに達する。省力化が進み，種まきや収穫は専門業者に請負わせることも多い。

2 酪農地帯 北東部のニューイングランド地方から五大湖周辺地域にかけて分布。
▶**酪農が発達した理由**…①夏でも冷涼な気候，②氷河の堆積物におおわれ，やせ地であった（農作物の栽培には不適），③大都市に近く，大消費地がひかえている。

3 とうもろこし地帯（コーンベルト） 中西部のオハイオ州からアイオワ州にかけての地域に分布。とうもろこしを中心に，えん麦，牧草，大豆などとの**輪作**と，豚，肉牛，にわとりなどの飼育をおこなう**商業的混合農業**がさかん。とうもろこしは大部分が豚，肉牛，にわとりなどの家畜の飼料にされるので，**とうもろこし地帯は，これらの家畜の飼育地とほぼ一致**している。
▶地力の維持に役立つ

4 綿花地帯（コットンベルト） ミシシッピ川下流域を中心とする東西2500km，南北800kmの地域に分布。最近，中心地はしだいに西方のテキサス州，オクラホマ州や太平洋岸のカリフォルニア州へ移っている。

●**春小麦と冬小麦**
①春小麦…春に種をまいて秋に収穫する小麦。冬は厳寒で作物栽培ができないが，夏には気温の上がる亜寒帯地方で栽培。
②冬小麦…秋に種をまいて翌年の春から初夏に収穫する小麦。冬も比較的温暖な地方で栽培。

●**乾燥農法**
雨の少ない乾燥地で，灌漑をしないで作物を栽培する方法。秋に耕地を深く耕して雨水を地中深く浸透させ，春の種まき前にもう一度浅く耕して毛細管現象を断ち，水分の蒸発を防ぐ。

綿花栽培の最適条件
①生育期間中18℃以上。
②年降水量500mm以上で，秋（収穫期）に晴天が多いこと。
③無霜期間が210日以上あること。

⇒アメリカの等高線耕作
アメリカでは，近年，全土にわたって**土壌侵食**が進み，毎年，日本の耕地面積の4倍もの農地が消えているとさえいわれる。

とくに深刻なのは，中央平原からコーンベルトにかけての穀倉地帯で，「1tのとうもろこしを生産するのに2tの土を失う」とさえいわれる。そこで，傾斜地では等高線にそって畝をつくり，帯状に作物を作付ける**等高線耕作**をおこない，土壌侵食や肥料の流出を防いでいる。

右の写真は，小麦と大豆の等高線耕作のようす。

4章　資源と産業—農業と水産業　79

5 **園芸農業地帯** 東部の大西洋岸に分布。北東部は**メガロポリス**（→p.151）の巨大な消費人口と結びついて集約的な**近郊農業**が、南部では温暖な気候を生かして**輸送園芸**が発達。

6 **企業的牧畜地帯** 西経100°線より西の**グレートプレーンズ**が中心。年降水量500mmの線で東側の農業地域と区分される。大部分が**肉牛**の放牧地として利用され、生後1年でコーンベルトに送られて肥育される。近年は、地元の**フィードロット**も増えた。また、西部のロッキー山脈やグレートベースン（大盆地）では**羊**の飼育がさかん。

7 **地中海式農業地帯** 太平洋岸南部の**地中海性気候地域**に分布。**カリフォルニア州**を中心に**大規模な灌漑**がおこなわれ、肥沃な**セントラルヴァレー**では、オレンジ、ぶどう、あんず、グレープフルーツ、レモンなどの果実の栽培がさかん。

8 **亜熱帯作物地帯** メキシコ湾岸の高温湿潤地域に分布。米、さとうきびなどを栽培。**フロリダ半島**では、野菜、果実の促成栽培がさかん。

4 カナダの農業

1 **農業の発達** 17世紀後半にフランス人の手によってセントローレンス川流域の開拓が進んだ。その後、1880年代に大陸横断鉄道が開通してから、プレーリーでの小麦栽培が急速に進み、カナダも「世界の穀倉」とよばれるようになった。

2 **カナダの農業地域** 耕地の北限は夏季の平均気温14℃の線で、**耕地は南部に集中**している。

① **春小麦**地域…内陸の**アルバータ、サスカチュワン、マニトバ**の平原3州が中心。農家の平均経営規模は約200haで、大型機械を利用した大規模経営がみられる。耐寒品種の**ガーネット種**などが栽培され、生産量の約80%は輸出される。

② **酪農**地域…人口が集中しているセントローレンス川流域が中心。

③ **企業的牧畜地域**…太平洋側の南部は、アメリカからつづく企業的牧畜がさかん。大規模な**肉牛**の放牧。

▶アメリカ各地にみられる肉牛の肥育場のこと。こうした肥育場では、栄養価の高い濃厚飼料を大量に子牛に与え、伝統的な企業的牧畜では2～3年かかるところをわずか1年半で成牛にする肥育方法をとっている。

ただし、この方法は飼育期間は短いものの、飼料を大量に必要とする（1kgの肉を生産するのに4～8kgの飼料が必要）。このため、アメリカの穀物生産量の60%が飼料として消費されている。

⬇**フィードロット**（カリフォルニア州）

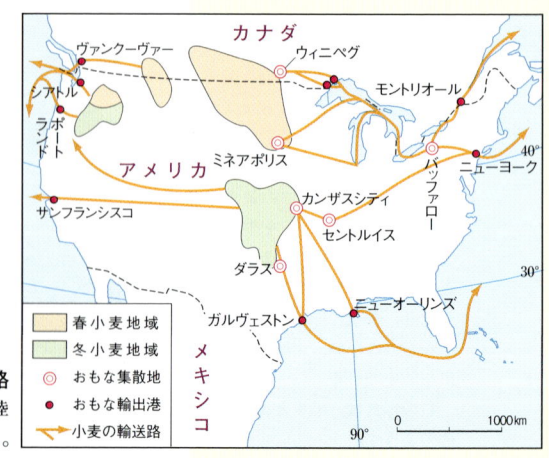

⮕**北アメリカの小麦地域と輸送路**
アメリカの小麦は輸送距離が長く、大陸横断鉄道や内陸水運を利用して輸出される。

80　2編　現代世界の系統地理的考察

7 モノカルチャーから多角化へ ラテンアメリカの農業

▶ ラテンアメリカの農業は，ブラジルのコーヒーに代表されるように，輸出向けの農産物を中心とする**モノカルチャー**（単一耕作）に特色をもっている。
▶ しかし，単一の作物に頼っていると，天候や価格の変動などで大きな影響をうけてしまう。このため，農作物の多角化が進められている。

1 農業の特色

1. **大土地所有制** 大地主は大都市に住み，大農場の耕作は農業労働者にまかせている。多くの農民の生活は貧しく，労働生産性も低い。

   大農場（大牧場）のよび方 ┃ ブラジル…**ファゼンダ**。
   ┃ アルゼンチン…**エスタンシア**。
   ┃ メキシコやアンデス諸国…**アシエンダ**。

2. **モノカルチャー（単一耕作）** さとうきび，コーヒー，バナナ，カカオ，綿花などの**プランテーション**（→p.68）が発達。大土地所有者は輸出に有利な農作物を大量に単一栽培する。
   ▶シグマ先生の世界巡り→p.13

3. **多角化の方向へ** 単一耕作は世界の農産物市場のはげしい価格変動によって直接影響をうける弱点をもつ。このため，ほかの作物も取り入れた**多角化**に力を入れるようになった。

プラスα

● ラテンアメリカ起源で世界中に広まった農作物はたくさんあるよ！
① とうもろこし，落花生，いんげん豆などの穀物，豆類。
② キャッサバ，じゃがいも，さつまいもなどのいも類。
③ トマト，かぼちゃ，パイナップル，アボカド，パパイヤなどの野菜，果樹。
④ とうがらし，バニラなどの香辛料，香料。
⑤ その他，綿花（長繊維），たばこ，カカオ，天然ゴム，ひまわり，カシューナッツなど。

2 各国の農業

1. **ブラジルの農業**
   ① **コーヒーのモノカルチャー**…サバナ気候とテラローシャの土壌により，**世界一の生産量**。ファゼンダの大農園で，大地主が**コロノ**（移民労働者）を使って栽培。
   ② **多角化へ**…天候による不作や国際価格の変動の影響をさけるため，小麦，大豆，とうもろこし，カカオなどを栽培して，安定化をはかっている。

2. **アルゼンチンの農業** ラプラタ川下流の**パンパ**が中心。年降水量550mm線で，**湿潤パンパ**と**乾燥パンパ**に区分される。

   ┃ 湿潤パンパ…**小麦**栽培。**肉牛**などを飼育する混合農業。
   ┃ 乾燥パンパ…羊や牛の牧畜（放牧）がさかん。

▶熱帯の中でもやや涼しい地域が栽培適地（ブラジル高原南東部のサンパウロ州が中心）。

⬇ パンパの農業地域

8 羊の背に乗って発展 オセアニアの農業

▶オーストラリアの農業といえば，何を思いうかべるかな？　世界的に有名なのは，羊。ここの羊はメリノ種とよばれる羊毛用の優秀な羊なんだ。

▶オーストラリアの牧羊は，イギリスの毛織物工業の発展とともに順調にのび，今では，人口2300万人に対して，羊の数は6800万頭になっている。

1 オーストラリアの農業の発展

1 イギリスを市場として　18世紀末，イギリスの植民地となり，毛織物工業の原料供給地として牧羊が発達。とくに**メリノ種**の導入でより発展した。また，1850年ごろ金鉱が発見され人口が急増，小麦，牛肉などの生産が増えた。さらに19世紀末，**冷凍船**が発明され，肉用羊の飼育がさかんとなった。

2 新しい市場の登場　第二次世界大戦後，イギリスの経済的地位の低下にともない，**日本**や**中国**が新しい市場に変化した。

3 農業経営の特色　農業従事者は全就業者の約4％にすぎないが，家族経営による大農法で，労働生産性は高い。農業は重要な輸出産業で，**肉類**，**小麦**，**羊毛**の輸出が多い。

プラスα

▶スペイン原産の毛用羊の一種。白くて細長い良質の羊毛が得られ，産毛量も多い。世界各地で飼われている。

▶冷凍設備をもった貨物船で，1870年代に登場。冷凍船の発明により，オーストラリアや南アメリカなどの南半球の地域から赤道をまたいで北半球の工業国へ，生肉や生鮮食料品を輸送できるようになった。

2 オーストラリアの農業地域

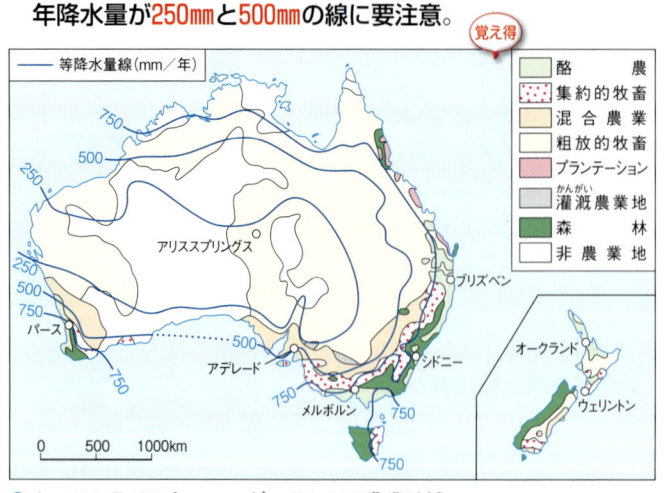

年降水量が250mmと500mmの線に要注意。

凡例：酪農／集約的牧畜／混合農業／粗放的牧畜／プランテーション／灌漑農業地／森林／非農業地

↑オーストラリアとニュージーランドの農業地域

↓牛の分布と羊の分布

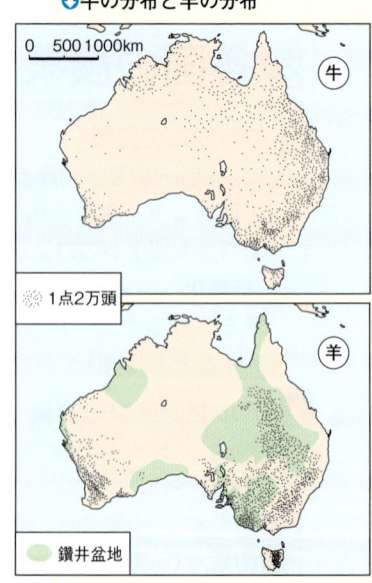

1点2万頭

鑽井盆地

82　2編　現代世界の系統地理的考察

1 **乾燥した内陸部** <テストに出るぞ！> 大部分が年降水量500mm未満の地域。砂漠と羊の放牧地に分かれる。
  ① 年降水量500〜250mmの地域…羊の放牧地。**グレートアーテジアン（大鑽井）盆地**では**鑽井（掘り抜き井戸）**を利用して羊の飲み水を確保。
  ② 年降水量250mm未満の地域…砂漠となっていて、農耕や牧畜は不可能。

2 **年降水量500mm以上の地域**
  ① 北部…サバナ気候。肉牛の放牧のほか、北東部でさとうきびのプランテーションがさかん。
  ② 南東部…海岸地方は酪農や園芸農業が中心。マリー川流域は小麦栽培や混合農業がさかん。
  ▶スノーウィーマウンテンズ計画
  ③ 南西部…地中海性気候で、果実、小麦栽培中心の**地中海式農業**が発達。

③ ニュージーランドの農業

1 **牧畜の国** 全土が西岸海洋性気候で、降水量が適度にあり、冬も温暖。畜舎が不要で、牧草もよく育つ好条件を生かして牧畜業がとてもさかん。結果、ニュージーランドは、**肉類、羊毛、乳製品、皮革**などの世界的な**畜産物輸出国**となっている。

2 **農業地域**
  ① 牧羊地域…南島の東側が中心→偏西風が中央の山地にさえぎられ、西側に雨を降らせたあと、東側には乾燥した風が吹き、雨が少ないため。
  ② 酪農地域…やや湿潤な北島の西部が中心。乳牛の飼育のほか、一部では肉牛も飼育。
  ③ 混合農業地域…南島の南部と東部の海岸部。小麦のほか、飼料作物を栽培。

④ 太平洋の島々の農業

1 **プランテーション農業** フィジーのさとうきび→砂糖、サモアのココやし→コプラの生産が多い。
▶油脂の原料

2 **食料の生産** ニューギニア島では、ハック耕（→p.71）による**焼畑農業**。タロいも、ヤムいも、キャッサバなどのいも類や、バナナなど。

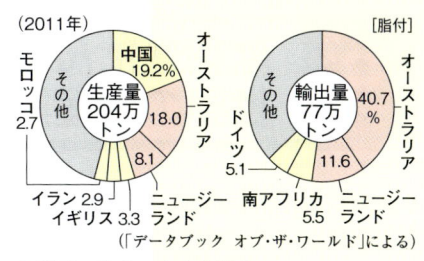

↑世界の羊毛の生産と輸出（2011年）［脂付］
生産量204万トン：中国19.2％、オーストラリア18.0、ニュージーランド8.1、イギリス3.3、イラン2.9、モロッコ2.7、その他
輸出量77万トン：オーストラリア40.7％、ニュージーランド11.6、南アフリカ5.5、ドイツ5.1、その他
（「データブック オブ・ザ・ワールド」による）

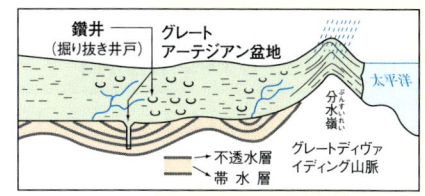

↑グレートアーテジアン盆地と鑽井の構造
　グレートディヴァイディング山脈に降った雨は地中にしみこんで被圧地下水となる。グレートアーテジアン盆地では鑽井（掘り抜き井戸）をつくり、自噴またはくみあげによって羊の飲み水を得ている。ただし、この水は塩分を若干含むため、人間の飲料水や農地の灌漑には利用できない。

覚え得 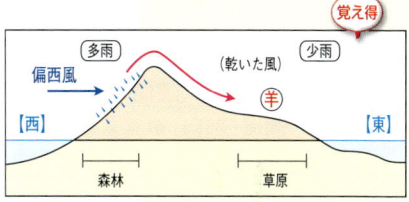
↑ニュージーランド南島の牧羊地
　中央を南北に走るサザンアルプス山脈の西斜面は雨が多く、牧羊には向かないが、東斜面は雨が少なく、牧羊に向いている。

↓ココやしとその利用法
葉（屋根、編み細工、燃料）
果実
花（食用）
繊維（綱、糸、ござ、かごなど）
殻（カップ、スプーン、くしなど）
果液（飲料）
果肉（胚乳、コプラ）食用、香油、マーガリン、石けん、ろうそく、飼料
樹液（パームワイン、アラク酒など）
樹木（住宅材、船材、武器、まき）

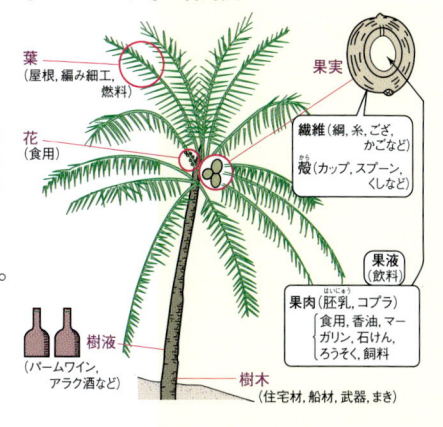

9 動物性たんぱく質の需要増にこたえる世界の水産業

▶ 水産業は、魚のほか、えび、かに、いか、たこなどの動物、貝や海そうなどの魚介類をとる漁業が中心。ほかに、養殖や栽培漁業から、水産加工、海水による製塩まで含む。
▶ ここでは、漁場の成立条件と世界の主要漁場、とくに世界の三大漁場が重要。

1 水産物の需給

　水産物（とくに魚）を多く食べる（1人あたり）国は、アイスランド、韓国、日本、ノルウェーなどであるが、水産物の消費量の差は、畜産物との競合や、昔からの好みの差などにもとづく。
　世界的にみると、動物性たんぱく質の需要が増大しており、畜産物の供給量が頭打ちになっているため、各国とも水産物による動物性タンパク質の供給をはかっている。

2 世界の漁場

1 漁場の成立条件
① 自然的条件…大陸棚やバンク（→p.59）があり、寒暖両流が接触する潮境（潮目）がある→プランクトンの繁殖。
② 社会的条件…魚の消費量が多いこと、水産業を営むための資本、技術、労働力が豊富なことなど。

＋プラスα

●プランクトン
　水中の浮遊微生物の総称。水中の無機塩（栄養塩）をえさとする植物性プランクトンと、これをえさとする動物性プランクトンがある。

◎各国の魚介類の消費量

国	g/日
アイスランド	242
韓　　国	200
日　　本	159
ノルウェー	139
ミャンマー	139
スペイン	118
中　　国	107
フィリピン	100

1人1日あたり：g（鯨肉を含まず）（2009年）「日本国勢図会」

◎世界のおもな漁場と水域別漁獲量

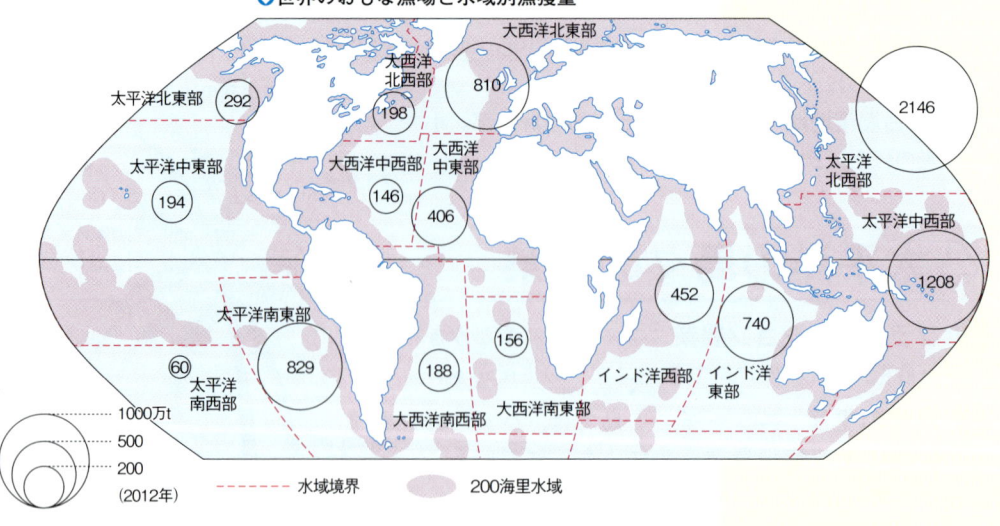

- 太平洋北東部 292
- 大西洋北西部 198
- 大西洋北東部 810
- 太平洋北西部 2146
- 太平洋中東部 194
- 大西洋中西部 146
- 大西洋中東部 406
- 太平洋中西部 1208
- インド洋西部 452
- インド洋東部 740
- 太平洋南東部 60
- 太平洋南西部 829
- 大西洋南西部 188
- 大西洋南東部 156

1000万t / 500 / 200（2012年）
---- 水域境界　　　200海里水域

2 世界の主要漁場 テストに出るぞ！

世界の三大漁場
- 太平洋北西部漁場（北西太平洋漁場）…日本近海。
- 大西洋北東部漁場（北東大西洋漁場）…北海が中心。
- 大西洋北西部漁場（北西大西洋漁場）…ニューファンドランド島近海。

	漁場名	漁場の位置	自然条件	おもな漁獲物
世界の三大漁場	**太平洋北西部漁場**〔北西太平洋漁場〕	日本列島近海を中心にして、カムチャツカ半島から東シナ海まで。	**大陸棚**が広がり、日本海には大和堆、武蔵堆など**バンク**（浅堆）が多い。 暖流…**黒潮（日本海流）** 寒流…**親潮（千島海流）** が会合する**潮境**。	〔北部〕寒流系のにしん、たら、さけなど〔南部〕暖流系のまぐろ、ぶりなど。
世界の三大漁場	**大西洋北東部漁場**〔北東大西洋漁場〕	北海が中心。ロフォーテン諸島沖からビスケー湾まで。	**大陸棚**が広がり、北海にはドッガーバンク、グレートフィッシャーバンクなどバンクが多い。 暖流…**北大西洋海流** 寒流…**東グリーンランド海流** が会合する**潮境**。	ロフォーテン諸島近海のたらが有名。にしん、かれいなど。
世界の三大漁場	**大西洋北西部漁場**〔北西大西洋漁場〕	ノヴァスコシア半島からニューファンドランド島の沖。	**大陸棚**が広がり、グランドバンク、ジョージバンクなどバンクが多い。 暖流…**メキシコ湾流** 寒流…**ラブラドル海流** が会合する**潮境**。	たら、かれい、ひらめ、にしん、えび、さばなど。
その他	**太平洋北東部漁場**〔北東太平洋漁場〕	北アメリカ西岸が中心。アリューシャン列島からカリフォルニア半島沖まで。	大陸棚、バンクはあまり見られないが、海岸線は屈曲に富む。 暖流…アラスカ海流 寒流…カリフォルニア海流	さけ、すけとうだら、おひょうなど。
その他	**太平洋南東部漁場**〔ペルー沖漁場〕	ペルー北部からチリ北部の沖合まで。	大陸棚、バンクはあまり見られない。北上する寒流のペルー（フンボルト）海流にはプランクトンが多く、好漁場となる。	アンチョビ（かたくちいわし）が中心→飼料の**フィッシュミール（魚粉）**に加工される。

◎ **大西洋北東部漁場と大西洋北西部漁場**
両漁場とも、世界的な大漁場になった背景には、上にあげた自然条件のほか、消費地に近いことがあげられる。

4章　資源と産業―農業と水産業

テスト直前チェック　定期テストにかならず役立つ！

1. □ モンスーンアジアで，世界の約90％が生産されている農産物は？
2. □ 中国の農業地域で，稲作と畑作を区分する年降水量の線は，何mmか？
3. □ 熱帯や亜熱帯の地域で，商品作物を栽培する大規模農園を，何というか？
4. □ 熱帯農作物の栽培で，特定の作物だけをつくることを，何というか？
5. □ 南アジアのインド・アッサム地方やスリランカで，さかんに栽培される商品作物は？
6. □ イランの乾燥地域にみられる地下水路のしくみを，何というか？
7. □ 山林や草原を焼きはらい，その灰を肥料にして，自給用の作物を栽培する農業は？
8. □ 穀物や飼料作物の栽培と，家畜飼育とを組み合わせる農業は？
9. □ 乳牛を飼育し，バターやチーズなどを生産する農業は？
10. □ 都市向けの草花，果実，野菜を中心に生産する，集約的な農業は？
11. □ 冬に小麦を栽培し，下の写真❹のような果樹を栽培する農業は？
12. □ ウクライナ～ロシアの西シベリアで栽培される主要な農作物は？
13. □ アメリカの中西部に広がるとうもろこし地帯を，別名何というか？
14. □ アメリカの各地でみられる，肉牛の肥育場を，何というか？
15. □ ブラジルのテラローシャの土壌に適した作物は？
16. □ ブラジルの大農場ファゼンダに対し，アルゼンチンの大牧場を，何というか？
17. □ アルゼンチンのラプラタ川下流域に広がる草原を，何というか？
18. □ オーストラリアで，羊の放牧地の中に掘り抜き井戸のある盆地を，何というか？
19. □ 寒流と暖流が会合し，好漁場になっている海域を，何というか？
20. □ 大西洋北東部漁場の中心である海を，何というか？

解答

1. 米
2. 750mm
3. プランテーション
4. モノカルチャー（単一耕作）
5. 茶
6. カナート
7. 焼畑農業（やきはた）
8. 混合農業（こんごう）
9. 酪農（らくのう）
10. 園芸農業
11. 地中海式農業（果樹はオリーブ）
12. 小麦
13. コーンベルト
14. フィードロット
15. コーヒー
16. エスタンシア
17. パンパ
18. グレートアーテジアン（大鑽井）盆地（だいさんせい）
19. 潮境（潮目）（しおざかい・しおめ）
20. 北海

テストに出る写真 チェック ❹

5章 資源と産業 ―資源と鉱工業

→ブラジルのカラジャス鉄山[露天掘り]

1 石炭から石油中心へ，さらに次は… エネルギー資源

▶日本はエネルギー資源にきわめて乏しい。石炭，石油などのエネルギー資源は，消費量のほぼ100％を輸入に頼っている。原子力発電は，東日本大震災をきっかけに脱原発の動きもみられる。
▶そこで，太陽光や風力，地熱といった新エネルギーに注目が集まっているんだ。

1 エネルギー資源の利用

1 **エネルギー資源** 燃料や動力のもととなるもの。
① 1次エネルギー…天然のままで利用するもの。**水力**，**石炭**，**石油**，**天然ガス**など。
② 2次エネルギー…1次エネルギーから転換したもの。**電力**が代表的。電力は動力や光熱へ転換しやすく，輸送にも便利。その他，石炭からつくる**コークス**や木からつくる**木炭**。
▶製鉄の原料　　　　　　　　　　　　　　　　　　▶すみ

プラスα

●化石エネルギー
　石炭，石油のように，古い地質時代の動植物に由来する資源のこと。その埋蔵量は有限であり，将来は枯渇する運命にある。

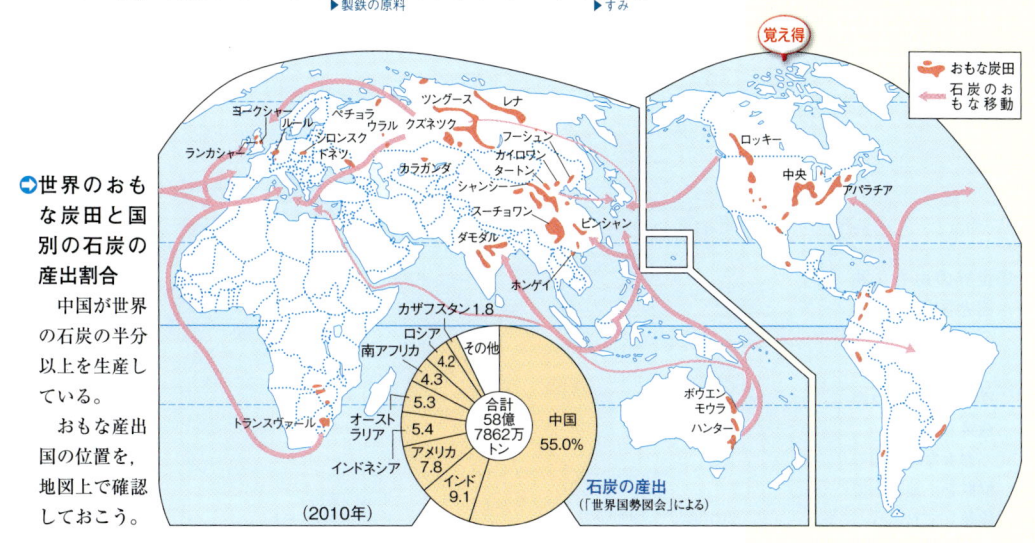

→世界のおもな炭田と国別の石炭の産出割合
　中国が世界の石炭の半分以上を生産している。
　おもな産出国の位置を，地図上で確認しておこう。

石炭の産出（「世界国勢図会」による）

合計 58億7862万トン（2010年）
中国 55.0
インド 9.1
アメリカ 7.8
インドネシア 5.4
オーストラリア 5.3
トランスヴァール 4.3
南アフリカ 4.2
ロシア
カザフスタン 1.8
その他

87

2 **エネルギー革命** テストに出るぞ！ 産業革命以来，エネルギー源の中心であった**石炭**が，1960年代後半に**石油**に転換したこと。石油は熱効率が高く，液体のため輸送も便利である。
▶18世紀後半

2 いろいろなエネルギー資源

1 **石炭** 生成した年代による炭素含有量のちがいにより，**無煙炭，瀝青炭**（**強粘結炭**は**コークス**用），**褐炭，亜炭**などがある。
▶製鉄の原料
世界各地に分布しているが，中国，インド，アメリカなどで，産出量，埋蔵量が多い。

2 **石油** 燃料のほか，化学工業の原料としても重要。世界の**油田**（**原油産地**）**は偏在**し，産出量は，アメリカ，ロシアのほか，**西アジア**の**ペルシア湾沿岸**で多い。西アジア，とくに**サウジアラビア**は産出量も多いが，埋蔵量もとくに多い。
▶シグマ先生の世界巡り→p.292

3 **電力** 水や蒸気の力でタービンを回して発電する。世界の発電量は，石炭や石油による**火力発電**が主（**火主水従**）で，水力発電の割合は年々減少する傾向にある。
① **火主水従国**…アメリカ，ロシア，日本，ドイツ，イギリス，イタリア，中国，韓国など。工業の発達した大発電国。
② **水主火従国**…カナダ，スウェーデン，ノルウェーなど氷河湖のある国や，ブラジルなど大河川のある国。
③ **原子力発電**…**核分裂**反応による熱エネルギーで蒸気タービンを回して発電する。**フランス**は原子力発電の割合がとくに高い。ただ，燃料の**ウラン鉱**の産地が限られるうえ，**福島第一原子力発電所事故**は脱原発の動きを加速した（→p.118, 258）。

● **OPEC**（**石油輸出国機構**）**と石油危機**
OPECは，世界のおもな原油生産輸出国が，石油政策の調整やメジャー（国際石油資本）によって低くおさえられていた原油価格の安定などを目的として，1960年に結成した機関。原油価格の引き上げなどに大きな影響を与えている（→p.185）。
アラブ系の産油国は，1968年に，**OAPEC**（**アラブ石油輸出国機構**）を結成した。OAPECは，1973年，第四次中東戦争の勃発で，イスラエルを支持する先進国に圧力を与えるため，産油量の削減などを決定した。このため，石油価格は4倍に高騰し，世界経済は停滞した。これを，**石油危機**（**オイルショック**）という。

● **天然ガス**
炭化水素を主成分とする天然の可燃性ガス。輸送は，パイプラインやLNG（液化天然ガス）の形でおこなう。
最近は，従来採取が困難だった深い頁岩層からの天然ガス（シェールガス）採取技術が確立。アメリカなどで増産が進んでいる。

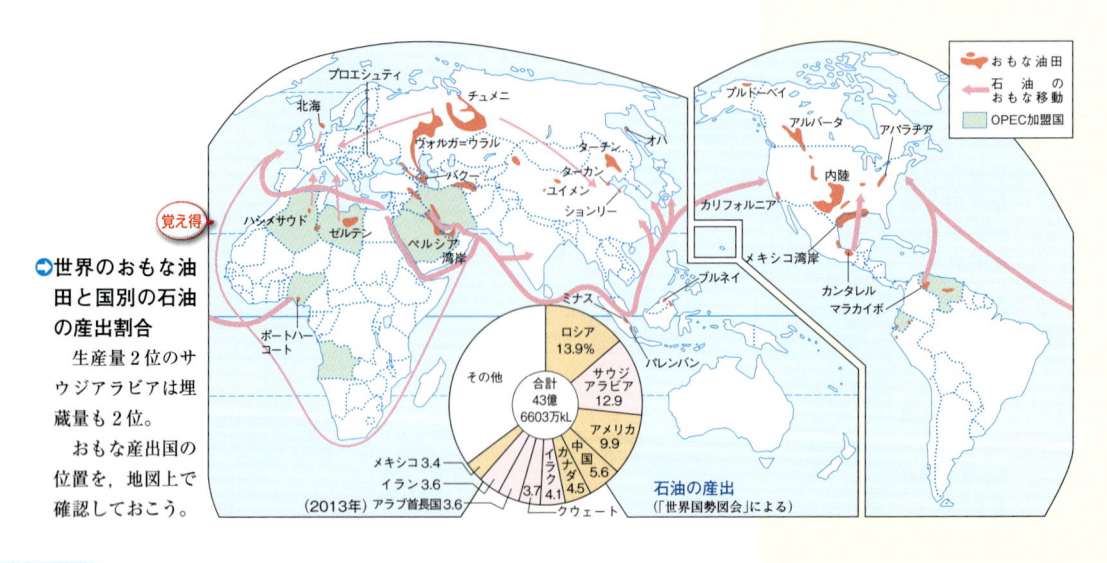

● 世界のおもな油田と国別の石油の産出割合
生産量2位のサウジアラビアは埋蔵量も2位。
おもな産出国の位置を，地図上で確認しておこう。

石油の産出
合計 43億6603万kL
ロシア 13.9％
サウジアラビア 12.7
アメリカ 9.9
中国 5.6
カナダ 4.5
イラク 4.1
クウェート 3.7
アラブ首長国 3.6
イラン 3.6
メキシコ 3.4
その他
(2013年)
（「世界国勢図会」による）

88 2編　現代世界の系統地理的考察

2 地中や森林にいろいろあるぞ 鉱産資源と森林資源

▶ 工業生産に必要な鉱産資源って，どんなものがあるかな？　金，銀，銅，鉄，鉛あたりはすぐ分かるかな？　ニッケル，すず，ボーキサイトは知ってる？
▶ では，それらの産地(産出国)はどこだろう？　ここでは，鉱産物や林産物の産出状況を整理していこう。

1 資源ナショナリズム

　発展途上国では，先進国の**多国籍企業**の資本や技術によって，資源の開発は進んだが，利益の多くを持ち去られる場合が多かった。そのため，1960年代から資源に関する主権を主張し，資源の国有化をはかろうとする国が増加している。こうした動きを，**資源ナショナリズム**という。

プラスα

● 資源カルテル
　資源の産出国が，生産量や価格を協定すること。資源ナショナリズムが具体的な形となったもので，産出国が利益を確保できる。OPEC(石油輸出国機構)(→p.88)が代表的。

2 鉱産資源

1 **鉄鉱石**　鉄鋼の原料。とても重要な鉱産資源。
① **生産国**…中国，オーストラリア，ブラジル，インドなど。
② **輸入国**…中国，日本，韓国など。

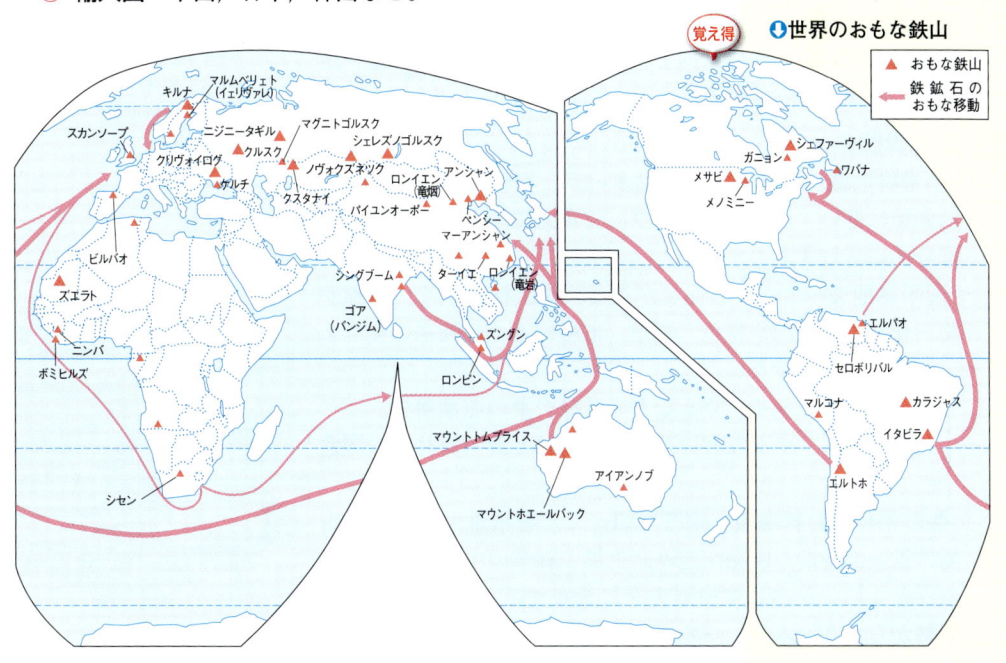

❶世界のおもな鉄山

▲ おもな鉄山
→ 鉄鉱石のおもな移動

5章　資源と産業—資源と鉱工業　89

② **ボーキサイト** 代表的な軽金属**アルミニウム**の原料。少数の多国籍企業の支配力が強い。精錬には，多量の**電力**を消費するので，アルミニウムの生産は，電力が豊富で安い中国，ロシア，カナダ，アメリカなどで多い。

③ **銅鉱** 製品の銅は，電気事業の発展とともに多く用いられてきた。世界の銅山の経営は，少数の多国籍企業がにぎっている。

④ **非鉄金属** すず鉱，ニッケル鉱，鉛鉱，金鉱など。

⑤ **レアメタル** **希少金属**のこと。チタン，タングステン，クロム，コバルトなど希土類元素は**レアアース**とよばれる。先端技術産業には欠かせず，近年，重要性が高まっている。

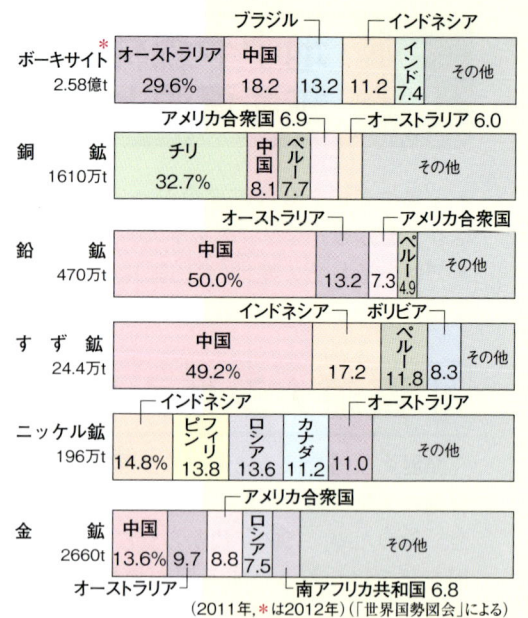

ボーキサイト* 2.58億t	オーストラリア 29.6%	中国 18.2	13.2	ブラジル 11.2	インドネシア / インド 7.4 / その他
銅　鉱 1610万t	チリ 32.7%	中国 8.1	ペルー 7.7	アメリカ合衆国 6.9 / オーストラリア 6.0	その他
鉛　鉱 470万t	中国 50.0%		13.2	オーストラリア 7.3 / ペルー 4.9	アメリカ合衆国 / その他
すず鉱 24.4t	中国 49.2%		17.2	インドネシア 11.8	ボリビア 8.3 / ペルー / その他
ニッケル鉱 196万t	インドネシア 14.8%	フィリピン 13.8	ロシア 13.6	カナダ 11.2	オーストラリア 11.0 / その他
金　鉱 2660t	中国 13.6%	9.7	ロシア 8.8	アメリカ合衆国 7.5	その他

オーストラリア　　　南アフリカ共和国 6.8
(2011年，*は2012年)（「世界国勢図会」による）

⬆ **各種金属鉱のおもな生産国**

③ 森林資源

① **森林の重要性** 森林資源の木材は古くから**燃料**に利用されてきたが，**建築材**，**家具材**，**パルプ材**として利用が増えている。国土保全上，水源の涵養，洪水の防止，防風林や防雪林，大気の浄化，土壌侵食の防止などにも，森林が役立っている。

② **伐採量の増加** 世界の森林伐採量は，年々増加し，1977年に伐採量と成長量とがほぼ同じになり，その後は「**伐採量＞成長量**」の状況になっている。
▶伐採量のほうが多い

③ **森林資源の分布**
① **熱帯林地域**…森林の蓄積量は多いが，樹種が多様で，経済的価値は低い。**ラワン**，**チーク**，**マホガニー**などの有用材を部分的に採取するのが中心。
▶シグマ先生の世界巡り→p.14
② **温帯林地域**…古くから開発が進む。人工林が多く，樹種が均一化しているのが特色。また，市場に近く，輸送の便もよいが，蓄積量は少ない。
　　南部…クス，シイ，カシなどの常緑広葉の**照葉樹林**。
　　北部…ブナ，ナラなどの落葉広葉樹林と針葉樹林との**混合林**。
③ **亜寒帯（冷帯）林地域**…**樹種が単一**で，蓄積量も大きい。市場に近い部分から開発が進み，世界の林業の中心となっている。とくに，シベリアやカナダに分布する**タイガ**（→p.58）は**純林**からなり，木材，パルプの原料として重要。

●**多国籍企業**

　海外への資本投下によって，2か国以上の国で子会社や系列会社をもっている企業。生産から販売まで国際的規模で展開し，競争力が強い。アメリカなど先進国の大企業は，多くが多国籍企業となっている（→p.108）。

緑のはたらき
- 酸素を供給する
- 動物を育む
- 避難地や避難路となる
- 洪水やがけ崩れなどの災害を防止する
- レクリエーションの場を提供する
- 騒音をやわらげる
- 心身の健康を維持増進する
- うるおいのある街をつくる
- 気候をやわらげ，気分をそう快にする

3 工業はどんなところに発達するのか？工業化と工業立地

▶ 工業っていうのは，モノづくりのこと。農業，林業，水産業などの第1次産業や鉱業などから得られた原料を加工し，生活に必要なものを生産するってわけさ。
▶ 身のまわりをみわたしてごらん。工業製品があふれかえっているよね。

1 工業の立地条件

1 工業の立地因子
輸送費と**労働費**がメイン。企業はどの場所なら安い費用でできるかを考えて，工場を立地させる（→ドイツの経済学者**ウェーバー**の**工業立地論**）。
① **輸送費**…原料を工場に輸送し，製品を市場に輸送する費用。この輸送費が安くなる場所を考えて立地させる。
② **労働費**…生産のために必要な労働に支払う費用。生産費に大きくひびくので，労働費の安い場所に立地させる。

2 工業の立地条件
① **自然的条件**…地形（土地），気候，用水との関係が深い。
② **社会的条件**…近代工業では，社会的条件が工業立地の支配的な要素となっている。中でも，**交通**，**労働力**，**資本**，**市場**，**政策**などの条件は，とくに強く関わりをもつ。

```
立地因子 ┬ 輸送費………原料輸送費，製品輸送費
         └ 労働費………労働費（賃金）が安いこと
立地条件 ┬ 自然的条件…地形（土地），気候，用水など
         └ 社会的条件…交通，労働力，資本，市場など
```

2 工業立地の型（タイプ）と変化

1 原料指向型
原料産地に工業が立地しやすい型。重量の大きい動力源や，製品に比べて重い原料（**重量減損原料**）を用いる工業。セメント工業，鉄鋼業，金属工業，木材工業，紙・パルプ工業，陶磁器工業など。

2 市場指向型
製品の市場（大都市，消費地）に立地しやすい型。重量の変化の少ない消費財をつくる工業，製品にすると重くなる清涼飲料水やビールをつくる工業，印刷業，化粧品製造業，製氷業，砂糖製造業など。

➕ プラスα

● **立地因子が影響する具体例**
　製鉄所は，原料（石炭，鉄鉱石）が重いため，原料産地や輸送に便利な臨海部に立地する傾向が強い。
　一方，**自動車**，**電気機器**やIC（集積回路）の工場は，多くの部品を使うものの，製品は軽いので，輸送費よりも部品を組み立てる労働者の賃金（労働費）のほうが大きく影響する。

● **工業立地の自然的条件はコレだ！**
① **地形**…地盤がしっかりしていて，平坦な土地，しかも海岸や河岸にあり水上交通と結びついていることが望ましい。
② **気候**…綿紡績など綿工業は湿度の高い気候，羊毛工業やフィルム工業は乾燥した気候がよい。また，気候は間接的に人間の作業能率に関係する。
③ **用水**…重要な立地条件。とくに鉄鋼，化学，紙・パルプ，化学繊維工業では大量の用水を必要とする。醸造業では**硬水**（カルシウム塩やマグネシウム塩を多く含む水），紙・パルプ，化学繊維工業では**軟水**が必要。

3 **労働力指向型** 労働力が大量に得やすく，人件費の安いところに立地しやすい型。単純な労働を多く必要とする工業。各種の部品組立工業，縫製品(アパレル)工業など。
▶布から衣類をつくる

4 **交通指向型** 大きな港湾や空港の近くに立地しやすい型。輸出入に便利。日本の鉄鋼や石油化学工業など。

5 **電力・用水指向型** 豊かで安い電力のある場所に立地する。アルミ精錬業，化学肥料工業など。豊かで安い用水の得られる場所に立地する紙・パルプ工業，化学繊維工業など。

6 **集積指向型** 部品などの関連工場が立地して生産費を安くする型。自動車工業など。⬇工業立地のタイプによる工業の分類 〈覚え得〉

工業の分類	製品の例	特徴
原料指向型工業	鉄鋼，紙・パルプ，セメント，ガラス製品	製品に比べて，重量の重い原料を使う
市場指向型工業	清涼飲料水，印刷，装飾品，高級衣服，化粧品	製品重量が軽く，情報や流行に左右
労働力指向型工業	縫製品，各種加工組立品(電気機械など)	安価で豊富な労働力が必要
交通指向型工業 (臨海)	日本の鉄鋼，石油精製，石油化学	外国からの輸入原料に依存する
交通指向型工業 (空港)	エレクトロニクス製品(ICなど)	製品が高価なわりに軽量である
電力・用水指向型工業	アルミ精錬，化学肥料(電力)，紙・パルプ，化学繊維(用水)	豊富で安価な電力や用水が必要
集積指向型工業	自動車	周辺に関連工場

7 **工業立地の変化** 工業は，立地条件や立地因子が時代とともに変化するため，有利な場所を求めて移動する。

3 工業の集積と分散

1 **工業の集積** 工場は，孤立しているより，集中しているほうが，技術や施設を相互に補ったりできて，有利である。集積現象が進むと，**工業地域**が成立し，集積がさらに集積をよんで，いっそう拡大し，大規模な工業地域が形成される。

2 **工業の分散** ところが集積しすぎると，工業用地や工業用水の不足，労働力の不足，公害問題などが発生。その解消のために，**工場の地方分散**などが必要となる。

●工業立地の
社会的条件はコレだ！
①労働力…かつての日本の繊維工業の発達は，低廉な女子労働力によるところが大。
②交通…水陸の交通が便利なことは，近代工業に必須の条件。日本で，原料の輸入と製品の輸出に有利な臨海部に工業地域が形成され，加工貿易で工業が発展したのが，その典型的な例。
③資本…大規模な設備で大量生産するために必要。資本は国境をこえて移動し，発展途上地域の工業化をも進める。
④市場…製品の市場である大消費地となる大都市とその周辺に工場が集中。
⑤政策…保護関税，税金の免除，補助金などの工業助成策。

●工業の立地移動の例
①羊毛工業(ヨーロッパ)…労働力(職人)の移動にともなって，フランドル地方→ヨークシャー地方。
②綿工業(アメリカ)…ニューイングランド地方(消費地)→アパラチア山脈南東部(綿花の産地)。
③鉄鋼業…石炭産地から消費地への立地移動の例として，ピッツバーグ→シカゴ，ゲーリー，フィラデルフィア。北九州(八幡)→京浜(川崎)，京葉(君津)。
　内陸の原産産地から原料輸入に便利な臨海部への立地移動の例として，ヨーロッパではダンケルクやフォス(フランス)，タラント(イタリア)などで，新たな鉄鋼業が発展。

④ さまざまな工業

1 工業の種類分け 工業は製品の種類によって，**軽工業**と**重化学工業（重工業，化学工業）**に分けられる。工業は軽工業から始まり，重化学工業へと進んでいく。

また，製品の用途によって，**生産財工業**と**消費財工業**に分けられる。

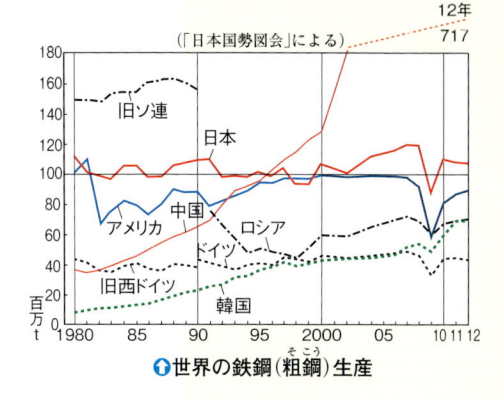

○工業の分類　覚え得

業種別			
重化学工業	重工業	**金属工業**…鉄鋼，非鉄金属，金属製品	大資本，高度な技術，大規模な生産
		機械工業…一般，電気，輸送，精密の各機械	
	化学工業	…石油化学（化学肥料，化学繊維），石炭化学	
軽工業		…食料品，繊維，窯業，印刷，木材，紙・パルプ	中小規模の生産が多い

用途別			
生産財工業	素材工業	…鉄鋼，非鉄金属，工作機械，石油化学	原材料，大型装置，関連工場
	組立工業	…機械（電気機械，自動車など）	大規模生産，関連下請工場
消費財工業		…日用雑貨，服飾品，電気機械，食料品，繊維など	中小規模の生産が多い

○世界の鉄鋼（粗鋼）生産

2 鉄鋼業 金属工業の中心で，近代工業の基礎をなす。その立地には，原料産地型と，臨海型（消費地型）とがある。

　鉄鉱石・石炭産地型…バーミンガム，シェフィールド。
　　　　　　　　　　　　　▶イギリス　　　▶イギリス
　石炭産地型…ニューカッスル，ピッツバーグ，ドニエツク。
　　　　　　　　▶イギリス　　　▶アメリカ　　　▶ウクライナ
　鉄鉱石産地型…クリヴォイログ，アンシャン，ダルース。
　　　　　　　　　　▶ウクライナ　　　▶中国　　　▶アメリカ
　臨海型…君津，フィラデルフィア，ダンケルク，タラント。
　　　　　　　　　▶アメリカ　　　　　　▶フランス　　▶イタリア

3 機械工業 原材料のわりに製品の価値が高く，大きな付加価値が得られる。高い技術をもち，関連工業の発展した地域でさかん。アメリカ，西ヨーロッパ（EU諸国），日本などの先進工業国で発達し，中国や東南アジア，ロシア，ブラジルなどに広がる。

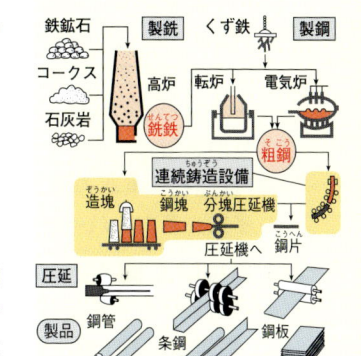

○鉄鋼の生産工程（銑鋼一貫工場）

4 化学工業 化学反応やバイオテクノロジー（生命工学）を利用して，有用な物質を生産する。このうち，**石油化学工業**は石油精製と関連が深く，製油所を中心に，各種の石油化学工場がパイプで結合された**石油化学コンビナート**を形成。

5 軽工業 重化学工業ほど資本や技術を必要としないので，発展途上国でも工業化を進めやすい。

　食料品工業…農産物，水産物を加工した新しい形の加工食品。
　繊維工業…綿，羊毛（毛織物），絹，化学繊維などの各工業。
　窯業…陶磁器，セメント，ガラス，ファインセラミックスなど。
　　　　　　　　　　　　　　　　　▶人工の原料を焼いたり圧力をかけて新素材を生産
　その他…印刷，木材，紙・パルプ，皮製品，はきものなど。

○機械工業の分類

- **一般機械**…事務用機器，金属加工機械，工作機械，建設機械，鉱山機械，ボイラー，原動機
- **電気機械**…重電機器，家庭用電気機器，テレビ，携帯電話，コンピュータ
- **輸送機械**…自動車，鉄道車両，船舶，航空機
- **精密機械**…光学機械器具（カメラなど），時計，計量・測定機器，医療用機械器具

5章　資源と産業─資源と鉱工業

4 今や「世界の工場」中国の鉱工業

▶中国は急激に変化している。とくに，1980年代以後の積極的な対外開放政策に基づき，「経済特区」が設置されて，先進国からの資本と技術の導入が進められた成果が大きい。
▶その結果，中国の鉱工業はめざましく発展し，経済は大きく成長している。今や，「世界の工場」といわれるほどになった。

1 中国の鉱工業の特色

1 豊富な鉱産資源 石炭，石油，鉄鉱石のほか，タングステン，アンチモンなどレアメタルの埋蔵量が多く，産出量も増えている。最近では，石油産出量の増加がめだつ。
① **石炭**…東北地域の**フーシュン**は大規模な**露天掘り**で有名。その他，東北の**フーシン**，華北の**カイロワン**，**タートン**，華中の**ピンシャン**など。産出量は世界1位（→p.87）。
② **石油**…第二次世界大戦後に開発された新しい油田が多い。東北の**ターチン**，北西部の**ユイメン**，華北の**ションリー**，**ターカン**などの油田。産出量は世界有数だが，それ以上に消費量が急増し，今やアメリカに次ぐ原油輸入国となった。
③ **鉄鉱石**…東北の**アンシャン**，華北の**ロンイエン**，華中の**ターイエ**，華南の**ハイナン島**，内モンゴルの**パオトウ**などで産出。

2 新しい工業発展 第二次世界大戦後，社会主義国になってから工業化が進んだ。
① **戦前の工業**…綿工業を中心とした**軽工業**が**シャンハイ**，**テンチン**に発達していた程度。日本占領下の東北では日本経営の鉄鋼業がみられた。
② **戦後の工業発展**…新中国の成立とともに工業化がはじまり，重工業を重視した5か年計画がおし進められた。その結果，従来の軽工業に加えて，鉄鋼，機械，化学などの**重化学工業**が発達し，工業地域も臨海地域から内陸地域へ拡大した。

2 中国の鉱工業地域

1 東北地域 豊富な石炭，石油，鉄鉱石を基礎にして発展した**中国有数の重化学工業地域**。

プラスα

●中国のおもな鉱産資源の産出割合と世界順位

鉄鉱石…29.6%，1位
亜鉛鉱…33.7%，1位
すず鉱…49.2%，1位
タングステン鉱…84.5%，1位
アンチモン鉱*…83.3%，1位
バナジウム鉱*…52.7%，1位
ボーキサイト*…18.2%，2位

2011年，*2012年
［石炭→p.87，石油→p.88］
（「世界国勢図会」による）

●東北地域と華北の資源と石油化学工業

① 立地条件…アンシャン鉄山，フーシュン炭田，フーシン炭田，ターチン油田など。
② 工業の種類…アンシャンの鉄鋼業，シェンヤンの機械，化学工業，チャンチュンの自動車工業，ターチンの石油化学工業，ハルビンの機械工業，ターリエンの造船業など。

2 **華北地域** ペキン，テンチンを中心とした工業地域で，戦前から繊維工業が発達。
▶黄河の流域を中心とした地域
① 立地条件…ロンイエン鉄山，カイロワン炭田，タートン炭田，ションリー油田，ターカン油田。
② 工業の種類…ペキン，テンチンの繊維，重化学工業が中心。タイユワンの鉄鋼や機械工業，チンタオの繊維工業など。

3 **内モンゴル地域** パオトウで鉄鋼業がさかんで，アンシャン，ウーハンとともに中国有数の鉄鋼コンビナートを形成。最近，フホホトでも重工業が発達。

4 **華中地域** シャンハイ，ナンキンの繊維，自動車などの重化学工業や，ウーハンの鉄鋼業を中核とした地域。
▶長江の流域を中心とした地域

● **社会主義経済から市場経済へ**
　1949年に成立した中華人民共和国では，計画経済の導入，産業の国有化などの**社会主義経済**が進められた。その後，生産が伸び悩むようになり，1978年から**市場経済**の導入が始められた。国有企業の民営化，個人企業の創設，価格の自由化，農村部の町村や個人による中小企業(**郷鎮企業**)の設立が進んだ結果，工業生産は活発になっている。

▶中国最大の都市。中でもプートン地区は，最先端の開発センターとして発展。パオシャン製鉄所は，中国最大の規模。

🔽 **中国の鉱工業地域**

5章　資源と産業—資源と鉱工業

5 **スーチョワン地域** チョンチン，チョンツーで重化学工業。
▶スーチョワン(四川＝しせん)盆地の地域

6 **西部地域** 西部の内陸部で，ユイメン，ウルムチなどの油田が開発され，ランチョウなどに石油化学工業。

7 **華南(かなん)地域** [テストに出るぞ！] チュー川の流域を中心とした地域。**ホンコン**と，経済特区の**シェンチェン**を中心に，各種工業がさかん。東南アジアや**台湾(たいわん)**などとの経済的な結びつきが強い。
▶旧イギリス領

① **ホンコン**…旧イギリス領であったが，1997年に中国に返還された。**中継(なかつぎ)貿易港**として発展し，外国資本などのもとで，輸入原料を製品に加工して輸出する**加工貿易**もさかん。アジアの**新興工業地域(アジアNIEs)**の1つ。

② **シェンチェン**…ホンコンに接する**経済特区**として，外国資本などを導入して工業化が進んでいる。

3 外国企業の資本や技術の導入

1 **経済特区** [テストに出るぞ！] 外国の資本や技術を導入して，工業や商業，金融業の発展をはかる目的で，特別に設けられた地区，経済特別区のこと。原料の輸入や，製品の輸出に関して，さまざまな優遇措置がある。

市場経済を導入する政策とともに，1979年，**シェンチェン**が初めて指定され，その後，**チューハイ，スワトウ，アモイ，ハイナン省**も指定された。いずれも南部の沿海地域。
▶ハイナン島

2 **対外開放地域** 経済特区の成功をうけ，それに準ずる対外開放地域が拡大され，**沿海部は工業化が進み，経済発展もめざましい**。しかし，一方で内陸部との経済格差が拡大するといった問題が発生。この格差を是正(ぜせい)するために，2000年から鉄道などのインフラ整備，電力開発，工業団地の建設などの**西部大開発**が実施されている。

① **経済技術開発区**…1984年から沿海地域の14の港湾都市に設けられた。以後，拡大。

② **経済開放地区**…長江デルタ，チュー川デルタなどの沿海部を指定した。

③ **高新技術産業開発区**…先端技術(ハイテク)企業の集中的な育成が目的。全国に分布。

●**アジアNIEs**

NIEsは，**新興工業地域(新興工業経済地域群)**の略。アジアNIEsといえば，**ホンコン，台湾**の2地域に，**韓国，シンガポール**の2国を加えた4か国・地域をさす。

なお，台湾は中国の一部とされるが，政治的には中華人民共和国の支配が及ばない地域となっている。工業化が進み，とくに，コンピュータ部品などの電子工業では，世界有数の生産力をもつ。その中心のシンジューは，アメリカのシリコンヴァレー(→p.110)にならって「台湾のシリコンヴァレー」とよばれる。

◎シェンチェンとホンコン

◎中国の対外開放地域

5 アジアNIEsにつづくASEAN4 アジアの鉱工業

▶ アジアNIEs（新興工業地域）といえば、ホンコンと台湾の2地域に、韓国とシンガポールの2国を加えた4か国・地域をさす。
▶ さらにASEANの中で工業化の進むマレーシア、タイ、インドネシア、フィリピンをASEAN4という。

1 分化する発展途上国

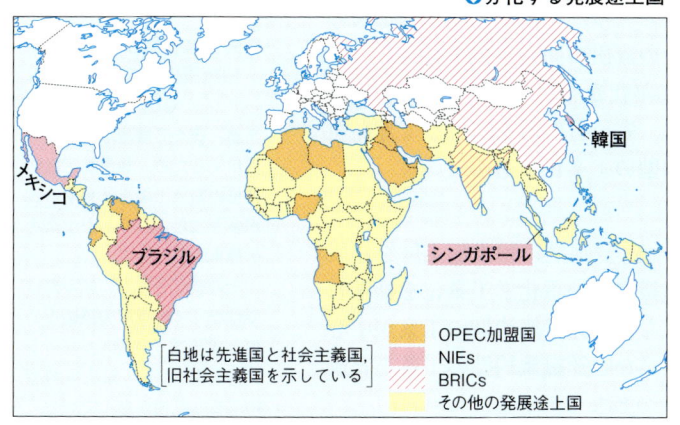

1 発展途上国とは アメリカやヨーロッパ諸国などの**先進国**に対して、経済的に発展途上にある**アジア、アフリカ、ラテンアメリカ**の国々。大部分が、北半球の低緯度地方と南半球に位置している。これらの国々は、先進国による植民地支配のきずあとや、民族対立など、さまざまな問題をかかえている。

2 発展途上国の分化 近年、発展途上国の中においても、経済的な格差がめだってきており、分化している。

① **産油国**…西アジアと北アフリカ、ラテンアメリカの原油生産国は、オイルマネーにより、経済力をつけた。
② **NIEs（新興工業地域）**…アジアのホンコン、台湾、韓国、シンガポールと、メキシコ、ブラジルなど。
③ **BRICs**…ブラジル、ロシア、インド、中国。近年、経済成長が著しい大国（p.112）。 ▶南アフリカ共和国を入れてBRICSという場合もある
④ **その他の発展途上国**…アジア、アフリカの多くの国々。この中には、**後発発展途上国**とよばれる、最も貧しい国々もある。

プラスα

●**南北問題**
　先進国の大部分は北半球の北の方にあり、発展途上国はその南に多いことから、「北」といえば先進国、「南」といえば発展途上国をさす。
　南北問題とは、先進国と発展途上国の間に大きな経済的な格差があり、それが拡大している国際的な問題をさしている（→p.129）。
　さらに発展途上国内でも経済格差が大きく、これを**南南問題**ともいう。

⬇分化する発展途上国

白地は先進国と社会主義国、旧社会主義国を示している
- OPEC加盟国
- NIEs
- BRICs
- その他の発展途上国

⬇朝鮮半島の工業
― 高速道路
○ おもな工業都市
　工業地域

5章 資源と産業—資源と鉱工業　97

2 朝鮮半島の鉱工業

1 韓国（大韓民国） <テストに出るぞ！>
1960年代ごろから，アメリカや日本の資本，技術を積極的に導入して**軽工業**を中心に工業化をはかった。その結果，**ソウル**，**プサン**に各種工業が発達したほか，1970年代以後**ポハン**，**ウルサン**などに重化学工業が発達し，**アジアNIEs**の代表となっている。また，**マサン**には**輸出加工区**が造成され，多数の日本企業が進出している。

おもな工業都市
- ソウル，インチョン…最大の工業地域を形成。
- プサン，ポハン，ウルサン…重化学工業がさかん。
- テグ…内陸にあって，繊維，電子工業がさかん。

2 北朝鮮（朝鮮民主主義人民共和国）
経済停滞がみられる。水力や鉱産資源が豊富。ハムフンのアルミニウム，化学工業，チョンジンの鉄鋼業，ピョンヤンの鉄鋼，機械工業など。

3 東南アジアの鉱工業

1 豊かな鉱産資源

すず鉱	インドネシア（バンカ島，ブリトン島），ベトナム
原 油	インドネシア，マレーシア
ボーキサイト	インドネシア（ビンタン島）
天然ガス	インドネシア，マレーシア
石 炭	インドネシア，ベトナム（ホンゲイ炭田）

2 工業化のあゆみ
独立後，経済の自立をはかるため，工業化を進めた。

① **輸入代替型**の工業化…1950年代には，輸入商品の国産化によって外貨を節約するため，**輸入代替型**の工業化がおこなわれ，繊維，雑貨などの工業がおこった。しかし，国内市場のせまさ，原料輸入による外貨の流出の問題が発生した。

② **輸出指向型**の工業化…1960年代からは，**輸出加工区**に外国企業の資本や技術を導入し，安い労働力を利用して部品組立などをおこなう，**輸出指向型**の工業化が進んだ。

3 おもな工業地域 <テストに出るぞ！>
① **シンガポール**…南西部の**ジュロン**地区に輸出加工区を建設し，外国企業を誘致して輸出指向型の重化学工業化を推進した。当初は，機械の組み立てなど，**労働集約型**の工業が中心であったが，近年は，電子工業など**知識集約型**の工業を育成している。**アジアNIEs**の1つとなっている。

1960年
輸出総額 3.3億ドル
- 肥料 16.8%
- 機械類 11.8
- 綿花 8.7
- 5.9
- 小麦
- 砂糖 2.7
- 鉄鋼 2.4
- 紙類 2.3
- その他

2012年
輸出総額 5479億ドル
- 機械類 32.6%
- 自動車 12.7
- 石油製品 10.4
- 船舶 6.9
- 精密機械 6.7
- 鉄鋼 5.5
- プラスチック 4.7
- その他

（「世界国勢図会」による）

↑韓国の輸出品の変化

● **輸出加工区**
（輸出自由地域）

外国企業を誘致するため，工場建設，原料の輸入，製品の輸出などに関して，税金をかけないなどの優遇措置をとる地域。輸出指向型の工業化を進めるために，韓国の**マサン**，シンガポールの**ジュロン**，台湾の**カオシュン**などに設置され，大きな成果をおさめた。その後，マレーシアのプライ，フィリピンのバタアンをはじめ，タイ，スリランカ，インド，ベトナムでも設置された。

● **労働集約型から知識集約型の工業へ**

アジアNIEsの工業化は，当初，**安くて豊富な労働力**を活用するため，輸出加工区に機械の組立工場を誘致する例が多かった。こうした工業を労働集約型という。

その後，労働力に頼るだけではなくて，**高度の技術を必要とする電子工業（エレクトロニクス）**など，知識集約型の工業へ転換が進んでいる。

98　2編　現代世界の系統地理的考察

② シンガポール以外のASEAN諸国
　　　　　　　　　　　▶東南アジア諸国連合→p.185
├ ASEAN4…マレーシア，タイ，インドネシア，フィリピンでは，外国企業の誘致により，1990年代から電気機械工業などを中心に急速に工業化が進んだ。
└ 工業化をめざす国々…ベトナムはドイモイ（刷新）政策により1990年代後半から工業化が進展。
　　▶社会主義経済から市場経済へ

●ASEAN加盟の10か国の工業化
① 1人当たりの工業生産が最大…シンガポール。アジアNIEsの1つ。
② ASEAN4…マレーシア，タイ，インドネシア，フィリピン。
③ 工業化をめざす国々…ベトナムは1990年代後半から工業化。ブルネイは，原油や天然ガスが豊富。カンボジア，ラオス，ミャンマーはこれからの段階。

4 インドの鉱工業

1 豊かな鉱産資源　石炭，鉄鉱石など各種の資源が多い。
① 石炭…ダモダル炭田を中心に産出量が多い。
② 鉄鉱石…埋蔵量が多く，産出量も世界有数。鉄山はジャルカンド州，オリッサ州を中心に分布している。

2 工業化の歩み　インドの工業の発達は早く，19世紀中ごろはすでに綿工業やジュート工業が発達していた。鉄鋼業も20世紀の初めに，ジャムシェドプルで起こった。▶民族資本のタタ製鉄所 ただし，本格的な重工業の発展は，第二次世界大戦後に独立してからである。なお，近年は先端技術（ハイテク）産業が急速にのびていて，BRICsの一員である。

3 おもな工業と工業都市
① 伝統的な繊維工業…ムンバイの綿工業，コルカタのジュート工業。
② 資源を生かした鉄鋼業…ダモダル川流域のジャムシェドプル，アサンソル，ルールケラなど。
③【テストに出るぞ！】新しい先端技術（ハイテク）産業…内陸のバンガロールでは，IT関連産業が1980年代から急速に発展した。アメリカとの通信（インターネットなど）による結びつきで，時差を利用した24時間の進行が可能となっている。
　なお，バンガロールは，自動車，電子工業などもさかん。

○ダモダル川流域の鉱工業　ダモダル川流域は，インド有数の重工業地帯。

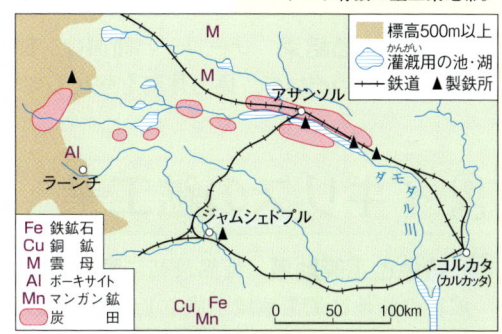

○南アジアの鉱工業地域

6 近代工業発祥の地はEUで団結 ヨーロッパの鉱工業

▶ ヨーロッパは，近代工業の発祥の地。しかし，第一次〜第二次世界大戦後は，アメリカや日本，中国などの工業が発展し，世界における経済上の地盤沈下が進んだ。
▶ 現在は，EU（欧州連合）による統一市場の下で，国境を越えた生産体制をもっている企業もある。ジェット旅客機を生産するエアバス社が代表的。

1 近代工業の始まり

1 産業革命 18世紀後半，イギリスで始まった**工場制工業**の出現。**機械化**による大量生産が始まり，近代工業がおこった。

2 近代工業の発展 その後，ヨーロッパ各国で近代工業が発展したが，第一次世界大戦後，世界の工業の中心はアメリカに移った。第二次世界大戦後は日本などアジアでも工業が発展。

3 EUによる結束 ▶欧州連合→p.224 ヨーロッパ諸国は，EUによって経済上の国境をとりのぞいて，協力体制を強化している。

● **イギリスが世界的工業国になった理由**
① 石炭や鉄鉱石などの資源にめぐまれ，産業革命が最初におこった。
② 海外に広い植民地をもち，原料供給地や製品市場にめぐまれていた。
③ 国土が島国で，海上交通に便利であった。

2 イギリスの鉱工業

1 特色と工業地域 世界最初に**産業革命**がおこり，石炭や鉄鉱石の産地に工業地域が成立し，「**世界の工場**」とよばれるようになった。しかし，第一次世界大戦後から国際的地位が低下し，生産も停滞した。現在は臨海地域に発展の方向。

2 代表的な工業地域と工業都市 〔覚え得〕

	スコットランド中央部	グラスゴー（造船，鉄鋼←輸入鉱石），エディンバラ（石油化学，**北海油田**），アバディーン
イングランド	北東部	ニューカッスル（造船，機械） ミドルズブラ（鉄鋼，石油化学）
	ヨークシャー	リーズ，ブラッドフォード（羊毛工業） シェフィールド（機械，刃物）
	ランカシャー	マンチェスター（綿工業→高級綿織物） リヴァプール（造船，重化学工業）
	ミッドランド	バーミンガム（重化学工業），ストーク（陶磁器）
	南東部	**ロンドン**（各種工業）
	南ウェールズ	カーディフ（鉄鋼←輸入鉱石，化学），ブリストル

▶第二次世界大戦後，植民地の独立などで，生産が停滞した。1960〜70年代には，主要工業で国際競争力を失い，その経済力の衰えは，「**イギリス病**」とよばれた。その後，①1973年にECに加盟しヨーロッパ諸国との連携を強めたこと，②1970年代中ごろから，**北海油田**の採掘が本格化し，輸出できるほどにもなったこと，③1980年代には，国有化していた多くの企業を民営化したり経済改革を進めたこと，などによって，1990年代には経済の回復がすすんだ。

③ ドイツの鉱工業

1 鉱工業の特色 産業革命はイギリスより遅れ，19世紀後半におこった。しかし，第二次世界大戦前には，**重化学工業が発達**，とくに化学染料，精密機械工業は世界の注目を集めた。

第二次世界大戦で大きな被害をうけたが，今日では**ヨーロッパ第一の工業国**に成長。自動車や医薬品が得意。

●**西ヨーロッパの鉱工業地域** フランス北部，ルール地方，ザール地方，ロレーヌ地方を結ぶ地域は，**重工業三角地帯**とよばれたが，近年は活力が低下。また，イギリス南部からイタリアは工業も発達し，この地域は青いバナナ（ブルーバナナ）とよばれている。

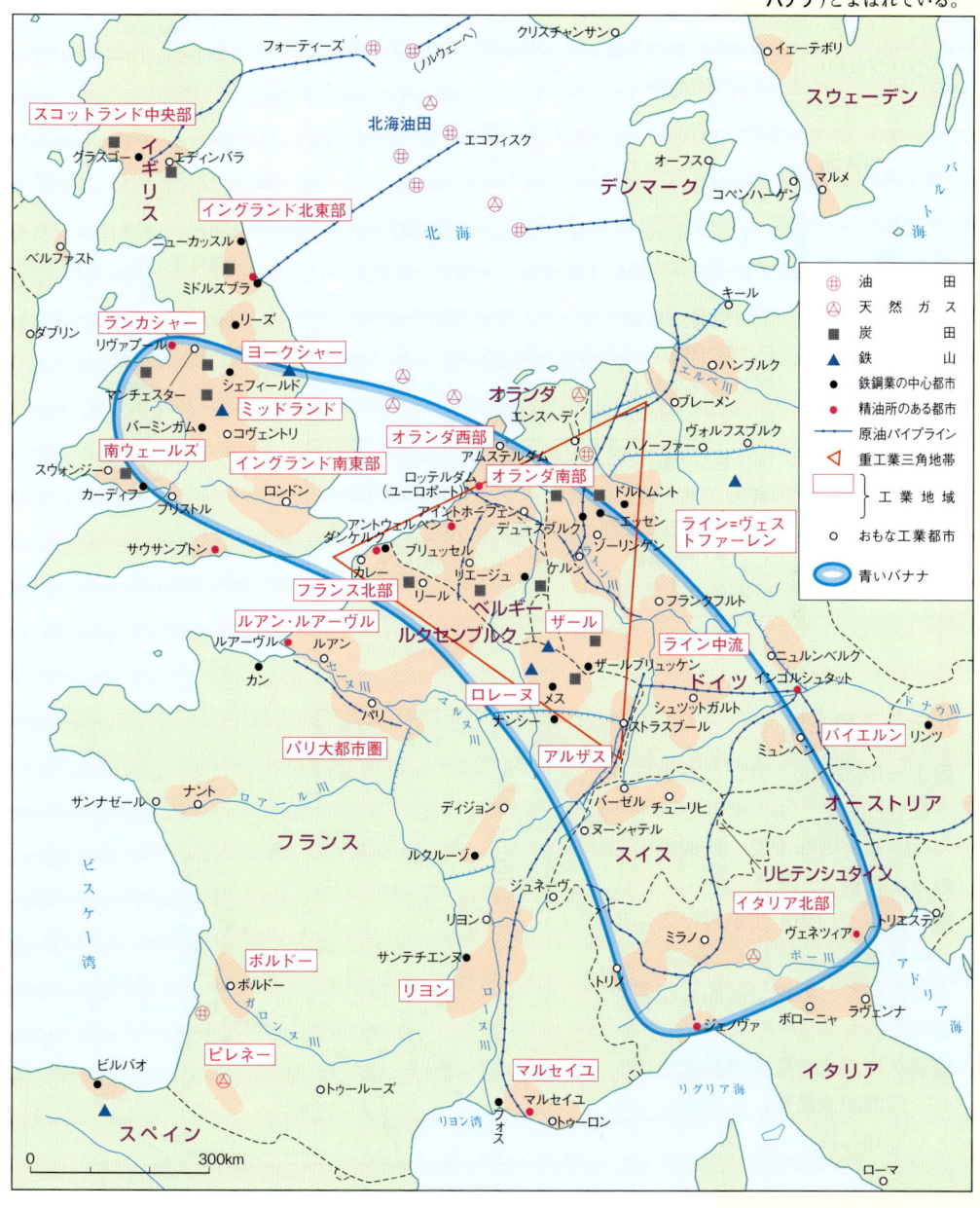

2 代表的な工業地域と工業都市

ドイツは、<u>ライン川水系の水運</u>と<u>ルール炭田</u>などの立地条件にめぐまれ、工業が発達。とくに<u>ライン=ヴェストファーレン地域</u>に、ヨーロッパ第一の工業地域である<u>ルール工業地域</u>が成立した。

ルール （覚え得）	鉄鋼、化学、機械などの重化学工業が**エッセン**、**ドルトムント**、**デュースブルク**でさかん。刃物のゾーリンゲンなど。
（下ライン低地）	重化学工業の**デュッセルドルフ**、**ケルン**。機械工業のアーヘンなど。
ライン中流	機械工業の**フランクフルト**、**マンハイム**、<u>シュツットガルト</u>。鉄鋼や機械工業のザールブリュッケンなど。
北東部	ドイツ有数の港で造船、石油化学の**ハンブルク**、**ブレーメン**。機械工業のハノーファーなど。
南部	光学機器、車両、ビール、電子機器の<u>ミュンヘン</u>を中心にした地域。楽器と電子機器のニュルンベルクには、マイン・ドナウ運河（ライン川〜マイン川〜ドナウ川）が通る。
東部 （旧東ドイツ）	**ザクセン炭田**を中心とする地域に、ケムニッツ（機械）、ドレスデン（機械）、ライプツィヒ（印刷・出版）などの工業都市が発達。ほかに、ベルリン、イェナ（光学機械）、マグデブルク（精糖）にも工業が発達。

●西ヨーロッパの外国人労働者

ドイツ、フランス、イギリスなどのヨーロッパ諸国では、「出稼ぎ」の外国人労働者が多い。**トルコ**、**アルジェリア**などアフリカの旧植民地国、**旧ユーゴスラビア**、**アイルランド**、**イタリア**、**ポルトガル**などの出身者が多い。最初は単身であっても、後で家族をよびよせたりする例もめずらしくない。

好景気のときに、肉体労働などに多くの労働力が求められた結果であるが、経済成長がにぶってくると、雇用の縮小のため、失業したり、地元の労働者との間に摩擦が起こりやすい。民族の違いによる文化的な対立が発生することもある（→p.227）。

ルール工業地域

■<u>ルール地方</u>は、豊富な石炭資源を原料として、エッセンやドルトムントなどの都市で、鉄鋼業中心の重工業がさかえた。

■しかし、1950年代からの<u>エネルギー革命</u>によって炭鉱が衰退し、大気汚染などの環境問題も深刻であった。

■現在は、産業構造の転換をはかり、<u>環境関連産業</u>がさかんな地域として知られている。

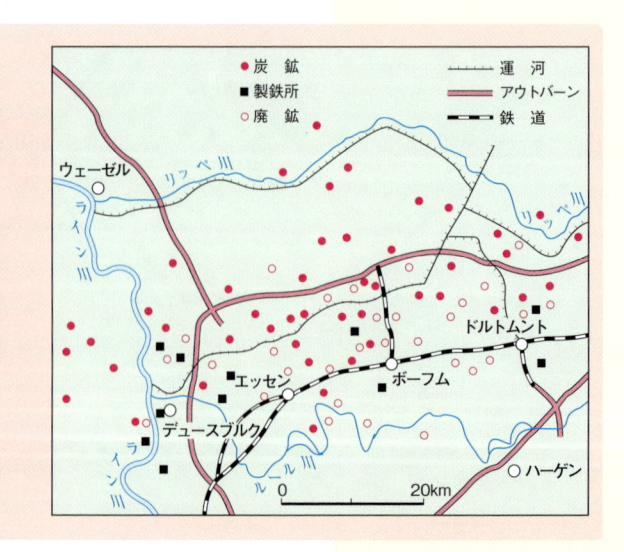

4 フランスの鉱工業

1 鉱工業の特色 本格的な工業化はイギリスやドイツより遅れたが，第二次世界大戦後に急速に発展し，西ヨーロッパではドイツに次ぐ工業国に成長。近年は臨海地区に工業が発達。

2 代表的な工業地域と工業都市

パリ大都市圏	フランス最大の工業地域。自動車，機械，電子機器，航空機，衣服，化粧品など。
フランス北部	北フランス炭田があり，リールの機械や化学，ダンケルクの鉄鋼や造船など。
ロレーヌ	メス，ナンシーに鉄鋼や機械工業。
リヨン	ローヌ川中流。絹織物業から発展して，化学繊維，機械，化学工業。
臨海地域	① ローヌ川河口に鉄鋼のフォス。港湾都市のマルセイユは石油化学とアルミ精錬。 ② ロアール川下流域のナント，サンナゼールは化学や鉄鋼業。 ③ セーヌ川下流域のルアン，ルアーヴルでは石油化学工業。
その他	トゥールーズの機械工業(航空機)，グルノーブルのアルミ精錬や化学工業など。

5 ベネルクス3国の鉱工業

1 オランダの鉱工業
① **ユーロポート**…国際河川であるライン川支流新マース川の河口につくられた，「**ヨーロッパの玄関**」とよばれるヨーロッパ最大の貿易港。石油精製，石油化学，造船，鉄鋼などの重化学工業が発達。石油パイプラインや水運で，ヨーロッパ各国の内陸の工業地域と結びついている。
② **代表的な工業地域**…首都アムステルダムとロッテルダムを中心とする西部には，重化学工業が発達。

2 ベルギーとルクセンブルクの鉱工業
① ベルギー南部の炭田とルクセンブルクの鉄鉱石を利用して，**リエージュ**などに重化学工業が発達。
② 首都ブリュッセルで伝統的な繊維工業と機械工業がさかん。港湾都市の**アントウェルペン**に造船，機械工業や伝統的なダイヤモンド加工業がみられる。

●ミネット鉱
　フランスの**ロレーヌ地方**で産出した鉄鉱石。燐分の多い鉱石であったが，**トーマス製鋼法**の発明により，利用価値が高まった。現在はすべての鉱山が閉山。

ダイヤモンド
①最も貴重で高価な宝石。独特の美しい光沢があり，最高の硬度をもっている。
②研磨によって宝石に仕上げたり，その硬度を利用して，ガラス切り，金属切削など，工業用の用途にも使われる。
③おもな産出国は，**ロシア**，アフリカ南部の**ボツワナ**，**コンゴ民主共和国**，**オーストラリア**などである。
④ダイヤモンド研磨は，高度な技能が必要なため，**ベルギーのアントウェルペン**，スイスのベルン，イスラエルのテルアヴィヴ，インドのチェンナイ(マドラス)がとくに有名。これらの国では，ダイヤモンド原石を輸入して，それをみがいて宝石にしたダイヤモンドを輸出している。

●ベネルクス
　ベルギー(Belgium)，オランダ(Netherlands)，ルクセンブルク(Luxembourg)の3国の頭文字を組み合わせた呼称(Benelux)。ベネルクス3国は，1948年から関税同盟を結び協力していて，今日のEU(欧州連合)のひな型といわれている。

6 スイスの鉱工業

スイスは，鉱産資源にめぐまれないが，高度な技術と豊かな電力を利用して，**精密機械**（▶時計が有名），繊維，化学工業などが発達。

とくに，ヌーシャテル，チューリヒなどの時計工業，ライン川水運の基点バーゼルの化学工業，首都ベルンのダイヤモンド加工は世界的に有名。

↑スイスの工業と工業都市

7 イタリアの鉱工業

1 水力にたよるエネルギー
イタリアでは鉱産資源が乏しく，これを補うため水力発電の電力を利用してきた。そのため，工業地域は北部のアルプス山脈に近い地域に発達。

2 工業の三角地帯
北部の**ミラノ，トリノ，ジェノヴァ**を結ぶ地域。伝統的な繊維工業のほか，金属，機械，化学などの重化学工業が発達。**ミラノ**は，王侯貴族の衣装を生産してきたことで有名。皮革や服飾関係では，世界的に有名なブランドもみられる。（▶ハンドバッグやくつなど）

3 南部の新興工業都市
南部は，北部に比べて工業化が遅れていたが，1960年代以後，開発が進んでいる。**タラント，バリ**に鉄鋼業，**クロトーネ**に化学工業が発達。

4 第3のイタリア
従来の北部や南部には含まれない北中部の地域。ファッション性の高い高級なアパレル（縫製），皮革，宝飾，家具などの特産地が多い。中小企業中心の技能集団が集積している。モデナ，ヴィチェンツァ，プラトなどが代表的な工業都市。

↑イタリアの工業都市

8 北ヨーロッパの鉱工業

1 鉱工業の特色
スカンディナヴィア3国では，豊かな森林資源と水力電気を利用した工業が発達。

インスタントコーヒーで有名なネスレ社

ネスレ社は，1819年創業のスイスの食料品会社。むかしは粉乳，コンデンスミルクなどをつくっていた。それが，インスタントコーヒーのネスカフェで当て，今ではコーヒーのほか，チョコレート，医薬品，化粧品，冷凍食品などをつくり，世界の各地に工場をもつ巨大な多国籍企業に成長している。

● **ミラノ**
イタリアではローマに次ぐ人口をもつ第二の都市であるが，金融センターとしての地位が高く，経済上の首都とよばれる。重化学工業が発達。また，生糸の集散地から絹織物業が発達し，ファッション関連の工業もさかん。

▶スカンディナヴィア半島に広がるスウェーデン，ノルウェー，フィンランドの3国をいう。この3国に，デンマークとアイスランドを加えて**北ヨーロッパ**と区分する。

104　2編　現代世界の系統地理的考察

2 スウェーデン〈テストに出るぞ！〉

① **鉄鉱石の産出**…スウェーデンはヨーロッパ有数の鉄鉱石の産出国。北部の**キルナ**，マルムベリェト（イェリヴァレ）で高品位の鉄鉱石を産出し，鉄道でルレオとノルウェーの**ナルヴィク**へ運び，西ヨーロッパ諸国へ輸出。
▶冬は凍結。砕氷船を利用　▶不凍港

② **工業地域**…南端部のイェーテボリ，マルメで鉄鋼，造船，自動車工業，首都ストックホルムで鉄鋼，機械工業が発達。ストックホルム西方のエスキルストゥーナは刃物産地として有名。

3 ノルウェー
豊かな森林資源を利用した紙・パルプ工業や水力電気を利用したアルミニウム工業，化学工業がさかん。首都オスロが工業の中心。

4 フィンランド
首都のヘルシンキを中心に，紙・パルプ工業や電子工業（→p.229）がみられる。

5 デンマーク
首都のコペンハーゲンで，造船業など各種工業がみられる。

6 アイスランド
水産加工業が工業の中心。

↑北ヨーロッパの鉱工業地域

共同でつくるジェット旅客機

■**EU（欧州連合）**（→p.224）では，工業について製品基準や安全基準を統一し，EU認定製品であることを示すマークをつくったりしている。

■フランス，ドイツ，イギリス，スペインの4か国の出資で生まれたエアバス社は，数か国に部品工場をもち，国際分業によって，大型の**ジェット旅客機**である**エアバス**を生産している。エアバスは，最終的にフランス南部の**トゥールーズ**で組み立てられるので，統計上，フランスはアメリカに次ぐ世界第2位の航空機生産国となっている。
▶シグマ先生の世界巡り→p.195

■**市場統合**が完成したEU域内では，**人，物，金**（労働力，財やサービス，資本）の移動が自由。まるで1つの国のような経済活動が行われている。

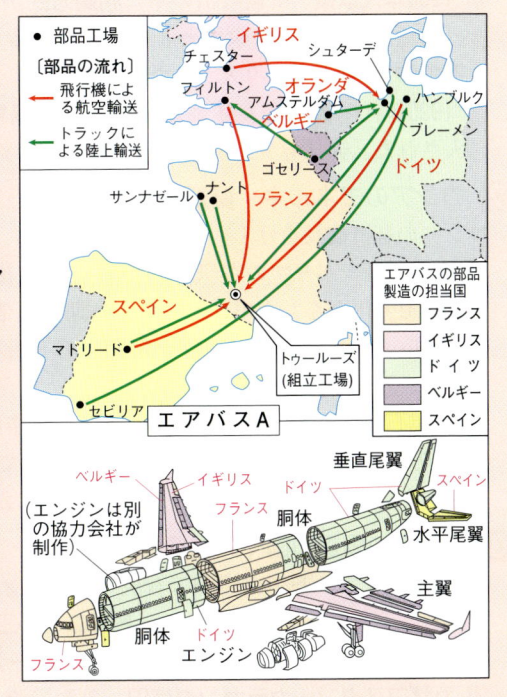

5章　資源と産業—資源と鉱工業　105

7 市場経済の復活で成長 ロシアと周辺の国々の鉱工業

▶社会主義の下，計画経済により鉱工業生産がおこなわれてきた旧ソ連が大きく変わった。鉱工業の分野でも，資本主義への転換，市場経済の導入で変化がみられる。
▶ここでは，ロシアや周辺の国々の鉱工業について，その発達の歴史や現在のようすなどをみていこう。

1 鉱工業の特色

1 鉱工業の発達の歴史
① 帝政ロシア時代…1917年のロシア革命以前の工業の発達は，西ヨーロッパに比べて遅れ，しかも**軽工業**が中心。
② ロシア革命後の発展…ロシア革命以後，ソ連は，**5か年計画**による**計画経済**を実施し，近代工業の発展に努めた結果，**重工業**中心の大工業国に成長。
③ コンビナートの形成…コンビナートは，ロシア語で「結合」という意味。鉱産資源やエネルギー資源を効率よく結合し，関連する工業部門を集めて1つの工業地域を形成。
④ 1960年代以後…計画経済の中に**利潤方式**が導入され，また，経済活動の地域的な単位として，**コンプレックス**（地域生産複合体）の考え方が導入された。
⑤ 1990年代…社会主義体制が崩壊し，**市場経済**（→p.230）が導入された。非採算分野，企業，工場などの整理も進んだ。

2 ロシアのエネルギー資源や鉱産資源　種類も多く，豊富。ロシアの経済成長をけん引している。
① 石炭…西シベリアの**クズネック炭田**で産出が多い。その他，エニセイ川からレナ川にかけての古期造山帯に炭田が多い。
② 石油…**チュメニ油田**（西シベリア），**ヴォルガ＝ウラル油田**（ヴォルガ川流域）などで産出が多い。**天然ガス**の産出も多い。
③ 鉄鉱石…ウラル山脈南部のほか，各地で産出する。
④ その他…中央シベリア高原や東シベリアで，金やダイヤモンドを産出。銅，ニッケルやレアメタルも豊富。

3 ロシアの周辺の国々の資源と工業
① ウクライナ…ドネツ炭田の石炭，**クリヴォイログ鉄山**の鉄鉱石，ドニエプル川の水力で，**ドニエプル工業地域**。
② アゼルバイジャン…カスピ海沿岸の**バクー油田**→化学工業。
③ カザフスタン…**カラガンダ炭田**。鉱産資源→金属工業。

プラスα

●**ロシアの工業生産**
　1991年のソ連崩壊により，ロシアなどの国々には，急激に**市場経済**のしくみが導入された。その結果，経済は大混乱となり，工業生産は大きく落ち込み，一時はソ連時代の半分以下になった。現在はBRICSの一員として経済成長がつづくが，1人あたりの工業付加価値額はEU平均の21％にすぎない（2011年）。

●**中央アジア諸国の綿工業**
　灌漑による綿花栽培のさかんな中央アジア諸国では，綿工業がさかん。**ウズベキスタン**の首都タシケントやフェルガナ，**タジキスタン**の首都ドゥシャンベなどが中心。

【ロシアの関連事項】
農業→p.76
石炭→p.87
石油→p.88
鉄鉱石→p.89
社会主義，計画経済
　→p.230

2 ロシアの工業地域

1 2つの中核地域 ロシアの工業の中心をなす。
① **モスクワ地域（中央地域）**…消費人口が多く，トゥーラ炭田がある。**モスクワ**は総合工業，トゥーラは鉄鋼や機械工業，**ニジニーノヴゴロド**は自動車，機械，化学工業などが発達。
② **サンクトペテルブルク地域（北西地域）**…バルト海に面した港湾都市の**サンクトペテルブルク**で，各種工業が発達。

2 ウラル地域とヴォルガ地域 豊かな鉱産資源を利用して，重化学工業が発達している。マグニトゴルスク，チェリャビンスク，エカテリンブルクなどで，各種の重工業。**サマーラ**などで石油化学工業。
▶ヴォルガ＝ウラル油田

3 シベリア地域
① **クズネック地域**…クズネック炭田→ノヴォシビルスクの重化学工業。チュメニ油田→オムスクなどの石油化学工業。
② **アンガラ＝バイカル地域**…アンガラ川の水力とバイカル湖周辺の石炭や森林資源で発展。イルクーツク，クラスノヤルスク，タイシェトなどで，アルミニウム，機械，木材，製紙工業が発達。
▶エニセイ川の支流
▶アルミ精錬は電力を多用
③ **極東地域**…ハバロフスクで重工業，ウラジオストクで造船，機械，水産加工，木材加工などの工業が発達。

● **東ヨーロッパ諸国の鉱工業**
① **チェコ**…ボヘミア地方で工業がさかん。首都プラハの機械やガラス，プルゼニュのビールや鉄鋼業が有名。
② **ポーランド**…良質の石炭を産出する南部の**シロンスク**地方に重化学工業が発達。
③ **ルーマニア**…油田のある**プロエシュティ**などで石油化学工業がさかん。

◎ロシアと周辺の国々の鉱工業地域

8 世界最大の工業国アメリカ 南北アメリカとオセアニアの鉱工業

▶アメリカ合衆国は、豊かな資源にめぐまれ、20世紀になってから工業がめざましく発展した。巨大な資本と高度な技術によって、今日では、世界一の工業国となっている。
▶近年は、温暖なサンベルトの地域を中心に、電子工業(エレクトロニクス)、航空宇宙産業、生命工学(バイオテクノロジー)など、ハイテク産業が発展している。

1 アメリカの鉱工業の特色

1 豊かな資源 アメリカは石炭、石油、鉄鉱石、銅鉱、ウラン鉱など、豊かなエネルギー資源、鉱産資源にめぐまれている。
<small>最近はシェールガスの採取技術の確立で、天然ガスを増産→p.88</small>

2 巨大企業 アメリカの工業は、大量生産と合理主義経営を特色とし、航空機、自動車、石油化学など巨大な資本と生産額をほこる企業が多い。これらの企業の中には、国際的規模をもつ**多国籍企業**(→p.90)となっているものが多い。

3 工業地域の広がり アメリカの北東部は、世界最大の工業地域を形成しているが、第二次世界大戦後は、西部や南部の**サンベルト**で工業地域が発展している。

4 ハイテク産業の発展 電子工業(エレクトロニクス)、航空宇宙産業、生命工学(バイオテクノロジー)、原子力産業などの**ハイテク**(先端)部門を中心に、高度の科学技術をもっていて、他国の追随を許さない。

> **サンベルト**…おおむね北緯37度以南の地域。安い土地や労働力、温和な気候にめぐまれ、1970年代から工業が発展。
> **石油化学工業**…メキシコ湾岸油田やカリフォルニア油田。
> **電子工業、航空宇宙産業、生命工学**など新しい工業。

2 アメリカの鉱工業地域

1 ニューイングランド アメリカ最古の工業地域。古都**ボストン**が中心。
▶特色…初めは水力を利用した**繊維工業**が発達したが、今では伝統的技術を生かした**高級衣料品**や**精密機械**の生産が中心。ボストンは、各種の電子機器をつくる**エレクトロニクス産業**がさかんで、**エレクトロニクスハイウェー**とよばれる。
<small>▶ボストン郊外の高速道路ぞいに電子工業の工場が集中</small>

プラスα

●アメリカが世界一の工業国に発展した理由
①鉄鉱石をはじめとする鉱産資源や森林、農畜産物など、**工業原料**が豊富。
②石炭、石油、電力などの**エネルギー資源**が豊富で、すべて国内で確保できた。
③科学や技術が進んでおり、**資本、設備や労働力**にもめぐまれていた。
④気候の温暖な広い平地があり、陸上、湖上、海上、航空など各種の**交通機関**が発達していた。

いくつ知ってるかな? アメリカの多国籍企業

石油メジャー➡エクソンモービル、シェブロン、コノコフィリップスの3社(スーパーメジャー6社に含まれる)。
自動車➡ゼネラル・モーターズ(GM)、フォード・モーター、クライスラーの3社。
電機や電子機器(コンピュータなど)➡ゼネラル・エレクトリック(GE)、ヒューレット・パッカード(HP)、IBM、インテルなど。
飲料や食品➡ペプシコ、クラフトフーズ、コカコーラ、マクドナルド、ケンタッキーフライドチキンなど。
化学や医薬品➡ダウケミカル、デュポン、ファイザー、メルク、ジョンソン&ジョンソンなど。

2 **中部大西洋沿岸地域** メガロポリス(→p.151)に立地。ニューヨークからリッチモンドまで南北にのびる総合的工業地域。
▶**立地条件**…メガロポリスに立地し，大消費地であること，**アパラチア炭田**があること，臨海地域であること。
▶**特色**…石油化学，薬品，印刷など大都市型工業が中心。**ニューヨーク**は大西洋と五大湖を結ぶ交通の要地で，アメリカ有数の工業生産額をもつ。**ボルティモア，フィラデルフィア**は重化学工業がさかん。

3 **五大湖沿岸地域** テストに出るぞ!
重工業が衰退気味で**ハイテク産業への転換**をめざしている。
▶**立地条件**…**メサビ鉄山**などの鉄鉱石と**アパラチア炭田**の石炭とが，**五大湖の水運**で結合。
▶**おもな工業**…**シカゴ**は背後の大農業地域と結合して，農業機械，鉄鋼，食料品工業がさかん。そのほか，**デトロイト**の自動車工業，ピッツバーグ，ゲーリー，クリーヴランドの鉄鋼業，ミルウォーキーの食品，農機具工業，**アクロン**の合成ゴム工業などが有名。

●**メサビ鉄山**
　アメリカ最大の鉄鉱石の産地。地表からわずか数m下の鉄鉱床から露天掘りによって採鉱している。

●**五大湖の水運**
　オンタリオ湖とセントローレンス川(大西洋)を結ぶ**セントローレンス海路**と，エリー湖とハドソン川を結ぶ**ニューヨークステートバージ運河**の開通により，五大湖と大西洋が結ばれた。

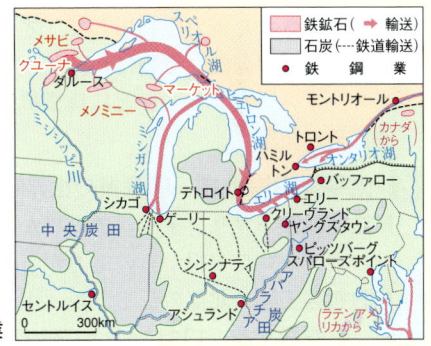

◆五大湖沿岸の鉱工業

◆アメリカとカナダの鉱工業地域

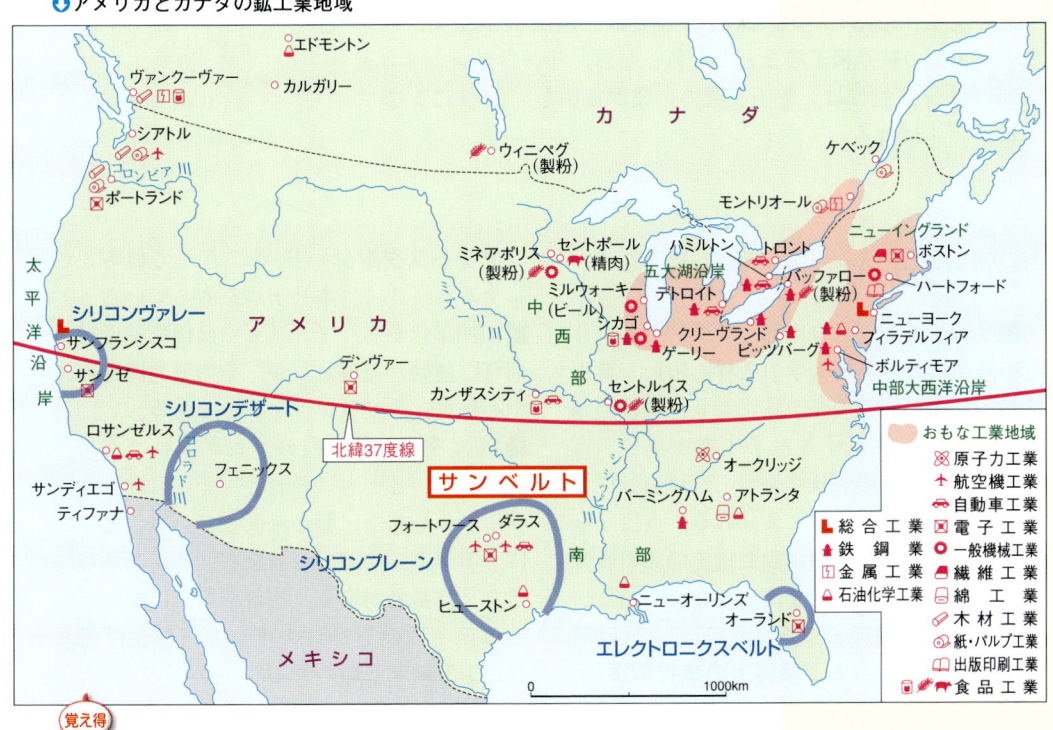

4 南部地域 <テストに出るぞ!> 発展がのびざかりの**サンベルト**。石油の産出や宇宙産業。1970年代から工業化が進む。
▶立地条件…**綿花地帯**であったため,かつては綿工業。つづいて,**メキシコ湾岸**の原油で石油化学工業。
▶おもな工業…バーミングハムの鉄鋼業,**ヒューストン**,**ニューオーリンズ**の石油化学工業や宇宙産業,**ダラス**の航空機,自動車,石油産業。なお,ダラス,フォートワースは,電子工業がさかん。
▶シリコンプレーンとよばれる

5 中西部地域 農業地域の中の工業。**TVA**(→p.120)によって総合開発された電力を利用して,**オークリッジ**で原子力,機械,アルミ工業が発達。そのほか,インディアナポリス,セントルイス,カンザスシティなどに農業機械,自動車,航空機など各種工業が発達。

6 太平洋沿岸地域 IT産業の世界的中心。
▶立地条件…カリフォルニアの豊かな農畜産物,林産資源と油田およびコロラド川からの電力が工業発達の基礎。
▶おもな工業…北部のシアトル,ポートランドで製材,かんづめ,航空機工業。**ロサンゼルス**の石油化学,航空宇宙産業,電子工業,**サンフランシスコ**の食品,電気機械工業,サンディエゴの航空機工業などが有名。なお,サンフランシスコ近郊の**サンノゼ**には,電子工業の企業が集中し,**シリコンヴァレー**とよばれる。
▶シグマ先生の世界巡り→p.199

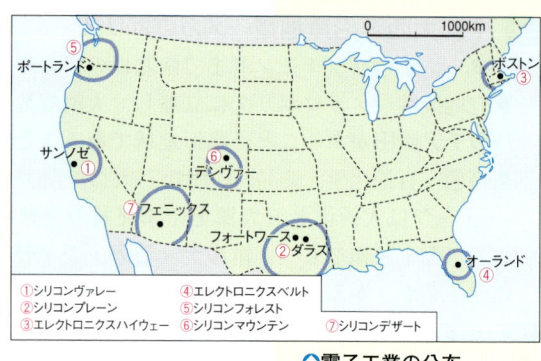

①シリコンヴァレー ④エレクトロニクスベルト
②シリコンプレーン ⑤シリコンフォレスト
③エレクトロニクスハイウェー ⑥シリコンマウンテン
⑦シリコンデザート

🔼電子工業の分布

シリコンヴァレー①にならって,各地で電子工業がさかんなことを示す名称がつけられている。
シリコンプレーン②…プレーンは平原。ダラス,フォートワースなど。
シリコンフォレスト⑤…フォレストは森。ポートランドなど。
シリコンマウンテン⑥…マウンテンは山。デンヴァーなど。
シリコンデザート⑦…デザートは砂漠。フェニックスなど。
シリコンアイランド…アイランドは島。日本の九州地方のこと。
シリコンロード…ロードは道。日本の東北地方。

▶台湾のシリコンヴァレー=シンジュー→p.96
▶インドのシリコンヴァレー=バンガロール→p.99

シリコンヴァレーのICとIT 〈覚え得〉

■サンフランシスコ南部,サンノゼあたりの地域には,名門大学の人材,広い工業用地,政府の研究開発予算により,**集積回路(IC)**などを生産する電子工業が集積。電子部品の原料のシリコンから**シリコンヴァレー**(ヴァレーは谷)とよばれるようになった。現在は,集積回路など電子部品の研究開発,生産の世界的な拠点となっている。
■パソコンの頭脳であるCPUで,世界最大のシェアをもち,**事実上の業界標準(デファクトスタンダード)**をにぎっているインテルも,ここに本社工場をもっている。
■1990年代から,アメリカでは**情報関連技術(IT)産業**が発展したが,その研究開発の中心地も,シリコンヴァレーである。
■IT産業は,最先端のエレクトロニクス(電子工業)とともに発展し,そこには,世界中から優秀な頭脳が流入している。とくに,インド,中国,台湾など,アジア系の研究・技術者が増え,技術革新をになっている。今日のシリコンヴァレーは,**ITのフロンティア**といわれる。

3 カナダの鉱工業

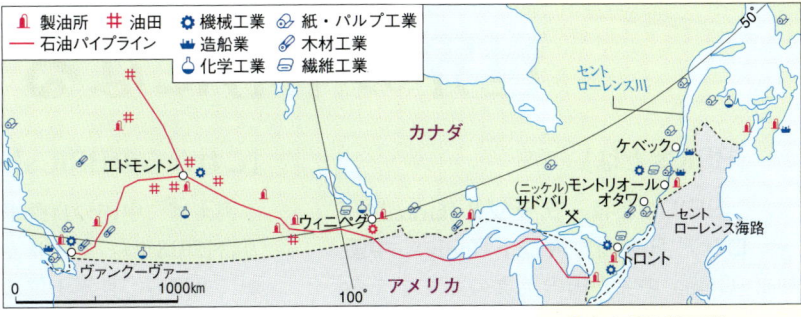

1 豊かな鉱産資源 サドバリのニッケルは世界最大級。そのほか，鉄鉱石，石油，金，銀，ウラン鉱などの産出が多い。

❶カナダの鉱工業

2 工業の特色 アメリカ資本が進出して発達。南東部のケベック，モントリオールから，オンタリオ湖西岸の**トロント**（カナダ最大の人口の都市）に至る地域で，重化学工業がさかん。太平洋岸のヴァンクーヴァー周辺で紙・パルプ工業がさかん。

4 ブラジルの鉱工業

1 豊かな鉄鉱石 イタビラ鉄山，カラジャス鉄山の鉄鉱石は世界有数。
▶写真はp.87

2 工業の特色 アメリカ資本などが進出して発達。南東部のサンパウロ，リオデジャネイロ，ベロオリゾンテを結ぶ三角地域が工業の中心で，**鉄鋼業**など重工業が発達。

❶ブラジルの鉱工業

❶オーストラリアの鉱工業

5 オーストラリアの鉱工業

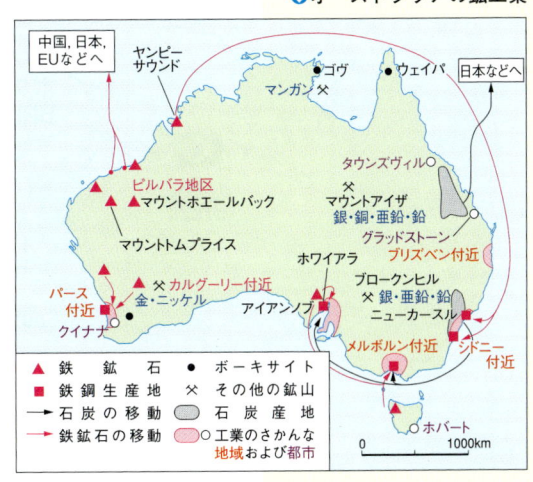

1 豊かな鉱産資源 西部のピルバラ地区で**鉄鉱石**，東部で**石炭**の産出が多く，ともに，日本などへ輸出。鉛と亜鉛，ボーキサイト，ダイヤモンド，金，ウラン鉱などの産出も多い。

2 工業の特色 工業生産は南東部に集中している。**シドニー**，メルボルン，ブリズベンなどがおもな工業都市。

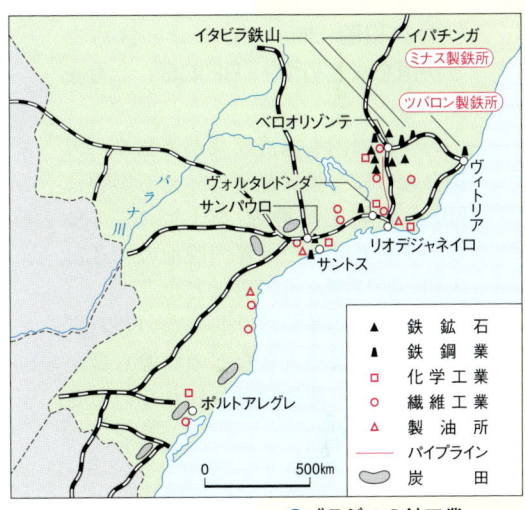

5章　資源と産業—資源と鉱工業　111

Tea Time

BRICsが世界の中心になる?!

【BRICsとは】

BRICsとは，ブラジル(Brazil)，ロシア(Russia)，インド(India)，中国(China)の4か国の英文の頭文字をあわせたもの。2001年に初めて使われ，世界中に広まった。最近では，**南アフリカ共和国**(South Africa)を含めた5か国をまとめて，「BRICS」とも表記する。

いずれの国も経済成長が著しく，大国なだけに，世界経済に与える影響は**NIEs(新興工業地域)**を上回る。4つの国を合わせると世界の陸地の約3割，人口の約4割を占めるほどだ。

土地や人が多いだけじゃない。石炭や鉄鉱石，天然ガスなどの資源も豊かで，成長の可能性は計り知れないとさえいえるんだ。

【これからのBRICs】

例えば，中国の自動車生産は約2200万台(2013年)。アメリカや日本をはるかに上回って世界1位になった。だが，これだけクルマをつくっても，1人あたりの保有台数は日本の10分の1以下。人口が日本の10倍以上だから，日本並みにマイカーが普及したら…。ガソリンはあるの？ 地球温暖化はどうなる？

現在は，G6の国ぐに(日本・アメリカ・ドイツ・イギリス・フランス・イタリア)の44％にすぎないBRICsのGDPも，2040年にはG6を上回るといわれている。高校生のみんなが親の世代になるころには，アメリカに代わってBRICs，とりわけ中国が世界経済の主役になっているんだろうか…。

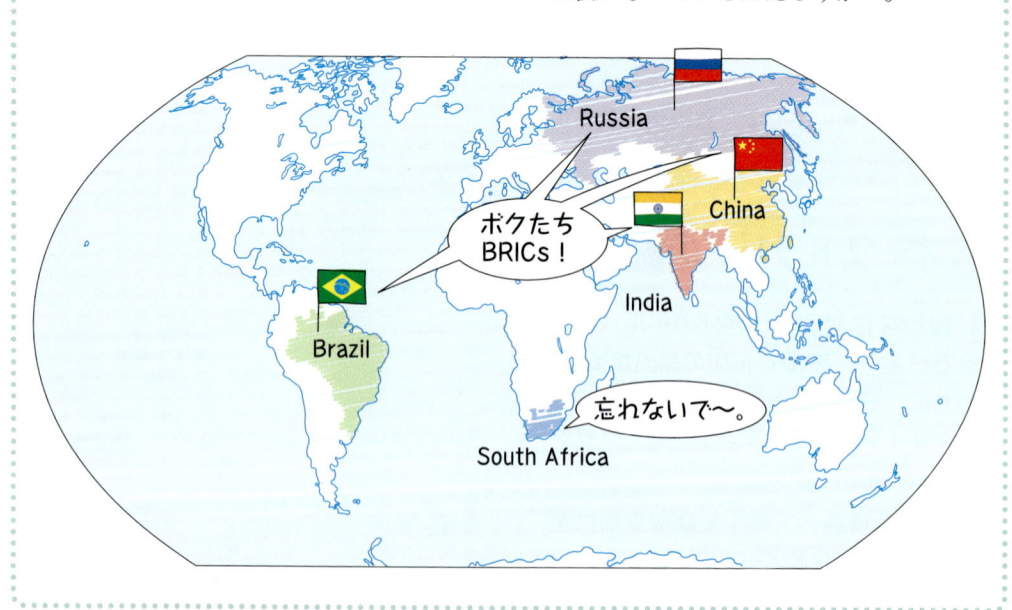

テスト直前チェック　定期テストにかならず役立つ！

1. 代表的なエネルギー資源（1次エネルギー），3種類あげれば何か？
2. 石炭から石油へ，エネルギー資源の主力が変化した現象を，何というか？
3. 今日の世界で，エネルギー資源の中心となっているものは何か？
4. 世界の石油資源をにぎってきた国際石油資本，カタカナで何というか？
5. 石油を輸出している国々でつくっている石油輸出国機構の略称は，アルファベットで何？
6. 西アジアの油田は，何湾の沿岸に多く分布しているか？
7. カナダやスウェーデンの発電型は，火主水従，水主火従のどちらの形か？
8. 自国の資源に関する主権を主張する発展途上国の動きを，何というか？
9. 下の写真❺のようなタイガが広く分布し，林業がさかんなのは，どの気候帯か？
10. セメント工業やパルプ工業は，何を指向する工業の型に分類されるか？
11. 繊維工業（縫製品）など高度の技術を必要としない工業は，何を指向して立地するか？
12. ビール，印刷などの工業は，何を指向して立地するか？
13. 繊維工業は，工業分類では軽工業，重工業のどちらに入るか？
14. 中国国内で，外国の資本や技術を導入するために設けられた地域を，何というか？
15. 韓国，シンガポール，台湾，ホンコンをまとめて，略称で何というか？
16. ブラジル，ロシア，インド，中国をまとめて，略称で何というか？
17. ドイツの重工業の発達にとって，大動脈となっている河川は？
18. オランダのロッテルダム近くにあるEUの玄関港は？
19. アメリカで，1970年代から工業の発達した，北緯37度以南の地域を，何というか？
20. 最先端技術産業が集中して立地するサンフランシスコ郊外の通称は？

解答

1. 石炭，石油，天然ガス，水力などから3つ
2. エネルギー革命
3. 石油
4. メジャー
5. OPEC
6. ペルシア湾
7. 水主火従
8. 資源ナショナリズム
9. 亜寒帯（冷帯）
10. 原料
11. 労働力
12. 市場（消費地）
13. 軽工業
14. 経済特区
15. アジアNIEs
16. BRICs
17. ライン川
18. ユーロポート
19. サンベルト
20. シリコンヴァレー

テストに出る写真 チェック❺

5章　資源と産業—資源と鉱工業

6章 環境，エネルギー問題

→酸性雨で枯れた森林（チェコ）

1 重化学工業の発展で環境悪化　工業開発と環境問題

▶先進工業国は，資源の消費量が多く，大規模な工場も多いため，早くから各地で，自然環境の破壊や公害病が発生。こうした問題を環境問題という。

▶公害を発生しやすい工場が発展途上国に移転したり，工場の煙や排水が国境を越えたり。環境問題は，今や地球規模の問題だ。

1 環境破壊とは

| 自然環境 | ⇒ バランス ⇐ | 資源やエネルギーを得る
↓ 加工
利用して，廃棄物を再びもどす | 社会環境 |

　自然環境と社会環境のバランスの上に，人々の生活が成立している。人間が**自然環境**と**社会環境**のバランスをくずすような力を加えると，**環境破壊**が発生する。

2 日本の公害

1 足尾鉱毒事件　1877年（明治10年）から本格的に開発が始まった足尾銅山（栃木県）の周辺の公害。

① **鉱毒で汚染**…銅の精錬にともなう煙や廃棄物から，多量の鉱毒が渡良瀬川に流れこみ，流域の農地が汚染された。このため，稲作などに深刻な影響が出た。
　▶鉱山から出る有害物質

② **田中正造らの運動**…栃木県選出の代議士（国会議員）であった**田中正造**は，帝国議会（国会）などで鉱毒問題をとりあげたり，天皇へ直訴をおこなった（1891年）。しかし，政府は十分な対策をせず，鉱毒反対運動を強権的に封じこめた。（1901年）

プラスα

緑がなくなった足尾山地

　足尾山地の森林は，明治時代からの精錬による亜硫酸ガスで，枯死した。加えて，精錬用の燃料や坑木用として樹木が乱伐されたので，たびたび大洪水を発生させ，有毒の重金属による鉱毒被害を拡大した。
　足尾銅山は1973年に閉山されたが，精錬所は残っている。現在も一部の山では樹木もみられない状態になっている。

2 重化学工業化による公害

1955年以後の高度経済成長期の重化学工業化にともない，公害が深刻化した。1967年に**公害対策基本法**ができ，その後，現在の**環境基本法**にうけつがれている。
▶1993年

3 公害の姿

環境基本法では，次の7つを典型的な公害としている。

① **大気汚染**…工場の煙，自動車の排ガスなどで，大気中に**硫黄酸化物**，**窒素酸化物**が増える。▶亜硫酸ガスなど ぜんそくなど，呼吸器の病気になりやすい。**光化学スモッグ**の発生。

② **水質汚濁**と**土壌汚染**…産業廃棄物や工場排水から出た有害物質によって，水や土がよごされる。

③ **騒音**と**振動**…工場や交通機関からのやかましい音，ひどいゆれ。

④ **悪臭**…いやなにおい。製紙工場，化学工場などから発生。

⑤ **地盤沈下**…土地が沈む。地下水や天然ガスの採取が原因。

4 その他の公害

大都市では，日照や通風の問題が起こっている。**廃棄物（ゴミ）**については，安全な処理，再利用などによる減量が課題。ごみ焼却場からは，有毒の**ダイオキシン**が発生することがある。

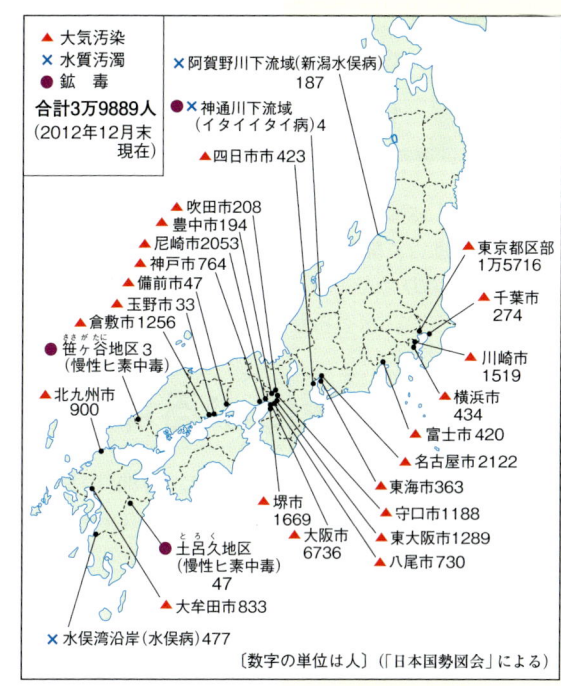

▲ 大気汚染
× 水質汚濁
● 鉱毒
合計3万9889人（2012年12月末現在）

× 阿賀野川下流域（新潟水俣病） 187
× 神通川下流域（イタイイタイ病） 4
▲ 四日市市 423
▲ 吹田市 208
▲ 豊中市 194
▲ 尼崎市 2053
▲ 神戸市 764
▲ 備前市 47
▲ 玉野市 33
▲ 倉敷市 1256
● 笹ヶ谷地区 3（慢性ヒ素中毒）
▲ 北九州市 900
● 土呂久地区（慢性ヒ素中毒）47
▲ 大牟田市 833
× 水俣湾沿岸（水俣病） 477
▲ 東京都区部 1万5716
▲ 千葉市 274
▲ 川崎市 1519
▲ 横浜市 434
▲ 富士市 420
▲ 名古屋市 2122
▲ 東海市 363
▲ 守口市 1188
▲ 堺市 1669
▲ 大阪市 6736
▲ 東大阪市 1289
▲ 八尾市 730

〔数字の単位は人〕（「日本国勢図会」による）

⬆公害病の認定患者
1988年から，公害健康被害補償法にもとづく大気汚染地域の指定がすべて解除されたので，以後，新しいぜんそくなどの公害被害認定患者は出てこないことになった。

⬆日本の公害病

公害病	発生地	原因物質	おもな症状	裁判	
水俣病	熊本県水俣市周辺，八代海沿岸	化学工場から排出された**有機水銀（メチル水銀）**が魚介類を通じて人体に入ると発病	神経がおかされ，歩行困難など身体の自由がきかなくなる。妊娠中の胎児などの発症	1969〜1973年	四大公害裁判	水俣病，新潟水俣病，イタイイタイ病，四日市ぜんそくの患者らが，公害を発生させた企業の責任を追及した裁判。いずれも企業の責任を認め，患者側の勝訴となった。
新潟水俣病	新潟県阿賀野川下流（第二水俣病）			1967〜1971年		
イタイイタイ病	富山県神通川下流	鉱山から出た**カドミウム**が作物や水から体内へ	骨が折れやすくなる。痛い	1968〜1972年		
四日市ぜんそく	三重県四日市市周辺	石油化学コンビナートから出た**亜硫酸ガス**など	ぜんそく，気管支炎，呼吸困難など	1967〜1972年		
慢性ヒ素中毒症	宮崎県土呂久，島根県笹ヶ谷	鉱山から出た**ヒ素**による慢性的な中毒	皮膚ガン，内臓の障害など			

6章　環境，エネルギー問題　115

2 今，地球がアブない！地球環境の保全

▶温暖化による海面の上昇，乱伐による熱帯林の消失，フロンガスによるオゾン層の破壊，砂漠化の進行，酸性雨による森林の荒廃，タンカーからの原油の流出，原子力発電所の事故。
▶環境破壊のニュースにお目にかからない日はない。ホントにこの地球，どうなってしまうのだろうか。ボクらが大人になったとき，この地球にヒトは住めるんだろうか？

1 工業生産による環境問題

1 地球温暖化 化石燃料（石炭，石油）の使用が増える ➡ 二酸化炭素（CO_2）が増え，温室効果（→p.118）をもたらす ➡ 地球温暖化。温室効果ガスには，フロンガスなども含まれる。
　　　　　　　▶宇宙への熱の発散を防ぐ
➡ ｛氷山や氷河がとける ➡ 海面が上昇する ➡ 海に面した低地が水没したり，低平な国土の島国が水没するおそれ。
　　▶シグマ先生の世界巡り→p.203
　　気候の変化 ➡ 作物の生育環境の変化 → 食料不足のおそれ。

2 オゾン層の破壊
フロンガスが空気中に放出される ➡ 地球を包んでいるオゾン層を破壊する ➡ 紫外線を吸収していたオゾン層がなくなると，地表に有害紫外線がとどく ➡ 人の健康に被害が発生するおそれ。国際条約により，フロンガスの全廃を進めている。

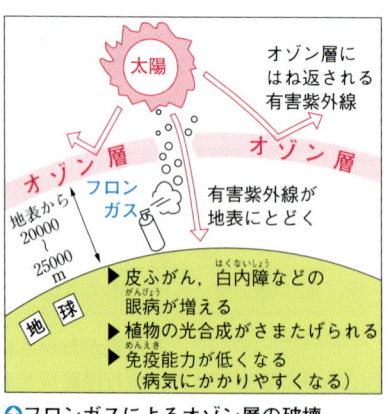

図：フロンガスによるオゾン層の破壊
- 太陽
- オゾン層にはね返される有害紫外線
- オゾン層
- フロンガス
- 地表から20000〜25000m
- 地球
- 有害紫外線が地表にとどく
- ▶皮ふがん，白内障などの眼病が増える
- ▶植物の光合成がさまたげられる
- ▶免疫能力が低くなる（病気にかかりやすくなる）

⬆フロンガスによるオゾン層の破壊

3 酸性雨 〈テストに出るぞ！〉
① **なぜ発生するか**…工場や自動車からの硫黄酸化物や窒素酸化物が，空中で硫酸，硝酸となり，雨水として降ってくる。
　　　　　　　　　　　　　▶SOx　　▶NOx
② **どんな影響があるか**
　―森林が枯れる。酸性の雨に耐えられない樹木が枯れ，森林が消失。ヨーロッパ各国でとくに被害が大きい。
　―水が酸性になってしまい，湖の魚が死ぬ。
　―石造り（大理石など）の建物や石像がとけてしまう。
　　　　　▶石灰岩の一種　　　　　▶溶食される→p.44
　―土壌が酸性化し，農作物や地下水に影響を与える。

プラスα

日やけはカッコ悪い？
昔，夏の褐色にやけた体はカッコよくて，海辺で体をやいた人も多かった。
ところが，今は美白の時代だ。日やけは皮膚がんの原因になるかもしれないというから始末が悪い。人体に無害のフロンガスが，思わぬ災いをもたらしている。

●**フロンガス**
1930年代に発明された人工の化学物質。エアコンや冷蔵庫の冷却剤，スプレーのガス，IC（集積回路）の生産などに広く使われてきた。
世界の国々は，1985年にオゾン層の保護のためのウィーン条約を結び，その後も国際会議を重ね，フロンガスを全廃することにしている。

→ドイツでは，森林資源やレクリエーションの場であったシュヴァルツヴァルト（黒森）の木の多くが枯れ，美しい森林が失われた。

116　2編　現代世界の系統地理的考察

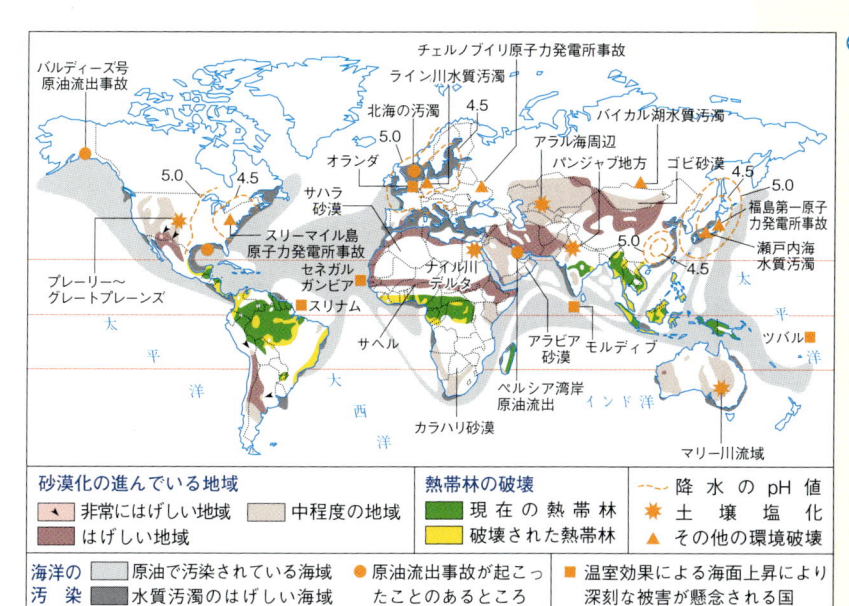

○ **世界のおもな環境問題**

図中の「降水のpH」は，酸性雨の程度を表す。中性はpHが7.0であるが，雨水は普通でも，CO_2などをとかしこんでpH5.6ぐらいになっている。そこで，pHが5.6より低い数値の雨を，酸性雨としている。pH4.5などとなれば，かなり強度の酸性雨である。

砂漠化の進んでいる地域
- 非常にはげしい地域
- はげしい地域
- 中程度の地域

熱帯林の破壊
- 現在の熱帯林
- 破壊された熱帯林

- ─── 降水のpH値
- ✳ 土壌塩化
- ▲ その他の環境破壊

海洋の汚染
- 原油で汚染されている海域
- 水質汚濁のはげしい海域
- ● 原油流出事故が起こったことのあるところ
- ■ 温室効果による海面上昇により深刻な被害が懸念される国

② 農業や林業による環境問題

1 砂漠化 テストに出るぞ！

発展途上国のほか，先進国においても，農耕が不可能な不毛の砂漠が拡大している。

① **サヘルの砂漠化**…アフリカの**サハラ砂漠**の南側の半乾燥地域は，**サヘル地域**とよばれる。乾季の期間が長く，人々はわずかな耕地でもろこし（ソルガム）を栽培し，牛，羊，ヤギの遊牧をおこなってきた。しかし，人口増加で，家畜を増やした結果，草は根こそぎ食べられてしまった。▶過放牧 食事用の薪が多く必要になり，樹木は次々に伐採された。現金収入の得られる落花生の栽培は，休耕期間をなくし，地力の低下をまねき，土地を荒廃させた。▶過耕作

② **先進国での砂漠化**…アメリカやオーストラリアでは，過剰な灌漑→**塩害の発生**，大量生産や効率重視の企業的農業における過剰な農薬や化学肥料の投与→**地力の低下**，等高線耕作の手間を省く→**表土の流出**などの問題が起こっている。

2 熱帯林の減少 テストに出るぞ！

① **なぜ減少するのか**
- **過度の焼畑**…ラテンアメリカ，東南アジアの内陸など。
- **商業用の伐採**…東南アジアのマレーシア，インドネシア。
- **田畑の開墾，過放牧**…ブラジルのアマゾン川流域。

○ **サヘルの砂漠化**

1977年の国連砂漠化防止会議をへて，1994年に砂漠化対処条約が調印された。

● **熱帯林の価値**

熱帯林は文字どおり熱帯気候のもとで生育する森林。いろいろな樹種が混じりあっている。このため，1種類だけの木を集めるのが難しく，林業からみた森林資源としての経済的価値は低い。

しかし，熱帯林には多様な生物が生存し，遺伝子資源の宝庫となっている。

6章 環境，エネルギー問題　117

② どんな影響があるか
- 土地が荒れる…表土流失→植物の生育は不可能となる。
- 生活が奪われる…森林の中でくらしていた人々の生活や文化が失われる。
- 生物種が消滅する…多種多様な生物が絶滅してしまう。
- 気候が狂う…森林の減少で二酸化炭素が増加し，**温室効果**によって**地球温暖化**が進む。森林が水を貯えることがなくなるので，蒸散が減少し，地球全体の降水量の減少や乾燥化が進む可能性が高い。
  ▶水が水蒸気として大気中に放出されること

③ **開発か保全か**…先進国が熱帯林を守れと主張する一方で，発展途上国は，国民が生きるためには，開発が必要と反論する。そこで，現在では「**持続可能な開発**」(Sustainable Development)という考え方が一般的になっている(→p.119)。

● 温室効果
　温室のガラスは太陽光を通すが，温室内からの赤外線は通さないので，温室内の空気は外気より暖まる。この温室のガラスと同じような効果のことを温室効果という。
　温室効果をもたらす二酸化炭素，メタン，フロンなどは，まとめて**温室効果ガス**といわれる。

放射性物質による環境汚染

■**原発などの事故**　原子力発電所(原発)など，原子力施設での事故➡人類など生物に有害な**放射性物質**(放射線を出す性質をもった物質)が放出される➡即死，または人命にかかわるがんなどの病気の多発。

① **チェルノブイリ原子力発電所の事故**…旧ソ連(現在はウクライナ)で1986年に発生。大量の放射性物質が拡散し，東西約950km，南北約400kmの地域(本州と同じ規模)が汚染された。

② **福島第一原子力発電所の事故**…2011年3月11日の**東北地方太平洋沖地震**による地震と津波で，原子炉が損壊して放射性物質が大量にもれ出した。原発から半径20km以内で住民の立ち入りができなくなるなど，市民生活に重大な影響をおよぼしている。この地震・津波による被害は**東日本大震災**と命名された。

■**放射性廃棄物の問題**　原子力発電所から出る使用ずみ核燃料や，廃炉になった原子炉などは，長期にわたって強い放射線を発するので，厳重に管理しなければならなず，「廃棄」には大きな困難がある。

■**核兵器などの問題**　原爆や水爆といった**核兵器**による**核戦争**は，地球環境を決定的に破壊する。また，**核実験**による環境汚染が発生している。湾岸戦争(1991年)やイラク戦争(2003年)で使われた，対戦車用の**劣化ウラン弾**も，環境汚染をもたらしている。

⇧チェルノブイリ原子力発電所の事故による汚染地域

⇩無人機が空撮した福島第一原子力発電所
(2011年3月，エアフォトサービス撮影)

❸ 環境保全の国際的な動き

1 国連人間環境会議 1972年，ストックホルム_{▶スウェーデンの首都}で開催。「かけがえのない地球」_{▶Only One Earth}「宇宙船地球号」を合言葉に，初めて地球環境について討議。**人間環境宣言**を採択，**国連環境計画**を設立。_{▶UNEP(ユネップ)}

2 OECD(経済協力開発機構)の政策
① **PPP**…公害防止費用は汚染者負担とする。
　_{▶Polluter Pays Principle}
② **環境アセスメント**…各国での立法化を勧告。_{▶1974年}

3 持続可能な開発 国連の"賢人会議"「環境と開発に関する世界委員会」が，1987年『われら共有の未来』_{▶東京宣言ともいう}という報告書の中で，環境保全と開発とは，相反するものではなくて，不可分なものとした考え方。

4 地球サミット 1992年，リオデジャネイロ_{▶ブラジル}で開催。_{▶正式には国連環境開発会議}
　─ **環境と開発に関するリオ宣言**…持続可能な開発を宣言。
　─ **アジェンダ21**…リオ宣言の行動計画。
　─ **気候変動枠組条約**…温暖化の防止をはかる条約。
　─ **生物多様性条約**…動植物の絶滅を防ぐ条約。

5 地球温暖化防止京都会議 1997年開催。初めて，温室効果ガス(→p.118)について，先進国の間で法的拘束力のある削減目標を設定。中国などの発展途上国に削減義務はない。

6 環境開発サミット 2002年，ヨハネスバーグ_{▶南アフリカ共和国}で開催。正式には「持続可能な開発に関する世界首脳会議」。地球サミットをうけて，持続可能な開発を討議。

7 自然保護や文化財保護
① **ラムサール条約**…水鳥の生育地として
　_{▶カスピ海に面するイランの地名}重要な湿地を登録，保全をはかる。
② **ワシントン条約**…絶滅のおそれのある野生動植物の国際的な取引を規制。
③ **世界遺産条約**…後世に伝えるべき文化遺産や自然遺産を登録，保全をはかる。

8 市民運動による環境保全
① **ナショナルトラスト**…すぐれた自然環境や歴史的環境の保全のため，寄金をつのって保存，管理する運動。
② **NGOやNPO**…非政府組織(NGO)や非営利組織(NPO)などの民間団体の中には，環境保全を図る活動をおこなっている団体が多い。

● **環境アセスメント**
　開発に際して，その開発が環境にどのような影響を与えるかを，事前に予測することによって，防止策を立てたりして，環境悪化を未然に防ごうとする制度。**環境影響評価**ともいう。
　アセスメントは第三者がおこなうこと，公開すること，地域住民も参加することなどの原則がある。
　日本では，一部の地方自治体が条例として定めていただけであったが，1997年に国の法律として制度化された。

▶正式には，気候変動枠組条約第3回締約国会議(COP3)。

ラムサール条約や世界遺産条約の登録地は，国際自然保護連合(IUCN)日本委員会のホームページで，外国分も含めて調べることができる。
【http://www.iucn.jp/】

🅑**釧路湿原** ツルのタンチョウの生息地として有名。ラムサール条約に登録された湿地(北海道)。

🅐**白神山地** 広大なブナの原生林があり，日本の自然遺産として，世界遺産条約に登録されている。秋田県〜青森県。

6章 環境，エネルギー問題

3 アメリカのTVAから学んだ地域開発と環境保全

▶TVAとは，テネシー川流域開発公社。1930年代の世界恐慌のとき，その打開のためにアメリカのローズヴェルト大統領が，テネシー川流域の総合開発を進めたんだね。
▶こうした形の総合開発は，その後，世界各国にとり入れられた。しかし，大規模な総合開発は，予期しない環境破壊をまねきやすいことも，分かってきたよ。

1 地域開発の目的

1 地域開発 発展の遅れている地域を豊かにするためにおこなわれる国の施策で，国土を合理的，計画的に利用すること。

2 総合開発のはじまり 1930年代から，アメリカでとくに**水資源の利用と統制**をはかり，その利用を中心とした総合的な地域開発が始められ，その後，各国で実施された。このように，地域を総合的に調査し，住民の生活が向上するような開発をおこなうことを**総合開発**という。

プラスα

● **生態系の破壊**
　生態系はエコシステムともいい，各種の生物集団が物質やエネルギーとともに，互いに作用しあいながら，全体として均衡を保って存在しているしくみ。ダム建設や林道の新設などによって，それまで存在していた生態系の一部を変化させることは，生態系全体に影響をおよぼすことになる。

2 世界の地域開発 テストに出るぞ！

1 アメリカの総合開発
① **TVA**…ミシシッピ川支流の**テネシー川**に26の**多目的ダム**を建設し，洪水防止，灌漑用水の確保，水力発電などに利用。1930年代の世界恐慌の打開策としてとられたアメリカの**ニューディール政策**の1つ。この結果，化学肥料，アルミ，原子力工業が発達し，地域の生活水準が向上した。
② その他…コロラド川，コロンビア川，ミズーリ川，セントローレンス川流域などで同様の開発がおこなわれた。

2 旧ソ連の自然改造計画
① **ヴォルガ＝ドン運河**…1952年に完成。約100kmの運河で，バルト海から黒海，カスピ海，白海などへ内陸水路で結ぶ。

◐TVAによる総合開発

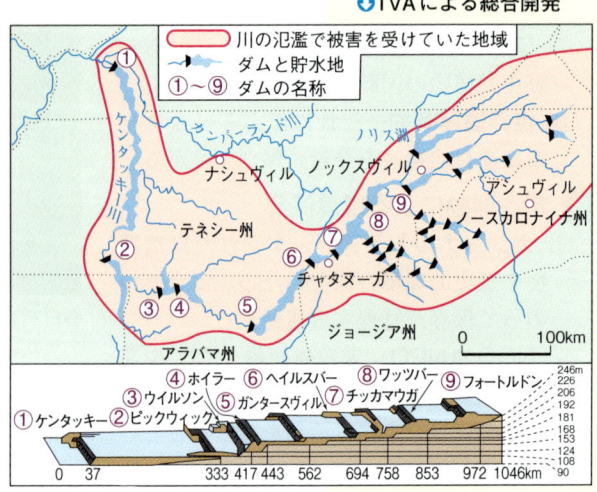

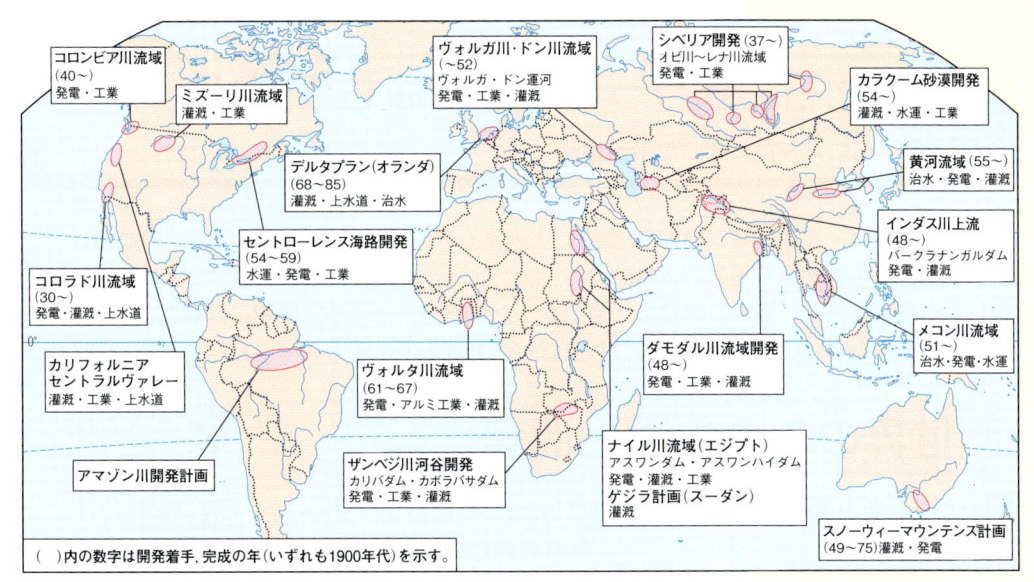

地図中のラベル：

- コロンビア川流域（40〜）発電・工業
- ミズーリ川流域 灌漑・工業
- デルタプラン(オランダ)（68〜85）灌漑・上水道・治水
- セントローレンス海路開発（54〜59）水運・発電・工業
- コロラド川流域（30〜）発電・灌漑・上水道
- カリフォルニアセントラルヴァレー 灌漑・工業・上水道
- アマゾン川開発計画
- ヴォルタ川流域（61〜67）発電・アルミ工業・灌漑
- ザンベジ川河谷開発 カリバダム・カボラバサダム 発電・工業・灌漑
- ヴォルガ川・ドン川流域（〜52）ヴォルガ・ドン運河 発電・工業・灌漑
- ナイル川流域(エジプト) アスワンダム・アスワンハイダム 発電・灌漑・工業 ゲジラ計画(スーダン) 灌漑
- ダモダル川流域開発（48〜）発電・工業・灌漑
- シベリア開発（37〜）オビ川〜レナ川流域 発電・工業
- カラクーム砂漠開発（54〜）灌漑・水運・工業
- 黄河流域（55〜）治水・発電・灌漑
- インダス川上流（48〜）バークラナンガルダム 発電・灌漑
- メコン川流域（51〜）治水・発電・水運
- スノーウィーマウンテンズ計画（49〜75）灌漑・発電

（ ）内の数字は開発着手、完成の年(いずれも1900年代)を示す。

❶世界の地域開発

② **カラクーム運河**…アムダリア川から取水し、中央アジア南部の乾燥地域を開発する。

3 ヨーロッパ諸国の地域開発
① **イギリスのニュータウン計画**…**大ロンドン計画**(→p.158)による都市の再開発や工業再配置など→職住近接が特徴。
② **オランダ**…アイセル湖沿岸の干拓事業→**ポルダー**(→p.228)。
③ **イタリア**…南部地域で広範囲の総合開発。

4 日本の総合開発
① **全国総合開発計画**…1962年から始まり、1998年からの第五次全国総合開発計画(五全総)までおこなわれた。重化学工業の開発が中心で、環境破壊につながった面もあった。
② **国土形成計画**…2005年から始まった。全国総合開発計画が開発の量的拡大をめざすのに対し、質的向上をめざし、地方の自律性も重視することとなった。

❸ 地域開発の弊害 テストに出るぞ！

1 ナイル川の場合 ナイル川に建設された**アスワンハイダム**の場合、洪水の防止には役立ったが、肥沃な土が流れ出さなくなり、両岸の耕地はやせてしまった。また、暖かい灌漑用水のため、住血吸虫症を媒介するマキガイが大量に繁殖した。

2 アラル海の場合 カラクーム運河や、灌漑地の造成のため、アラル海に注ぐ**アムダリア川、シルダリア川**の水を大量に取水するため、干あがって、湖面は縮小しつづけている。

❷縮むアラル海

アラル海に注ぐアムダリア川、シルダリア川の水量の減少により、アラル海の湖岸は、以前より100km以上も後退したところもある。湖水の塩分上昇で、漁業は壊滅。干あがった湖底には、一面、塩の大地が広がる。農薬まざりの塩が、砂嵐とともに周辺の町をおそうため、住民には呼吸器系の病気や肝炎などの患者が多くなっている。

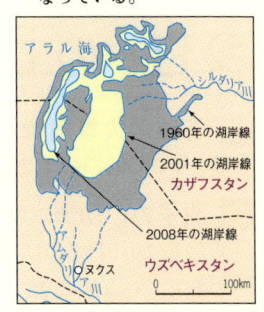

6章 環境、エネルギー問題 121

4 化石に頼りっぱなしではもうダメ エネルギー問題

▶石油や石炭は，古い地質時代の動植物に由来する物質が，地下で高い圧力や熱をうけて生まれた。そのため，化石エネルギーとよばれる。今，世界は，この化石エネルギーに依存している。しかし，最大の問題は，使い切ったら終わりという，限界の問題だ。

▶だから，今のうちに，化石燃料にかわる新しいエネルギーを考えておかないと，大変。

1 世界のエネルギー問題

1 化石エネルギーの問題点 石油や石炭などの**化石エネルギー**は，使いきったら終わりという限界がある。また，産地がかたよっている偏在性という問題もある。

2 環境問題との関連 世界のエネルギー消費は，この30年で2倍となっている。その結果，**地球温暖化や酸性雨**（石油や石炭の大量消費による），**放射能汚染**（原子力発電），**海洋汚染**（原油の輸送の事故）などの環境問題をひき起こしている。

3 代替エネルギーの開発 化石エネルギーにかわる新しいエネルギーが必要となっている。**原子力エネルギー**は，すでに一定の代替エネルギーになっているが，環境問題をひき起こさない**クリーンエネルギー**ではない点で，問題がある。
① **自然エネルギー**…一部で利用。今後，大いに期待できる。
② **バイオマスエネルギー**…生物由来のエネルギー資源。植物の発酵によるメタンガスなど。
③ **燃料電池**…クリーンな電気エネルギーを取り出す発電機。

4 エネルギー消費の公平化 発展途上国では，人口増加により，木の乱伐，砂漠化の問題が起こっている。先進国では，快適さのためにばく大なエネルギーを消費し，二酸化炭素の増加→地球温暖化の主要な原因をつくっている。

2 日本のエネルギー問題

1 石油の大量消費 ほぼ100％輸入に頼っている石油が，主要なエネルギー源で，しかも，大量に消費している。

2 原子力の功罪 原料の輸入依存，狭い国土に施設が集中，変動帯の国土での廃棄物処理の困難さ，原子力発電所での事故の発生（→p.118）など，安全性の面で問題がある。

➕ プラスα

●**主要国のエネルギー消費の構成**

　各国の資源の状況によって特色があらわれる。中国やインドは**石炭**，日本やイタリアは輸入した**石油**，ロシアは**天然ガス**，カナダやブラジルは**水力**，フランスは**原子力**がそれぞれ中心となっている。

▶水を電気分解すると，酸素と水素が得られる。この反対の反応を起こさせれば，酸素と水素から，電気と水が得られる。燃料電池では，水素は直接補給またはアルコールや天然ガスなどから取り出し，酸素は空気中のものを利用する。石油を燃料とし，よごれた排気ガスを出すガソリンエンジンにかわる自動車のエンジンとして有望視され，開発競争がはげしくなっている。

●**再生可能エネルギー**

　自然環境の中でくり返し起こる現象から取り出すエネルギーの総称。①太陽光，地熱，風力などの**自然エネルギー**，②**バイオマスエネルギー**，③ゴミ発電などの**リサイクルエネルギー**など。枯渇の心配がなく，一部は実用化が進んでいる。

Tea Time

新エネルギーあれこれ

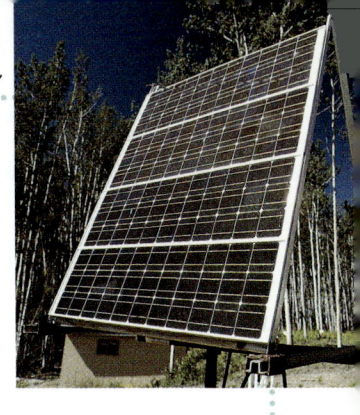

⇨ 太陽光発電のパネル

●現在，太陽エネルギー，地熱エネルギーなど，いろいろな新しいエネルギー資源の開発が進められている。

太陽エネルギー	太陽熱発電	●太陽の熱エネルギーを集めて水を熱し，高温の蒸気をつくってタービンを回して発電する方式。 ●太陽光発電とちがい高価な太陽電池は不要。広大な砂漠をもつ国が有利。
	太陽光発電	●太陽電池（ソーラーセル）のパネルを使って発電する。 ●現在，太陽電池は高価なため，コスト低減が大きな課題。
地熱エネルギー		●地熱から得られる水蒸気でタービンをまわし，**地熱発電**を行う。安定した発電量が得られ，火山国が有利。 ●掘削費用が高額なこと，掘削技術の確立をはかること，資材の改良ならびに高度な探査技術の必要などの問題がある。
風力エネルギー		●風車によって発電機を回すので，比較的，強い風が常に吹いていることが最大の立地条件。 ●したがって，供給が不安定なこと，発電量があまり大きくないことなどが問題点。
海洋エネルギー		●波力，潮力，海洋温度差による発電が可能。フランスのランスに潮力発電所。▶シグマ先生の世界巡り→p.15 ●海洋温度差発電は熱帯の海域に限られるなど偏在性があることや，エネルギー密度が低いことなどが問題。
合成液体燃料	石炭液化・ガス化	●日本でとても期待されている石油代替エネルギー。 ●石炭に水素や酸素を化学反応させて液体またはガスに転換し，輸送や貯蔵など，取り扱い上の不便さを解決することが課題。
	オイルサンドオイルシェール	●オイルサンド（タールサンド）は4〜10％の重質のタール状の原油を含む砂岩で，熱水処理等の方法で原油を採油する。**オイルシェール（油母頁岩）**は乾留により原油を分離する。 ●両者とも埋蔵量が多く開発が期待されているが，巨額の設備投資を必要とするため，本格的な実用化には採算面で問題。
バイオマスエネルギー（生物エネルギー）		●植物や動物から生成，排出される有機物から得られるエネルギー。地球上には大量のバイオマスが存在すると推定される。 ●直接燃焼，熱分解，部分酸化などによるガス化，微生物を利用した発酵によりメタン，エタノールに変える方法などが用いられている。ローカルエネルギーとして一部実用化。
水素エネルギー		●水素を燃焼させて得られるエネルギー。排出するのは水だけでクリーン。究極のエネルギーといわれる。 ●水素の運搬・保存に低温化・高圧化が必要。
未利用エネルギー		●**コジェネレーションシステム**…電力と熱を併せて供給すること。発電の際，利用されていない排熱を暖房などに利用。 ●**ゴミ発電システム**…ゴミ焼却の際の排熱を利用して発電する。

6章 環境，エネルギー問題

7章 交通, 通信, 貿易

→フランスのTGV

1 第3次産業をリードする世界の交通や通信

▶ 人がどこかへ行く——まず歩くことから始まる。だけど時間はかかるし，疲れる。人はまだ歩けるからいい。荷物は自分で歩いてくれない。運んでやらなきゃいけない。
▶ 人やモノの移動を交通という。求められることは，より速く，より楽に，より安くだ。

1 交通の発達

1. **徒歩から** 歩くことから始まり，次に牛や馬などの**家畜**を交通手段として利用した。今でもアンデス山地やチベット高原では家畜を利用しているケースもみられる。
2. **ありがたい蒸気力** 産業革命のとき蒸気機関が発明され，▶18世紀後半から これを応用して**蒸気機関車や蒸気船**が登場した。これまでの人力や畜力に比べてスピード，力ともに驚くべき変化となった。
3. **お好みしだいの現代** 20世紀には**自動車**と**航空機**が発達し，現代は希望に応じて高速交通機関を選べる時代となった。

2 陸上交通

1. **かつての花形の鉄道** 産業革命後の陸上交通は，**鉄道**が主役であった。鉄道を敷くことにより，開発が進んだ。

鉄道交通	長所	・大量輸送が可能で，コストも安い→運賃が安い。 ・安全性，確実性が高い。
	短所	・建設に費用がかかる。 ・急な勾配に弱いなど，地形に左右される。

2. **玄関から玄関の自動車** 20世紀になると，陸上交通の中心的存在は**自動車**になった。フォードによる大量生産で普及。
▶自動車工業はアメリカから発達

プラスα

● リャマとヤク
アンデス山地では，ラクダの一種の**リャマ**(→p.132)が，チベット高原では，牛の一種の**ヤク**(→p.67)が荷役に使われる。

▼リャマ 　▼ヤク

● 現代の鉄道の舞台
日本の新幹線の成功は高速鉄道の見直しにつながった。フランスの**TGV**，ドイツの**ICE**などがつづき，近年中国では高速鉄道網が急速に広がった。また，ロシアのバイカル=アムール鉄道は，地域開発に大きな力を発揮している。

自動車交通	長所	・道路さえあれば，使用できる。 ・小回りがきき，積みかえなしで，戸口輸送できる。 ・自家用車なら好きなときに乗れ，プライバシーも守れる。
	短所	・輸送単位が小さく，コストがやや高い。 ・道路の状況により時間がはっきりせず，交通事故や環境問題（大気汚染，騒音）がある。

●高速道路の時代

　自動車交通は，高速道路や大型トラックによって発展してきた。自動車先進国アメリカの**ハイウェイ**，ドイツの**アウトバーン**など，第二次世界大戦前から高速道路が建設されてきた。

③ 水上交通

1 特色　海や湖沼，河川など水上を利用できるところでは，船舶は昔から重宝されてきた。水上では，少ないエネルギーで，たくさんの物を運べる。

2 海上交通　国際航路のうち，人の輸送は航空機にとって代わられたが，貨物輸送では主役である。貨物の種類に応じて，専用船（タンカーなど）やコンテナ船が使われている。

3 内陸水路交通　ヨーロッパのライン川やドナウ川，中国の長江など，内陸部の大河川は重要な交通路である。このうち，条約により各国の船が自由に航行できる河川を，国際河川という。

⬇ヨーロッパの内陸水路

水上交通	長所	・大量輸送が得意。重いもの，かさばるものも平気。 ・たっぷり積めば，コストはきわめて安い→運賃が安い。
	短所	・水がなければ，どうしようもない。また，あっても，海の深さや，川の水量などの制限が多い。 ・スピードが遅い。

●スエズ運河とパナマ運河

　両運河とも，大陸間輸送の航路を大はばに短縮したので，世界の海上交通にとって，きわめて重要。

①スエズ運河…地中海と紅海（ヨーロッパとアジア）を結ぶエジプトの運河。1869年にフランス人レセップスが完成させた。延長約190km，幅約200〜220mの水平式運河。

②パナマ運河…太平洋とカリブ海（大西洋）を結ぶパナマの運河。アメリカが完成させたので，1999年までアメリカが租借していた。延長約80km，幅約34〜200mの閘門（水門）式の運河。現在拡張工事中。

▶シグマ先生の世界巡り→p.201

④ 航空交通

1 急速に発展　航空機は20世紀，それも第二次世界大戦後に，急速に発展した。とくにジェットエンジンは，航空機のもつスピードを，さらに向上させた。

2 航空路は世界へ　国際間の人の輸送は，航空機が中心。アフリカやラテンアメリカでは，陸上交通より先に航空路が発達。

航空交通	長所	・速度が速いうえ，目的地まで最短距離で行くことができる。 ・陸上の地形の制約をうけにくい。
	短所	・高い燃料，高価な航空機材などコストが高い→運賃が高い。 ・とくに重いもの，かさばるものの輸送には不利。

7章　交通，通信，貿易　125

3 最近の航空交通

① **航空機の大型化と専用機**…大型化で輸送量が増加し，航続距離ののびで時間も短縮。**貨物専用機**によって，**IC**（集積回路）などの電子部品，コンピュータなどの精密機械，**生鮮食料品**や**生花**といった，軽量で高価な品物の貨物輸送が急増している。

② **ハブ空港**…各地域で拠点となる大空港＝**ハブ空港**が中心となり，そこから地方空港にのびる支線が出るという，**ハブ＆スポーク構造**が一般的となってきた。そのため，ハブ空港をめざす国際的な競争がはげしい。

▶東アジアでは，ハブ空港の建設が進められている。韓国の**インチョン**，中国の**プードン**（シャンハイ）などの空港整備が進み，**成田国際空港**の強力なライバルとなっている。

● **IT（情報技術）**
コンピュータを利用した情報処理およびその関連技術。Information Technology の略。エレクトロニクス（電子工業）によるインターネットや携帯電話などの通信技術は，現代の世界に**高度情報社会**をもたらしている。

5 通信の発達

1 郵便から 情報を伝える通信は**郵便**から始まった。19世紀にイギリスで始まった郵便は，やがて**電信**から**電話**へ発展し，今日では，**インターネット**が世界をリアルタイムで結ぶ。
▶現在は電報として利用

2 マスコミの発達 ラジオ，テレビなどの**マスメディア**による**マスコミュニケーション**（大量伝達）は多くの人に多量の情報を伝えることを可能にした。

3 情報社会 現代は情報のあふれる時代。いかにうまく情報を整理し，それをもとに判断していくかが求められている。先進国と発展途上国や都市と農村の間などで，情報機器を使いこなせる者と使いこなせない者の格差＝**情報格差**（デジタル・デバイド）が拡大している。

4 インターネット 世界中のコンピュータを1つに結ぶ通信ネットワークのこと。1990年代から世界中で急速に普及した。**ホームページ**や**電子メール**などで，大量の情報を，距離や時間にしばられることなく，瞬時に送受信できる。

❶インターネットの利用者数
（1995: 0.26億人，2000: 2.54億人，2011: 22.7億人）
オセアニア 1.0／アフリカ 7.3／南アメリカ 7.5／北アメリカ 14.7／ヨーロッパ 21.0／アジア 48.5%（中国 22.8）
（ITU資料による）

❶インターネット利用者率と海底ケーブル網

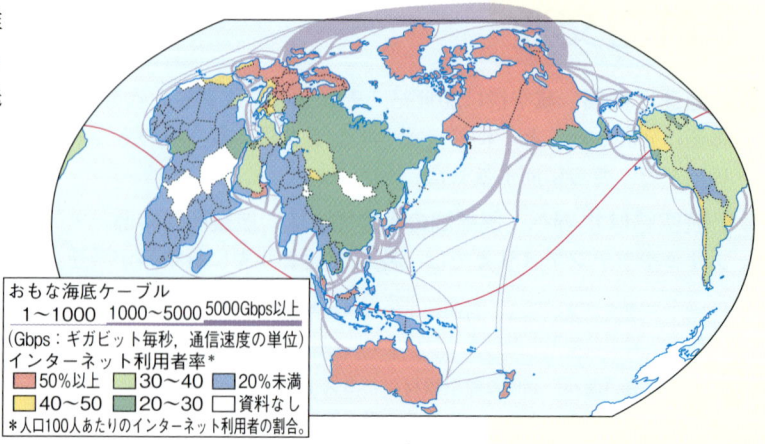

おもな海底ケーブル
1～1000／1000～5000／5000Gbps以上
（Gbps：ギガビット毎秒，通信速度の単位）
インターネット利用者率*
50%以上／30～40／20%未満／40～50／20～30／資料なし
＊人口100人あたりのインターネット利用者の割合。

126　2編　現代世界の系統地理的考察

Tea Time

インターネットを活用しよう！

★すっかり身近になったインターネット

キミも学校で習ったよね。自分で，ネットサーフィンにハマっている人もいるんじゃない？ インターネットを使えば，総合学習の調べる宿題なんてカンタン。ここでは，インターネットのいい点，注意点をみてみよう。

▶ホワイトハウス…アメリカ大統領があちこちに顔を出している。声だって聞けるかも!?

★インターネットのいい点！

- **世界とつながっている** 世界の，どのホームページともリアルタイムでつながる。右のように，アメリカのホワイトハウス(大統領官邸)やFBI(連邦捜査局)のホームページだってみられるんだ。

▶アメリカのFBI(連邦捜査局)…おたずね者，行方不明者も。ちょっと恐い。

- **「検索(けんさく)」ですぐにみつかる** ホームページのアドレスが分からなくても，「検索エンジン」とよばれる検索専門のホームページを利用すると便利だ。検索したいキーワードを入力するだけで，関連するホームページの一覧が表示されて，目的のページにすぐにたどり着ける。

- **英語がムリなら日本語でも** 例えば国連のホームページは英語など6か国語(国連の公用語は6つ)。ありゃ，日本語がない！ でも大丈夫。ちゃんと日本語の広報センターページも別にある。でも英語にチャレンジ！ でいきたいけどね。

▶国際連合…アラビア語，中国語，英語…。英語にチャレンジするかぁ。

★インターネットの注意点！

- **すべて正確？** ホームページは誰でもつくれるから，内容がいい加減(かげん)なものもある。わざとじゃなくても，古い内容がそのまま，ということだってある。

- **悪質ページだって** 画面の指示でクリックしただけで，法外(ほうがい)な料金を請求されたり，ウィルスに感染することもあるから，要注意。

▶国連の日本語バージョン…やはり，とってもわかりやすい。これだけで，レポートもOK!?

7章 交通，通信，貿易 127

2 国と国との商品売買 世界の貿易

▶ある国が，他の国と，商品の売買をすることが貿易。大昔ならともかく，現代では自分の国だけで欲しいものがすべて手に入る，などという国はない。
▶どこの国でも，貿易なしではやってけない。余っているものは売ればよいし，無いものは買えばよい。あたり前のことだけど，国と国とでは，これがむずかしい。

1 貿易の発達

1 初めは植民地から──世界貿易の本格化

① **イギリスが先がけ**…産業革命(▶18世紀後半から)によって生産力をつけたイギリスは，植民地を拡大，**国際分業**のシステムをつくりあげた。

```
イギリス ←─製品───  植民地
(工場)  ─原料や燃料→ (原料供給地，市場)
```

② **ブロック経済**…イギリスについでフランス，アメリカは，自国と植民地の経済を一体化した経済圏をつくった。

③ **バスに乗り遅れ**…植民地獲得競争の遅れたドイツ，イタリア，日本などは，ブロック経済のために困り，強引に市場の拡大をもとめた結果，第二次世界大戦をひき起こした。

2 貿易の自由化をめざす──貿易の拡大 [テストに出るぞ!]

① **苦い経験から**…閉鎖的なブロック経済が戦争をひき起こしたことから，第二次世界大戦後は**貿易の自由化**と**通貨の安定**をはかり，**貿易の拡大**を推進した。戦争の傷あとが大きいヨーロッパに代わり，アメリカがリーダーシップをとった。

② **WTO**…関税やその他の輸入制限をなくし，貿易の自由化をめざしていくため(▶非関税障壁という)，**関税と貿易に関する一般協定（GATT）**が定められた。GATTは，1995年より**世界貿易機関（WTO）**に発展。モノの貿易のほか，サービスの取り引きなどを含めた包括的な貿易ルールを決め，貿易の拡大をめざす。

③ **IMF**…貿易には，国ごとに異なる通貨を一定の比率で換算して支払うことが必要であるが，この交換比率を**為替相場**という。この相場の安定をはかるため，**国際通貨基金（IMF）**が設立された。

3 新たな貿易のかたち──FTAやEPAの利用　WTOによる多角的な貿易交渉は，加盟国の増加もあって交渉が難航して

＋プラスα

● **ブロック経済**
　第二次世界大戦前，有力な先進資本主義国が自らの植民地や自治領を含めて排他的な経済圏（経済ブロック）を形成したこと。広大な植民地をかかえたイギリス，フランスや，国内資源にめぐまれたアメリカなどが，それぞれの経済圏を形成した。

● **関税と関税同盟**
　商品を輸入するときにかかる税金を，**関税**という。高い関税は，輸入制限そのものである。お互いに関税をかけないで，国境での商品流通を自由にし，域外に対しては共通の関税をかけるのが，**関税同盟**。EC，EUの先がけとなったベネルクス3国（ベルギー，オランダ，ルクセンブルク）の関税同盟が代表的。
　EU（欧州連合）や，NAFTA（北米自由貿易協定），南米南部共同市場（MERCOSUR），TPP（環太平洋経済連携協定）などの地域的な経済協力機構は，新たな経済ブロックを形成するものだという見方もある。

128　2編　現代世界の系統地理的考察

いる。そのため，WTO交渉を補完するものとして，特定の国や地域による，**FTA（自由貿易協定＝関税などの障壁をなくし，自由貿易を推進する協定）**や，**EPA（経済連携協定＝FTAをもとに投資・人の移動・知的財産権のルールづくりなどより幅広い経済関係の強化を目的とする協定）**の締結が，急速に進んでいる。

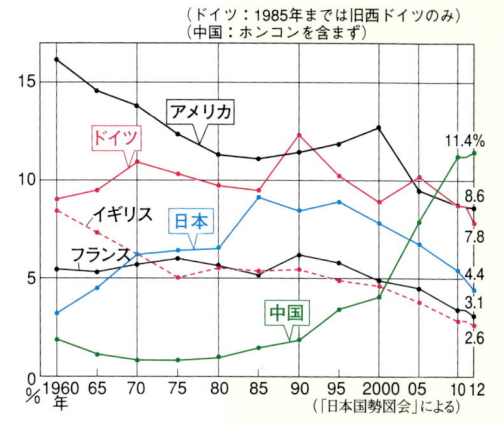

（ドイツ：1985年までは旧西ドイツのみ）
（中国：ホンコンを含まず）

❶世界の輸出貿易にしめる主要国の割合（「日本国勢図会」による）

アメリカ 11.4%　中国 8.6　ドイツ 7.8　日本 4.4　フランス 3.1　イギリス 2.6

2 先進国の貿易

1 世界の貿易の中心　先進国どうしの貿易を，**水平貿易**という。全貿易の約半分を占め，世界貿易の中心となっている。

2 先進国の貿易類型
① **資源の乏しい国**…原料や燃料，食料や工業製品を輸入し，工業製品を輸出するタイプ。日本をはじめ，西ヨーロッパ諸国など。
② **資源の豊かな国**…原料，燃料，食料，工業製品を，輸出もするが，輸入もするというタイプ。国土が広く，資源が豊かなアメリカ，カナダ，オーストラリアなど。

❷世界貿易の相互関係

EU 12.3兆　中国 3.6兆　日本 1.7兆　NAFTA 5.4兆　ASEAN 2.4兆　アフリカ 1.2兆　オーストラリア・ニュージーランド 0.6兆　ラテンアメリカ 1.5兆（メキシコをのぞく）

貿易額（兆ドル）　相互の輸出額の合計　250億～1000億　1000億～2000億　2000億ドル以上（WTO資料による）

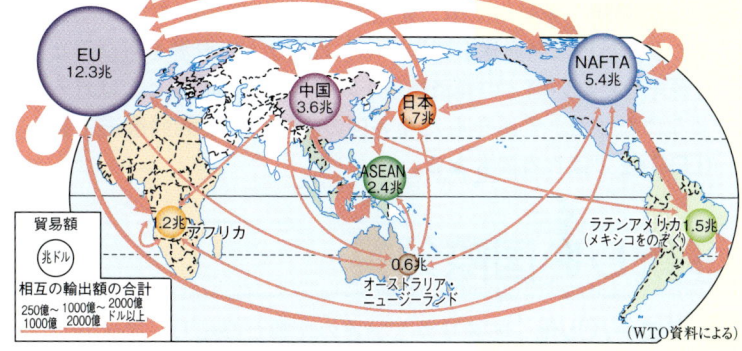

世界貿易から見た南北問題

■**南と北**　植民地時代の影響で，発展途上国（南）は，先進国（北）に比べて生活レベルが低く，経済格差の大きいことが問題となっている（**南北問題**）。政治的には独立したが，経済的に独り立ちできていない国が多い。

■**解決へ向けて**　南北問題解決のため，国連には**国連貿易開発会議（UNCTAD）**が設けられている。先進国間の協力組織である**経済協力開発機構（OECD）**は，発展途上国援助のために，**開発援助委員会（DAC）**をつくるなど，各方面で努力がつづけられているが，格差は広がる傾向にある。

❸南北問題の構造

先進国 ←（水平貿易）→ 先進国
先進国 →（工業製品）→ 発展途上国
発展途上国 →（原料）→ 先進国
＝垂直貿易
経済格差＝南北問題

7章　交通，通信，貿易　129

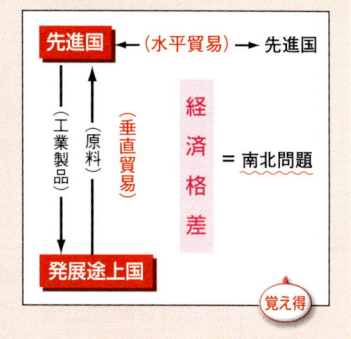

③ 発展途上国の貿易 <テストに出るぞ！>

1 垂直貿易　発展途上国は，先進国に特定の**1次産品**を輸出し，先進国の工業製品を輸入する**垂直貿易**をおこなう国が多い。こうした**国際分業**が，発展途上国の**モノカルチャー経済**を促進してきた。しかし，1次産品は，工業製品に比べ価格が安く不安定で，価格下落もめずらしくないため，垂直貿易は発展途上国の経済発展に結びつきにくい。
▶未加工の農産物や鉱産物

2 NIEsとBRICs　**アジアNIEs（新興工業地域）**の韓国，シンガポール，台湾，ホンコンは，工業化が進み，工業製品の輸出がのびた。さらに，**BRICs**のブラジル，ロシア，インド，中国ののびが著しい。

3 産油国　1次産品の中でも，石油は全世界的に需要が多く，しかも産出地が限られている。**国際石油資本（メジャー）**におさえられていた利権を，**石油輸出国機構（OPEC）**による団結で取り返してからは，産油国の収入はより大きくなった。

4 南南問題　発展途上国と先進国との経済格差が**南北問題**であるが，最近は発展途上国の中でも石油などの資源をもつ国と，資源をもたない国との経済格差がみられ，**南南問題**とよばれるようになった。資源をもたない国の中には，**後発発展途上国（LDC）**とよばれる国もある。

④ 新しい国際分業

1 グローバル化　アメリカとソ連の冷戦が終結し，アメリカが唯一の超大国となる→アメリカの基準が**世界標準（グローバル＝スタンダード）**となって，世界の同質化，均一化が進行。
▶1989年
▶1991年

2 ボーダーレス化　グローバル化の下，企業活動や商品の流通などの経済面では，国境という**境界（ボーダー）**が消失したような方向に進んでいること。先進資本主義国の**多国籍企業**は，研究開発（R＆D），生産，販売などの各部門を，それぞれ世界各国の最適な場所に自由に設置するようになり，世界的な視野で活動し，利潤追求を強めている。
▶Research and Development

3 企業内の国際分業

多国籍企業
- 本社→政治，経済，通信機能の集中する先進国の都心。
- 研究所や開発工場→先進国で研究環境に恵まれた地域。
  ▶アメリカのシリコンヴァレーなど
- 主力の新製品の量産工場→技術力のあるアジアNIEs。
- 標準化された製品の量産工場→労働力の安い中国など。

● **旧社会主義国の貿易**
　旧ソ連，東ヨーロッパ諸国などの旧社会主義国は，自国内での自給やグループ内の貿易が中心で，貿易額はもともと少なかった。資本主義国と社会主義国との間の貿易は，**東西貿易**とよばれていた。
　1990年代から，市場経済の導入にともない，先進資本主義国との間の貿易が増加してきた。しかし，工業製品の輸出競争力が低いので，輸出はあまりふるわない。
　中国は開放経済体制の推進によって，工業化が急速に進み，輸出額が世界一になった。

● **現代の新しい国際分業**

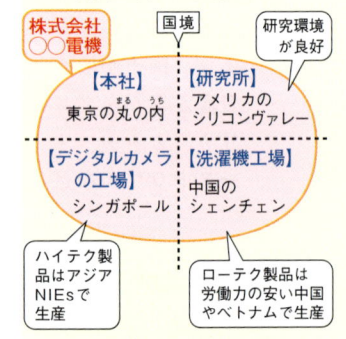

株式会社○○電機
- 【本社】東京の丸の内
- 【研究所】アメリカのシリコンヴァレー（研究環境が良好）
- 【デジタルカメラの工場】シンガポール（ハイテク製品はアジアNIEsで生産）
- 【洗濯機工場】中国のシェンチェン（ローテク製品は労働力の安い中国やベトナムで生産）

● **先進国の産業の空洞化**
　先進資本主義国の**多国籍企業**が，生産工場を続々と海外へ移転させると，国内工場の閉鎖や失業などの問題が発生しやすい。こうした状況を，**産業の空洞化**という。工場がメキシコに移転しているアメリカ（→p.242），アジア諸国に移転している日本（→p.261）などで，問題になっている。

テスト直前チェック　定期テストにかならず役立つ！

1. □ 明治時代，栃木県の銅山で起こった公害とは何事件？
2. □ 工場の煙や，自動車の排ガスなどで大気が汚れることを，何というか？
3. □ 熊本県八代海沿岸で発生した，有機水銀が原因の公害病は？
4. □ 富山県神通川流域で発生した，カドミウムが原因の公害病は？
5. □ CO_2が増え，温室効果が生まれると，地球は何化する？
6. □ 地球にすむ生き物を守るオゾン層，これを破壊するのは何ガス？
7. □ 硫黄・窒素酸化物を多く含んでいて，降ると森林が枯れる。これって何という雨？
8. □ 世界一広い砂漠の南側，砂漠化が深刻な地域を，何というか？
9. □ 半乾燥地域で過剰な灌漑によって，土壌で起こる問題を，何というか？
10. □ 樹種が多く経済的価値は低いが，遺伝子資源の宝庫である森林は？
11. □ 旧ソ連のウクライナで1986年に事故を起こした原子力発電所は？
12. □ 1992年の地球サミットで確認された開発の考え方，どんな開発？
13. □ 1997年に温室効果ガス削減の目標を設定した会議は，日本の何という都市で開かれたか？
14. □ 水鳥の生育地として重要な湿地を保全する条約を，何というか？
15. □ アメリカのテネシー川の総合開発を，アルファベットで何というか？
16. □ 全国総合開発計画に代わる2005年からの日本の計画を，何というか？
17. □ 下の写真❻は火山国お得意の新エネルギーによる発電。何エネルギーかな？
18. □ 太陽光発電と太陽熱発電，太陽電池が必要なのはどっち？
19. □ 原子力，風力，潮力のうち，クリーンエネルギーでないのはどれ？
20. □ 動植物の有機物で得られるエネルギーは，何エネルギー？

解答

1. 足尾鉱毒事件
2. 大気汚染
3. 水俣病
4. イタイイタイ病
5. 温暖化
6. フロンガス
7. 酸性雨
8. サヘル
9. 塩害（塩性化）
10. 熱帯林
11. チェルノブイリ原子力発電所
12. 持続可能な開発
13. 京都
14. ラムサール条約
15. ＴＶＡ
16. 国土形成計画
17. 地熱エネルギー
18. 太陽光
19. 原子力
20. バイオマスエネルギー（生物エネルギー）

テストに出る写真 チェック❻

21☐	下の写真❼は環境にやさしい「乗り物」リャマ。どこの山地(山脈)にいるか？	
22☐	ヒトやモノの大量輸送は得意。でも急勾配は苦手。この乗り物は？	
23☐	小回りきくぞ。家族・友人だけで楽しく。この乗り物は？	
24☐	貨物輸送の主役は船。貨物を巨大な箱ごと積み込む船を，何というか？	
25☐	条約で各国の船が自由に航行できる河川を，何というか？	
26☐	1869年に完成した，地中海と紅海を結ぶエジプトの運河を，何というか？	
27☐	水門を開閉して利用する，太平洋と大西洋を結ぶ運河を，何というか？	
28☐	航空輸送が苦手な貨物は，電子部品，石炭，生花のうち，どれか？	
29☐	自転車の車軸に例えられる，各地にのびる航空路の中心を，何空港というか？	
30☐	世界のコンピュータを1つに結ぶ通信ネットワークを，何というか？	
31☐	18世紀後半，イギリスが世界に先駆けて達成したのは，何革命か？	
32☐	世界恐慌のとき，イギリス，フランスなどがおこなった閉鎖的な経済体制は？	
33☐	貿易拡大をめざすGATTが発展してできた組織を，何というか？	
34☐	豊かな先進国どうしの貿易を，何貿易というか？	
35☐	1次産品中心の発展途上国と先進国の間でおこなわれる貿易を，何というか？	
36☐	先進国と発展途上国の経済格差の問題を，何というか？	
37☐	資源が豊かな発展途上国と，資源に乏しい発展途上国の経済格差の問題は？	
38☐	資源をもたず，生活レベルが極めて低い国を，何というか？	
39☐	グローバル化が進み経済面で国境がなくなったような状態を，何化というか？	
40☐	企業が工場の海外進出を進めると，国内の産業に何が起こるか？	

解答

21. アンデス山地(山脈)
22. 鉄道
23. 自動車
24. コンテナ船
25. 国際河川
26. スエズ運河
27. パナマ運河
28. 石炭
29. ハブ空港
30. インターネット
31. 産業革命
32. ブロック経済
33. 世界貿易機関(WTO)
34. 水平貿易
35. 垂直貿易
36. 南北問題
37. 南南問題
38. 後発発展途上国(LDC)
39. ボーダーレス化
40. 産業の空洞化

132　2編　現代世界の系統地理的考察

8章 人口, 食料問題

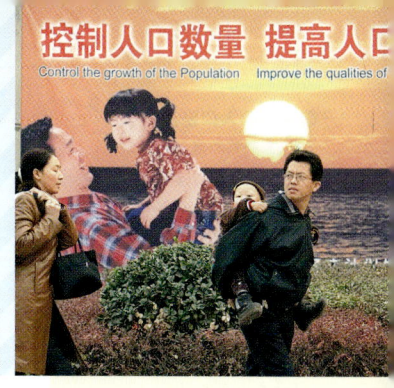

→一人っ子政策の看板（中国）

1 地球号はもう満員？ 世界の人口と人口問題

▶今，日本と世界の人口はどのくらいか，知ってる？　日本の人口は約1億3千万人だけど，世界の人口は，約72億人になるんだ。

▶ここでは，約72億の人口の増加や分布について学習するが，人口密度，年齢別人口構成（人口ピラミッド），産業別人口構成といった用語の意味をおさえておこう。

1 世界の人口分布

1 エクメーネとアネクメーネ　エクメーネは，**人類が常に居住している地域**（全陸地の約90％）。アネクメーネは，**人類が永住できない地域**（高地，極地，乾燥地）。

15～16世紀の大航海時代以来，エクメーネは拡大してきた。人類の歴史は，エクメーネの拡大の歴史といってよい。

▶**エクメーネの限界**…エクメーネとアネクメーネの境界。

- 極限界 ………… 南極大陸は今なおアネクメーネ。
- 乾燥限界 ………… 砂漠ではオアシス以外，人が住めない。
- 高距（高度）限界…気温の逓減により高山には住めない。
  ▶（→ p.56）

2 人口の分布 〈テストに出るぞ！〉

① 世界の人口は**約71.6億人**(2013年)…1987年に50億人，2000年に60億人，2011年に70億人を突破。アジアに約43億人(全体の約60％)が住む。

② 世界の人口密集地域　次ページの地図で確かめよう。
- **アジア東部，南部**……集約的な稲作地域。
- **先進工業地域**
  - ヨーロッパ…低い自然増加率←労働力流入。
  - 北アメリカ北東部…多い移民。

③ 人口1億人以上の国は**11か国**(2013年)　→右らんを参照。

④ 人口密度の高い国…バングラデシュ，韓国，オランダ，インド，ベルギー，日本など(人口1000万人以上の国で比較)。

プラスα

●**アネクメーネの例外**
　水平的な極限界（寒冷限界は年平均0℃の線に一致）より北にも人類は居住。
〔例①〕　イヌイット，サーミ（ラップ），ネネツ（サモイエド）など極北の遊牧民。
〔例②〕　スヴァールバル諸島の炭鉱都市やグリーンランドの米軍事基地チューレなど。

●**人口1億人以上の国** 〈覚え得〉
①中国……………………13.9億
②インド…………………12.5億
③アメリカ………………3.2億
④インドネシア…………2.5億
⑤ブラジル………………2.0億
⑥パキスタン……………1.8億
⑦ナイジェリア…………1.7億
⑧バングラデシュ………1.6億
⑨ロシア…………………1.4億
⑩日本……………………1.3億
⑪メキシコ………………1.2億
(2013年，単位：人「世界国勢図会」)

8章　人口, 食料問題　133

◯ **世界の人口密度**
　アジアの東部と南部，ヨーロッパ，北アメリカ北東部に，とくに人口が集中していることがわかる。
　なお，人口密度は，一般に面積1km²あたりの人口で示す。

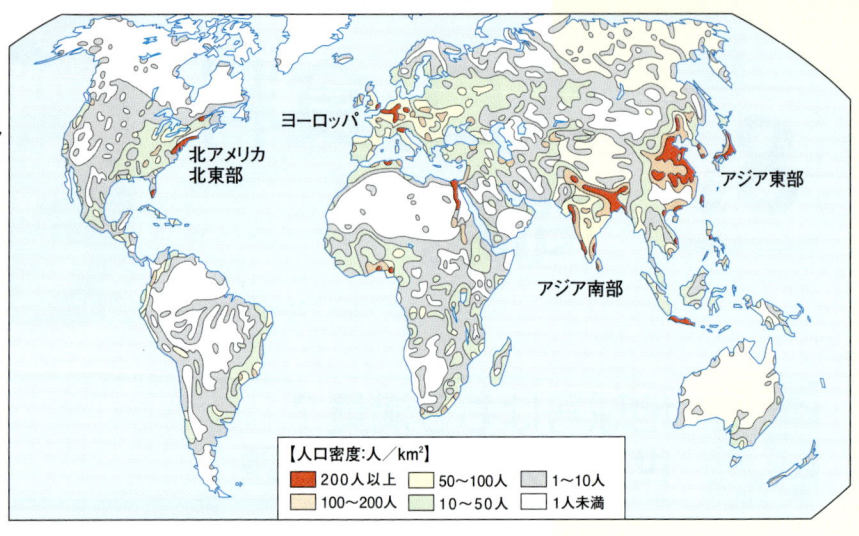

【人口密度:人／km²】
- 200人以上
- 100〜200人
- 50〜100人
- 10〜50人
- 1〜10人
- 1人未満

2 世界の人口推移

1 人口の自然増加
出生数と死亡数の差で示す。人口は，各国の生産力や国力の増大，医療や衛生の進歩により増加する。

$$出生率 = \frac{出生数}{総人口} \times 1,000 \qquad 死亡率 = \frac{死亡数}{総人口} \times 1,000$$

$$自然増加率 = 出生率 - 死亡率$$

覚え得 ⇒ 単位は千分率‰（パーミル）

2 地球の定員は何人？——世界の人口推移
　1世紀2.5億人→17世紀中ごろ5.5億人→20世紀初め16億人。1950年25億人→2000年60億人→2011年70億人と増加。
　現在，**世界の人口増加率は年1.2%**であり，毎年8,000万人ほどの人口が増加している。

3 人口の社会増加
各地域の間，国家の間での人口移動によって生ずる増減。流入人口と流出人口の差。

$$社会増加率 = 流入率 - 流出率$$

4 世界の人口動態 テストに出るぞ！
① **出生率の地域差**…アフリカ，ラテンアメリカ，アジアの発展途上国で高く，ヨーロッパなど先進国で低い。
② **人口爆発**…第二次世界大戦後，発展途上国では，出生率が高くなり，死亡率が低くなったため，人口が爆発的に増加した。

◯ **世界の人口推移**
　18世紀後半の産業革命後，人口は急速に増加。第二次世界大戦後，さらに加速。

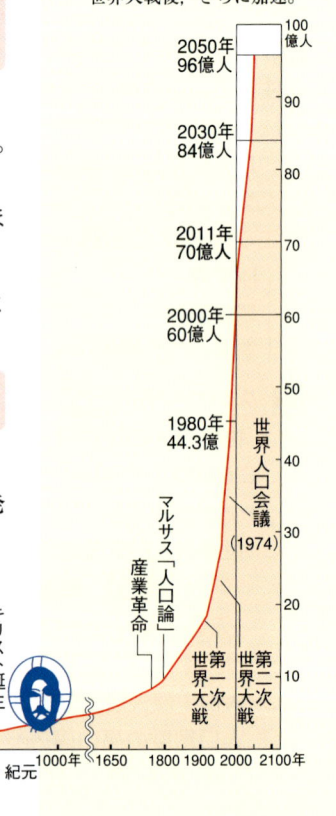

- 2050年 96億人
- 2030年 84億人
- 2011年 70億人
- 2000年 60億人
- 1980年 44.3億人

世界人口会議(1974)　マルサス「人口論」　産業革命　第一次世界大戦　第二次世界大戦

人類の誕生　農耕と牧畜始まる　小麦栽培　エジプト文明　中国文明　キリスト誕生
旧石器時代　新石器　青銅器　鉄器
100万年　8000年　5000年　紀元前　紀元　1000年　1650　1800　1900　2000　2100年

134　2編　現代世界の系統地理的考察

❸ 人口構成

1 年齢別人口構成
人口ピラミッドで表現すれば，国や地域の人口の変動の歴史がわかる。これをみると，過去の人口推移はもちろん将来の人口の変化も予測できる。また，人口の増減は，時間的に次のように移行する。
▶老人対策などの社会福祉に利用

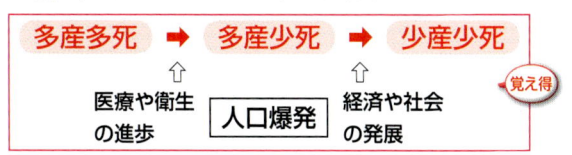

```
多産多死 ➡ 多産少死 ➡ 少産少死
           ⇧         ⇧
        医療や衛生  人口爆発  経済や社会
        の進歩              の発展
```
覚え得

▶人口を労働力の観点からみると，年少(幼年)人口(0～14歳)，生産年齢人口(15～64歳)，老年人口(65歳以上)に分けられる。

2 産業別人口構成
① 意義…それぞれの国や地域の経済の発達やしくみと関連が深く，重要である。そして，経済の発達段階にしたがって，第1次産業中心から，第2次産業や第3次産業中心へと変化する。こうしたことを，産業構造の高度化という。
▶発展途上国　▶先進国

●人口ピラミッド
　年齢別人口構成を表したグラフ。そのつくり方は，次の通り。
①縦軸…中央に年齢別に目盛をとる(通常は5歳ごと)。
②横軸…中央より左に男子，右に女子をとり，総人口に対する年齢ごとの比率を％にして棒グラフで表す。

⬇おもな国の人口ピラミッド　先進国は，釣鐘型やつぼ型になり，発展途上国は富士山型になることが多い。

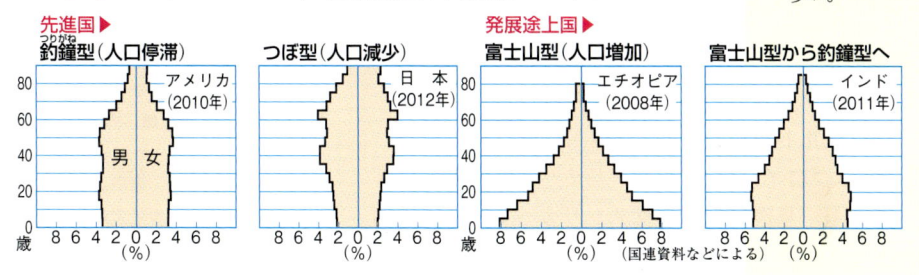

先進国▶
釣鐘型(人口停滞)　アメリカ(2010年)　男 女
つぼ型(人口減少)　日本(2012年)

発展途上国▶
富士山型(人口増加)　エチオピア(2008年)
富士山型から釣鐘型へ　インド(2011年)
(国連資料などによる)

名　称(型)	形	特　色	分布地域
富士山型 (ピラミッド型)	(図)	・なだらかな末広がりの形 ・多産多死，多産少死の人口増加型 ・発展途上国に多い。1935年ごろの日本	アジア，アフリカやラテンアメリカの発展途上国
釣鐘型 (ベル型)	(図)	・低年齢層と高年齢層の差が小さい ・少産少死で人口停滞型(静止型)を示す ・先進国に多い	西ヨーロッパ諸国，北アメリカなどほとんどの先進国
つぼ型 (紡錘型)	(図)	・一部の先進国で，釣鐘型が極端になった型 ・壮年層，老人層の人口が多い ・自然増加がマイナスで人口減少型を示す	ドイツ，ロシア，日本など一部の先進国
星　型 (都市型)	(図)	・老年，年少人口に比べ生産年齢人口が大 ・社会増加が著しく，一般に男子の比率が大 ・転入型，都市型ともいわれる	都市部(東京23区や名古屋市など)
ひょうたん型 (農村型)	(図)	・生産年齢人口に比べ老年，年少人口が大 ・生産年齢人口の転出によって起こる ・転出型，農村型ともいわれる	農村部や離島(東京都のうち島部，秋田県など)

覚え得

⬇年齢別人口構成の5つの型
　実際に各国の人口ピラミッドを5つの型に分類しようとしても，難しいことが多い。左図は典型的な型を示している。

8章　人口，食料問題　135

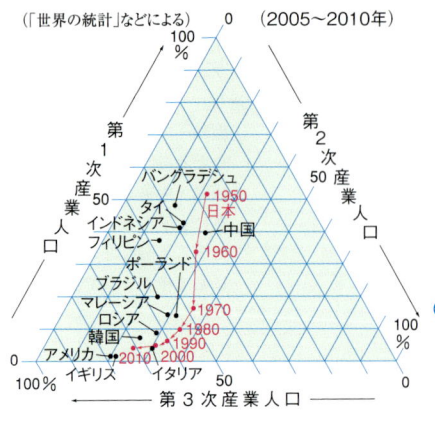

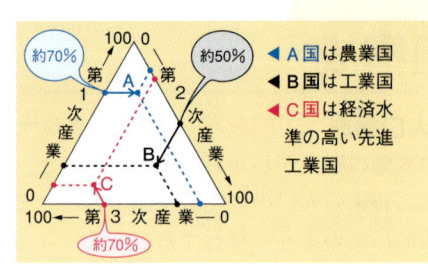

（「世界の統計」などによる）　（2005～2010年）

三角グラフで表した各国の産業別人口構成、日本の産業別人口構成の変化

▶A国は農業国
▶B国は工業国
▶C国は経済水準の高い先進工業国

○三角グラフの見方
　第1次産業は右上がりの線が目盛となる。第2次産業は右下がりの線、第3次産業は水平の線が目盛となる。

② **発展途上国**…第1次産業の人口比が高い。上図の三角グラフで、頂点に近い位置にあたる。
③ **先進国**…第2次産業の人口比が高い。上図の三角グラフで、底辺の左の端の方の位置にあたる。

●**産業分類の方法** 覚え得
　産業別人口構成のもとになる産業分類法では、次のようなコーリン＝クラークの分類が代表的。
① **第1次産業**…農業、林業、水産業。自然に働きかけて、モノを生産する産業。
② **第2次産業**…鉱業、工業、建設業。モノ（原料）を加工して製品化する産業。
③ **第3次産業**…商業（小売、卸売業）、サービス業、運輸通信業、金融保険業、公務など。モノではなく、サービスを生産する産業。

④ 世界の人口移動

1 人口移動の歴史——16世紀以降が中心
- イギリス→北アメリカ、オセアニアへ。
- スペイン、ポルトガル→ラテンアメリカへ。
- アフリカ（ネグロイド）→南北アメリカへ（黒人奴隷）。
- 中国、インド→東南アジアや東アフリカへ（華人、印僑）。
- 日本→ハワイ、カリフォルニア、ブラジルへ。
- 世界各地→イスラエルへ（**ユダヤ民族**の建国）。

2 人口移動の理由
経済的な困窮から新しい土地へ移るという、経済的な理由が最も多い。宗教的理由による建国（分離、独立）や宗教上の迫害を逃れるための移動、植民などのほか、流刑や奴隷といった強制的移動もある。現在は**難民**が増加。

3 近年の国際的な労働力の移動

覚え得
| 経済発展の遅れた地域（賃金が安い）
失業率の高い地域（仕事がない） | ➡ | 先進工業国
産油国 |

〈具体例〉　　　　　　　　　　　　　　　　　労働移民
① 地中海沿岸諸国➡EU諸国…とくにトルコ、旧ユーゴスラビアからドイツに移動した労働者は数百万人にのぼる。こうした外国人労働者をドイツでは、**ガストアルバイター**とよぶ。
② カリブ海諸国やメキシコ➡アメリカ…アメリカ国内では、**ヒスパニック**（スペイン語系アメリカ人）の増加が著しい。

●**増える難民**
　現代では、政治的・宗教的対立による紛争や飢餓などを理由に移動する、難民が増加している。近年の難民は、とくに西アジアやアフリカに多い（パレスチナ、パキスタンなど）。

③ 南アジア，東南アジア➡西アジアの産油国。
④ 中国・東南アジア➡韓国・日本。不法就労問題もみられる。

5 人口問題

1 発展途上国の人口問題 テストに出るぞ！ 多産少死→人口爆発。
- 食料問題…食料不足で飢餓の発生も。
- エネルギーや環境の問題…森林の伐採，過耕作→砂漠化など。
- 都市問題…失業者の集中，スラムの拡大など。

① インド…家族計画（産児制限）による人口抑制をしている。
② 中国…1979年から一人っ子政策を進めている（→p.138）。

2 先進国の人口問題 テストに出るぞ！ 少産少死→少子高齢化。
- 少子化…人口の停滞→減少。労働力の不足。
- 高齢化…老年人口の割合が増加→社会保障の問題。
- 人口の都市集中…都市の過密，農山村の過疎。
- 外国人労働者の増加…労働力不足を補ってきたが，文化的な摩擦や社会問題が起こっている国もある。

① ドイツ…旧西ドイツでは，自然増加率がマイナスになった。外国人労働者を多く受け入れたが，社会問題が発生（→p.227）。
② スウェーデン…高齢社会になっているが，高負担の社会保障制度でカバー。労働力不足の問題もあるが，女性の就業率が高い。女性の年齢別労働力率をみると，日本のようなM字型でなく，男性と同様の逆U字型となっている。

3 地球の定員――可容人口
地球上に収容できる最大の人口を可容人口という。この数は，前提となる技術水準や生活水準により，60〜400億人と，さまざまな説がある。

マルサスの人口論…1798年に『人口論』という著書で，人口は等比級数的に増加するが，食料生産は等差級数的にしか増加しないとして，人口抑制を説いた。
▶1,2,4,8,16,32… ▶1,2,3,4,5,6…

●発展途上国で出生率が高い理由
①子どもは貴重な労働力で家計を助ける。集約的な農業に必要。
②乳幼児の死亡率が高いため，多産の傾向にある。
③親が老後の世話を子どもにみてもらう期待がある。
④女性の教育，人権保障が十分でなく，産む産まないの自己決定ができない。

恐るべき等比級数的増加
問 ここに巨大な沼がある。毎年，2倍に増えつづける蓮が100年目にしてやっと沼の半分まで繁殖しました。では，水面を全部おおいつくすには，あと何年かかるでしょう。
答 1年。年ごとの生長スピードが2倍であれば，半分になるまで100年かかろうが1000年かかろうが，あともう半分をうめるのは1年だけとなる。
応用 人類は10億人になるのに500万年かかったが，次の10億人増加するのには100年もかからなかった。現在の70億人までの10億人増加は，たった11年しかたっていない。

女性の年齢別労働力率 覚え得
- 右のグラフは，女性の年齢別労働力率を示している。つまり，はたらいて賃金を得ている人の割合が，各年齢層の中で，どれだけいるかを表す。
- トルコは，女性が家庭から出てはたらくことが少ないイスラームの特徴がみられる。
- 日本は，結婚，出産，育児にともなって，いったん退職し，その後，再びはたらく傾向がみられる。

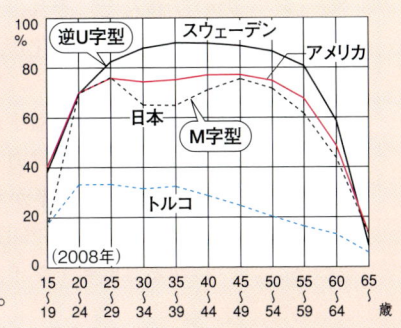

（グラフ：逆U字型 スウェーデン，アメリカ／日本 M字型／トルコ，2008年，15〜19歳〜65歳〜）

8章　人口，食料問題　137

Tea Time

ままならぬ人口問題

インド

インドではヒンドゥー教徒が圧倒的に多い。親は，男の子だけが自分を天国に行かせてくれると信じている。それに子どもを産んでも幼いうちに死んでしまうケースが多い。だから男の子を3人ぐらいは欲しいと考えてしまう。

金も地位もないまずしい人達にとって子どもだけが唯一の希望であり，はたらき手として自分たちを救ってくれる宝である。彼らは「貧しい，だから子を産む」。しかし，富裕な階級や政府のいい分は「やたらに産む，だから貧しい」。さてどちらが正しい？

中国

1949年に新しい中国が誕生したとき，人口は，5億4000万人余りだったと推定されている。それが20年後の1969年には7億4000万と爆発的に増加。年率およそ6.9％（69‰〈パーミル〉）増であった。

1970年代から人口抑制策を開始し，1980年代には一人っ子政策を推進した。その結果，人口増加率は，1970年代には3.0％（30‰），80年代後半には1.2％（12‰）と低下し，大きな成果をあげている。

一人っ子政策では，子どもが1人の場合，親は出産休暇の延長，退職金や年金の増額，子どもの医療費や教育費の免除などの優遇措置を受けられる。反対に，子どもが2人以上になると，出産費用の自己負担，出産後の賃金削減などの制裁措置を受ける。

最近は一人っ子世帯の比率が30％をこえたが，①一人っ子に対する過保護，②男子優先の考えによる男女比のアンバランス，③戸籍のない子どもの問題，④将来，老年人口が急増し，それを支える生産年齢人口が少ないといった問題が指摘されている。

現在，条件によっては第2子の出産を認める方向に修正された。

ドイツ

インドや中国とちがい，ドイツなどの先進国では人口ののび悩みと，それにともなう労働力不足や人口の高齢化が，深刻な問題になっている。

旧西ドイツでは，人口が停滞する一方で，経済成長が著しく，労働力不足が起こった。このため，1961年から外国人労働者を受け入れ，最高260万人を数えた。いわゆる3K＝キツイ，キタナイ，キケンの仕事をしてもらったためである。しかし，その後における石油危機（1973年）による経済の停滞，さらに東西ドイツの統一などによって労働力が十分足りるようになった。そのため，外国人労働者に対し，冷たい対応がとられるようになった。

外国人労働者の文化も尊重し，共存する中で，外国人排除の考えも残念ながらみられる。

2 足りなくて困り，余っても困る世界の食料問題

▶食料が足りなくて深刻な飢餓状態が起こっている国もあれば，小麦がとれすぎて，余って困っている国もある。余った国から足りない国へ，食料がスムーズに流れていけば，問題は解決するけれど，それが，うまくできていない。
▶貧しい国は，買うお金がない。余った国では，余剰穀物を前に作付制限をしているんだ。

1 世界の食料需給

1 発展途上国の食料需給 世界の飢餓人口は，約8.42億人（2013年）。アジアでは改善がみられるが，サハラ以南のアフリカは依然きびしい状況で，4人に1人が栄養不足である。

① **経営上の問題**…零細な家族経営が多く，肥料や農薬は使えず，生産は停滞。大地主制の残っている国が多く，灌漑設備も不完全で，小作農民の得る利益は少ない。

② **栽培作物の問題**…コーヒーやカカオなど**プランテーション作物**（**輸出用商品作物**）の生産が中心で，食料生産が圧迫されている。そのため，国民の主食となる食料生産が衰えがち。

　アメリカなどの先進国から，安価な余剰小麦が大量に輸入されると，発展途上国の穀物生産は成り立たなくなり，輸入にみあう輸出品として，ますます商品作物の栽培に傾斜する。

③ **食料不足を解消するための努力として**
　┌ **土地改革**→地主の土地を農民に分配し，農民の生活と生産意欲の向上をはかっていく。
　└ **食料の増産**→アジアでは，米の多収量品種の開発と普及をめざして「**緑の革命**」（→p.68）が進められた。

2 先進国の食料需給

① **生産過剰の問題**…アメリカ，カナダ，オーストラリアなどは世界の食料基地。生産過剰をひき起こすこともあり，作付制限や政府による**支持価格**（政府が保障する価格）の決定，買い上げなどがおこなわれている。

② **自給率低下の問題**…農業の生産性の低い先進国では，輸入農産物によって国内生産が圧迫され，海外依存が強まり，自給率が低下しやすい。イギリスやドイツは，かつて穀物の自給率が低かったが，国際的な食料危機への対応など，安全保障上の政策もあって，自給率の向上を果たした。一方，日本は，先進国の中で最低クラスの自給率となっている（→p.253）。

プラスα

🟠ONE MAN'S MEAT IS ANOTHER MAN'S HUNGER

　イギリスの中・高校生向けの地理教材に紹介されたイラスト。南北間の食料問題をテーマにしたもので，北側の先進国の人の食べる肉1tを生産するには穀物を5～7t必要とするが，これが南側の発展途上国へ回されれば，発展途上国の食料問題は解決されることを意味している。

　さて，このタイトルを訳せば「1人が食べる肉は，他の多くの人を空腹にする。」という意味だ。

2 おもな食料の需給 テストに出るぞ！

1 米の需給 米はアジアでの生産と消費が多い。このため，商品としての米の取り引き範囲は，おもにアジア内に限られる。最近，生産地域が広がっている。

2 小麦の需給 小麦は世界各地で生産され，消費されている。このため，その流通範囲は米にくらべて広く，取り引きされる量もかなり多い。小麦は国際的商品なのだ。

3 とうもろこしの需給 重要な穀物であるが，貿易で扱われるのは飼料用が中心。アメリカから大量に輸出され(→p.77)，日本，韓国，メキシコ，中国などが輸入している。

4 プランテーション作物（輸出用商品作物）の需給
① 砂糖…さとうきびからとれる甘しょ糖と，テンサイからとれるてんさい糖がある。輸出は甘しょ糖が多く，ブラジル，タイ，インド，フランスなどから輸出される。
② コーヒー…ブラジル，ベトナム……………
③ カカオ…コートジボワール，ガーナ………
④ 茶…ケニア，スリランカ，中国，インド…
　　　　　　　　　　など，発展途上国の産出国から先進国へ。

5 畜産物の需給 最近，先進国の畜産物需要が増え，それに対応して，飼料用穀物の需要が激増している。しかし，1 kcalのエネルギーになる肉類を生産するには，2〜20倍のエネルギーの穀物が必要とされ，畜産物の生産効率はひじょうに悪い。

3 食料生産と環境問題 テストに出るぞ！

1 土壌侵食 アメリカなどでは，作物の連作，粗放的な栽培方法のため，風や降水により肥沃な表土が流出している。このため，傾斜の方向に垂直に畦をつくる等高線耕作が推奨されているが，手間がかかるので，守られない例もある。

2 水の枯渇 センターピボット農法(→p.237)で使う水や，掘り抜き井戸（鑽井）(→p.83)などで得られる水は，長い間にたまった地下水であるが，たまるよりはるかに速いスピードで消費している。そのため，すでに一部の地域で枯渇，耕作ができなくなっている。さらに，将来，灌漑ができなくなることも予想される。また，中央アジアのアラル海では，灌漑農業の広がりで水位が大きく低下している(→p.121)。

3 塩害 乾燥地域では，灌漑に使った水の蒸発により，地中の塩分が地表に運ばれて，塩類が集積しやすい。

▶米は，アメリカやオーストラリアでも生産されている。これらの国の生産量はそれほど多くないが，輸出量でみると，アメリカが5位など上位になる。つまり，自給用ではなく，日本などへの輸出を目的とした商品作物として栽培している。

▶とうもろこしは，バイオ燃料の需要もあり，小麦や米を上まわる生産量となっている。

●日本の食料問題
①米をめぐる問題…米は日本国内で自給でき，主食であることから，農家を保護するためにも輸入をシャットアウトしてきた。しかし，1995年から部分的に輸入が始まり，1999年からは関税をかけることで輸入は自由になった。さらに，TPP（環太平洋戦略的経済連携協定）の交渉で高関税の引き下げを視野に入れるなど，米政策の改革が検討されている。

②自給率の問題…近年，多くの食料の輸入が増加し，食料の自給率は大きく低下している(→p.253)。

●遺伝子組み換え作物の環境問題
大豆，とうもろこし，菜種などは，特定の除草剤に対する耐性をもった遺伝子を組みこんだ品種ができている。アメリカやカナダで普及しているが，こうした遺伝子組み換え作物の遺伝子が，自然交配などによって周辺に伝播し，人の手の及ばない所で，新しい性質をもった植物が生まれている。

9章 村落・都市と行動空間の拡大

↪砺波平野（富山県）の散村

1 都市化や過疎化の波にゆれる村落 村落の立地と機能

▶「兎追いし　かの山　小鮒釣りし　かの川」。小学唱歌『故郷』の冒頭の一節だが，最近，こうした美しい山や川が開発されたり，過疎で荒れてしまっていることが多い。

▶ここでは，村落の成り立ち（立地）や歴史にみたうつりかわり，および集村や散村といった集落の形などを勉強していこう。

1 村落の立地

			立地条件	立地場所
自然的条件	水と地形	水の乏しい土地	生活用水や農業用水が得られること。	砂漠…オアシス，外来河川 洪積台地…宙水，深井戸 扇状地…扇頂と扇端 火山の山麓…湧水地
		低湿地	洪水の被害を避けられること。	三角州…自然堤防上 干拓地…干拓堤防上 河岸…河岸段丘面
	気候	山地	日当たりがよいこと。	谷の南向き斜面（北半球の場合） →日向集落
		熱帯	高燥，温和	高原上
社会的条件	交通		●交通手段が変わるところ。（例）馬→船 ●人や物資が集まり，経済活動がしやすいこと。	山麓…谷口→谷口集落 河川…渡し場→渡頭集落 　　　合流点→落合集落 海岸…河口，内湾
	防備		●外敵からの防御に都合がよいこと。	高地，丘上

➕ プラスα

●いろいろな集落

谷口集落は地形の境界線付近に発達。関東地方の青梅など。山地と平地の物資の交換ができる。

渡頭集落は渡津集落ともいう。対岸にも同じ機能の集落が発達し，対向集落となることが多い。大井川をはさんだ東海道の島田と金谷はその好例。

9章　村落・都市と行動空間の拡大　141

1 村落の立地条件
水が得やすいこと，食料や資源が得られること，自然災害や外敵に対し安全，交通が便利。

2 各地の村落
① 輪中集落…集落や耕地を堤防で囲み，水害にそなえた集落。濃尾平野西部の木曽川，長良川，揖斐川の合流地域に発達。
▶岐阜県や愛知県
② 納屋集落…九十九里浜。季節的な納屋が集落として発展。
▶千葉県

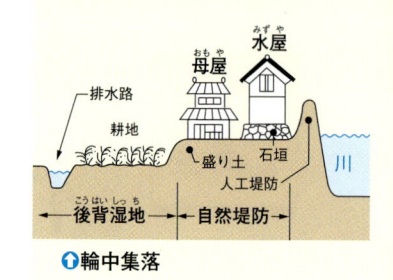

❶輪中集落

2 日本の村落の発展

時代	村落名	特色や分布地域	代表地名や地域
古代	条里集落	古代の条里制にもとづく日本最古の計画的村落。碁盤目状の区画をもつ。奈良盆地などに多く分布	条，里，坪などの地名 環濠集落，垣内集落
中世	荘園集落	荘園内に，墾田(寺社や豪族の私有地)を中心として成立した村落	別所，本荘，領家など
中世	名田百姓村	名主を中心に，開墾をおこなった村落	五郎丸など「丸」のつく地名
中世	寺百姓村	寺社が中心となって開墾をおこなった村落	神戸(カンベ，ゴウド)
中世	豪族屋敷村	地方の豪族の館(屋敷)を中心に成立した村落	根古屋，寄居，構など
中世	隠田百姓村	落ち武者などが山間に形成し，地租をおさめない村落	五家荘，祖谷，白川郷，椎葉，五箇山
近世	新田集落	江戸時代以後の開発によって成立した計画的開拓村。台地，干拓地，火山麓などに立地	新田，開，新居，出屋敷，搦，籠，納屋など
近世	麓集落	小規模な城や馬場をもつ防衛用の村落	薩摩藩
近代	屯田兵村	北海道の開拓と防備を目的として成立した村落。アメリカのタウンシップ制にならった地割	琴似，旭川，江別，士別，野付牛など
近代	開拓村	明治以後，高冷地，台地，低湿地に成立した村落	牧ノ原，児島湾など

(2万5千分の1地形図)

◀ため池や「条」「坊」のついた地名に注目。
▶正方形の地割で典型的な散村。
◀三富(さんとめ)新田として有名(武蔵野台地)。

❶条里集落「天理」(奈良県)　❶新田集落「所沢」(埼玉県)　❶屯田兵村「江別」(北海道)

③ 村落の形態

1 集村

① **集村とは**…家屋が密集して村落をつくっているもの。おもに，農村地域にみられる。

② **成立要因**
- 飲料水の共有…オアシスや，扇状地の扇端などの湧水地。
- 水利その他の共同作業の必要…低湿地内の自然堤防上。
- 外敵にそなえるため…奈良盆地の環濠集落やドイツの円村。

●**環濠集落**
防御と灌漑，排水を兼ねた濠をめぐらした集落。奈良盆地に多くみられる。垣内集落ともいう。

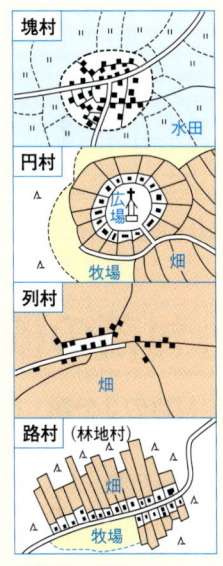

③ **代表例** 〈覚え得〉

塊村（かいそん）	湧水などを中心として不規則な形にかたまった集落。自然発生的	条里集落，環濠集落
円村（えんそん）（環村（かんそん））	教会や広場を囲んで，家屋が環状に並ぶ	ドイツやポーランドの伝統的農村
列村（れっそん）（連村（れんそん））	家屋が列状に並んだ集落。道路はあとからつくられた場合が多く，中心道路は不明瞭。自然発生的	自然堤防や砂丘の上，山麓の湧水線など
路村（ろそん）	道路にそって家屋が線状に並ぶ。民家の密集度は街村よりも低い	新田集落，ヨーロッパの林地村（りんちそん）
街村（がいそん）	主要な街道などにそった集落。家屋は密集し，都市的色彩が濃い。道路への依存度は大	市場町（いちばまち），宿場町（しゅくばまち）

❶集村の形態

2 散村 〈テストに出るぞ！〉

① **散村とは**…広い地域に個々の家屋が点々と散在している村落。アメリカ大陸の農業地域に多くみられる。

❶**集村と散村の比較** 例えば，A，B，Cの3軒（けん）の農家があったとする。1軒ずつの労働力や自然条件を平等にしようとすれば，集村であれば耕地を村落の中に分散せざるをえない。しかし，散村であれば，個々の家屋のまわりにまとめて耕地を得ることができる。

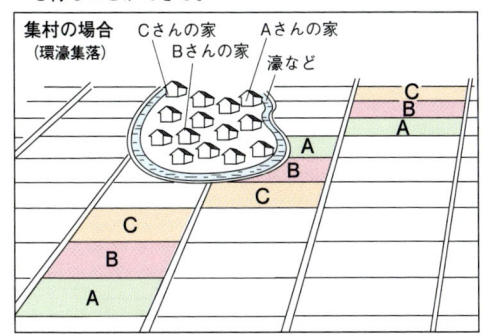

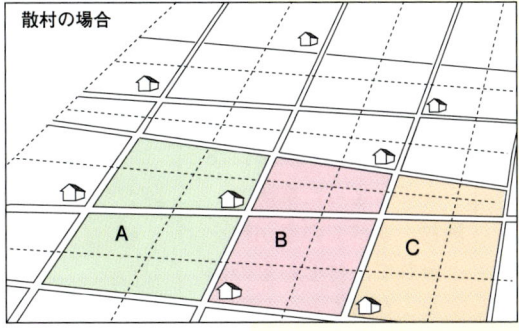

9章　村落・都市と行動空間の拡大　143

② **成立要因**
- **飲料水**がどこでも自由に得られること。
- **治安上の心配**がない→防衛の心配がないこと。
- **計画的な土地制度**がとられ，経営規模の大きい農業がおこなわれること。
- 強風の吹く地帯で，**火災**にそなえる必要があること。

③ **代表例**…アメリカ(**タウンシップ制**)，カナダ，アルゼンチン，オーストラリアなどの新大陸の農牧地。日本では，**砺波平野**，**黒部川扇状地**，**大井川下流平野**，**出雲平野**，**讃岐平野**および北海道の**屯田兵村**など。

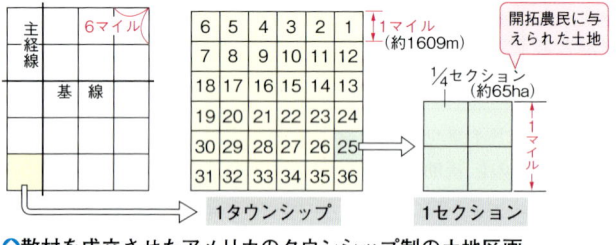

↑散村を成立させたアメリカのタウンシップ制の土地区画

↑砺波平野(富山県)の散村
(2万5千分の1地形図「砺波」)

●砺波平野の散村の成立要因
① 扇状地であるが，地下水が豊富。
② 江戸時代，藩が計画的な開拓政策をおこなった。
③ フェーン現象による春先の強風による火災の類焼防止。

4 村落の機能

1 村落の3分類 村落は機能によって3つに分けられる。
① **農村**…農業や牧畜をおもな生業とする村落。一般に**保守的で伝統的**。とくにモンスーンアジアの稲作地帯の農村では，共同社会的な色彩が強い。
② **山村**…日本には林業だけで生活する典型的な**林業村**はみられない。大部分が農業を兼ねる**農山村**である。
③ **漁村**…漁業(水産業)を中心とする村落。日本には，**半農半漁**の村が多い。

2 村落の変化 日本では，一部で**都市化や工業化**が進む一方，全国の農山村では，はげしい人口流出が起こり，**過疎化**が進んだ。
- **限界集落**…過疎化で共同生活の維持が困難になってしまった集落。
- **廃村**…すべての家が村を離れて，村そのものがなくなること。

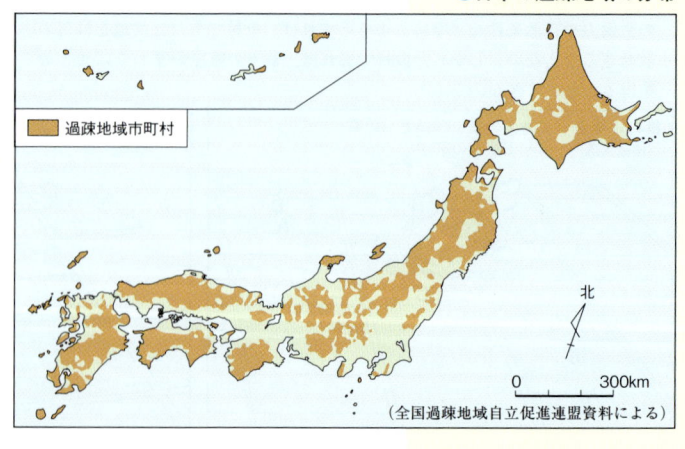

↑日本の過疎地域の分布
(全国過疎地域自立促進連盟資料による)

2 さまざまな顔をもつ都市 都市の立地と機能

▶世界の半分以上の人は都市に住む。もちろん都市は，数千年前の古代ギリシャの時代からみられたが，産業革命以後の工業化は，工業都市や住宅都市など新しい都市を誕生させ，歴史的都市さえも変化させた。

▶ここでは，これらの都市の成り立ち（立地）と，さまざまな都市の機能分類をみていこう。

1 都市の発達

1 世界の都市

① **古代の都市**…**政治都市**や**軍事都市**が多く，計画的な格子状の街路網をもった**囲郭都市**が一般的。とくにギリシャの都市国家**ポリス**が有名。

② **中世や近世の都市**…囲郭都市は中世にも形を変えながら受けつがれ，**円形都市**（ドイツのアーヘン）もあらわれた。一方，ヨーロッパの交通の要地には**商業都市**が発達，相互扶助のため，ハンザ同盟などの都市同盟が形成されたので，**リューベク，ハンブルク，ブレーメン**などの**ハンザ同盟都市**が発達。

③ **近代の都市**…産業革命以後，ヨーロッパやアメリカで**工業都市**が発達した。また，各国の**首都**も政治，経済の中心として大都市に発展した。

プラスα

●**囲郭都市（城郭都市）**
　周囲を城壁，木柵，土塁などの要塞でとり囲んだ都市。ドイツ南部のネルトリンゲンが有名。

●**古代のおもな都市** 〔覚え得〕
①エジプト…メンフィス。
②メソポタミア…バビロン。
③ギリシャ…アテネ，スパルタ，ナポリ（植民都市）。
④ローマ帝国…ローマ，ケルン（植民都市）。
⑤インダス川流域…モヘンジョダロ，ハラッパー。
⑥ガンジス川流域…ヴァラナシ（ベナレス）。
⑦黄河流域…チャンアン（長安），ルオヤン（洛陽）。

▶中世ヨーロッパの交易，商業都市で結成された都市同盟。リューベクを盟主とし，ヨーロッパ北部の諸都市が同盟を結んだ。共通の貨幣や陸海軍を維持して，国王や諸侯に対抗，バルト海一帯を制圧した。

↑囲郭都市の高い城壁

9章　村落・都市と行動空間の拡大

2 日本の都市

① **古代の都市**…都づくりの結果，**平城京**(奈良)，**平安京**(京都)がつくられた。これらの都市は中国の都城にならい，直交する道路をもつ方形の**条坊制**を採用した。
　▶条里制の集落(p.142)と混同しないように注意

② **中世の都市**…商業や交通の発達で成立し，近世以降にひきつがれた。有力神社・寺院を中心に栄えた**門前町**，海上交通の拠点に発達した**港町**，近畿地方の各地に形成された**寺内町**など。

③ **近世の都市**…江戸時代には，大名の城を中心に**城下町**，主要な街道ぞいに**宿場町**，**市場町**などが発達した。

④ **近代以後の都市**…明治以後交通の近代化，産業革命による鉱工業の発達などにともなって，**生産都市**，**交易都市**，**消費都市**などが発達した(→p.147)。

2 都市の立地

1 都市の立地条件　村落の場合と基本的には同じ。
① 水が得やすいこと。
② 災害や外敵に対して安全であること。
③ 交通が便利なこと。
④ 食料や資源が豊富に得られること。

2 都市の立地と代表的都市

立地点		立地の要因	代表的な都市
平野や盆地の中心		生産力の豊かな平野や盆地には，その平野や盆地を後背地(ヒンターランド)として，中心都市が発達	モスクワ，パリ，ベルリン，セントルイス，東京，甲府
交通の便利な境界的位置	谷口	山地と平地の接点。**谷口集落**が都市へ発展	ペキン，青梅，飯能，渋川，寄居
	港湾	海と陸の接点。**港湾都市**として発展	フィラデルフィア，コルカタ，神戸
	可航河川の沿岸	水陸の物資の交換地として，河口や河川の合流点，渡河点などに立地。川をはさんだ**双子都市**も成立	ロンドン，ウーハン，ニューオーリンズ，バーゼル，ハンブルク，ブダペスト
	湖畔	湖上輸送と陸上交通の結節点	シカゴ，ダルース，大津
	峠の麓	峠をはさんで，**対向集落**をつくりやすい	ミラノ，トリノ，三島
	海峡	海峡をはさんで，都市が成立しやすい	イスタンブール，下関
	境界点	生産様式の異なる2地域の境界に**交易都市**が発展	パオトウ，ウルムチ，タシケント
資源の産地		鉱産資源→**鉱業都市**，滝線(水力)→**滝線都市**	エッセン，夕張(滝線都市)
熱帯の高原		高温多湿の低地をさけ，気候温和な高地に立地… **保養都市**(避暑地)として発展………………	ボゴタ，キト，ラパスなどの高原都市 ダージリン，シムラ，バギオ，軽井沢

覚え得

● **中世や近世の都市の例**
① **門前町**…琴平，宇治山田，成田，長野など。
② **港町**…堺，大津，敦賀，博多など。
③ **寺内町**…浄土真宗(一向宗)の信徒が寺を中心に集住。**囲郭都市**が多い。今井(橿原)，吉崎(福井県)など。
④ **市場町**…定期市から商業都市に発展。四日市，五日市，八日市など。
⑤ **宿場町**…東海道の三島，島田，中山道の妻籠など。

● **滝線都市**(瀑布線都市)
　傾斜の急な山地の山麓や断層崖下に形成された滝線(瀑布線)に発達した都市群。アメリカ東海岸のピードモント台地と海岸平野の境に立地したボルティモア，リッチモンド，コロンビア，オーガスタなどが好例。河川交通の終点で，水力利用にも恵まれていたため，早くから都市が発展。

③ 都市の分類

1 都市の機能にもとづく分類 テストに出るぞ!

生産都市…工業, 鉱業, 水産業, 林業が中心。
交易都市…商業や金融, 保険業がさかん。
消費都市 ｛政治, 軍事, 宗教, 学術, 文化, 住宅, 観光, 保養などの消費的, サービス的機能が中心。

▶p.147～148の表内の各都市の所属国名は, 英…イギリス, 仏…フランス, 米…アメリカ合衆国, 独…ドイツ, 中…中国, 印…インド, ロ…ロシア, 南ア…南アフリカ共和国, 豪…オーストラリア, 加…カナダ, 伊…イタリア, ウ…ウクライナ, アゼ…アゼルバイジャンを示す。

2 生産都市の分類と代表例 覚え得

工業都市		日立, 豊田, 四日市, 川崎, 尼崎, 富士, 堺, 北九州(企業城下町), マンチェスター, バーミンガム(以上英), デトロイト, ピッツバーグ(以上米), エッセン(独)
鉱業都市 (鉱山都市)	炭鉱都市	かつての夕張, フーシュン(中), カーディフ(英), カラガンダ(カザフスタン)
	金鉱都市	ヨハネスバーグ(南ア), クルガーディ, カルグーリー(以上豪, ニッケルも産出)
	銅鉱都市	かつての花岡や小坂, ビュート(米), チュキカマタ(チリ)
	鉄鉱都市	ターイエ(中), クリヴォイログ(ウ), キルナ(スウェーデン), ビルバオ(スペイン)
	その他	バクー(アゼ, 石油), サドバリ(加, ニッケル), キンバリー(南ア, ダイヤ)
水産都市		銚子, 石巻, 宮古, 枕崎, 三崎(三浦市), 釧路, 紋別 ベルゲン(ノルウェー), グリムズビー, キングストン[ハル](以上英), セントジョンズ(加)
林業都市		能代, 新宮, シトカ, ロングヴュー(以上米), アルハンゲリスク(ロ)

3 交易都市の分類と代表例商業都市

商業都市		大阪, 福岡, 札幌, 谷口集落から発達した市場町(関東山麓の青梅, 五日市, 飯能など) フランクフルト(独), チューリヒ(スイス), ニューヨーク(米), ロンドン(英)
	貿易都市	コルカタ(印), ホンコン, シンガポール, マルセイユ(仏), 神戸, 横浜
交通都市	鉄道分岐点 航空基地 航路(港)	鳥栖, 米原, 高崎, 多度津 アンカレジ(米, アラスカ), カーナック(グリーンランド), 千歳, 伊丹 ケープタウン(南ア), コロンボ(スリランカ), ポートサイド(エジプト, スエズ運河), パナマシティ(パナマ運河)

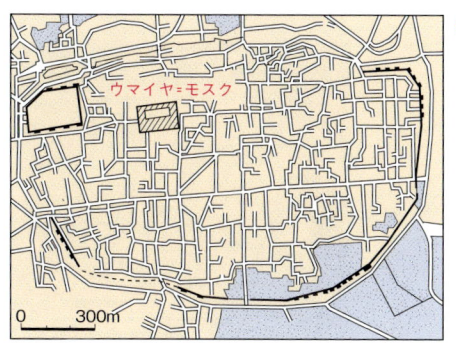

○迷路型の街路
　シリアのダマスカスを示す。西アジアや北アフリカに多い。

○放射環状路型の街路
　ドイツのカールスルーエを示す。

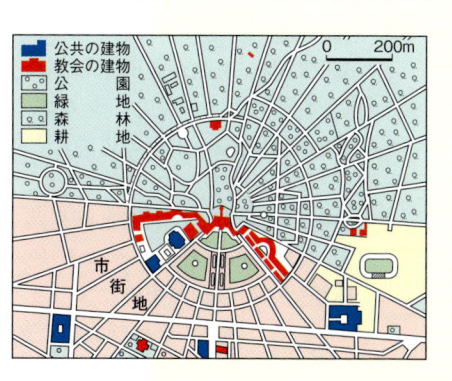

9章 村落・都市と行動空間の拡大

4 消費都市の分類と代表例

政治都市	東京(他の機能も多い), ワシントンD.C.(米), キャンベラ(豪), デリー(印), ブラジリア(ブラジル), ペキン(中), ボン(独), イスラマバード(パキスタン)
軍事都市	トゥーロン(仏), ポーツマス(英), ウラジオストク(ロ), ジブラルタル(英), キール(独)
宗教都市	メッカ, メディナ(以上イスラーム), エルサレム(ユダヤ教, キリスト教, イスラーム), バチカン(キリスト教=カトリック), カンタベリ(イギリス国教会), ヴァラナシ(ヒンドゥー教), 日本の門前町(→p.146), 天理(奈良県, 天理教)など
学術都市 (大学都市)	筑波研究学園都市, 国立, 関西文化学術研究都市, オックスフォード, ケンブリッジ(以上英), ハイデルベルク(独), アカデムゴロドク(ロ)
住宅都市 (衛星都市)	[ロンドン]…レッチワース, ハーロー, [ベルリン]…ポツダム, [東京]…多摩, 町田, 武蔵野, 三鷹(以上東京都), 市川, 松戸, 柏(以上千葉県), 所沢(埼玉県), 鎌倉, 藤沢(以上神奈川県), [大阪]…豊中, 高槻, 枚方, 寝屋川(以上大阪府), 芦屋(兵庫県)
観光都市	京都, 奈良, 日光, 鎌倉, パリ(仏), ジュネーヴ, インターラーケン, ルツェルン(以上スイス), アテネ(ギリシャ), ローマ, ヴェネツィア, ナポリ(以上伊), ラスヴェガス(米), カイロ(エジプト), イスタンブール(トルコ), エルサレム(イスラエル)
保養都市	避暑地・避寒地	軽井沢, 箱根, ダージリン, シムラ(以上印), バンドン(インドネシア), バギオ(フィリピン), ソチ(ロ), ヤルタ, セヴァストポリ(以上ウ), グルノーブル, シャモニー, ニース, カンヌ(以上仏), モンテカルロ(モナコ), ツェルマット, モントルー(スイス), マイアミ[フロリダ], ロングビーチ[カリフォルニア](以上米)
	温泉地	熱海, 白浜, 別府, 登別, 伊東, 下呂, 加賀, 草津, バーデンバーデン(独)

4 都市の形態

1 平面形態 都市の外郭(境界線)は, 地形の制約などをうけて一般に不規則。ただし, **囲郭都市**(→p.145)や**計画都市**の場合には, 円形, 方形, 多角形などのものがみられる。

2 街路形態
① **直交路型**…街路が規則正しく直交し, 市街が碁盤目状。
　例　シーアン, ペキン, シカゴ, 京都, 札幌。
② **放射環状型**…中央の広場などを中心に街路がのびる。
　例　カールスルーエ▶ドイツ, モスクワ, パリ, キャンベラ▶オーストラリア。
③ **放射直交路型**…放射路と直交路を組み合わせたもの。
　例　ワシントンD.C., ベロオリゾンテ▶ブラジル, 旭川, 帯広。
④ **迷路型**…街路が不規則に入りまじっている。
　例　ダマスカス▶シリア, テヘラン▶イラン, ウィーン▶オーストリア。城下町。

●衛星都市
　大都市のまわりにあって, 大都市と密接なつながりをもちながら発展した中小都市。**住宅衛星都市**と**工業衛星都市**がある。

⬇直交路型街路の京都

Tea Time

特定の企業が大きな力をもつ企業城下町

企業城下町とは

1つの企業あるいは企業グループが、その市町村の経済の中心をなしているとき、むかしの城下町になぞらえて、企業城下町とよんでいる。そこには、1企業の工場を中心にして、商店、学校、医療機関などや、従業員用の住宅地が集まっている。

また、その市町村の住民の多くがこの企業とのつながりをもち、財政収入の多くも企業に頼っており、地方議会でもその企業出身者が強い発言力をもっている場合が多い。

企業城下町と中心的な企業

- **豊田**(愛知県)…日本最大のトヨタ自動車の工場がある。もと挙母といったが、市名を自動車会社の名前にかえた。
- **延岡**(宮崎県)…旭化成の化学工場。
- **新居浜**(愛媛県)…住友グループの工場が中心となっている。
- **日立**(茨城県)…日立製作所の工場。
- **室蘭**(北海道)…新日鉄住金の製鉄所が中心となっている。
- **トリノ**(イタリア)…イタリア最大の自動車会社フィアット社。
- **ヴォルフスブルク**(ドイツ)…ドイツ最大の自動車会社フォルクスワーゲン社。
- **ゲーリー**(アメリカ)…アメリカ最大のUSスチールの製鉄所。

⬇自動車工場(溶接と組立)(トヨタ自動車提供)

3 内部で分かれ，外部へ広がる 都市地域の分化と拡大

▶ 都市は，その周囲の地域をあわせて，機能的にまとまった1つの地域を形成している。その範囲を都市地域とよんでいる。

▶ 都市地域の内部は，都心，近郊圏，勢力圏に分化し，都心の機能をうけもつ副都心ができている都市もある。都市地域は外部へ拡大し，メガロポリスを形成しているところもある。

1 都市の中心地機能

1 標準都市の考え方 都市は拡大，発展するにつれて，多くの機能をもつ複合機能都市となり，さらにそれぞれの機能がつりあいのとれた**標準都市（総合都市）**に成長する。

2 中心地機能 標準都市（総合都市）は，周辺の村落や中小都市に対して大きな影響を与えるが，その内容のことを**中心地機能**という。また，その影響のおよぶ範囲を**サービス圏**という。中心地機能の具体例は，右下の表のとおり。

2 都市地域の分化 テストに出るぞ！

1 都市地域とは 中心都市から周辺に向かって，中心地機能の到達する範囲を**都市地域**または**都市圏**という。とくに大都市になると，**大都市圏＝メトロポリタンエリア**を形成する。

2 都市地域の分化 都市地域が拡大するにつれて，都市内部の地域が分化し，**都心**や**副都心**（都市の中枢），**近郊圏**（通勤，通学圏），**勢力圏**（中心地機能の到達範囲）などの地域に分かれる。

プラスα

▶メトロポリタンエリアは大都市（メトロポリス）の都市地域＝都市圏という意味。例えば，東京のメトロポリタンエリアは，いわゆる首都圏とよばれる範囲をさす。

都市地域が広くなれば，その中の分化も進む。超高層ビルの都心からスラムまで，格差も広がる。

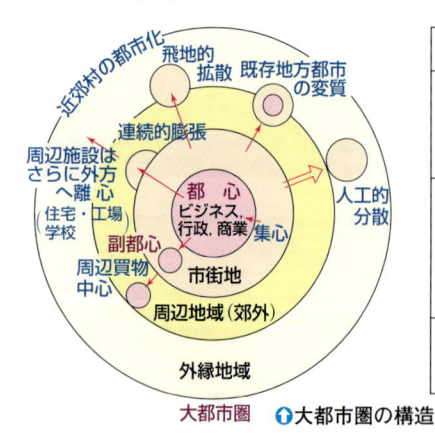

↑大都市圏の構造

行政面	国家行政機能，広域行政機能
文化や厚生面	各種文化団体事務所，ホール，劇場，映画館，博物館，美術館，大学，専門学校，新聞社，テレビやラジオの放送局
商業やサービス面	各種企業の本社や支社，都市銀行の本店や支店，卸売市場，ブティック，デパート，地下商店街，名店街，高級レストラン，オフィスビル，シティホテル，ビジネスホテル
交通や通信面	中央郵便局，中枢通信局，地下鉄網，バスターミナル，駐車場，旅行案内所

↑大都市の中心地機能の例

➡️ **アメリカと日本のメガロポリスの比較**

アメリカのメガロポリスのほうが，範囲は広いが，人口規模や都市密度は，日本の東海道メガロポリスのほうが大きい。

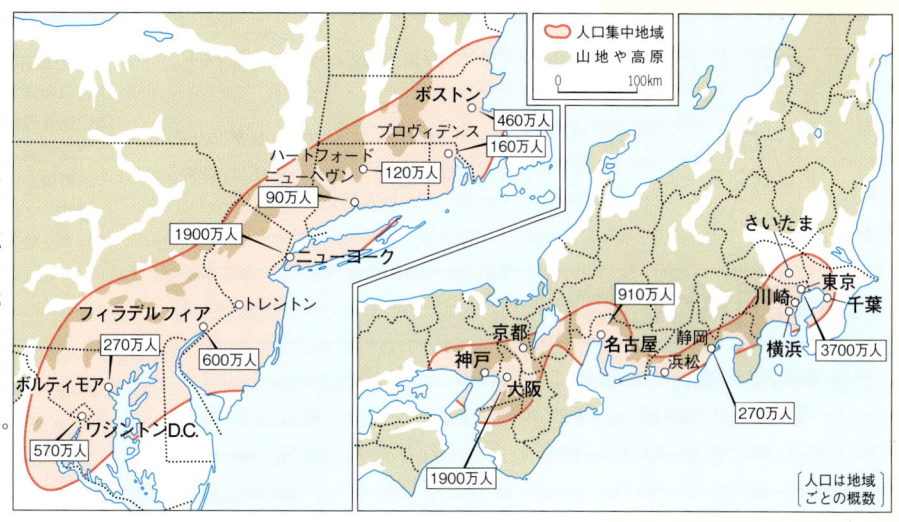

3 分化した各都市地域の特徴 テストに出るぞ！

① **都心**…中枢管理機能が集中。次の各地区に分けられる。

> **政治中枢地区**…政治の中心で行政機関が集中。
> **CBD**（**中心業務地区**）…大企業のオフィスなど。
> ▶Central Business Districtの略
> **中心商店街**…高級専門店やデパートなど。

② **副都心**…郊外電車の始発駅など交通の結節点を中心に成立。
　例　東京の**新宿**，**池袋**，**渋谷**，大阪の**天王寺**など。

③ **近郊圏**…郊外住宅地（通勤圏）と近郊農村地域がある。

④ **勢力圏**…巨大都市の近郊圏の外側の村落など，中心地機能の到達する範囲。ここまでが巨大都市の**都市地域**（**都市圏**）。

●**都心の特徴**
①高層建築が多く，地価がずばぬけて高い。
②昼間人口は多いが，夜間人口が少ないため，昼間人口と夜間人口の差が大。

●**東京の都心地域**
①政治中枢地区…霞が関，永田町など。
②業務中心地区…丸の内，大手町など。
③中心商店街…銀座，日本橋など。

③ 都市地域の拡大

1 コナーベーション テストに出るぞ！
市街地同士が結合した地域。**連接都市**，**連合都市**ともいう。

① **単核のもの**…大都市が拡大して周辺の市街地と結合したもの。
　例　東京，ロンドン，パリなど。

② **核が複数のもの**…隣接都市がそれぞれ拡大して市街地を結合。コナーベーションといえば，おもにこちらのタイプをさす。
　例　イギリスのニューカッスル周辺，ドイツのエッセンやドルトムントなどの**ルール地方**，アメリカの五大湖周辺など。

2 メガロポリス
いくつかの**メトロポリス**（巨大都市）を中心に，多くの都市が連続し，交通や通信によって密接に結合した巨大な都市群地域のこと。**巨帯都市**ともいう。

① **アメリカンメガロポリス**…ボストン～ニューヨーク～フィラデルフィア～ボルティモア～ワシントンD.C.と連なる地域。

メガロポリスの命名者

フランス生まれのアメリカの地理学者ジャン＝ゴッドマンは，1942年アメリカ北東地域を旅行したとき，ヨーロッパにはみられない大都市列を発見した。

彼は，それをもとに都市地域の研究を進め，1962年に『メガロポリス』を著し，大きな反響をよんだ。

これ以後，メトロポリス（巨大都市）が連なった状態を，メガロポリスとよぶようになった。

9章　村落・都市と行動空間の拡大

② **東海道メガロポリス**…東京〜名古屋〜京都〜大阪〜神戸と連なる地域。
③ **ヨーロッパメガロポリス**…ルール地方〜アムステルダム〜北フランス〜パリと連なる地域。国際的なメガロポリスを形成しつつある。
  ▶ドイツ　　　　　　　▶オランダ

●メガロポリスの特徴
① 人口密度がきわめて高い。
② 中枢管理機能が集中。
③ 交通や通信網の発達。
④ 国際的な政治や経済の機能，研究，文化，教育のハイレベルな施設が発達。

④ 都市化とは

1 都市化の進行　都市化には，次の２つの場合がある。
① **都市人口の増加**…第１次産業人口に比べて，第２次産業人口や第３次産業人口の割合が大きくなり，人口密度も高くなる→**過密**。
② **市街地の拡大**…田園風景の農村地域にかわって，商業，工業，住宅地域といった市街地（都市的土地利用）が広がり，建物の高層化も進む。

2 都市化の進行にともなって起こる現象　〔テストに出るぞ！〕
① **ドーナツ化現象**…都市の発展にともなって，都心部の夜間人口が減少し，周辺地域の人口が増加する現象。都心地価の高騰，職住分離，都心部の生活環境の悪化などが原因。
② **スプロール現象**…大都市の周辺で，住宅，商店，工場などの都市施設が乱雑に広がっていき，農村地域を食い荒らした形になること。**スプロール**とは，本来「だらしなく延びる」「虫食い」の意味。無計画，無秩序な都市化が原因。

都市地域の分化の実例　〔テストに出るぞ！〕

■**CBD**…大企業の本社などが集中。ビルの高層化や，地下の利用も進んでいる。また，常住人口（夜間人口）が少なく，昼と夜の人口差が著しい。東京の**丸の内**，**大手町**，ロンドンの**シティ**，ニューヨークの**ウォール街**，シカゴの**ループ**などが代表的。

■**副都心**…大都市だけにみられ，都心の機能の一部を分担する地域。おもに交通の結節点に立地する。東京の**新宿**，**池袋**，**渋谷**のほか，大阪の**天王寺**，パリの**ラ・デファンス**，ローマの**エウル**などが代表的。

■**ウォーターフロント**…都市部で河川や海に面した地域は，以前は工場，倉庫，港湾などに利用されていた。しかし，近年は，都心部の再開発が進む中で，こうした地域は，広い面積をもち大規模な再開発が可能な水辺の地域＝**ウォーターフロント**として注目されるようになっている。

■とくに，ロンドンのシティの東に位置する**ドックランズ**では，さびれた港湾地域が，ビジネスセンターや高級住宅街に生まれ変わった。現在では，東京，ニューヨークなど各地で，ウォーターフロント開発が進んでいる。

152　2編　現代世界の系統地理的考察

4 日本列島が縮む 行動空間の拡大と余暇

▶日本が縮む……。新幹線のぞみ号で東京—大阪間は2時間半。余裕で日帰りできる。日本が本当に縮むわけじゃない。でも，ぼくらの意識の中では，年々縮んでいっている。
▶時間にゆとりができると，その分いろんなことができるし，遠くへ行けるようになる。楽しみなことだ。

1 行動圏の拡大

1 1時間の短縮 東京—大阪間を例にとると，次のように**時間距離**が短縮され，人々の行動圏が拡大した。
江戸時代…………徒歩で約15日（360時間）。
1899（明治32）年…東海道線の全通で約20時間。
1958（昭和33）年…特急こだま（在来線）で6時間半。何とか，日帰りもできるようになった。
1964（昭和39）年…新幹線開業。特急ひかり号で3時間10分。
1992（平成4）年…新幹線のぞみ号ができ，2時間半。

2 ゆとりの創造 労働時間が短縮され，生活水準が向上すれば，マイカーを使ったショッピングやレジャーも，遠くへ出かけることが多くなる。

3 通勤圏の拡大 都市部には，企業のオフィスが集中し，住宅地としては地価が高くなりすぎている。そのため，通勤圏や通学圏が遠方へどんどん拡大し，50km以上の距離を通うこともめずらしくなくなった。とくに首都圏では，**新幹線通勤者**も多くみられる。

4 通信の発達 国際電話，衛星通信のほか，携帯電話やインターネットなどが急速に普及した。こうして，地球の裏側のできごとも，すぐにわかるようになった。

5 ショッピング アメリカの中産階級では，週に一度，まとめ買いをする生活がみられる。スーパーマーケットを上回る**ハイパーマーケット**（巨大スーパー）ができてきた。郊外に立地するこうした店は，クルマなしでは考えられない。
　日本でも，広い駐車場をもった**郊外型ショッピングセンター**が数多くみられる。また，主要な道路ぞいには，電気製品，自動車用品，洋服など，専門的な商品を扱う**大型専門店**や，食品や雑貨などの**ディスカウントショップ**も増えた。
▶ディスカウントとは安売りのこと

プラスα

●**時間距離**
　2地点間の距離は絶対距離といい，その2地点間を移動するのに要する時間であらわした距離を，**時間距離**という。交通の発達により，時間距離は短縮されてきた。

▶航空機ならもっと早いと思うかもしれない。たしかに，飛行時間だけなら東京と大阪間は1時間もかからない。でもチェックイン（搭乗手続き）や空港へのアクセス（交通手段）を考えると，トータルでは不便なことが多い。一般に，新幹線で3時間以内なら，航空機より新幹線のほうが便利といわれる。

6 24時間都市 行動圏の拡大から，さらに1日の行動時間の拡大もみられる。生活様式の変化で，深夜に起きている人も多くなった。大都市圏では，鉄道の終電車もおそくなり，さらに深夜バスの運行も増えている。24時間営業の<u>コンビニエンスストア</u>やスーパーも当たり前になった。

② 余暇とリゾート

1 日本を休もう 日本人の年間総労働時間数は，アメリカなみになってきたが，ヨーロッパの国々に比べるとまだまだ多い。とくに，有給休暇は制度があってもとりにくい現実がある。

2 バカンスのちがい フランス語のバカンス（休暇）は日本でもおなじみ。しかし，フランスと日本では，大ちがい。

① **フランス**…夏休みを1か月とるなど当たり前。太陽にめぐまれた地中海沿岸（**ラングドック・ルシヨン**など）が人気を集め，「安く，のんびり」がバカンスの過ごし方のポイントとか。

② **日本**…年末～年始の正月休み，5月の連休や8月のお盆休みに，わずか1週間か10日で，あわただしく見てまわる旅行か，家でゴロ寝が中心。列車は混雑，道路は大渋滞，ホテルは高くと，フランスとは大ちがい。

3 海外旅行は激増 海外旅行をする日本人は30年前の5倍に近い。旅行の形も従来のあわただしい周遊型から，訪問地をしぼったりテーマをもったりと，個性のある旅が人気に。ビジネスで海外へ旅行する人も増えている。

4 リゾート開発 日本でも，滞在型のバカンスを普及させようと，1987年に**総合保養地域整備法（リゾート法）**が制定され，各地でリゾート開発が進んだ。

しかし，ほとんどの計画が，ゴルフ場やテニスコート，宿泊施設といったワンパターンであり，1980年代後半に起こったバブル経済の崩壊による経済成長の鈍化で，リゾート計画自体がつぶれてしまったケースが多い。

そして，残ったのは，破壊された自然と，地方自治体の借金だけという例もめずらしくない。

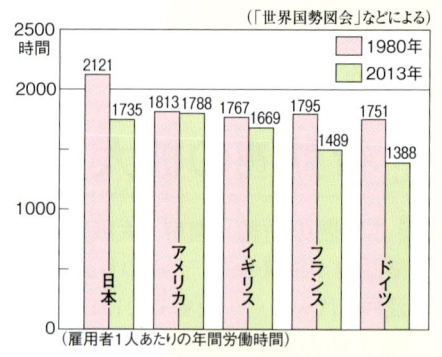

◆労働時間の国際比較

◆日本人の海外旅行者数と訪日外国人数の推移

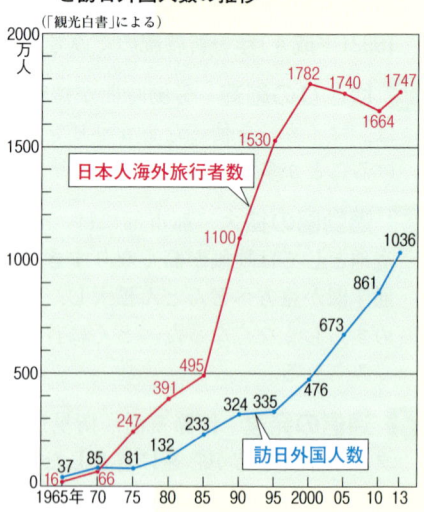

● **ラングドック・ルシヨン**
フランスの南西部，ローヌ川の河口からスペイン国境にかけての200kmにわたる地中海沿岸の地方。1963年からフランス政府の強力な指導のもとで，大衆的なリゾート地として開発された。

テスト直前チェック　定期テストにかならず役立つ！

1. ☐ 地球号はもう満員？　今の世界はおよそ何億人か。70億人，80億人のどちらに近い？
2. ☐ 地球の陸地の約90％を占める，人類が住んでいるところを，何というか？
3. ☐ 地球の陸地のうち，人類が居住できないところを，何というか？
4. ☐ 人類が居住できる地域とできない地域の境界は，極と高距（高度），あと1つは何限界？
5. ☐ 総人口当たりで子どもの生まれてくる率を，何というか？
6. ☐ 総人口当たりの生まれる率から亡くなる率を引いたものを，何というか？
7. ☐ 地域や国家間で起こる，人口の流入率と流出率の差を，何というか？
8. ☐ 問5の生まれる率が高い地域は，ラテンアメリカとアジア，あと1つはどこか？
9. ☐ 第二次世界大戦後，発展途上国で人口が急激に増加。これを何というか？
10. ☐ 人口ピラミッドで，多産多死の裾が広い発展途上国型を，何というか？
11. ☐ 人口ピラミッドで，少産少死で人口が停滞する先進国型を，何というか？
12. ☐ 人口ピラミッドで，人口が減少に向かう，裾がしぼんだ型を，何というか？
13. ☐ 人口ピラミッドで，生産年齢人口が飛び出た，都市に多い型を，何というか？
14. ☐ 人口ピラミッドで，老年・年少人口が多い，村落に多い型を，何というか？
15. ☐ 第1・2・3次産業のうち，発展途上国に多いのは，第何次産業の人口か？
16. ☐ 人口は等比級数，食料は等差級数で増加するという「人口論」を唱えたのは誰か？
17. ☐ 主食ではなく，輸出用のコーヒーやカカオのような商品作物を，何というか？
18. ☐ 三大穀物の1つで，アジアを中心に生産・消費される穀物は，何か？
19. ☐ 生産量は問18と同じくらいで，世界的に生産・消費される穀物は，何か？
20. ☐ 飼料用としても重要な下の写真❽の穀物を，何というか？

解答

1. 70億人
2. エクメーネ
3. アネクメーネ
4. 乾燥限界
5. 出生率
6. 自然増加率
7. 社会増加率
8. アフリカ
9. 人口爆発
10. 富士山（ピラミッド）型
11. 釣鐘（ベル）型
12. つぼ（紡錘）型
13. 星（都市）型
14. ひょうたん（農村）型
15. 第1次産業人口
16. マルサス
17. プランテーション（商品）作物
18. 米
19. 小麦
20. とうもろこし

テストに出る写真 チェック❽

21 ☐	水が豊富な三角州では，集落は洪水を避けるため，何の上にできるか？	
22 ☐	水の乏しい扇状地の中で，水の得やすさから集落が並ぶのは，どこか？	
23 ☐	奈良盆地などに残る，日本最古の計画的集落を，何というか？	
24 ☐	中世の荘園内に，墾田を中心につくられた集落を，何というか？	
25 ☐	江戸時代以降の開発でつくられ，台地や干拓地に多い集落を，何というか？	
26 ☐	北海道の開拓と防備の一石二鳥，アメリカがモデルの集落を，何というか？	
27 ☐	ドイツやポーランドにみられる下の写真❾の村落をその形から，何というか？	
28 ☐	家屋が列状に並ぶが，宿場町とちがい中心道路が不明瞭。これを何というか？	
29 ☐	家屋が点在する，アメリカ大陸，砺波平野や出雲平野にみられる村落を，何というか？	
30 ☐	高い城壁に囲まれ，計画的な街路網のある古代の都市を，何というか？	
31 ☐	平城京，平安京といえば碁盤の目状の街路が特徴。これを何制というか？	
32 ☐	琴平，宇治山田，成田，長野など，社寺を中心に生まれた町を，何町というか？	
33 ☐	都市の分類で，銚子，宮古，枕崎，ベルゲンなどを，何都市というか？	
34 ☐	都市の分類で，メッカ，エルサレム，ヴァラナシ，天理などを，何都市というか？	
35 ☐	都市の分類で，軽井沢，ソチ，ニース，マイアミなどを，何都市というか？	
36 ☐	中心地機能をもつ大都市で，その機能がおよぶ範囲を，何というか？	
37 ☐	大都市の中で企業のオフィスなどが集中する地区を，何というか？	
38 ☐	大都市（メトロポリス）が連続・結合すると，何とよばれるか？	
39 ☐	大都市周辺で，都市施設が虫食い状態に広がることを，何というか？	
40 ☐	直訳すれば「便利な店」，24時間営業も当たり前な店を，何というか？

解答

21. 自然堤防
22. 扇端
23. 条里集落
24. 荘園集落
25. 新田集落
26. 屯田兵村
27. 円村
28. 列村（連村）
29. 散村
30. 囲郭都市
31. 条坊制
32. 門前町
33. 水産都市
34. 宗教都市
35. 保養都市
36. 大都市圏（メトロポリタンエリア）
37. CBD（中心業務地区）
38. メガロポリス
39. スプロール現象
40. コンビニエンスストア（コンビニ）

テストに出る写真 チェック❾

156　2編　現代世界の系統地理的考察

10章 都市，居住問題

↳ ブラジルのファベーラ

1 過密によって失われた快適環境 先進国の都市，居住問題

▶先進国では都市人口の割合が高まり，都市の過密が進行。それにともなって，よくない問題が次々と起こってきた。環境問題，住宅問題，交通問題は，とくに深刻。
▶快適にくらす都市は，できないのか。そんなことはない。イギリスの大ロンドン計画をはじめ，各地でいろいろな都市計画が進められてきた。

1 いろいろな都市問題

1 都市問題の発生 都市への過度の人口や産業の集中，すなわち**過密**現象が都市問題の根本原因である。

2 都市問題のいろいろ
① **都市公害**…大気汚染，騒音，振動，河川汚濁，悪臭，地盤沈下などの公害のほか，日照，通風などの問題もある。
② **都市災害**…火災，洪水，地震などの被害が増幅されて，大きくなる。大都市は災害に弱い。
③ **住宅問題**…スプロール現象(→p.152)による無秩序な市街化は，都市計画をさまたげ，住環境を悪化させる。また，都市貧困層の不良住宅街である**スラム**の問題も深刻である。
④ **交通問題**…鉄道や道路が，朝夕のラッシュ時に混雑する。道路の渋滞は，大気汚染をひどくする。また，交通事故も多発している。
⑤ **差別による居住地の分離**…中世以来，ヨーロッパの都市では，ユダヤ人を差別してその強制居住地域=**ゲットー**が形成された。アメリカでは，大都市の都心周辺に**ゲットー**とよばれる貧困層のスラムが形成されていることがある。
⑥ **その他**…村落に比べて人間関係が弱いので，犯罪が多くなっている。上下水道や公園などの**生活関連の社会資本**が十分に整備されていない問題もある。

プラスα

●**生活関連の社会資本** [テストに出るぞ！]
社会資本とは，個人や企業の資産ではなく，政府や地方公共団体が所有，管理している資産のこと。インフラストラクチャー(略してインフラ)。
このうち，道路，港湾，空港などを**産業関連社会資本**といい，上下水道，学校，公園などを**生活関連社会資本**という。

●**ホームレス**
住む家がない人。スラムにも住めず，路上や公園でくらす。ほとんどが失業者。廃品回収などの細々とした仕事で命をつなぐ。餓死，凍死も少なくない。先進国，発展途上国を問わず，大都市に多い。

2 インナーシティの問題

1 インナーシティとは 都市化の時期が早く，初期に市街地化された都市内部のこと。CBD（中心業務地区）（→p.151）に近い人口集中地域にあたる。荒廃が進むとともに，富裕層は郊外に移り，低所得層や，海外からの移民が増える。

2 インナーシティの荒廃 住宅の老朽化，公害などの居住環境の悪化，ドーナツ化現象（→p.152）による人口流出が顕著で，治安悪化などの問題が深刻化している。

3 都市の再開発 アメリカでは，ニューヨーク，ボストン，ボルティモア，シカゴ，ピッツバーグなどの大都市で，スラム化した都市部の再開発が，積極的に進められている。

3 都市計画

1 都市計画とは さまざまな都市問題の解決をはかり，計画的に都市施設の建設，整備をはかって生活環境を改善し，安全で，美しく，能率的で，住みよい都市をつくること。

2 ロンドンの都市計画 〔テストに出るぞ！〕 世界の都市計画の先駆。
① **田園都市構想**…19世紀末，ロンドン近郊に**レッチワース**などの都市が建設された。
② **大ロンドン計画**…第二次世界大戦後，**グリーンベルト**と職住近接の**ニュータウン**の建設がおこなわれた（→p.226）。

3 いろいろな都市計画
― 新都市の建設…新首都，学園都市，新しい副都心などの建設。
― 再開発…スラムや老朽施設の一掃。歴史的景観の修復，保全。
― 広域計画…近郊圏や勢力圏まで含めた総合的な地域計画。

●**日本の都市計画**
　わが国でも，首都圏，中京圏，近畿圏の三大都市圏を中心に広域的な都市計画が実施された。このうち，首都圏では，多摩ニュータウン，筑波研究学園都市，新東京国際空港などが建設された。近畿圏でも，関西文化学術研究都市や関西国際空港が建設された。

▶イギリスの都市計画家E=ハワードの提唱がもとになった。ハワードは『明日の田園都市』という本の中で，勤労者のための緑と太陽にめぐまれた都市づくりを提唱した。

アメニティ
　従来の都市は，機能性，効率性，経済性が優先され，都市のアメニティ（快適環境）は軽視されてきた。近年，都市のアメニティが重視され，都市の景観，環境への配慮など，経済性をこえた都市のあり方が模索されている。

▶**イギリスと日本のニュータウンの比較**
　職住近接のイギリスのニュータウン内には，工場が配置されていることに注意。日本のニュータウンは，工場がなく，職住分離。勤め先は大都市が多い。

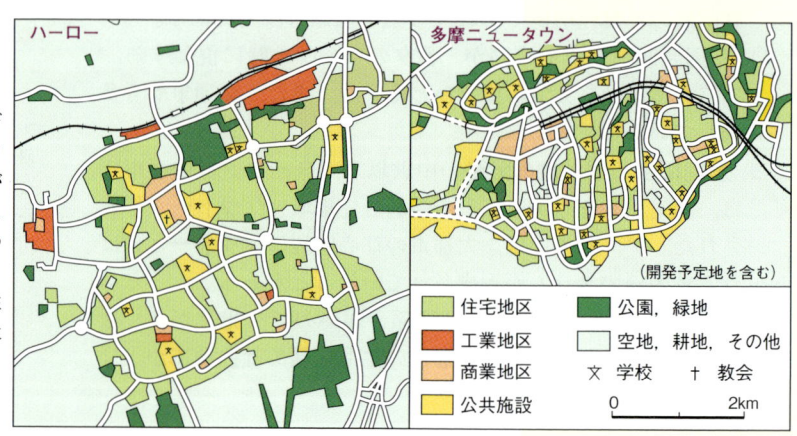

ハーロー　　　多摩ニュータウン
（開発予定地を含む）

住宅地区　　公園，緑地
工業地区　　空地，耕地，その他
商業地区　　文 学校　　† 教会
公共施設　　0　　　　2km

2 人口爆発で増えた人口が都市へ集中　発展途上国の都市，居住問題

▶ 発展途上国の人口増加は，すさまじい。増えた人口分の食料は不足し，仕事はあまりない。農村の人口は，どっと都市におしよせる。

▶ そんなわけで，都市は巨大化する。でも，産業が発達しているわけじゃなし，人口が増えただけで，仕事はない。となれば，スラムに住み，日銭をかせいで生きるしかない。

1 人口の都市集中

1 都市人口の爆発的な増加　先進国では，都市が人口を吸収するのに対し，発展途上国では，村落が人口を押し出す。

① **人口爆発**…出生率が高い一方で死亡率が低下したため，国全体の人口が増加している(→p.137)。

② **村落から都市へ**…農村では，人口増で食料不足が深刻になったり，就業機会も少ないので，多くの人が都市へ流入する。

2 都市の巨大化

① **首位都市**(プライメートシティ)…発展途上国では，ある1つの都市(多くは首都)に極端に人口が集中する場合が多いが，こうした突出した都市のこと。**メキシコシティやバンコク**が代表的。第2位の都市とは，格差がひじょうに大きい。　　　　▶タイの首都

② **発展途上国の巨大都市**…1985年に人口1000万人以上の都市圏は全世界で11であったが，2020年には28と予測され，そのうち，22が発展途上国にある。

2 深刻な都市，居住問題

1 居住問題

① **住民の階層構造**…発展途上国の都市住民は，富裕な特権階級から低所得層まで，階層がはっきり分かれ，格差が大きい。したがって，同一都市内での地域の格差が大きい。

② **住宅不足**…貧しい人々は，水道や電気などの不十分な**スラム**に密集する。スラムが拡大し不法占拠の住宅地が増える。**ホームレス，ストリートチルドレン**の増加。
▶シグマ先生の世界巡り→p.191

2 雇用問題　発展途上国では，大都市でも雇用機会は少ない。定職のないまま，日々，荷物運び，花売り，ゴミ捨て場あさりなどの不安定な仕事に従事する人が多い。

プラスα

● **メキシコシティの大気汚染**

人口集中が著しいメキシコシティでは，大気汚染(スモッグ)の公害がひどい。もとの湖底という地形的条件に加えて，大量の自動車による排気ガスが原因。自動車の利用規制もおこなわれている。

▶国連の統計では，東京都市圏が3780万人，デリー(インド)が2500万人，シャンハイ(中国)が2300万人，サンパウロ(ブラジル)とメキシコシティが2030万人，ムンバイ(インド)が2070万人(2014年推計)となっている。

大都市とスラム

リオデジャネイロやサンパウロなど，おもにブラジルの大都市周辺にみられるスラムを**ファベーラ**という。衛生環境や治安の悪化が著しく，社会問題は深刻だ。フィリピンのマニラにかつてあった「スモーキーマウンテン」は劣悪な環境のスラムを形成したことで有名。現在は閉鎖されたが，一部のスラム住民は，近郊の処分場へと移り住むなど，スラムはなくならない。

11章 生活文化

⇨日本の和服

1 じつに多様な世界が広がる世界各地の衣食住

▶衣服，食事，住居をまとめて，衣食住という。世界の人々は，皆，自分の住む地域の中で独自の衣食住をつくっている。こうした生活上の文化は，じつに多様，多彩。
▶なぜ，多様で多彩になるのか。それは，気候や地形，宗教，身近に得られる材料がちがうなど，それぞれ異なった習慣があるからだ。

1 世界の人々の衣服

1 気候と衣服
① 寒い地域 ┃ ロシア…毛皮でできたコートや手袋，帽子（ぼうし）など。
　　　　　 ┃ イヌイット…アノラックなどアザラシ皮の防寒着。▶ブーシカという
② 暑い地域 ┃ ガーナ…男性のケンテ ┃ 1枚の布を体にまきつける。
　　　　　 ┃ インド…女性のサリー ┃
③ 乾燥地域 ┃ サウジアラビア…キブル ┃ 全身を布でおおう。強い日（ひ）
　　　　　 ┃ エジプト…ガラビア　　 ┃ 差しと砂ぼこりをさける。
④ アンデス地方の高地…昼夜の温度差が大きいので，ポンチョとよばれるマントを着用。強い日差しをさける帽子。

2 世界のいろいろな衣服
① **イスラーム圏**…女性は，**チャドル**という黒い布で，顔から全身をおおう。男性は，頭に**ターバン**をまくことが多い。
② **スコットランド**…男性は，スカートのような**キルト**という伝統的衣装をつける。タータンチェックのデザインが有名。
③ **東南アジア**…マレー半島〜インドネシアで，男女ともスカートのような**サロン**がある。ベトナム女性の**アオザイ**も有名。
④ **朝鮮半島**…女性は，長いスカートの**チマ**と，短い上着の**チョゴリ**が民族衣装。
⑤ **アメリカ**…動きやすい作業着から，世界的な日常着になった**ジーンズ**が有名。

⇧ロシアの衣服
⇩イヌイットの衣服

160　2編　現代世界の系統地理的考察

⬆ケンテ（ガーナ）　　　　　⬆キブル（サウジアラビア）　　⬆チャドル（イラン）
⬇サリー（インド）　　　　　⬇ポンチョ（アンデス地方）　　⬇キルト（スコットランド）

⬇アオザイ（ベトナム）　　　⬇チマ，チョゴリ（韓国）　　　⬇ジーンズ（アメリカ）

11章　生活文化　　161

2 世界の人々の食事

1 三大穀物 テストに出るぞ！

① **米**…アジアでは，主食とするところが多い。もち米は，ついて「もち」にする。

② **小麦**…小麦粉にして利用。
- ▶**パン**…ヨーロッパでは小麦粉を発酵させてから焼く。
- ▶**パスタ**…スパゲッティやマカロニなど。
- ▶**チャパティとナン**…インド～西アジア。小麦粉を水と塩でねって焼く。発酵させてから焼いたものは，ナン。インドでは**カレー**をつけて食べる。
- ▶**その他**…うどん，ラーメンなどの**麺類**，中国の**マントウ**など。

③ **とうもろこし**…ラテンアメリカやアフリカ。メキシコでは粉にしてうすく焼いた**トルティヤ**や，これに肉や野菜などの具を入れた**タコス**を，アフリカでは粉を湯でねって食べる。

2 いも類

① **じゃがいも**…インディオは，**チューニョ（乾燥じゃがいも）**が主食。ヨーロッパやロシアでも消費量が多い。

② **キャッサバ（マニオク）**…熱帯の焼畑農業で広く栽培。デンプンの粉はタピオカといい，食料として重要。

③ **タロいもとヤムいも**…太平洋の島々ではこれらのいもを蒸し焼きにする料理法（石蒸し料理）がある（→p.71）。

3 肉類 テストに出るぞ！　たんぱく質として重要。

① **牛肉**…ヨーロッパやアメリカで消費量が多い。**ヒンドゥー教徒は牛を神聖視するので食べない**。すき焼は日本独特。

② **豚肉**…中国で消費量が多い。**ムスリムは豚は絶対に食べない**。

③ **その他の肉類**…鶏（鶏肉），羊，山羊，トナカイなどの肉。

4 魚
近年，発展途上国でも，たんぱく質源として注目されてきた（→p.84）。日本では，生の魚（さしみ）を食べる。

5 乳製品
バター，チーズ，ヨーグルトなど。ヨーロッパやアメリカでは広く普及している。乾燥地帯の遊牧民は，家畜の肉はめったに食べず，乳製品を食べる。

6 調味料と香辛料
日本，朝鮮，中国には，大豆などのたんぱく質を発酵させてつくった**味噌**や**醤油**の調味料がある。香辛料とは，こしょう，唐辛子，ハーブ類，日本のわさびなど。

---

❶世界の主食の分布
（石毛直道『地球時代の食文化』による）

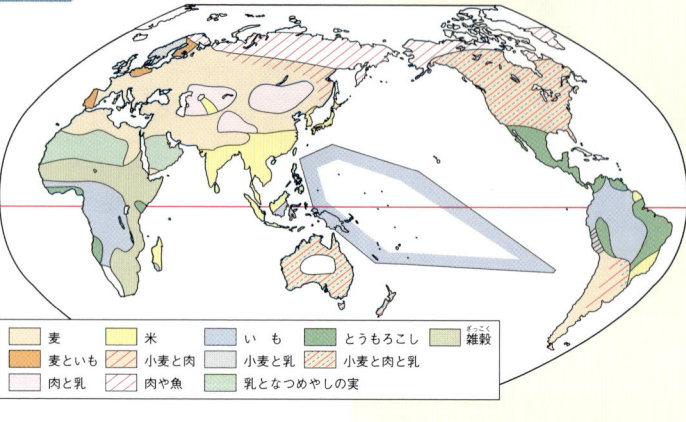

麦／米／いも／とうもろこし／雑穀／麦といも／小麦と肉／小麦と乳／小麦と肉と乳／肉と乳／肉や魚／乳となつめやしの実

●チューニョ
アンデス地方のインディオの主食である「乾燥じゃがいも」のこと。じゃがいもを収穫する6～7月は，気温の日較差が最も大きい。そのため，野外に放置したじゃがいもは夜に凍結し昼にとける。数日のうちにぶよぶよになったじゃがいもを，足で踏んで脱水する。こうしてできたチューニョを保存しておく。食べるときは，水に数時間つけて元にもどし，煮たり蒸したりして食べる。

⇒チューニョをつくる

162　2編　現代世界の系統地理的考察

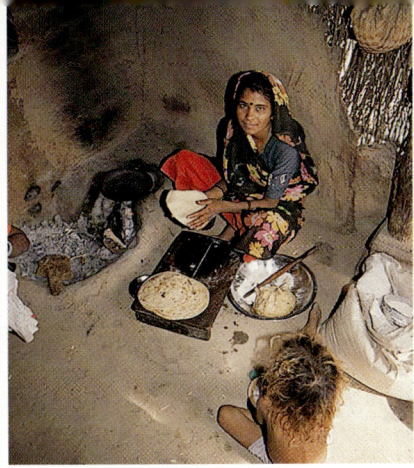

⬆いろいろな形のパスタ　　　⬆チャパティを焼く（インド）　　⬆タコスとトルティヤ（メキシコ）
⬇マントウ（中国）　　　　　　⬇ナンとカレーのインド料理　　　⬇アンデス地方のとうもろこし

⬇キャッサバ　　　　　　　　　⬇タロいも　　　　　　　　　　　⬇右手で食べる（インド）

11章　生活文化　163

Tea Time
世界を食する
―食の世界地理―

イギリス

ローストビーフとフィッシュ・アンド・チップスが名物料理。イングリッシュ゠ブレックファストとよばれるボリュームたっぷりの朝食や，1日何回も飲む紅茶も有名。

フランス

東の中国，西のフランスといえば食いしん坊の代表。といっても毎日ごちそうを食べるわけではない。かたい肉もコトコトたいて，工夫しておいしくするのがグルメのフランス人らしい。

北アフリカ

クスクスが代表。これは小麦粉をねって細かい粒にしたもの。蒸して，具だくさんのスープをかけてから手で食べるのが昔ながらの食べ方。小さな粒だけど指先で器用に丸めて口へ。

中南アフリカ

農耕，狩猟採集，牧畜と仕事によって食べものも変わる。農耕民はとうもろこしやいもを粉につぶし，お湯でといたものを団子にして食べる。狩猟採集民なら野生動物の肉と木の実など。とれる時ととれない時との差があり不安定だ。牧畜民なら飼っている牛や羊？　とんでもない。家畜は財産だからそう殺せない。家畜の出すミルクの方が大切だ。

インド

インドといえばカレー。でも日本のカレーライスではなく，いろいろな料理にカレー風味のスパイスをきかせた感じかな。スパイスは家ごとに秘伝があり，何をどれだけ入れるかは家によってちがう。単に辛いだけじゃなく，味に深味も大切。聖なる右手でたべる。ついでに牛は神の化身だから，ビーフカレーはダメ。

ところかわれば食もかわる——世界の人々は毎日食事をしているが，地理的な条件によって内容がちがう。もっとも，最近ではファストフードのチェーン店が世界中でみられるなど，画一化(かくいつか)が進んでいる。それでも，みんなが毎日家庭で食べているものは，やはり昔ながらの伝統が大きく影響している。

中国

　おなじみ中華料理。世界のどこへ行っても中華料理にお目にかかれるというほど。ただし，同じ中国でも北は小麦，南は米と主食がちがうし，西の四川(せん)料理はピリッと辛いとローカル色がみられる。一般的な家庭で食べられているものは質素だが，経済発展につれて，ごちそうを食べる機会も増えてきた。

日本

　街でも家でも，日本ほどいろいろな料理を食べている国は，実は珍しい。各国の料理をうまく自国風にアレンジして根づかせてしまっている。カレーライス，てんぷら，ラーメン…。地理にふさわしい国かもしれない。

アメリカ

　アメリカは，味の点では評判はもうひとつ。その代わり，ボリュームと手軽さでは負けない。おなじみハンバーガーとコーラなら，歩いてでも食べられる。何といわれても，ファストフードの波は世界に向かっている。

ニューギニア

　この地域ではいも類が主食。タロいも，ヤムいもを野菜などと煮(に)て食べる。いも類は消化がよくないから，どうしてもおなかが出っぱってしまうのは困ったことだ。いもを常食している人は，腸(ちょう)も平均より長くなっているとか。

ブラジル

　ブラジルといえば世界一のコーヒー王国。ここでは安いせいか，飲み方はアメリカンコーヒーの逆。何やらドロドロになってるほどの砂糖たっぷりの濃いコーヒーがあたりまえだ。反ヘルシーの代表みたいなコーヒーブレイクになってしまう。

11章　生活文化

7 食べ方にもいろいろ

① **手で食べる**…東南アジアや南アジア，西アジアでは，**指先**を使って食べる。日本でも，寿司を手で食べる。

　ムスリムやヒンドゥー教徒は，食事の前に入念に手を洗い清める。そして，必ず**右手を使い，左手は使わない**。

② **道具を使って食べる**…日本や朝鮮，中国では，**箸**を使うが，朝鮮や中国ではさじ（スプーン）も多用する。ヨーロッパやアメリカでは，**ナイフ，フォーク，スプーン**を使う。

▶右手でも5本の指全体でつかむのは，不作法とされる。親指，人指し指，中指の3本の指の指先だけでつまんで食べるのが，上品な食べ方とされている。なお，ヒンドゥー教では，**左手は不浄の手**とされているので，握手や子どもの頭をなでるときでも，左手は使ってはいけない。

③ 世界の人々の住居

1 石の家　木が少ないチベットやアンデス地方では，**石造り**が多い。夏に高温となる地中海地方でも，暑さをしのぐために，石の家が一般的。

2 木の家　日本は，木，紙，土の住宅。温帯の地域では，木の骨組みの家が多い。北ヨーロッパやカナダでは，**丸太造り**の家もある。
　▶障子など

3 レンガの家　ねん土からレンガをつくる。ねん土を型わくに入れてから，かわかしただけの**日干しレンガ**は，乾燥地域で使われる。

　｜ 日干しレンガ（アドベ）…西アジアや北アフリカ。
　｜ 焼きレンガ…ヨーロッパなど。

4 家畜の毛や皮の家 〔テストに出るぞ〕

① **ベドウィン**…西アジアの遊牧民。黒ヤギの毛で織ったテントを住居にしている。移動に便利。
　▶おもにサウジアラビア

② **モンゴル**…木の骨組みに，羊毛のフェルトでおおった移動式テントの**ゲル**が伝統的な住居。中央に炉があり，寒さに強いしっかりとしたつくり。
　▶中国ではパオ，中央アジアではユルトとよばれる

● **画一化する世界**

　近年のグローバル化によって，地域によって特徴がみられた衣食住の画一化が進んでいる。ジーンズやスーツ，ファストフードやインスタント食品，コンクリートの建物など，とくに都市部では世界中で同じような光景がみられるようになった。

⬆ベドウィンのテント

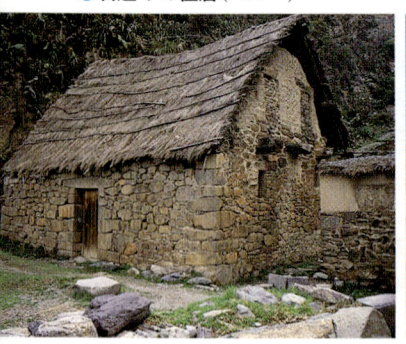

⬆石造りの住居（ペルー） 　⬆日干しレンガの家（イラン） 　⬆モンゴルのゲル

2 何でも取り入れちゃう日本の文化

▶ 朝はパンとコーヒー，昼はラーメン，晩は焼魚と豆腐の味噌汁で御飯を食べる。クリスマスイブには恋人をさそってデート，それでも正月はやっぱり初詣に行かなくっちゃあ。
▶ いったい，自分はどこの国に住んでいるんだろう？　これでも「日本文化」，なんていっていいのかな？

1 日本の生活様式

1 中国文化＋和風＋洋風

① **中国文化**…日本の文化には，中国や東アジアの文化との共通性が根底にみられる。言語では，文字として**漢字**を共用している。宗教でも，インドから中国を経由してきた**仏教**や東アジアの**儒教**が生活の中に浸透している。また，**稲作**や**茶**，**箸**を使うことなど，多くの中国文化が伝来した。

② **和風文化**…それらの文化のほか，日本独特の文化も育っている。**ひらがな**，**カタカナ**や**神道**は日本で生まれた。**ハレ**と**ケ**の区別も日本の生活の基本にある。

③ **洋風文化**…明治時代の**文明開化**以降，欧米の文化が急速に流れこんだ。欧米の進んだ機械文明は，当時の人々のあこがれでもあった。現代では，日本でも都市部では欧米の生活様式が定着し，また農村部でも都市の文化が浸透するにつれて，都市と農村との生活様式の差はなくなりつつある。

④ **日本文化**…日本の生活様式は細かいところでは欧米と異なり，また精神的文化ではさらに大きな差がみられる。

2 衣食住の文化

① **衣の文化**　伝統的な**和服**，いわゆる**着物**は，正月や成人式など**ハレ**の場にしか着ないことが多い。活動しやすい**洋服**が，日本だけでなく，世界のスタンダードになっている。国連の場でも，民族服を着用するのは，西アジアや北アフリカの一部の国の代表のみ。

② **食の文化**…わが国では，**米**が**主食**，**魚**や**野菜**が**副食**という**和食**が伝統的に続いてきたが，最近では肉食やパン，乳製品の増加がめだっている。逆に**豆腐**や魚などの日本の伝統食が，ヘルシー志向の欧米の人々に注目され，海外でも広く食べられるようになってきた。2013年，和食はユネスコ無形文化遺産に登録された。

プラスα

● **同じ仏教でも**

仏教はインドで生まれた。しかし，現在では，本場のインドはヒンドゥー教が多数の国になっていて，仏教は少数派。

仏教のさかんな東南アジアのタイやミャンマーでは**上座部仏教**が中心で厳格そのものだが，中国や日本の**大乗仏教**は戒律がゆるやか。同じ仏教でもずいぶんちがう（→p.171）。

▶ ハレ（晴れ）は表立った場。特別なこと。ハレの日とかハレの舞台というふうに使う。ケ（褻）は日常。ごくありふれたこと。

スシとトーフ

ちょっと前までは，生の魚＝サシミを食べるなど，欧米の人々には信じられないことだった。今ではニューヨークの寿司屋でアメリカ人がにぎりずしをつまむことなど当たり前の風景。TOFU（豆腐）料理のクッキングブックも，珍しくもなんともない。

11章　生活文化　167

③ **住の文化**…湿度の高い日本の気候下では、木や紙でつくられた**和室**中心の家屋が、自然環境と合致している。明治以後、石造り、レンガ造りの建物がみられるようになり、さらに現代ではビルやマンションなどコンクリートや金属などの資材を使った住居が増加している。

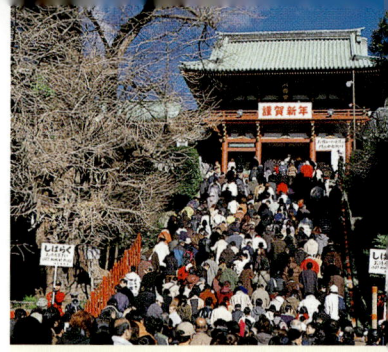

2 日本の年中行事

🔼 元日は神社に初詣（神奈川県）

[1] **四季の変化の影響** 日本列島は南北に細長く、気候の差は大きいが、どの地方でも、はっきりとした**四季の変化**がみられる。北海道の短くさわやかな夏から、沖縄の温暖で氷雪のない冬まで、地域の差は大きい。この四季の変化が、年中行事に大きな影響を与えている。

[2] **稲作との関連** 日本は、ほぼ全土が稲作を農業の基本とした社会である。このため、**年中行事**も稲作カレンダーに応じたものが多い。秋の祭りは収穫を祝う代表的なものである。

[3] **中国との関連** ひな祭り、**端午の節句（子供の日）**、七夕などは、中国伝来のものである。いっぽう、仏教と民間信仰が習合した**お盆**は、祖先の霊を迎える行事である。お盆にはふるさとへ帰省する人が多く、交通機関は、正月とならんで大混雑をみせる。

🔼 七夕祭り（宮城県仙台）

[4] **流行との関連 クリスマス**はキリスト教の祝日だが、日本では宗教的な意味がうすく、年中行事の中にとりこまれている。▶クリスマスケーキが売れる
バレンタインデーなど、本来の意味からはなれて、日本独自の行事になってしまった例もある。年中行事の1つだと割り切る声もある一方、本来の宗教的な行事の意味を変えてしまったことに対して批判する人もいる。
▶チョコレートの日？

🔼 クリスマスの商店街（東京都）

日　本	中　国	韓　国
元日（1月1日） 成人の日（1月の第二月曜日）　▶もとは1月15日 節分（2月3日ごろ） ひな祭り（3月3日） 春分の日（3月21日ごろ） 子供の日（端午の節句、5月5日） 七夕（7月7日） お盆（8月13日～16日が多い） 秋分の日（9月23日ごろ） 七五三（11月15日）	元日（1月1日） 春節（旧正月、旧暦1月1日） 元宵節（正月行事最終日、旧暦1月15日） 清明節（墓参の日、4月5日） 端午節（旧暦5月5日） 七夕（旧暦7月7日） 中秋節（お月見、旧暦8月15日）	新正月（1月1日） 旧正月（旧暦1月1～2日） 上元（新年最初の満月の日、旧暦1月15日） 釈迦誕生日（旧暦4月8日） 子供の日（5月5日） 端午節（旧暦5月5日） 七夕（旧暦7月7日） 秋夕（お盆、旧暦8月15日） 聖誕節（クリスマス、12月25日）

🔼 日本、中国、韓国のおもな年中行事　太字の行事の日は祝日になっている。

12章 民族, 領土問題

→ スーダンの難民キャンプ

1 人種や民族のちがいで対立　人種, 民族と国家

▶ 南アフリカ共和国のアパルトヘイトは廃止されたが, 世界中で, 人種や民族のちがいから深刻な対立がつづいているケースは, まだまだ多い。

▶ まず, 人種と民族の正確な意味を確認しよう。人種とは外見的なちがい, 民族とは言語や宗教などの文化のちがいだ。現代の世界では, 民族の対立が, いちばん問題だ。

1 人種と差別

1 人種とは 皮膚, 目, 毛髪などの色や, 頭, 鼻の形などの身体的, 遺伝的な特徴によって区分した人類の集団。

世界のおもな人種
- モンゴロイド…アジア系人種, いわゆる黄色人種。
- ネグロイド…アフリカ系人種, いわゆる黒人。
- コーカソイド…ヨーロッパ系人種, いわゆる白人。

2 人種差別 人種の区分は, しばしば差別の指標として使われてきた。
① 南アフリカ共和国…少数の白人が政権をにぎり, 有色人種を差別。**アパルトヘイト(人種隔離政策)** として知られた。1991年に廃止され, 1994年には初の黒人大統領が生まれた。
② オーストラリア…かつて白豪主義や, 先住民のアボリジニーに対する迫害(→p.243)。現在は多文化主義をうたっている。
③ アメリカ…黒人や先住民への差別(→p.236)。

2 民族と文化

1 民族とは〔テストに出るぞ!〕言語, 宗教, 社会的慣習などの文化的な特徴によって区分した人類の集団。共通の言語や宗教などによって, 同一集団としての自覚や連帯感=**民族意識**をもつ。

プラスα

●ホモ=サピエンス
　人間は, 単一種のホモ=サピエンス。人種の区分は, 外見上の特徴によるもので, 外見のちがい以上には, 何の意味もない。また, 現実には混血も進んでいて, 厳密な分類は困難。現代では, 文化的特徴による分類である民族の方が, 大きな意味がある。

●おもな人種の特徴
① モンゴロイド…黄色や銅色の皮膚。黒く太い直毛。
② ネグロイド…黒色の皮膚。黒色の巻毛や縮れた毛髪。
③ コーカソイド…白色や褐色の皮膚。金髪や黒色の波状の毛髪。

↑世界の言語分布

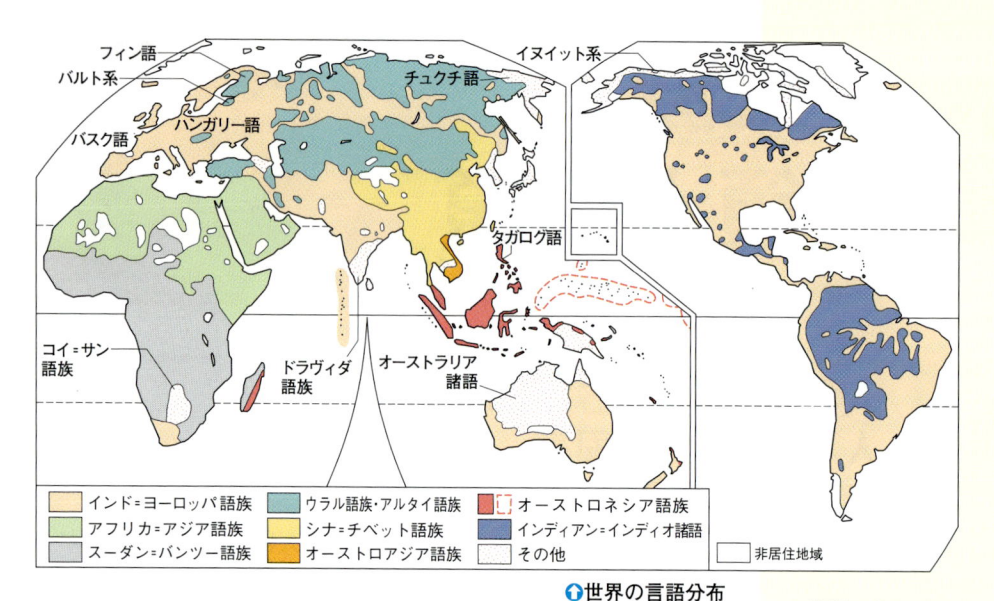

2 世界のおもな言語
① **中国語**…使用人口が最大。中国，シンガポールなどで使用。
② **英語**…使用範囲が広く，**国際語の性格**をもつ。各国で**公用語**として使われている。
③ **その他**…ロシア語，フランス語，スペイン語（ブラジルを除く大半のラテンアメリカ）→ポルトガル語，アラビア語（西アジアや北アフリカ）→以上の4つに①②をふくめた6つが，国連の公用語。ほかに，ドイツ語，日本語など。

3 世界のおもな宗教 テストに出るぞ！
① **三大世界宗教**…**キリスト教，仏教，イスラーム（イスラム教）**。民族のワクをこえて，世界各地で信仰されている。

● **複数の公用語をもつ国々**
① **インド**…ヒンディー語，英語のほか21の地方公用語。
② **フィリピン**…英語，タガログ（フィリピノ）語の2つ。
③ **キプロス**…ギリシャ語，トルコ語の2つ。
④ **南アフリカ共和国**…英語，アフリカーンス語，バンツー諸語の11言語。
⑤ **スイス**…4言語（→p.228）。
⑥ **ベルギー**…3言語（→p.228）。
⑦ **カナダ**…2言語（→p.240）。

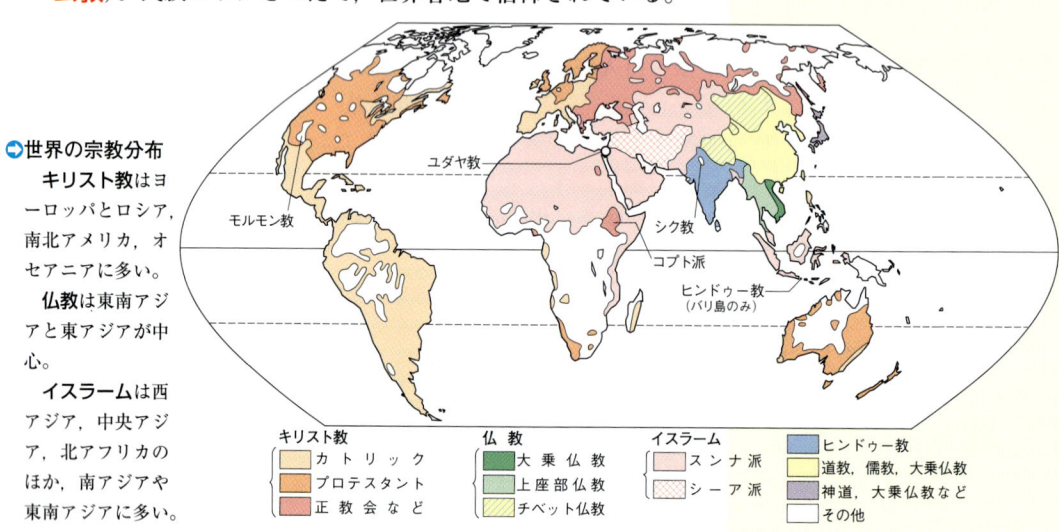

◯世界の宗教分布
キリスト教はヨーロッパとロシア，南北アメリカ，オセアニアに多い。
仏教は東南アジアと東アジアが中心。
イスラームは西アジア，中央アジア，北アフリカのほか，南アジアや東南アジアに多い。

170　2編　現代世界の系統地理的考察

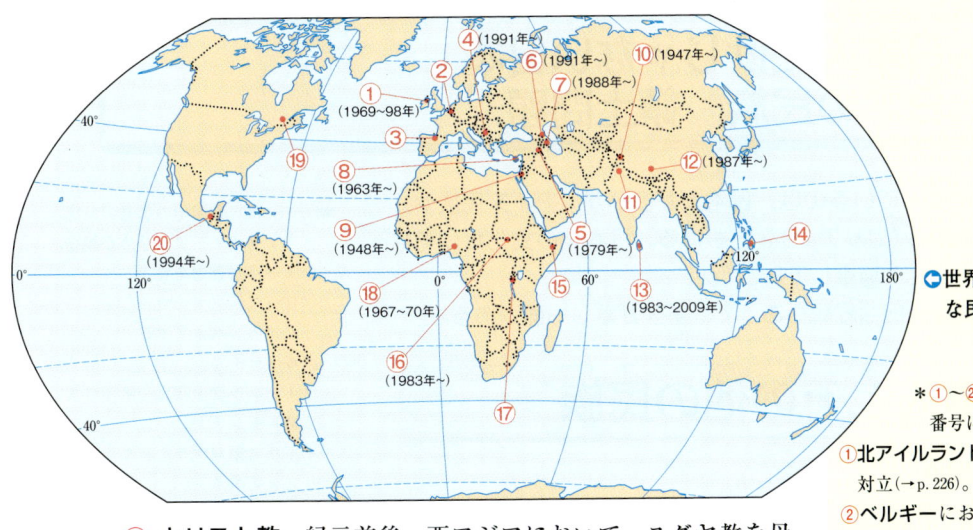

◎世界のおもな民族紛争

*①〜⑳は，地図中の番号に対応。
① 北アイルランドにおける民族対立（→p.226）。
② ベルギーにおける言語紛争（→p.228）。
③ バスク人の独立運動。
④ ユーゴスラビアの解体…6つ（のちに7つ）の国に分離。
⑤ クルド人の独立運動…イラン，イラク，トルコにまたがる。
⑥ チェチェン共和国の独立運動…ロシアからの独立をめざす。
⑦ アゼルバイジャンのナゴルノカラバフ自治州が分離を要求。
⑧ キプロス問題…ギリシャ系とトルコ系の住民が対立。
⑨ パレスチナ問題…イスラエルと周辺のアラブ諸国が対立。
⑩ カシミール紛争…インドとパキスタンで帰属をめぐる対立。
⑪ インド国内の宗教対立…ヒンドゥー教とイスラームの対立。
⑫ チベットの独立要求。
⑬ スリランカの民族対立…ヒンドゥー教のタミル人は少数派。→2009年終結
⑭ フィリピンのムスリムの独立運動。
⑮ 「アフリカの角」地域…内戦などで混乱。
⑯ スーダンで北部のムスリムと南部の非ムスリムが対立。→2011年南スーダン独立
⑰ ルワンダやブルンジの民族対立。難民も多数。→現在は終結
⑱ ナイジェリアの民族対立。
⑲ カナダでフランス系住民が多いケベック州（→p.240）。
⑳ メキシコ先住民の反政府運動。

② **キリスト教**…紀元前後，西アジアにおいて，ユダヤ教を母体に**イエス**によって成立。世界で信者数が最も多い。
　カトリック（旧教）…ラテン系民族，ラテンアメリカが中心。
　プロテスタント（新教）…ゲルマン系民族，北アメリカが中心。
　正教会（東方正教）…スラブ系民族，ギリシャ，東ヨーロッパが中心。各国ごとに分立。
　▶ギリシャ正教，ロシア正教，セルビア正教など

③ **仏教**…紀元前5世紀，インドで**シャカ**が創始。
　大乗仏教（北伝仏教）…中国，朝鮮半島をへて，日本へ伝来。
　上座部仏教（南伝仏教）…スリランカ，インドシナ半島。
　チベット仏教…チベット，ネパール，モンゴル。

④ **イスラーム**…7世紀，アラビア半島で**ムハンマド**が創始。**アッラー**を唯一神とし，経典は『**コーラン（クルアーン）**』。▶マホメット
　スンナ派…90％を占める多数派。正統派とされる。
　シーア派…少数派。イラン革命を推進。イラクにも多い。▶1979年

⑤ **おもな民族宗教**…各民族ごとに信仰される宗教。インドの**ヒンドゥー教**，イスラエル（ユダヤ民族）の**ユダヤ教**など。

③ 民族と国家

1 言語と国家
① **公用語**…国家が公式に定めた言語。共通語ともいう。
② **多民族国家**…複数の言語を公用語にするケースが多い。言語をめぐる対立が起こりやすい。

2 少数民族　国内の少数民族は，自治や独立の方向をとる。
① **自治権**…自治区などを設けて，内政上の統治権が与えられる。
② **分離独立**…民族が異なると，国家として分裂することが多い。

12章　民族，領土問題　171

2 日本人だけじゃない日本 日本の民族，領土問題

▶日本列島に住んでいるのは，日本人が多いが，アイヌ民族や，在日韓国・朝鮮人(コリアン)などもいる。日本人の文化だけでなく，他民族の文化も尊重していこう。
▶領土問題は歴史的な経緯もあって，解決が難しい面がある。

1 日本人とその他の民族

1 日本の民族
① **日本人**…モンゴロイド(→p.169)の日本民族。和人。日本語(言語系統は諸説ある)を使う。
② **日本人以外の民族**…他の民族や外国人もくらしている。
　├**アイヌ民族**…古代には東北以北，江戸時代には北海道以北に住んでいた先住民族。独自の言語をもつが，文字はない。日本人による同化政策で，減少。
　└**在日韓国・朝鮮人(コリアン)**…日本が1910年に朝鮮を植民地にしたことなどで，日本に移った人々の子孫。

2 民族の共生へ　平和的な共存，共栄が重要。

2 日本の領土問題 テストに出るぞ！

1 北方領土　国後島，択捉島，歯舞群島，色丹島の北方四島。日本固有の領土だがロシアが占領。返還を要求。

2 竹島
日本固有の領土。韓国と対立。

3 尖閣諸島
日本固有の領土。中国と対立。

*①〜⑱は，地図中の番号に対応。
① グアンタナモ…アメリカが租借。キューバが返還を要求。
② ベリーズ×グアテマラ。
③ ガイアナ×ベネズエラ。
④ ペルー×チリ。
⑤ フォークランド諸島…イギリス×アルゼンチン。
⑥ イギリス領ジブラルタル…イギリス×スペイン。
⑦ 西サハラ…モロッコが領有主張。
⑧ シャトルアラブ川…イラン×イラク。
⑨ オガデン…エチオピア×ソマリア。現在，エチオピア領。
⑩ 中国×インド。
⑪ カシミール地方…インド×パキスタン。休戦ラインで分割。
⑫ 中国×ロシア。友好条約で解決。
⑬ 北方領土…日本×ロシア。
⑭ 竹島…日本×韓国。
⑮ 尖閣諸島…日本×中国。
⑯ 南沙群島…周辺各国が領有を主張。海底油田がある。
⑰ 東ティモール…2002年独立。
⑱ 南極大陸…1959年の南極条約で領有権の主張は凍結。

○世界のおもな領土(国境)問題

テスト直前チェック　定期テストにかならず役立つ！

1. □ 学校や公園は，産業関連社会資本と生活関連社会資本の，どちらか？
2. □ 都市貧困層が多くくらす不良住宅街のことを，何というか？
3. □ 都市化の時期が早く，荒廃の恐れもある都市内部を，何というか？
4. □ グリーンベルトとニュータウンでおなじみの，ロンドンの都市計画は？
5. □ 国内第２位の都市との格差が大きく，人口などが集中する都市を，何というか？
6. □ ムスリムの女性が全身をおおう黒い布を，何というか？
7. □ アジアの女性の民族衣装。ベトナムはアオザイ，下の写真⑩の朝鮮半島の民族衣装は？
8. □ 薄く焼いてトルティヤ，具を入れてタコス。この穀物は？
9. □ 熱帯の焼畑農業で栽培され，タピオカに加工される作物は？
10. □ ムスリムは豚肉を食べない。ヒンドゥー教徒が食べない肉は？
11. □ 木の骨組みに羊毛のフェルトでおおった，モンゴルの移動式テントは？
12. □ インドが発祥で，中国を経由して日本へ伝えられた，仏教の宗派は？
13. □ アジアが中心で外見的に黄色の皮膚，黒い毛髪の人種を，何というか？
14. □ 南アフリカ共和国でかつておこなわれていた人種隔離政策を，何というか？
15. □ 三大世界宗教は，キリスト教と仏教，あと１つは何か？
16. □ ラテン系民族とラテンアメリカを中心に信仰されるキリスト教の宗派を，何というか？
17. □ ベトナム以外のインドシナ半島やスリランカで信仰される，仏教の宗派は？
18. □ 民族ごとに信仰される民族宗教のうち，おもにインドで信仰される宗教は？
19. □ 日本の先住民族で，東北から北海道に居住していたのは何民族か？
20. □ ロシアが占拠して，日本が返還を求めている島々を，まとめて何というか？

解答

1. 生活関連社会資本
2. スラム
3. インナーシティ
4. 大ロンドン計画
5. 首位都市（プライメートシティ）
6. チャドル
7. チマ，チョゴリ
8. とうもろこし
9. キャッサバ（マニオク）
10. 牛肉
11. ゲル
12. 大乗仏教
13. モンゴロイド
14. アパルトヘイト
15. イスラーム（イスラム教）
16. カトリック
17. 上座部仏教
18. ヒンドゥー教
19. アイヌ民族
20. 北方領土（北方四島）

テストに出る写真 チェック⑩

12章　民族，領土問題

Test Time　動く大地か？　動かない大地か？

答→p.271

1 右の写真は，ウルルとよばれる，長さ3km，幅2.5km，比高355mの世界最大級の一枚岩です。この写真の説明として正しくないものを，次から1つ選びなさい。

① 古来よりオーストラリア先住民アボリジニーの聖地とされたが，エアーズロックとよばれて観光地にもなっている。
② オーストラリア卓状地とよばれる安定陸塊の大平原の上に，侵食からとり残された残丘である。
③ 環太平洋造山帯の活動によってできた巨大な褶曲山地で，周囲は地震活動のさかんな変動帯となっている。

2 右の写真は，世界最高峰のエヴェレスト山です。この写真の説明として正しくないものを，次から1つ選びなさい。

① 新期造山帯のアルプス＝ヒマラヤ造山帯の中に含まれ，8800m以上の高さがある。
② 2つの大陸プレートが衝突してせり上がる形で形成された山脈の一部をなし，周辺では，現在なお，地殻の活発な活動がみられる。
③ 地殻の断層運動によって形成された巨大な山脈にあり，この山の両側も，そそり立つ断層崖によって区切られている。

（ネパール名はサガルマータ，中国＝チベット名はチョモランマ）

174　2編　現代世界の系統地理的考察

Test Time 雨が降るのは雨季？夏？冬？

答 → p.271

3 右の写真は，ケニアの自然公園です。この写真の説明として正しくないものを，次から1つ選びなさい。

① この地域では，季節は2つしかない。すなわち，熱帯収束帯におおわれ雨が多い雨季と，亜熱帯高圧帯におおわれて乾燥する乾季である。

② 丈(たけ)の高い草原の中に，乾燥に強い5～10mの樹木がまばらに生えている。バオバブ，アカシアなどの樹木で，乾季には落葉する。

③ アマゾン川流域ではセルバ，東南アジアやアフリカにはジャングルとよばれるところもある。近年，熱帯林が減少して，草原に移行した。

4 右の写真は，ポルトガルのコルクがしからコルクを採取するようすです。この写真の説明として正しくないものを，次から1つ選びなさい。

① この地域は，冬は亜熱帯高圧帯の下で高温乾燥となるが，夏はおもに偏西風(へんせいふう)が雨をもたらしている。

② 比較的やせた赤色土～黄色土が多いが，石灰岩(せっかいがん)地域には，石灰岩が風化したテラロッサという土壌(どじょう)が分布している。

③ 日本では，野原は夏に緑になり，冬は褐色(かっしょく)になるが，この地域では，反対に，冬の野原は草がしげって緑になり，夏は枯(か)れて褐色になる。

175

Test Time 食料や工業製品 どこで？ 何が？

答 → p.271

5 右の図は，小麦，じゃがいも，キャッサバの栽培地を示しています。この図についての説明で，正しくないものを，次から1つ選びなさい。

① Xの作物は，比較的雨の少ない冷涼地に適しており，土壌は肥えている方がよい。パン，パスタ，麺類などとして，世界の主要な食料となっている。

② Yの作物は，高緯度で栽培されている。ヨーロッパ原産の作物のじゃがいもである。

③ Zの作物は，アフリカなど熱帯を中心に栽培されているので，キャッサバである。

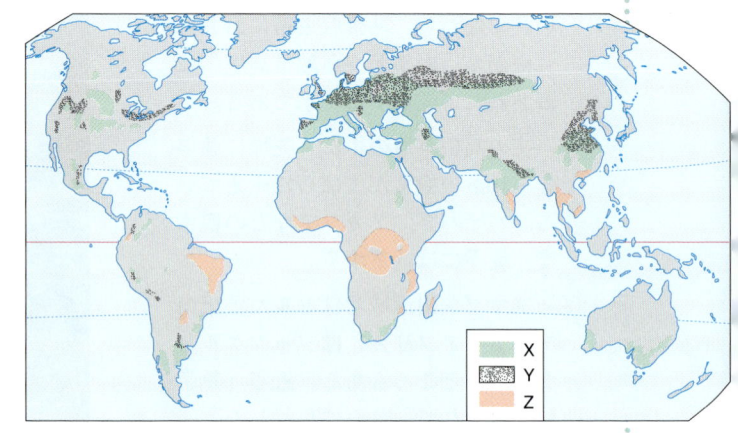

凡例：X, Y, Z

---

6 右の図は，日本の自動車メーカーの海外工場（自動車・2輪車・部品を含む）のアジアでのおもな分布を示しています。この図についての説明で，正しくないものを，次から1つ選びなさい。

① 右の図中の日系自動車メーカーの海外工場がある国のうち，中国（台湾を含む）とインド以外の国はすべてASEAN加盟国である。

② 右の図中の日系自動車メーカーの海外工場で生産される自動車などは，すべてアジア向けのもので，日本へ逆輸入はされない。

③ 日系自動車メーカーの海外工場のうち，3割以上が中国（台湾を含む）にある。

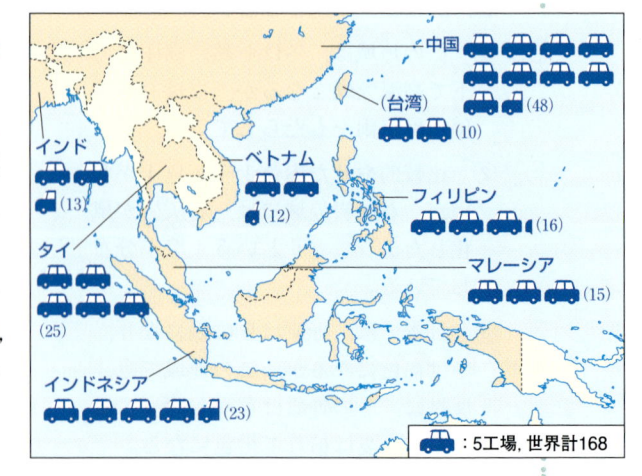

中国、台湾 (48)、インド (13)、ベトナム (12)、台湾 (10)、フィリピン (16)、タイ (25)、マレーシア (15)、インドネシア (23)

🚗：5工場，世界計168

176　2編　現代世界の系統地理的考察

Test Time
このままで大丈夫か？これからの地球環境　答→p.271

7 右の写真は，古代ギリシャのパルテノン神殿です。この写真の説明として正しいものを，次から1つ選びなさい。

① この遺跡の周辺は，広大な森林でおおわれていたが，中世以来の少雨の傾向で，すべて枯れてしまった。

② この遺跡は，地球の温暖化の影響をうけて，少しずつくずれているので，保存方法をめぐって国際会議が開かれている。

③ この遺跡は，地中海地方に多い大理石でつくられている。しかし，酸性雨のために，石が少しずつとけていて，大きな問題になっている。

---

8 右の写真は，熱帯林の伐採(ばっさい)の様子を示しています。この写真に関連することがらとして正しいものを，次から1つ選びなさい。

① 熱帯林が減少すると，空気中の酸素が増加し，温室効果によって，地球が温暖化する。

② 森林は巨大なダムの役割をしている。水を一時的に貯(たくわ)えてから，下流に流す。ダムである森林がなくなると，地球全体の降水量の減少や，乾燥化が起こりうる。

③ 熱帯の森林は，一度失われても，気温や降水量にめぐまれているので，すぐに再生される。

Test Time 民族と宗教 世界は画一？ 多様？

答 → p.271

9 右の写真は，インドで使われているお札で，紙面には複数の言語で金額が示されています。この写真に関係することがらとして正しいものを，次から1つ選びなさい。

① インドのように多言語が使用されている国もあるが，世界の国の多くは単一民族で構成されているので，1つの言語しか使われない国の方が多い。

② 共通の言語は，同一集団としての自覚や連帯感といった，民族意識に大きく影響している。

③ 各言語は民族や地域に特有のもので，世界的に通用するような言語は存在しない。

10 右の写真は，モスクとよばれるイスラームの礼拝堂です。この写真に関連することがらとして正しいものを，次から1つ選びなさい。

① 世界で最も信者数が多く，イエスの教えをまとめた宗教。おもに，カトリック，プロテスタント，正教会の宗派にわけられる。

② インドでシャカが創始した宗教。インドから北方へ伝わったものは大陸経由で日本などへ，南方へは東南アジアなど島嶼部へ伝播した。

③ ムハンマドが創始し，『コーラン』を経典とする宗教。多数派のスンナ派と，少数派のシーア派がある。

178 2編 現代世界の系統地理的考察

3編

現代世界の地誌的考察

砂漠の近代都市・ドバイ

13章 現代世界の地域区分

1 地域に分けると，何が分かるか？ 地域区分でとらえる現代世界

▶例えばキミのクラスだって，運動部と文化部とクラブなし，地歴が得意か，理数が得意かなど，いろいろなポイントで分けられるだろう。

▶なるほど，地域をいくつかのポイントで区分すると，よりくわしい地域のすがたがみえてくるんだ。区分するポイントによって，みえるすがたがちがってくるからね。

1 地域の考え方

1 地域とは 人々の生活とまわりの環境とが1つにまとまっていて，他の土地と区別されるときの，その土地の範囲のこと。自然環境や政治，経済，文化など，ある特徴(指標)をもった広がりによって区分される。区分された地域は，おもに，**等質地域**と**機能地域**(結節地域)に分けることができる。

2 等質地域 ある指標について，同じ性質をもった範囲が広がっている地域のこと。なお，となりあう等質地域の境界は，地図などでは便宜上，明確な線が引かれているが，現実には，少しずつ変化していくものである。
例 ケッペンの気候区分のA気候，B気候の分布図(→p.53)，ホイットルセイの農業地域区分図(→p.65)など。

3 機能地域(結節地域) 等質地域とちがい，ある1つの機能によって，社会的に統一，統合されている場合，その地域を**機能地域**または**結節地域**という。機能地域は，人間の活動によってのみ形成される社会的，機能的な地域の考え方である。
例 大都市圏，通勤圏など。

地域 | 等質地域…同じ性質をもつ地域。**気候区分**など。
　　　　| 機能地域…機能的に統一された地域。**大都市圏**など。

プラスα

●**地域の単位**
どの指標によって区分するかで"地域"の大きさは変化する。州・大陸，文化などの大きな区分から，市区町村，通勤圏など小さな区分まで，指標によって地域の単位は異なる。

●**地域区分の考え方の変化**
かつては等質地域の区分がもっともポピュラーだったが，最近は都市圏の発達や交通，通信による地域の結びつきの強まりなどによって，機能地域を重視することが多くなっている。
なお，1つの地域は，見方によっては等質地域であるとも機能地域であるともいえる。したがって，その地域がどのような等質性や機能的な結びつきをもっているかをよく調べて，地域の特色を理解することが大切である。

180　3編　現代世界の地誌的考察

2 さまざまな地域区分

1 文化圏（文化地域）の区分 文化の類似性によって世界を区分する。文化圏は歴史的な性格が強く，永続する特性をもつ。

例
- 東アジア文化圏…中国文化を中心に形成。
- インド文化圏…インド，ヒンドゥー教を軸に形成。
- イスラーム文化圏…イスラームが社会の中心。
- ヨーロッパ文化圏…ギリシャ文化とローマ文化，キリスト教。

2 経済発展の区分 経済の発展状況によって区分する。
- 先進国………近代工業が発展し，経済的に豊かな国々。
- 発展途上国…経済が発展途上にある国々。

●地誌学習のための地域区分の例 〔覚え得〕
① 東アジア，東南アジア，南アジア
② 西アジアと北アフリカ
③ 中南アフリカ
④ ヨーロッパとロシア
⑤ アングロアメリカ
⑥ ラテンアメリカ
⑦ オセアニア

---

2 国って，いったい何だろう？ 現代の国家

▶ 海外旅行へ行くとき，必ず必要なものといえば，パスポート（旅券）。旅行中は，命のつぎに大切といわれる。なくしたら大変，とても面倒なことになってしまう。

▶ "世界は1つ"なんていわれるけど，じつは190以上の国が集まって世界ができている。

1 国とは何か

1 国の成立 〔テストに出るぞ！〕
① **国の3要素**…世界には190以上の国がある。独立国は，**領域，国民，主権**の3要素がそろうことで成立する。民族独立運動がさかんになるにつれて，国の数は増えつつある。
② **非独立国**…独立国といえないのが，**植民地**。このほか，**保護国**や**自治領**とよぶ地域があるが，これらの地域には，国家の3要素のうち，主権がないことが共通している。

2 国民（民族）のちがい
① **単一民族国家**…1つの国の国民が，すべて同じ民族であることだが，現実にはありえない。わが国にもアイヌ民族や在日韓国・朝鮮の人々など，複数の民族が存在する（→p.172）。
② **多民族国家**…多くの民族が混在している国。世界のほとんどすべての国があてはまるが，ロシア，中国，インドなどの大国は，民族の数も多い。アメリカの社会は**サラダボウル**にたとえられる（→p.236）。マレーシア（→p.212），ベルギー（→p.228），スイス（→p.228），カナダ（→p.240）なども，多民族国家の例としてよくあげられる。

プラスα

●**主権**
他国の干渉をうけることなく，領域と国民とを統治する権利のことを主権という。

●**増える国 なくなる国境**
旧ソ連は15の国に解体，ユーゴスラビアは7つの国に，チェコスロバキアやスーダンは2か国に分離など，世界の国は増えつつある。
一方，EUでは1993年から，ヒト，モノ，カネの移動が自由化された。国は存在するが，国境は事実上フリーになっている。つまり，国をなくすことが無理なら，せめて国境のカベを低くしていこう，ということなのだ。

13章 現代世界の地域区分 181

3 連邦か中央集権か
① **中央集権国家**…日本，中国，イタリア，フランス，イギリスなどのように，中央政府によってまとまっている国のこと。
② **連邦国家**…いくつかの地方政府があり，それらが1つにまとまっている国。アメリカがその典型。他には，スイス，ドイツ，ロシアなどの例がある。

4 先進国と発展途上国
国民1人あたりのGDP（国内総生産）などをもとに，経済の発展段階によって分類したもの。

> スイスの国土は九州よりも狭い。それでも連邦国家である。広大な国土をもつ中国は中央集権国家である。国が大きいか小さいかということと，連邦国家かどうかは，あまり関係ないことだ。

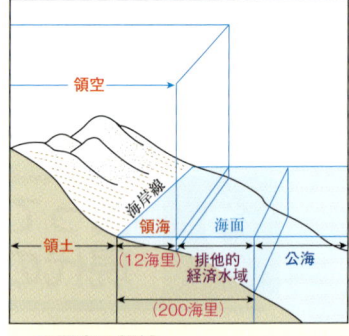

2 領 土

1. **領域** 国家の主権のおよぶ範囲。**領域＝領土＋領海＋領空**。
2. **領土** いわゆる**国土**。国家の領域中で最も基本となる。
3. **領海** かつては陸地から**3海里**（約5.6km）であったが，現在は，**12海里**（ただし，国によって異なる）。さらに，200海里の**排他的経済水域**が設定され，水産資源や海底の鉱産資源に関する主権が認められている。これらは，国連海洋法条約で規定された。
4. **領空** 領土と領海の上空。防衛，航空，観測上で重要。

3 国 境

1. **国境とは** 国家の主権のおよぶ限界として，資源の開発や防衛上で重要。大きく，**自然的国境**と**人為的国境**に分かれる。
2. **現代の国境** 昔は，一定の幅をもった**帯(Zone)** が多かったが，現在は大部分の国境は**線(Line)** となっている。
3. **自然的国境**

↑国家の領域

●**200海里水域** 〈覚え得〉
国連海洋法条約により，領海12海里とともに，200海里までの**漁業専管水域**や，鉱産資源の主権まで含めた**排他的経済水域**（EEZ：Exclusive Economic Zone）が認められている。
経済水域の外側の海洋は**公海**で，「**公海自由の原則**」が認められている。

種類	特色	代表例
山岳国境	山岳（とくに山脈）を利用した国境。隔離性は十分であるが，交流性におとる。ただし，アルプス山脈は，峠の交通が発達	**アルプス山脈**（スイス，イタリア，フランスなど），**ピレネー山脈**（フランス，スペイン），**アンデス山脈**（チリ，アルゼンチンなど），**エルツ山脈**（ドイツ，チェコ），**ズデーテン山脈**（ポーランド，チェコ），**パトカイ山脈**（ミャンマー，インド），**スカンディナヴィア山脈**（スウェーデン，ノルウェー）など
海洋国境	最も理想的とされる国境。交流性，隔離性ともにすぐれる	日本，フィリピン，イギリス，スリランカ，キューバ，ニュージーランド，キプロス，マダガスカル，アイスランドなどの**島国**
河川国境	古くから利用されてきたが，河道が変化しやすいので，紛争の原因にもなる（アメリカ，メキシコ間の**リオグランデ川**の紛争が有名）	**ライン川**（フランス，ドイツ，スイス），**ドナウ川**（スロバキア，ハンガリー，セルビア，ルーマニア，ブルガリア，モルドバなど），**メコン川**（タイ，ラオスなど），**アムール川**（中国，ロシア），**オーデル川**（ポーランド，ドイツ），**コンゴ川**（コンゴ，コンゴ民主共和国）など

4 人為的国境

種類	特色	代表例
数理的国境	**経緯度**によって，直線的に定められた国境。人口密度が低く経済価値の乏しい地方や紛争地に多い	アメリカ(本土)とカナダ(北緯49度)，アラスカとカナダ(西経141度)，エジプトとスーダン(北緯22度)など。アフリカ，西アジアの砂漠地帯にも多い
城壁国境	国防上から人工的に障壁や濠をつくって国境としたもの。軍事境界線	**万里の長城**(かつての中国辺境部)。古代ローマ帝国の城壁(ブリタニアのハドリアンウォール〈ハドリアヌスの長城〉)など
文化国境	民族(言語，宗教)の分布による境界	インドとパキスタン

3 地球は1つ，これが最終目標 国家群と国際協力

▶現在，世界には190以上の国がある。仲の良い国，悪い国などいろいろで，時には戦争や紛争もみられる。しかし，2度の大戦の経験を生かして，多くの国が協力しあっている。
▶ここでは，どんな国々のグループがあるか(あったか)，どんな国際協力がおこなわれているかを，みていこう。

1 世界の国家群

1 東西対立 第二次世界大戦後は，アメリカを中心とした資本主義の国々を「**西側**」，ソ連を中心とした社会主義の国々を「**東側**」とよんでいた。両者は政治的立場のちがいから，きびしい対立状況にあった。この時代を「**冷戦**」の時代という。

2 第三世界 資本主義の西側，社会主義の東側の国々のいずれとも軍事同盟を結んでいない，**非同盟・中立**の国々をいった。アジアやアフリカなどの発展途上国に多い。

3 現代の国家群 1989年に冷戦が終結し，その後の東ヨーロッパの民主化とソ連の解体(▶1991年)によって，従来の国家群の枠組みは大きく変化した。発展途上国も，**産油国**や**NIEs**(→p.97)などに分化しており，国家群は多様化している。

プラスα

●アジア＝アフリカ会議
史上，初めてのアジア，アフリカ諸国の国際会議。A＝A会議ともいう。1955年にインドネシアの**バンドン**で開かれた。反植民地主義，民族主義，平和共存などのスローガンを確認した。1961年の非同盟諸国首脳会議(第1回)をへて，非同盟・中立の第三世界(発展途上国)の国々のまとまりが形成された。

2 国家間の結びつき

1 先進国の結びつき 〈テストに出るぞ！〉
① **北大西洋条約機構**(**NATO**)…アメリカ，ヨーロッパ諸国による軍事同盟。1949年に結成。NATOに対抗してつくられた旧ソ連中心の**ワルシャワ条約機構**は，1991年に解体した。

② **経済協力開発機構(OECD)**…西ヨーロッパ復興のために結成された**OEEC**が改組され，1961年に結成。先進国が加盟し，経済協力や発展途上国への支援をおこなう(→p.129)。
▶ヨーロッパ経済協力機構→p.129

③ **欧州連合(EU)**…ヨーロッパの地域的結合(→p.224)。

④ **ヨーロッパ自由貿易連合(EFTA)**…ECに対抗して結成された経済協力組織。有力国の脱退で，EUとの結合を強めている。
▶欧州共同体

⑤ **ヨーロッパ安保協力機構(OSCE)**…1975年以来，全ヨーロッパ諸国の安全保障と協力関係を進めてきた。冷戦の終結をうけて，1990年にパリ憲章が調印され，事務局などが設置された。加盟国は50か国をこえる。

⑥ **主要国首脳会議(サミット)**…1970年代の石油危機などをきっかけに，1975年からおこなわれている先進国の首脳会議。アメリカ，イギリス，フランス，ドイツ，イタリア，日本のG6からはじまり，現在は，G8(＋カナダ，ロシア)とEU委員長が，年に1回集まり国際問題について協議している。

⑦ **G20サミット(20か国・地域首脳会合)**…世界金融危機の深刻化をうけて，2008年からG8，EU，新興経済国11か国のグループで開催されている。別名，金融サミット。

●**経済相互援助会議**
　略称は**COMECON**。アメリカ中心のOECDに対して，ソ連中心の経済同盟。工業生産の分業などを進めた(→p.232)。東ヨーロッパ諸国，モンゴル，キューバ，ベトナムが加盟していたが，1991年に解体された。

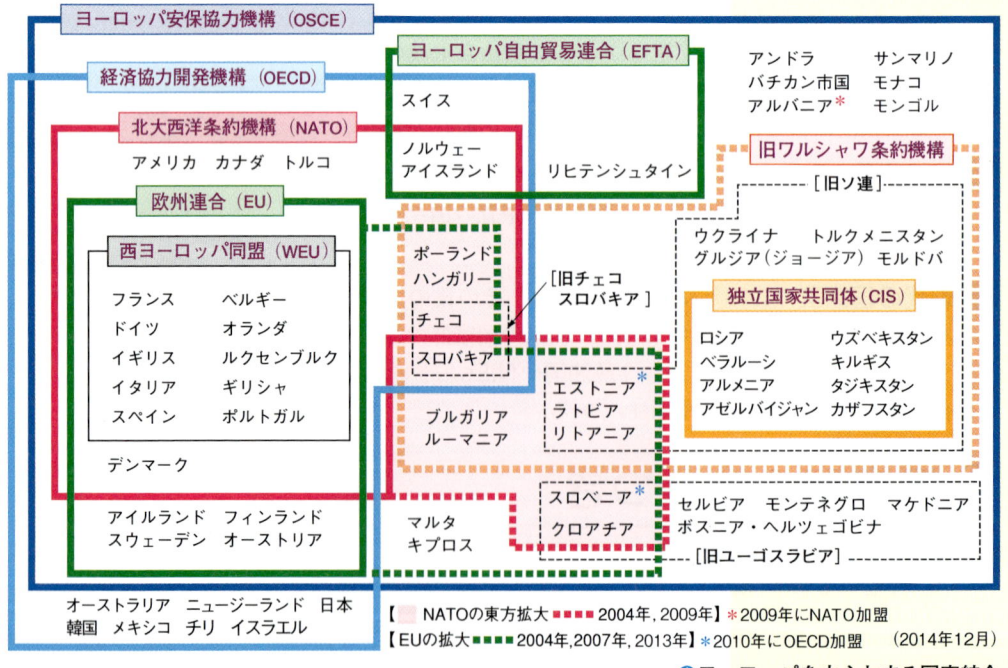

↑ヨーロッパを中心とする国家結合

2 いろいろな地域的結合

① **東南アジア諸国連合(ASEAN)**…政治，経済面で協力するため，1967年に結成。ASEAN自由貿易地域(AFTA)の形成などをめざしている。10か国が加盟(→p.212)。

② **アラブ連盟(AL)**…アラブ諸国の関係強化を目的とする。アラブ民族主義の色彩が強い。

③ **アフリカ連合(AU)**…アフリカ統一機構(OAU)が2002年に改組して成立。アフリカ諸国の連帯を目的とする。

④ **北米自由貿易協定(NAFTA)**…アメリカ，カナダ，メキシコ3国で，自由市場をめざす。1994年結成(→p.240)。

⑤ **米州機構(OAS)**…アメリカを中心とする南北アメリカ諸国の安全保障が目的。1951年結成。

⑥ **ラテンアメリカ**…いくつかの経済協力組織がある。
- ラテンアメリカ経済機構(SELA)…経済協力。
- ラテンアメリカ統合連合(ALADI) ┐ 市場統合を
- 中央アメリカ共同市場(CACM)   ┘ めざす。
- 南米南部共同市場(MERCOSUR)…ブラジル，アルゼンチン，ウルグアイ，パラグアイ，ベネズエラの関税同盟。すでに域内は無関税。

⑦ **アジア太平洋経済協力会議(APEC)**…環太平洋地域で経済協力を進める。1989年に発足し，1993年から毎年開催。

⑧ **石油輸出国機構(OPEC)**…主要な産油国が，自国資源の利益を守るため，1960年に結成した。12か国が加盟。

⑨ **アラブ石油輸出国機構(OAPEC)**…アラブ産油国が経済的により強く協力するため1968年に結成。第4次中東戦争時には，OAPECが原油の供給量を制限し，OPECが価格を引き上げたため，石油危機(オイルショック)をもたらした。

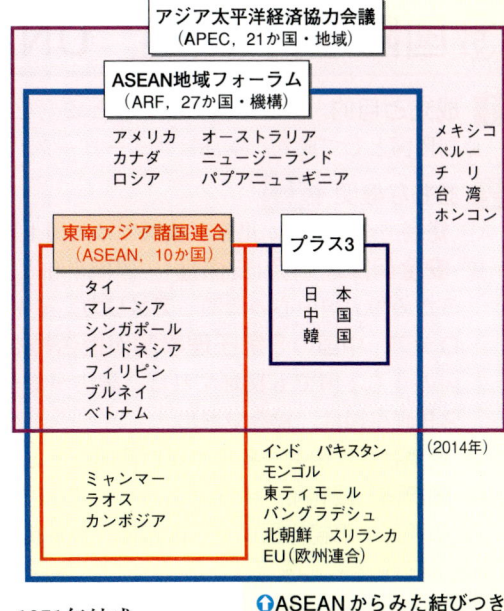

ASEANからみた結びつき

アジア太平洋経済協力会議 (APEC, 21か国・地域)
- ASEAN地域フォーラム (ARF, 27か国・機構)
  - アメリカ　オーストラリア
  - カナダ　ニュージーランド
  - ロシア　パプアニューギニア
- 東南アジア諸国連合 (ASEAN, 10か国)
  - タイ
  - マレーシア
  - シンガポール
  - インドネシア
  - フィリピン
  - ブルネイ
  - ベトナム
  - ミャンマー
  - ラオス
  - カンボジア
- プラス3
  - 日本
  - 中国
  - 韓国
- メキシコ　ペルー　チリ　台湾　ホンコン
- インド　パキスタン　モンゴル　東ティモール　バングラデシュ　北朝鮮　スリランカ　EU(欧州連合)

(2014年)

●**アラブとは？**
アラビア語を使用し，おもにイスラームを信仰する人々のことを，アラブ人という。アラブ人が多く居住する，西アジアから北アフリカにかけての国々は，アラブ諸国とよばれる。

アラブ連盟，OPEC，OAPECの加盟国

アラブ連盟に加盟しているPLOは，パレスチナ解放機構のことで，国家扱いになっている。OPECのうち，インドネシアは2009年から一時脱退。

石油輸出国機構（OPEC）
- ベネズエラ　イラン
- ナイジェリア　アンゴラ
- エクアドル

アラブ石油輸出国機構（OAPEC）
- イラク　サウジアラビア
- クウェート　リビア
- カタール　アルジェリア
- アラブ首長国連邦
- バーレーン　エジプト
- シリア

アラブ連盟（AL）
- レバノン　オマーン　PLO
- ヨルダン　ソマリア
- モロッコ　モーリタニア
- イエメン　ジブチ
- スーダン　コモロ　チュニジア

13章　現代世界の地域区分

③ 国際連合（国連，UN）

1 成立と目的 1945年，世界平和と安全を目的に，51か国を原加盟国として成立。本部はニューヨーク。United Nations。
▶略してUN。

2 おもな機関 <テストに出るぞ！>

① **総会**…全加盟国が出席。投票では1国1票をもつ。
② **安全保障理事会（安保理）**…国際平和と安全の維持をはかるための大国中心の機関。**アメリカ，イギリス，フランス，ロシア，中国**の**5常任理事国**が**拒否権**をもつ（5常任理事国のうち1国でも反対すれば，議決ができなくなる）。10非常任理事国は，総会で選出。
▶5大国は改選がない＝常任理事国
③ **経済社会理事会**…各種の専門機関などと連携。
④ **国際司法裁判所**…オランダのハーグ。国家間紛争に対処。
⑤ **事務局**…事務総長以下，国連運営の事務機関。

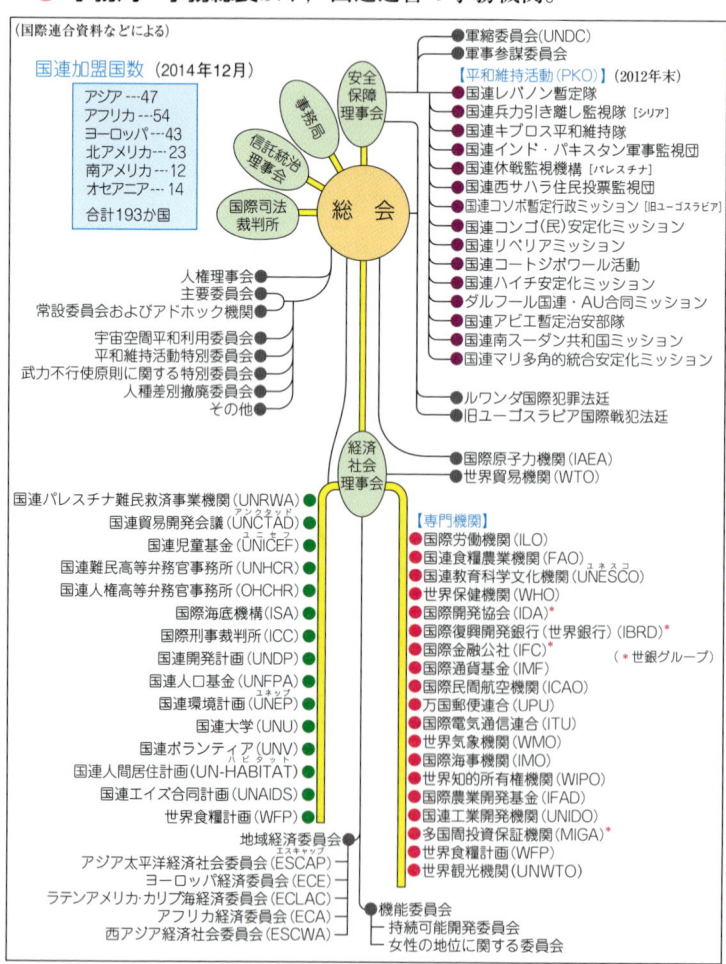

● 世界の条約「国連憲章」
　国連憲章は，二度の世界大戦を防げなかった反省をもとに，世界の平和と安全を目的につくられた条約だ。国連憲章には，①国際平和と安全の維持，②諸国間の友好関係の促進，③経済的，社会的，文化的，人道的な国際問題の解決，がうたわれている。

● 国連平和維持活動
　略称はPKO。紛争地域で休戦や選挙などの監視，治安の維持などの任務をおこなう。各国から要員の派遣をうけ，中立の立場で行動する。
　日本は，1992年から自衛隊などの派遣を通して，協力をおこなっている。

（国際連合資料などによる）

国連加盟国数（2014年12月）
- アジア…47
- アフリカ…54
- ヨーロッパ…43
- 北アメリカ…23
- 南アメリカ…12
- オセアニア…14
- 合計193か国

安全保障理事会
- 軍縮委員会(UNDC)
- 軍事参謀委員会

事務局

信託統治理事会

国際司法裁判所

総会

【平和維持活動(PKO)】（2012年末）
- 国連レバノン暫定隊
- 国連兵力引き離し監視隊〔シリア〕
- 国連キプロス平和維持隊
- 国連インド・パキスタン軍事監視団
- 国連休戦監視機構〔パレスチナ〕
- 国連西サハラ住民投票監視団
- 国連コソボ暫定行政ミッション〔旧ユーゴスラビア〕
- 国連コンゴ(民)安定化ミッション
- 国連リベリアミッション
- 国連コートジボワール活動
- 国連ハイチ安定化ミッション
- ダルフール国連・AU合同ミッション
- 国連アビエ暫定治安部隊
- 国連南スーダン共和国ミッション
- 国連マリ多角的統合安定化ミッション

- ルワンダ国際犯罪法廷
- 旧ユーゴスラビア国際戦犯法廷

- 人権理事会
- 主要委員会
- 常設委員会およびアドホック機関
- 宇宙空間平和利用委員会
- 平和維持活動特別委員会
- 武力不行使原則に関する特別委員会
- 人種差別撤廃委員会
- その他

- 国際原子力機関(IAEA)
- 世界貿易機関(WTO)

経済社会理事会

- 国連パレスチナ難民救済事業機関(UNRWA)
- 国連貿易開発会議(UNCTAD)
- 国連児童基金(UNICEF)
- 国連難民高等弁務官事務所(UNHCR)
- 国連人権高等弁務官事務所(OHCHR)
- 国際海底機構(ISA)
- 国際刑事裁判所(ICC)
- 国連開発計画(UNDP)
- 国連人口基金(UNFPA)
- 国連環境計画(UNEP)
- 国連大学(UNU)
- 国連ボランティア(UNV)
- 国連人間居住計画(UN-HABITAT)
- 国連エイズ合同計画(UNAIDS)
- 世界食糧計画(WFP)

【専門機関】
- 国際労働機関(ILO)
- 国連食糧農業機関(FAO)
- 国連教育科学文化機関(UNESCO)
- 世界保健機関(WHO)
- 国際開発協会(IDA)*
- 国際復興開発銀行（世界銀行）(IBRD)*
- 国際金融公社(IFC)*　　（*世銀グループ）
- 国際通貨基金(IMF)
- 国際民間航空機関(ICAO)
- 万国郵便連合(UPU)
- 国際電気通信連合(ITU)
- 世界気象機関(WMO)
- 国際海事機関(IMO)
- 世界知的所有権機関(WIPO)
- 国際農業開発基金(IFAD)
- 国連工業開発機関(UNIDO)
- 多国間投資保証機関(MIGA)*
- 世界食糧計画(WFP)
- 世界観光機関(UNWTO)

- 地域経済委員会
  - アジア太平洋経済社会委員会(ESCAP)
  - ヨーロッパ経済委員会(ECE)
  - ラテンアメリカ・カリブ海経済委員会(ECLAC)
  - アフリカ経済委員会(ECA)
  - 西アジア経済社会委員会(ESCWA)
- 機能委員会
  - 持続可能開発委員会
  - 女性の地位に関する委員会

● 国連の組織と加盟国数
　独立国（日本が承認している国）で国連未加盟はバチカン市国，コソボ，クック諸島。

テスト直前チェック　定期テストにかならず役立つ！

1. □ 世界の地域区分，経済の状況で区分すると，先進国と何に分けられるか？
2. □ 世界の独立国の数は？　およそ150？　190？　220？　どれがいちばん近いか？
3. □ 国家が成立するのに必要なのは，領域と国民，あと1つは？
4. □ 多くの民族が混在している国のことを，何国家というか？
5. □ 国家の権力のおよぶ範囲は，領土と領空，あと1つは？
6. □ 排他的経済水域は，何海里まで認められているか？
7. □ 公海は，どこの国でも通行OK。これを何の原則というか？
8. □ スイス，フランス，イタリアの国境になっている山脈は？
9. □ 山や海や川を利用。わかりやすいこの国境，何的国境というか？
10. □ アメリカ中心の「西側」と旧ソ連中心の「東側」。両者の対立した時代を，何という？
11. □ アメリカやヨーロッパ諸国による軍事同盟。アルファベットで何というか？
12. □ 先進国が加盟し，経済協力や発展途上国への支援をおこなう組織を，何というか？
13. □ 加盟国どうしは，パスポートなしで国境が越えられるEU。正式名称を漢字で書くと？
14. □ 1975年から毎年おこなわれている，先進国の首脳会議を，カタカナで何というか？
15. □ 東南アジア10か国が加盟する地域協力組織。アルファベットで何というか？
16. □ 1960年に結成された，産油国の利益を守るための組織を，アルファベットで何というか？
17. □ 右下の写真⑪の旗は，1945年に成立した何という組織のものか？
18. □ 問17の本部がある都市は，どこか？
19. □ 安全保障理事会で，米，英，仏，ロ，中の5か国は，何理事国とよばれるか？
20. □ UNESCO，WTO，CIS，UNICEF。問17の機関でないのは，どれか？

解答

1. 発展途上国
2. 190
3. 主権
4. 多民族国家
5. 領海
6. 200海里
7. 公海自由の原則
8. アルプス山脈
9. 自然的国境
10. 冷戦（の時代）
11. NATO（ナトー）
12. 経済協力開発機構（OECD）
13. 欧州連合
14. サミット
15. ASEAN（アセアン）
16. OPEC（オペック）
17. 国際連合（国連）
18. ニューヨーク
19. 常任理事国
20. CIS（独立国家共同体）

テストに出る写真　チェック⑪

13章　現代世界の地域区分　187

シグマ先生の世界巡り

【 ②世界の国々 】

インターネットやテレビなど，今では世界のようすは，家にいても分かる。じゃ，なぜ人は旅に出るんだろうか？ きっと，風や音，人とのふれ合い，とびかう言葉など，そこでないと体験できないことがあるからだと思う。

▲シャンハイの繁華街ナンキン通り（南京路）

広い中国

　中国は，人口14億人。だけど，広い国だから，地域によってようすもちがう。**シャンハイ**のように人口が集中し，人もクルマも工場も会社も満杯（まんぱい）の大都市もあれば，**内モンゴル**のように，わずかな数の人々が牧畜をおこなう地域もある。

　一般に中国は，東部の海岸沿いの平地に人口や商工業が集中し，西部の高原や山地は，乾燥（かんそう）気味で，牧畜をおこなうわずかな人々がいるだけ。

　そこで，農耕には向かないけれど，天然資源が豊富で広大な西部地域を活用・発展させるための，「**西部大開発**」がおこなわれている。でも，環境問題などは大丈夫か，おとなりのニッポンとしても気になるところ。

東アジアの旅

▼コイリン[桂林]（けいりん）の水田と連山

朝鮮半島の伝統的な生活 ▶

近くて遠い国 ── 大韓民国, 朝鮮民主主義人民共和国

　朝鮮半島は, 昔から日本との交流があった。いろいろな文化が伝えられ, 多くの人やものがいきかった。

　その朝鮮半島を, 日本は1910年から植民地支配した。1945年に日本の支配が終わって, すでに70年ほどたった。しかし, わだかまりは消えていない。経済や文化の交流がおこなわれ, ワールドカップを共催していても。

　近くの国で, だけど文化がちがうところも多いということが, 案外わかっていないのかも。日本で普通のタタミの部屋も, 朝鮮半島では床は板ばりで,「床下暖房」のオンドルがよくみられる。日本ではひらがな, カタカナを使うが, 朝鮮半島では**ハングル**という表音文字を使う。

▼ 韓国の首都ソウルの繁華街ナムデムン[南大門]市場

東南アジア〜西アジアの旅

▲バンコク(タイ)の仏教寺院で祈る人々

▼バンコクの仏教寺院

▼クアラルンプール(マレーシア)のイスラームのモスク

宗教のモザイク──東南アジア

東南アジアは,国によって宗教のちがいがある。例えば,仏教。日本とちがい,**上座部仏教**といって,厳格な戒律(ルール)がある。**タイ,ラオス,カンボジア,ミャンマー**などに広がる。

イスラーム(イスラム教)は,**インドネシアやマレーシア,ブルネイ**に広がる。ムスリム(イスラム教徒)に豚肉はタブーだが,中国系住民にとって,肉といえば豚肉。お酒もムスリムにはNG。食べもの,飲みものでも,いろいろ気を使う。

三大世界宗教の残りの1つ,**キリスト教**はどうか。東南アジアでキリスト教? という気がするが,じつは**フィリピン**は,キリスト教徒が多い。かつて,スペインの植民地だった名残だ。

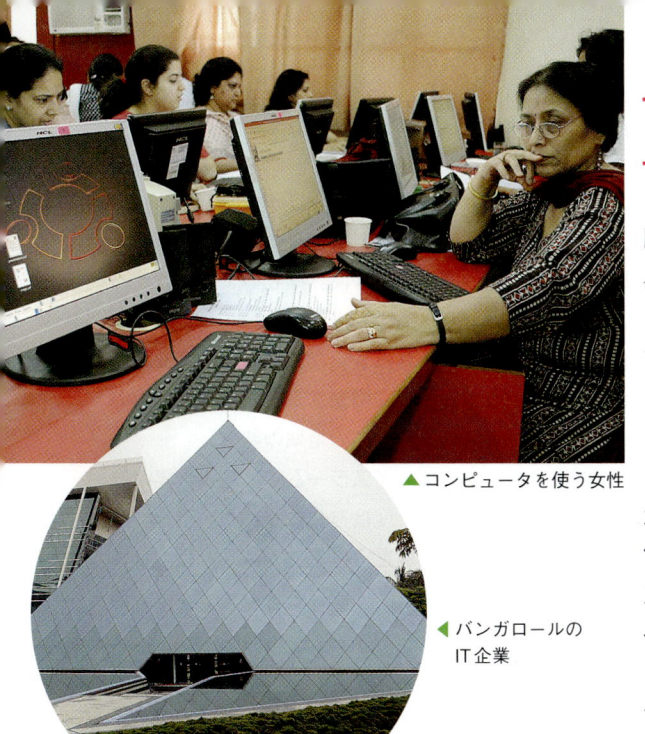

ITと貧富の差 ── インド

インドは大国だ。人口が12億人をこえる。中国に次いで、世界で第2位。でも、まもなく世界一になるという。

自前の技術で、ロケットを打ち上げられる。いいことじゃないけど、核兵器もつくった。コンピュータのソフト開発も一流だ。科学大国でもあるんだ。

ところが、その一方で、国民の多くは貧しい。**カースト制度**という身分制度が根強く残り、貧富の差も大きい。路上で生活している**ホームレス**の人々も多い。みんながおなかいっぱいに食べられる国じゃない。

ハイテクと、大部分の貧しい国民が共にくらすのが、インドなんだ。

▲コンピュータを使う女性

◀バンガロールのIT企業

▼コルカタの路上でのくらし

サバクとイスラームと石油——西アジア

西アジアは乾燥地帯。**サバク**と**ステップ**が広がる。サバクは砂漠じゃないかって？　うん。でも世界の砂漠の多くは，左の写真のように，礫砂漠や岩石砂漠。砂丘のような砂サバクはむしろ少数派だ。

乾燥地帯の中で，水の得られる貴重なところが**オアシス**。農業もできるし，かつては古代文明がさかえた。地下水路の**カナート**を利用した灌漑農業も，この地域の特色。

そしてここの宗教といえば，**イスラーム**で，三大世界宗教の1つだ。**メッカ**は，一生に一度は巡礼に訪れたい聖地。巡礼すれば，ハジとよばれ，尊敬をうける。ムスリムは1日に5回，メッカに向かい礼拝する。それほどこのメッカは大切なところだ。

オアシスの農業と，羊の遊牧以外で，この地の経済を支えるのが**石油**だ。原油埋蔵量の50％近くを，西アジアが占める。この石油が，時として重要な戦略物資ともなる。

▲モロッコの砂漠

地下水路カナート▲▶

▼カーバ神殿のあるメッカのハラムモスク（サウジアラビア）

アフリカの旅

◀ ジェンネの大モスク(マリ)
日干しレンガと泥でできている。

アフリカの北と南

サハラ砂漠以北の地域(北アフリカ)には、**イスラーム**を信仰し、**アラビア語**を使う人々が多くくらしている。地中海沿岸をのぞいてひじょうに乾燥していて、西アジア同様、サバクとステップが広がっている。サハラ砂漠の南縁地域は、**サヘル**とよばれ、砂漠化が進行している。

サハラ砂漠以南の地域では、かつての植民地時代の影響で、キリスト教を信仰する人々や、公用語に、英語やフランス語などを使用する国が多い。

中央部の赤道付近には、熱帯林が広がり、野生生物も多い地域だ。

▲ ヴィクトリア滝(ザンビア、ジンバブエ)
ザンベジ川中流にある世界三大瀑布の1つ。手前にある「溝」は過去のヴィクトリア滝である。滝は侵食によって少しずつ移動していて、現在は8番目の滝。

ダイヤモンド鉱山(ボツワナ)▼

豊かな資源と飢餓

アフリカ大陸には鉱産資源をはじめとする、豊かな資源が存在している。北アフリカの石油や、南アフリカ共和国の金、ボツワナのダイヤモンドなどは有名だ。しかし、アフリカは紛争地域が多く、**飢餓**人口も最も多い。貧困や経済格差など、アフリカが抱える問題は深い。

ヨーロッパ，ロシアの旅

▲ フォーブルサントノーレのエルメス本店（パリ）

ファッションの国は農業大国 ── フランス

　パリは花の都。ファッションの中心地だ。パリに**本拠**をかまえるブランドは数多い。パリ発で，世界に広がる流行は，ニューヨークやミラノ（イタリア）などとならび，たくさんある。

　パリの年配の女性は，おしゃれな人が多い。経済力のある，人生経験豊かなマダムが，高そうな服を身につけて，さっそうと歩く。

　若い女性は，貧しくても，一生懸命に工夫して，さすがパリジェンヌ!!という，自己主張を楽しむ。高価なブランド物は，年とってお金持ちになってからだ。

　そんなファッショナブルなパリから，郊外へ出ると，豊かな**農村地帯**が広がる。

　じつは，フランスはヨーロッパでもトップクラスの**農業大国**。国土の半分以上は農牧業に使っている。日本の12％と比べると，その規模のちがいがよくわかる。**チーズ**や**ワイン**というと，フランス産が有名だが，生産量でも世界有数。パンをつくる小麦も同じ。それはもう「売るほど」取れる。

　豊かな大地で**育**まれた感性が，世界の人々の心をつかむファッションに**活**かされているのかもしれない。

▼ プロバンス地方の小麦畑

アウトバーン──工業国ドイツ

　ドイツはヨーロッパ第一の**工業国**。2度にわたって，世界大戦の敗戦国となったが，奇跡ともいわれる復活をとげた。工業のレベルは高く，世界各国で「丈夫なドイツ製品」の評価も高い。
　クルマはメルセデス(ベンツ)やフォルクスワーゲン，BMW，ポルシェなど高級車からスポーツカーまで，日本でもたくさん売れている。そのドイツの高速道路が，**アウトバーン**。かつてはスピード制限がなかったが，現在は部分的に制限速度が設けられている。

▲ドイツのアウトバーン

▼ユーロ紙幣
　通貨記号は「€」。左下は2013年以降に導入された新紙幣。

広がるユーロ圏──EU

　世界をリードしてきた**ヨーロッパ**も，第二次世界大戦後その地位は低下してきた。狭い地域でいがみあっても…というわけで，さまざまな統一の試みがなされ，EECからEC，そして**EU**とまとまった。その1つの完成形が，統一通貨**ユーロ**だ。加盟国が1つの通貨で統合される意味や効果は，とても大きなものがある。
　近年，加盟国が増えるにつれ，国ごとの経済力の差も大きくなってきた。その差をどう克服し，統合をはかっていくか，重大な局面をむかえている。

共同でつくるジェット旅客機

　右の写真は，**エアバス**の翼(つばさ)の工場。エアバスは，ヨーロッパ各国で部品をつくって生産している(→p.105)。

195

▲ 地中海のミコノス島（ギリシャ）

ヨーロッパの南と北

　南ヨーロッパは，地中海性気候が広がる。夏は，砂漠なみの乾燥がつづく。気温も高いが，からっとしていて，日かげに入るとすっと汗がひく。この乾燥に耐えて，オリーブやぶどう，オレンジなどが栽培される。ぬけるような青い空と，輝く太陽。そして，白い壁の家々のまぶしいきらめき。絵に描いたようなリゾートだ。

　一方，北ヨーロッパは，フィヨルドが広く分布し，海の水は神秘的な雰囲気を漂わせる。北大西洋海流のおかげで緯度の割には暖かいとはいえ，冬の陽ざしはやはり乏しい。クリスマス，新年をむかえれば，昼の時間は増えていく。そのよろこびは，ひとしおだろう。北国の人たちは，太陽のめぐみを求めて，地中海へバカンスに行くことが多い。そして，長い滞在期間中，陽の光を堪能するのだ。

◀ 冬のストックホルム（スウェーデン）
12月の日の出は8時半過ぎ，日の入は15時前。日照時間は6時間と非常に短い。写真は新年をむかえた街のようす。

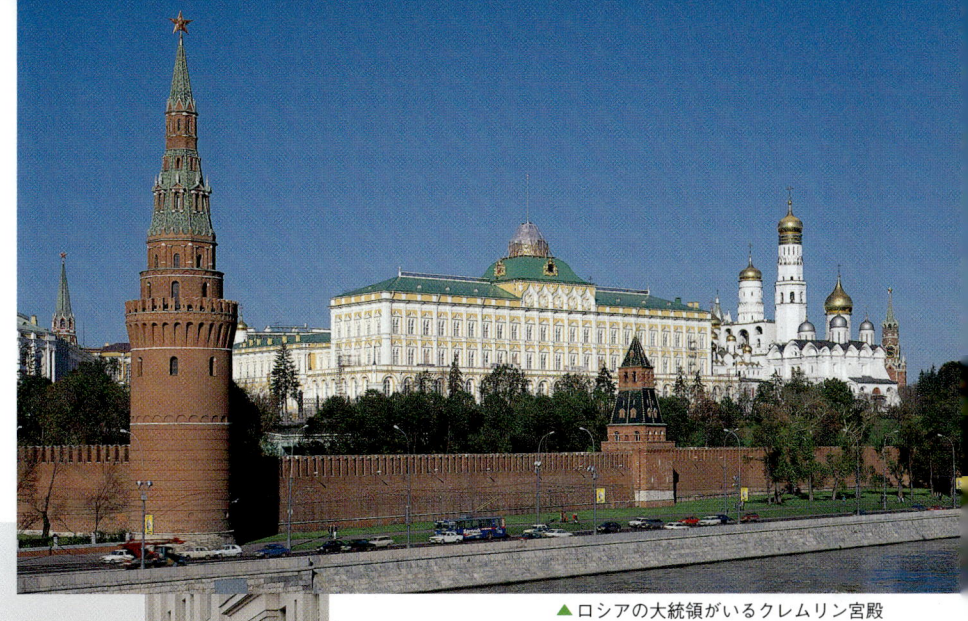

▲ロシアの大統領がいるクレムリン宮殿

悩める大国──ロシア

　世界最初の社会主義国**ソ連**は、かつてアメリカとならぶ世界のリーダーだった。しかし、1991年に社会主義体制は崩壊し、資本主義国**ロシア**になった。
　急激な経済体制の変化で、インフレ、物資不足、失業の嵐が人々をおそった。チャンスをつかんで、大金持ちになった人々をのぞくと、生活も苦しくなった。世界一の国土面積と、豊富な資源を活かして立ち直り、経済の発展に成功したが、かつての旧ソ連地域との関係など、課題も多い。

▲モスクワの繁華街アルバート通り

日本のご近所──シベリア

　ロシアは広い。1つの国で、9つの時間帯があり、8時間の時差がある。**ウラル山脈**より西はヨーロッパだが、東はアジア。とくに**シベリア**東部は、日本海を隔てて日本の隣国だ。
　ウラジオストクなど、シベリア東部の地域へは、日本の中古車がたくさん輸出されている。
　北方領土などロシアと日本の間にはいろいろ難しい問題も多いが、民間レベルではけっこう交流がみられる。

▲ウラジオストクの道路
ロシアでは日本とは逆に、車は右側通行である。右側通行の地域では、左ハンドルの車が一般的だが、右ハンドルの日本の中古車もたくさん走っている。

▲ニューヨーク証券取引所

世界の政治・経済の中心
―― アメリカ合衆国

　アメリカ合衆国の経済力は，とてつもなく大きい。国全体のGDP（国内総生産）の額は16兆ドル。日本の2倍以上になる。その経済の中心が**ニューヨーク**。アメリカ国内はもちろん，世界経済の中心地でもある。

　ウォール街は，金融の中心地であり，ニューヨーク証券取引所もここにある。株価（かぶか）の上下は，日本の景気にも大きな影響を与える。とくに，2001年9月の世界貿易センタービルに対するテロ事件や，2007年のサブプライムローン問題とそれにつづく2008年のリーマン・ショックは，世界経済に大きな影響を与えた。

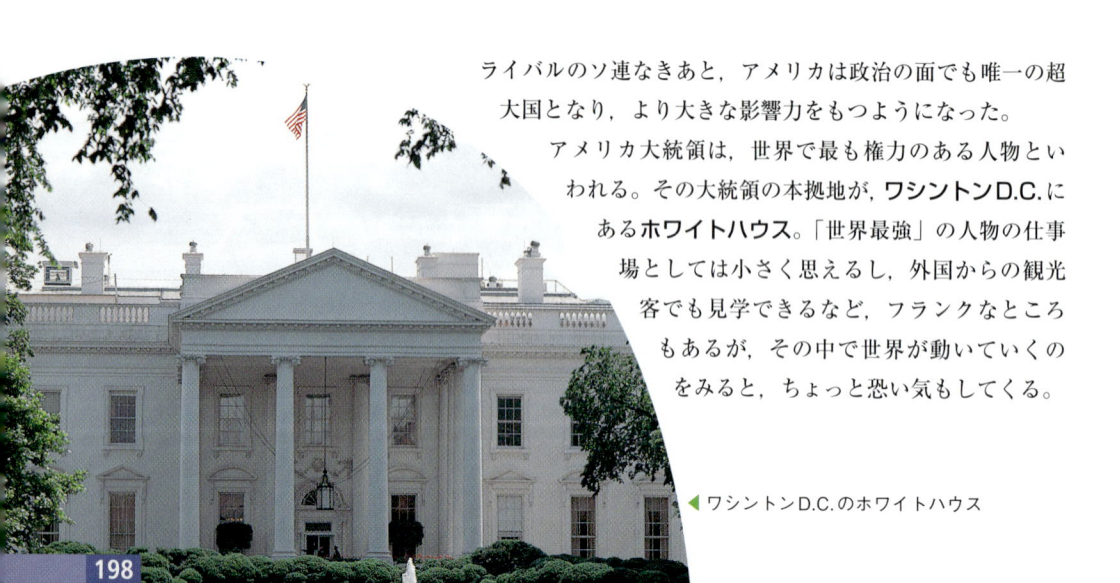

北アメリカの旅

　ライバルのソ連なきあと，アメリカは政治の面でも唯一の超大国となり，より大きな影響力をもつようになった。
　アメリカ大統領は，世界で最も権力のある人物といわれる。その大統領の本拠地が，**ワシントンD.C.**にある**ホワイトハウス**。「世界最強」の人物の仕事場としては小さく思えるし，外国からの観光客でも見学できるなど，フランクなところもあるが，その中で世界が動いていくのをみると，ちょっと恐い気もしてくる。

◀ワシントンD.C.のホワイトハウス

198

▲ ボーイング社の旅客機工場（シアトル）

先端工業でトップを走る ——アメリカ合衆国

　扇風機をつくるには，特別の技術や巨額の資本がいるというわけではない。しかし，同じ工業製品でも，ジェット旅客機となると，そうはいかない。

　航空宇宙産業，**電子工業**（エレクトロニクス），**生命工学**（バイオテクノロジー），**原子力産業**などの先端工業，ハイテクの分野では，アメリカの巨大企業が絶大な力をもっている。

　近年は，南部や太平洋岸の**サンベルト**とよばれる地域で工業がさかんになっている。とくに，**サンフランシスコ**近郊の**サンノゼ**周辺は，電子工業が集中し，**シリコンヴァレー**とよばれている。

▼シリコンヴァレー（マウンテンビュー）にあるGoogle本社

▶シリコンヴァレーのハイウェイ

199

▲大型コンバインによる穀物の収穫

農業でも大国 ──アメリカ合衆国

　アメリカは広い。広いだけではなく，国土の半分近くを**農業**に使っている。小麦，とうもろこし，大豆の輸出は世界一だ。国民が食べる量の何倍もの生産量をほこる。アメリカは，食べものの分野でも，世界の人々の命をにぎっている。

　アメリカの農業は，機械化が進み，大規模な企業的経営をおこなっているところが多い。**アグリビジネス**とよばれる農業関連企業は，生産や流通など各方面で大きな力をもっている。

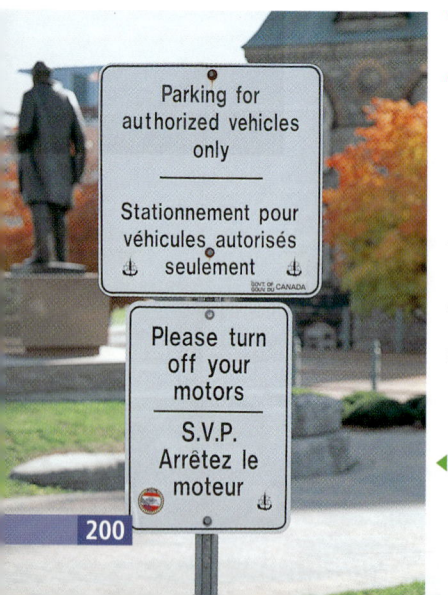

アメリカに近い大国 ──カナダ

　カナダは，アメリカとの関係が深い。農業はほとんどアメリカの延長線上にある。自動車も，アメリカと同じものが走っている。野球のメジャーリーグにも，カナダのトロントの球団が入っている。もちろん，英語も共通。

　その中で，**ケベック州**だけが異質だ。もとフランスの植民地で，**フランス系住民**が8割を占める。今でもカナダからの独立運動が根強くつづいているほど。アメリカ合衆国中心の北アメリカで，唯一の抵抗といえようか。

◀英語とフランス語が併記された交通標識(オタワ)

コーヒーの国から工業国へ
──ブラジル

　ブラジルといえばコーヒー。たしかに世界一の生産量をほこる。しかし，今ではラテンアメリカ一の工業国となった。輸出品の上位は自動車，機械，鉄鋼などで，コーヒー豆はずっと下位になった。

　豊かな鉱産資源と広い国土，2億人の人口が大きな力だ。

　サンバを舞うリオデジャネイロのカーニバル，伝統的に強いサッカー，貧しい時代に日本から移住した移民の日系人が150万人と，地球の裏側ではあるが，日本でもおなじみのことも多い。

　コーヒーの生産から発展した**サンパウロ**，世界三大美港の1つといわれる**リオデジャネイロ**が力をきそいあう。

▲リオデジャネイロのカーニバル

▶コルコバードの丘の
キリスト像
（リオデジャネイロ）

ラテンアメリカの旅

大動脈，パナマ運河
──パナマ

　1999年，**パナマ運河**がアメリカから**パナマ**へ返還された。

　太平洋と大西洋を結ぶこの運河は，25mの高低差があるため，閘門（こうもん）というとびらで水位を調節して船を通す。このため，船の大きさが制限されていて，通行量に限界があり，2007年から閘門の新設と拡幅（かくふく）工事がおこなわれている。日本は，運河利用上位国として，このプロジェクトに参加している。

▼タグボートに押されて運河を通る日本のコンテナ船

▲オーストラリアの牧羊

羊の国は、鉱工業の国へ
―― オーストラリア

　オーストラリアは「羊の背に乗った国」といわれる。その数7千万頭。人間の3倍以上。世界に輸出される羊毛の3分の1はオーストラリア産だ。

　ところが、近年オーストラリアは鉱工業のウエイトが高まり、とくに工業製品の輸出が増えている。豊かな鉱産資源も輸出され、「脱・羊」が進んでいる。広い国土と、豊かな資源がある国だ。

オセアニアの旅

　日本はかつて、オーストラリアの最大の貿易相手国だった。現在でも第2位だ。スーパーで、オージービーフってみたことはない？ オージーとは、オーストラリアのこと。**鉄鉱石**や**石炭**は、6割以上がオーストラリアから輸入されている。同じ、太平洋を取り囲む国として、日本とオーストラリアの関係は想像以上に緊密だ。

◀オーストラリアの鉄鉱石採掘（ピルバラ地区）

インド洋と南極の旅

水没の心配？
── モルディブ

　ダイビングの好きな人にとって，**インド洋**にうかぶ島国モルディブは有名だ。
　紺碧の空，グリーン色のおだやかな内海，白い砂浜。ビーチの砂の上でも，海中へもぐっても，まるで天国そのもの。目の前を横切る熱帯の魚たちのようすをみていると，わずらわしい日常の生活など，どこかへ飛んで行ってしまう。
　そのモルディブが，なくなってしまうという心配がある。犯人は，**地球温暖化**だ。二酸化炭素などが，温室効果をもたらし，海水面が上昇すると，海面すれすれの島々は水没してしまうおそれが強い。私たちの快適な生活が，1つの国をなくしてしまうことにもなってしまうんだ。

▼南極の氷河と海

氷河がとける？
── 南極大陸

　地球温暖化が進むと，氷河や**南極**の氷がとける。で，多くの土地が水没する。砂漠化が進む土地も増える。
　南極の一部の地域では，50年間で気温が2度以上，上昇した。日本の40倍もある南極大陸の氷がとけると，**海面上昇**も避けられないだろう。

14章 アジアとアフリカ

→朝日にそまる中国ペキンの中心部

凡例：
- 東アジア
- 西アジア
- 南アジア
- 東南アジア
- 中央アジア

→アジアの国々

ユーラシア大陸のアジアとヨーロッパを分けるボスポラス海峡とダーダネルス海峡

中央アジア：カザフスタン、ウズベキスタン、トルクメニスタン、キルギス、タジキスタン

西アジア：トルコ、キプロス、アルメニア、グルジア（ジョージア）、アゼルバイジャン、シリア、レバノン、イスラエル、ヨルダン、イラク、イラン、アフガニスタン、サウジアラビア、バーレーン、クウェート、カタール、アラブ首長国連邦、オマーン、イエメン

南アジア：パキスタン、カシミール地方、ネパール、インド、スリランカ、モルディブ

ユーラシア大陸とアフリカ大陸を分けるスエズ地峡

40°N

赤道

西アジア ほとんどが砂漠(ばく)の乾燥気候が広がっている。

水にめぐまれず，遊牧やオアシス農業が中心だが，原油にはめぐまれ，世界の原油の半分近くが，西アジアにねむっている。

OPEC（石油輸出国機構）やOAPEC（アラブ石油輸出国機構）に加盟する国が多く，世界のエネルギー事情に大きな影響を与えている。

ムスリムが多い。アラブ民族（ムスリムでアラビア語を話す人々）とイスラエル（ユダヤ教）との間で，パレスチナをめぐる民族紛争がつづく。

以上のような西アジアの地理的特色は，北アフリカと共通しており，西アジアと北アフリカを一括して扱うことも多い。

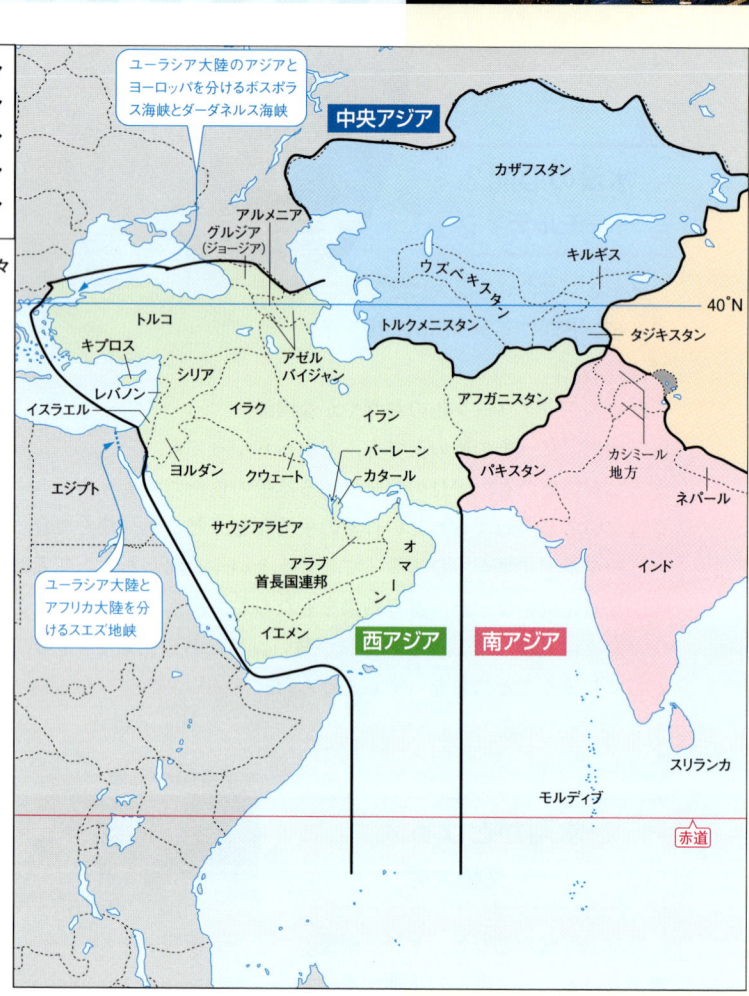

南アジア かつてイギリスの植民地であったインドは，宗教の違いで**インド**（ヒンドゥー教），**パキスタン**（イスラーム），**スリランカ**（仏教）に分かれて独立し，パキスタンから**バングラデシュ**が分離独立した。人口も面積も大国のインドは，ハイテク工業から小作人による生産性の低い農業，とびきりの金持ちから低収入の仕事しかない貧しい人々と，さまざまな姿をみせる。

204　3編　現代世界の地誌的考察

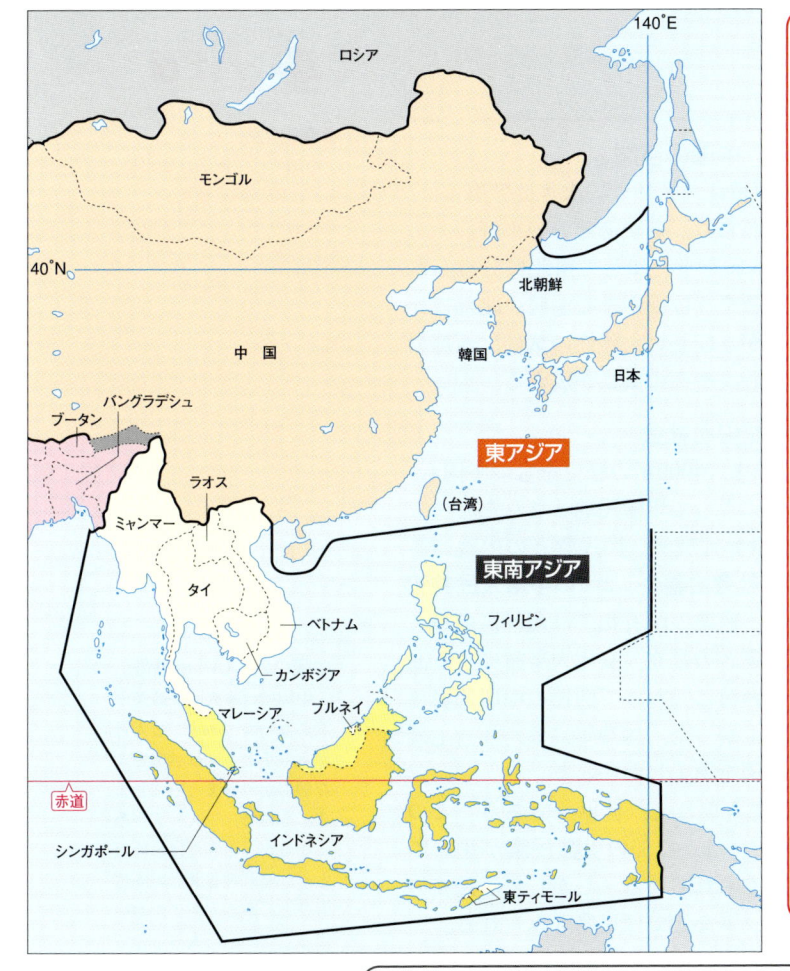

東アジア 西半分は乾燥するが、東半分は雨が多い気候となっていて、モンスーン(季節風)の影響で夏は暑く、冬は寒い。人口の多くは、東半分に集中している。

中国(中華人民共和国)は、世界一の人口をもち、かつては東方の文明の中心地であった。近年は、経済の発展が著しい。

日本は、世界有数の経済大国となっている。

韓国(大韓民国)は、朝鮮半島北部の**北朝鮮(朝鮮民主主義人民共和国)**と分断、対立しながら工業化に成功し、先進国の仲間入りを果たした。シンガポール、台湾、ホンコンとともにアジアNIEsに数えられ、先進国クラブといわれるOECDに加盟している。

北朝鮮は、日本と国交がない。経済的に苦しく、食料危機もつづいている。

インドとパキスタンはカシミール地方をめぐって緊張がつづく。インドの北東部と北西部で、中国と国境をめぐる争いがある(地図中■)。

東南アジア タイをのぞいて植民地支配をうけていたが、第二次世界大戦後に独立。その後、工業化を進めていった。

しかし、先進国なみの工業化を達成したシンガポールやそれにつづくマレーシアから、内戦や政治的混乱の影響が残るラオス、ミャンマーまで、発展段階はさまざま。東ティモールをのぞく10か国がASEANに加盟し、経済協力が進む。華人の経済力が大きい。

14章　アジアとアフリカ　205

1 13億の人口をかかえる中国こと中華人民共和国

▶中国は日本とすごく関係が深いですね。漢字や水墨画も中国からやってきたんだよね。ラーメンなんかすごく身近だね。
▶日本のラーメンが中国の料理かどうかは別にして，中国は日本と地理的にも近いし，関係はきわめて深いよ。

1 自然と社会

1 キーワードは東西南北——中国の自然
① **西高東低の地形**…中国の面積はアメリカに次ぎ世界第4位，日本の25倍。西が山地でけわしく，東が海ぞいの平野部。
② **南船北馬の気候**…東部は気候をもとにして南北に分けられる。南部はモンスーンの影響をうけ雨が多く温暖。北部は比較的雨が少なく，冬の寒さがきびしい大陸性の気候。西部の山地はさらに雨が少なく，砂漠や高山気候が広がる。

2 4000年と13億——中国の歴史と社会
① **4000年の歴史**…古代文明以来，4000年の歴史をもつ中国も，19世紀には欧米諸国や日本によって**半植民地**とされた。
② **社会主義中国へ**…第二次世界大戦後，国民党との内戦に勝った中国共産党は1949年，**社会主義**(→p.230)の**中華人民共和国**をつくり，農業の集団化，産業の国有化，計画経済の導入などを進めた。その後，ソ連との対立，**文化大革命**による混乱があったが，1971年には台湾に代わって国連の中国代表権を得るなど，国際的地位も上がった。1978年には，社会主義の政治体制のまま，**市場経済**を導入した(→p.95)。
③ **13億人**…中国の人口は13億人をこえ，世界一である。このうち92%は**漢民族**であるが，ほかに55の**少数民族**が住んでおり，自治区，自治州がつくられている。しかし，漢民族の文化や経済が拡大し，チベットなどでは反発もみられる。
④ **人口増加ストップ！**…世界一の人口をもつ中国では，人口増加も急激。そこで1979年に「**一人っ子政策**」が打ち出され，夫婦に子ども1人の家族がさまざまな面で優遇されるようになった。▶子ども2人以上の場合にはペナルティ その結果，人口増加率は落ちついてきた。しかし，一方で少子高齢化の進行が問題に(→p.138)。そのため，今日ではこの政策の見直しや緩和も進められている。

＋プラスα

●南船北馬
　中国では，南部は降水量が多く，河川の水量も多い。交通に船を使うことが多い。北部は乾燥しているので，交通は馬によることが多い。

中国の新しい「小皇帝」
　中国では**一人っ子政策**がおこなわれており，2人目からの子どもにはさまざまな制約がつきまとってしまう。そこで，一人っ子が多くなるが，それだけに両親とそれぞれの祖父母の愛情もひとしお。大切にかわいがる。だから一人っ子のことを「**小皇帝**（女の子は小公主）」という。一人っ子ばかりで教育はどうなるか，老年人口にくらべて若い人の数が極端に少なくなり，急激に高齢化が進んでしまうなど，問題は多い。

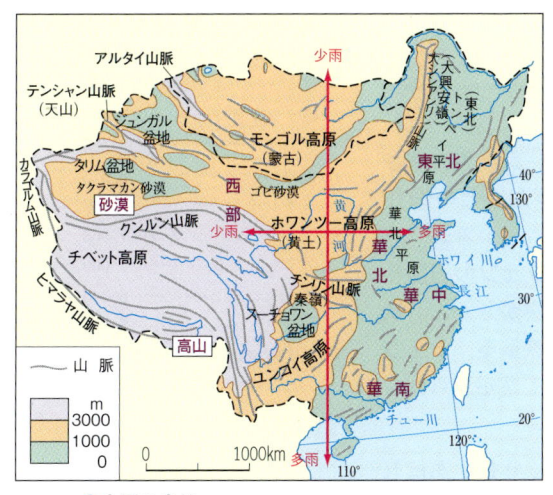

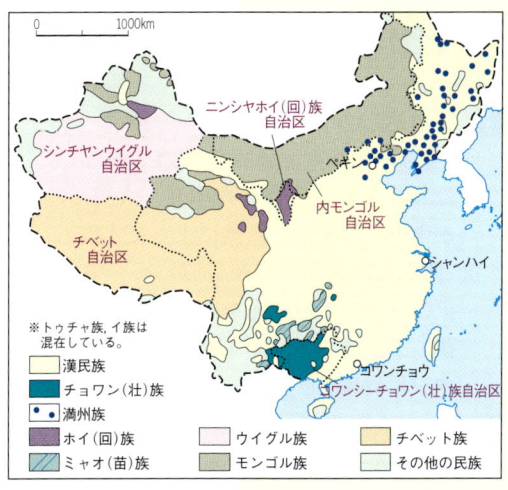

⬆中国の自然　　　　　　　　　　　　　　⬆中国の主要な民族分布と自治区

2 経済発展と課題

1 4つの現代化　1970年代後半から，経済発展のため，**農，工，国防，科学技術**の**4つの現代化**＝近代化の政策が進められた。

2 市場経済の導入　社会主義経済では，**計画経済**が基本であった。しかし，中国では，個人が自由に商品を売買したり，企業をおこすことを認め，市場で競争することによって，経済発展をはかろうとする政策が，1980年代から本格化した。こうした資本主義経済のやり方を進めた結果，経済は大きく発展した。現在も，**BRICs**の1つとして経済成長が著しい。
① 農業…**生産責任制**の導入により，農業生産は拡大（→p.67）。
▶1979年〜
② 工業…**シェンチェン**など5か所を**経済特区**に指定し，外
▶1979年〜
国資本などを誘致して**輸出指向型工業**の集積をはかった。その後も対外開放路線は拡大され，工業生産は拡大した（→p.96）。

3 新たな課題
① **沿岸と内陸の格差**…経済特区などがおかれた沿岸部の経済は発展したが，西部の内陸地域は貧しいままで，格差が広がった。そのため「**西部大開発**」による開発が実施されている。
▶2000年〜
② **貧富の格差**…自由な競争を進める市場経済の下では，富める者と貧しい者の経済的な格差が拡大した。失業などの問題も発生している。
③ **都市への人口流入**…経済が発展した大都市では，服装や音楽など文化が変化し，若い人をひきつけている。賃金の高いはたらき口をめざして，農村部から**出稼ぎ**の人も増え，住宅不足も発生。政府の規制はきびしいが，流入圧力は大きい。

●市場経済の導入

社会主義の中国だけど，市場経済が導入されて，笑顔なしの国営商店から，日本式のデパートへ，すっかり様変わりだ。コンビニ，フライドチキン，ハンバーガーショップなども今や都市では当たり前。高級輸入車をのりまわす人がいる一方，貧しくなった人もいる。貧富の差は大きくなった。

民工の盲流

改革開放政策によって都市と農村の経済格差が拡大した結果，農村から都市への出稼ぎ労働者が増えている。大都市への出稼ぎ労働者は「**民工**」といい，その殺到するようすは，「**民工潮**」「**盲流**」などとよばれている。また，近年は家族で移動するケースも増え，子どもの教育も問題の1つとなっている。

14章　アジアとアフリカ　207

❸ 中国の各地域

1 冬は寒いが資源は豊か──東北

① **冬は寒冷**…東北は大陸性の気候で,夏は暑いが,冬の寒さはきびしい。農業は**春小麦**,**大豊**,**こうりゃん**などの**畑作**が中心であるが,灌漑によって水田もひらかれている。 ▶p.67のイラストで確認

② **重工業が得意**…鉱産資源にめぐまれ,フーシュンの石炭やアンシャンの鉄鉱石を利用して戦前から重工業がさかん。戦後,ターチンの原油も加わり,アンシャンに鉄鋼業,シェンヤンに機械,化学工業,チャンチュンに自動車工業がみられる。

2 あばれ黄河の中・下流──華北 [テストに出るぞ！]

① **中国の中心**…**黄河**は昔から洪水と干ばつをくり返すあばれ川であった。中国の歴代王朝の首都の多くは華北にあり,現在の首都**ペキン**もここにある。 ▶天井川として有名

② **黄土**…黄河は洪水とともに黄土という肥沃な土をもたらし,**冬小麦**,**とうもろこし**,**綿花**などの農業地域となっている。黄河の治水のため**サンメンシヤ(三門峡)ダム**などが完成し,耕地も広がった。

③ **ここも重工業**…カイロワンの石炭やロンイエンの鉄鉱石を利用して,ペキンやテンチンに各種工業が発達。渤海の沿岸に**ションリー油田**などもある。

3 豊かな流れ長江の平野──華中 [テストに出るぞ！]

① **安定した長江**…水量が豊かで,流域には湖や運河も多く,交通路の役割も果たす。中流に**サンシヤ(三峡)ダム**がある。 ▶世界最大のダム。2009年完成

② **水田が広がる**…華中は**稲作**がさかんで,冬には麦などを栽培する**二毛作**となる。上流のスーチョワン盆地では,斜面に棚田が広がっている。 ▶四川(しせん)盆地

③ **工業化が進む**…ウーハンではターイエの鉄鉱石とピンシャンの石炭を利用した鉄鋼業がさかん。**シャンハイ**はペキンと並ぶ人口をもつ商工業都市で,各種工業がさかん。シャンハイ市街の東にある長江河口の**プートン新区**では,経済開放地区として,外国の金融機関も進出し,大規模な開発が進行。郊外のパオシャンには中国有数の製鉄所がある。 ▶シグマ先生の世界巡り→p.188 ▶2010年シャンハイ万博開催地

4 南国の香り──華南

① **亜熱帯**…南部にある華南は亜熱帯気候となり,米も**二期作**が可能となるほか,茶,さとうきび,天然ゴムもつくられる。

● 中国の大都市 [単位:千人]

①ペキン……………19,610
②シャンハイ………14,349
③チョンチン………… 9,692
④コワンチョウ……… 8,525
⑤ウーハン…………… 8,313
⑥テンチン…………… 7,499
⑦ホンコン…………… 7,068
⑧シェンヤン………… 7,009
⑨トンコワン………… 6,446
⑩シェンヤン………… 5,303

(「世界の統計」2013年版による)

● 黄土地帯

米と麦──中国の主食

米は中国を経由して日本へやってきた。だから中国も主食は米,と考えるのは早とちり。たしかに稲作のさかんな華中や華南では米を食べる(ただし日本とちがって細長いコメ)。でも,稲作をしていない華北や東北では小麦を加工した食品,ちょうどまんじゅうの皮みたいなマントウ(→p.163)が多い。今では北の方でも米を食べるが,中国は広いから,土地によって主食もちがう。

② 華僑のふるさと…平地に乏しい華南では，海外へ移住して商業などをおこなう華人が多い。東南アジアを中心に世界各地にみられる（→p.213）。

5 砂漠と高山の内陸部
① 乾燥の北部…内陸部の北側はゴビ砂漠，タクラマカン砂漠などの乾燥地域が広がっており，少数民族が遊牧やオアシス農業をおこなっている。近代工業としては，パオトウで鉄鋼業，ランチョウで石油化学工業がみられる。
② 高山の南部…標高4000mをこえるチベット高原ではチベット族が羊やヤク（→p.67）の放牧をおこなう。チベットの都市ラサにはチベット仏教の本山，ポタラ宮（→p.218の写真）がある。

6 イギリスからもどったホンコン　かつては中継貿易港として発展したが，第二次世界大戦後は，加工貿易による工業化が進み，アジアNIEs（→p.96）の1つに数えられる。電子工業なども発達し，経済特区のシェンチェンに接している。

7 本家中国を主張する台湾
① 国際政治上は中国の一部…しかし，中華人民共和国政府の統治はおよばず，経済的には自立した地域をなす。
② アジアNIEsの1つ…工業化が進み，とくにコンピュータ部品などハイテク工業も発達。シンジューは，「台湾のシリコンヴァレー」とよばれ，IC工場が集中している。
▶ICは集積回路のこと

●華僑と華人
　海外に居住する漢民族のこと。全世界で3000万人以上といわれる。とくにフーチェン省やコワントン省の出身者が多い。移住した1世を華僑（「僑」は仮住まいの意味）といい，現地の国籍をとったりした人を華人と区別することもある。中国系住民を，一般に華人とよぶことが多い。

▶チベットではチベット仏教（ラマ教）が信仰され，教主が統治していた。1951年中国がチベットに軍隊をおくり，のち教主はインドに亡命した。

一国二制度
　1997年にイギリスからホンコン，1999年にポルトガルからマカオが中国に返還された。2つの地域は長らく資本主義だったため，1つの国の中に，2つの経済体制を50年間つづける，「一国二制度」がおこなわれている。

●台湾と国民党
　19世紀末の日清戦争以後，日本の植民地だった台湾は，第二次世界大戦後に中国にもどった。しかし，共産党との内戦に敗れた国民党が移ってきて，中華民国政府をおいた。アメリカや日本は中華民国を支持したが，1971年，国連における中国代表権が中華人民共和国に移り，その後，アメリカや日本も中華人民共和国と正式に国交を結んだ。台湾は独立国とはされなくなったが，産業や経済は発展した。
　台湾は，政治的には中華人民共和国と対立しているが，民間レベルの交流は拡大しており，台湾の最大の投資先は中国本土となっている。

⬇中国各地の食生活

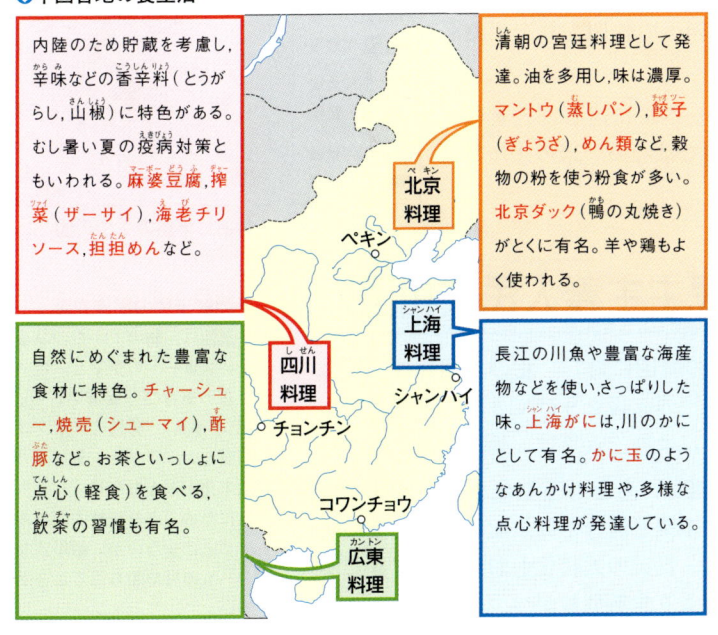

【北京料理】清朝の宮廷料理として発達。油を多用し，味は濃厚。マントウ（蒸しパン），餃子（ぎょうざ），めん類など，穀物の粉を使う粉食が多い。北京ダック（鴨の丸焼き）がとくに有名。羊や鶏もよく使われる。

【四川料理】内陸のため貯蔵を考慮し，辛味などの香辛料（とうがらし，山椒）に特色がある。むし暑い夏の疫病対策ともいわれる。麻婆豆腐，搾菜（ザーサイ），海老チリソース，担担めんなど。

【上海料理】長江の川魚や豊富な海産物などを使い，さっぱりした味。上海がには，川のかにとして有名。かに玉のようなあんかけ料理や，多様な点心料理が発達している。

【広東料理】自然にめぐまれた豊富な食材に特色。チャーシュー，焼売（シューマイ），酢豚など。お茶といっしょに点心（軽食）を食べる，飲茶の習慣も有名。

14章　アジアとアフリカ　209

2 経済成長が著しい国も多い 東～東南～南アジア

▶ 南の方のアジアって，食べ物でも衣服でも，日本とは異質で魅力的な感じだね。こういうのを，エスニックな感じっていうのかな。何かおもしろそう。
▶ 日本とちがうだけじゃないよね。ヨーロッパやアメリカともまったくちがう文化があり，元気があふれている地域でもあるね。日本とも，とっても関係が深いしね。

1 韓国(大韓民国)

1 日本の侵略と南北分裂 朝鮮半島と日本は古くから交流が深かった。しかし，1910年に日本は朝鮮を植民地にした。日本の敗戦後，**北緯38度線**付近を境にして，資本主義の**韓国(大韓民国)**と社会主義の**北朝鮮(朝鮮民主主義人民共和国)**とに分裂した。1950年には南北間で**朝鮮戦争**が起こり，現在まで対立，緊張がつづいている。
▶1953年に休戦協定

プラスα
▶1992年，韓国は中国と国交関係を樹立した。朝鮮半島の対立はまだ根深いが，南北対話の努力がつづけられている。

2 先進国の仲間入り 〈テストに出るぞ!〉 韓国は農業中心の国だったが，質の高い労働力と，アメリカや日本の資本，技術を活かして工業化を進め，**アジアNIEs(新興工業地域)**の中でもすぐれた工業力をもつようになった。首都**ソウル**のほか，**ウルサン**，**ポハン**，**マサン**などで重化学工業がさかん。また，**OECD(経済協力開発機構)**にも加盟し，先進国への仲間入りを果たしている。
▶シグマ先生の世界巡り→p.189

3 農業と水産業 先進国レベルに達した工業にくらべると，農業はそれほどではない。米の生産量は多い。水産業もさかん。

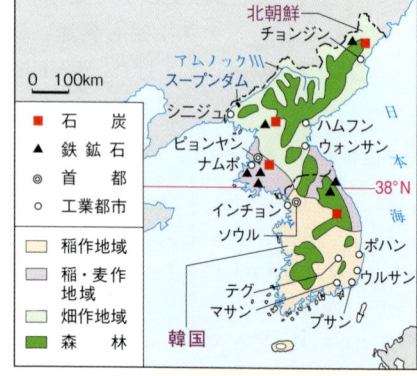

❶朝鮮半島の2つの国

2 北朝鮮(朝鮮民主主義人民共和国)

1 38度線より北の国 南の韓国に対し，北の北朝鮮は，社会主義国として，旧ソ連や中国の支援をうけてきた。ソ連の解体，中国と韓国の国交樹立などにより，近年は，孤立化。
▶1991年
▶1992年

2 弱かった農業 朝鮮半島は，もともと気候のよい南部で農業，鉱産資源の多い北部で工業と区分され，北朝鮮は農業に弱い面がみられた。独立後は，農業の近代化もおこなってきたが，経済困窮や天候不順などにより食料危機がつづいている。

● **朝鮮半島の民族衣装**
女性は，胸の上からのびる長いスカートの**チマ**と，短い上着の**チョゴリ**が有名(→p.161の写真)。男性のズボンは**パジ**という。ファッションの欧米化が進んだ今日，日常生活にこのような伝統衣装をみることは少ないが，結婚式などハレの席で着られることが多い。

210　3編　現代世界の地誌的考察

3 **鉱工業と経済** 石炭，水力，鉄鉱石などにめぐまれているが，エネルギー不足に悩む。工業生産も停滞しているとみられ，経済的に苦しい状況と推測されている。

4 **日本との国交回復交渉** 日本は1965年に韓国と**日韓基本条約**を結び，国交を回復したが，北朝鮮との国交はない。1991年から**日朝国交回復交渉**が断続的におこなわれている。

●**北朝鮮の工業都市**
首都ピョンヤンのほか，日本海に面する北東海岸のチョンジン，ハムフン，ウォンサンなど。

③ 東南アジアのあらまし

1 歴史と社会

① **植民地の歴史**…**タイ**をのぞいた東南アジアは，ヨーロッパ諸国の**植民地**であったが，第二次世界大戦後に，独立を達成。

② **複雑な社会**…どの国も，民族，文化，宗教が複雑にからみあっている。また，多くの国で，中国系住民である**華人**(→p.209)が，経済的に大きな力をもっている。

2 自然と産業

① **熱帯の国々**…東南アジアは熱帯にあり，暑さがきびしい。赤道周辺は**熱帯雨林気候Af**で年中雨が多いが，インドシナ半島は乾季のある**熱帯モンスーン気候Am**か**サバナ気候Aw**。

② **脱モノカルチャー**…国の経済を，特定の農産物の輸出にたよる**モノカルチャー経済**の農業国が多かったが，近年は，農業の面では作物の**多角化**が進み，**工業化**も進んできた国が増えた。こうして，モノカルチャー経済を脱している。

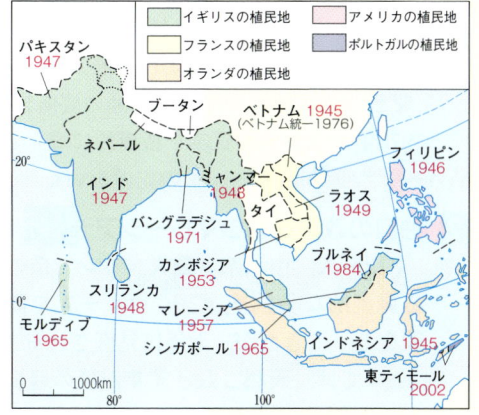

⬆東南アジアや南アジアの国々と独立年

カルチャー「Culture」
本来は**耕作，栽培**の意味。そこから文明が生まれるので，**文化，教養**の意味も加わった。

近くて遠い国，北朝鮮

■日本は世界のほとんどの国々と国交を結んでいる。しかし，**韓国**(**大韓民国**)と対立している**北朝鮮**(**朝鮮民主主義人民共和国**)とは，国交がない。飛行機なら，東京からほんの2時間弱の距離なのに，道は遠い。

■日本はかつて朝鮮半島を植民地化した。この植民地状態は，日本の敗戦で終わったが，朝鮮半島は北部をソ連，南部をアメリカに分割占領された。その後，2つの国が**朝鮮戦争**で戦ったとき，日本は戦争物資をつくり，経済立て直しのきっかけをつかんだ。休戦協定が結ばれてからすでに60年以上が経過したが，日本と北朝鮮の基本的な関係に変化はない。

■日朝国交交渉は，過去(植民地支配)の清算の問題のほか，北朝鮮による**日本人拉致事件**，北朝鮮の核兵器やミサイル開発問題などの新しい問題もあって，なかなか進展していない。

14章　アジアとアフリカ

③ 外国資本の導入で工業化…**輸出加工区**を設け，先進国の資本と技術を導入して工業化が進んだ（→p.98）。

3 アセアンで団結　タイ，マレーシア，インドネシア，シンガポール，フィリピンの5か国は，1967年に**東南アジア諸国連合（ASEAN）**を結成した。現在，東南アジアの10か国が加盟（→p.185）。

④ 東南アジアの国々

1 小粒の実力者シンガポール　テストに出るぞ！

① シンガポールは淡路島ほどしかない小さな島国だが，1965年にマレーシアから独立して**華人**中心の国をつくった。

② **マラッカ海峡**にのぞみ，交通の要所にあり**中継貿易**で発展。1970年から，外国資本を積極的に導入し，重化学工業が発達→**アジアNIEs**（→p.96）の先頭をいく。

▶人口の4分の3が華人。ほかにマレー語でイスラームの**マレー人**，タミル語でヒンドゥー教のインド系の人もいる。英語が共通語となっている。

2 独自の政策をもつマレーシア　テストに出るぞ！

① マレー人，中国系の**華人**，インド系の**タミル人**などからなる典型的な**多民族国家**。マレー人を優遇する**ブミプトラ政策**をとってきたが，近年は見直される方向にある。
　▶イスラームでマレー語　▶仏教で中国語　▶ヒンドゥー教でタミル語

② かつては，**天然ゴム**とすずが国の経済を支えていたが，現在，**工業化**は先進国なみで，**機械類**の輸出が増えている。天然ゴム園はより収益の高い**アブラやし**の栽培に変わり，実から採取する**パーム油**を日本などに輸出。

③ ヨーロッパやアメリカではなく，日本や韓国を見習おうという**ルックイースト政策**を進め，工業化など経済発展への指針としている。
　▶東方を見よ

3 米の輸出は世界有数のタイ

① 東南アジアでは唯一，植民地にならなかった国。**緩衝国**として独立を保ったからである。

② チャオプラヤ川流域の沖積平野で，**稲作**がさかん。米の輸出は世界有数（→p.77）。最近は，野菜やさとうきび栽培など**多角化**が進む。**工業化**も進み，外国企業の工場進出がさかん。

4 人口が東南アジア最大のインドネシア

① プランテーションから国有化へ…インドネシアでは，コーヒー，さとうきび，天然ゴムのプランテーションがおこなわれてきたが，独立後，農場の多くは国有化された。

② 豊かな資源…インドネシアは**原油**，**すず**，**ボーキサイト**などの鉱産資源が豊かで国の経済を支えている。とくに**原油**は硫黄分が少なく良質である。
　▶1962年にOPECに加盟（2009年から一時脱退）

●ブミプトラ政策

マレーシアにはマレー系，中国系，インド系の住民がいるが，経済の実権は中国系の華人がにぎっている。このため，政府はマレー系住民を優遇するブミプトラ政策をとってきた。ブミプトラとは，「土地の子」という意味。

〈マレー系住民の優遇策〉
①イスラームを国教とする。
②マレー語を国語とする。
③大学入試や公務員の採用ではマレー系住民を優先する。

●緩衝国

2つの巨大勢力にはさまれ，両勢力の衝突を和らげる役割をもつ国家のこと。タイは西側のイギリス植民地と東側のフランス植民地との間にあって，英仏両国の対立を和らげる緩衝地帯として独立を承認された。

しかし，経済的には植民地体制に組みこまれ，食料生産地域として米のモノカルチャーが進められた。

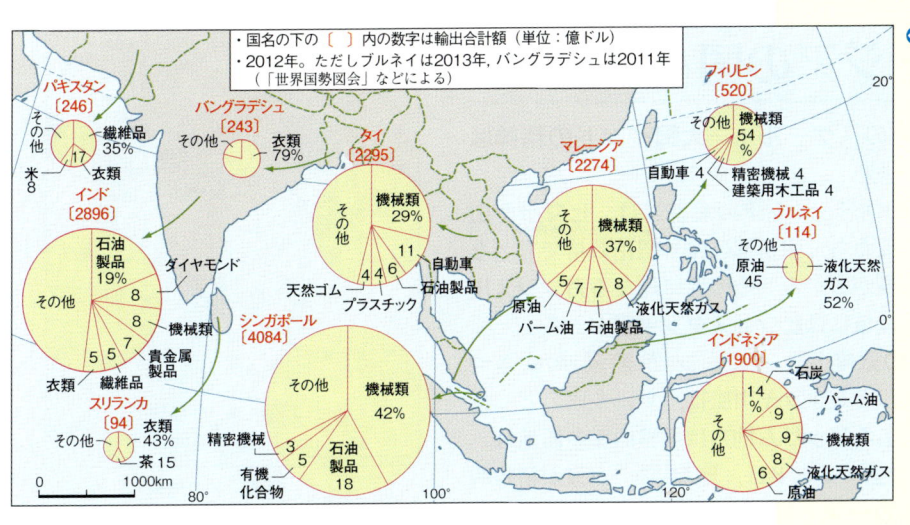

○ 東南アジアと南アジアの国々の輸出品

東南アジアのシンガポール，マレーシア，タイ，フィリピンなどでは，輸出品の上位が機械類。工業化の進展を示している。

- 国名の下の〔〕内の数字は輸出合計額（単位：億ドル）
- 2012年。ただしブルネイは2013年，バングラデシュは2011年（「世界国勢図会」などによる）

パキスタン〔246〕 その他 繊維品35% 米8 衣類17
バングラデシュ〔243〕 その他 衣類79%
インド〔2896〕 石油製品19% その他 ダイヤモンド 機械類8 貴金属製品7 衣類5 繊維品8
スリランカ〔94〕 その他 衣類43% 茶15
タイ〔2295〕 機械類29% その他 天然ゴム4 プラスチック4 自動車6 石油製品11
シンガポール〔4084〕 その他 機械類42% 有機化合物3 精密機械5 石油製品18
マレーシア〔2274〕 機械類37% その他 原油5 パーム油7 石油製品7 液化天然ガス7
フィリピン〔520〕 その他 機械類54% 精密機械4 建築用木工品4 自動車4
ブルネイ〔114〕 その他 原油45 液化天然ガス52%
インドネシア〔1900〕 その他 石炭14% パーム油9 機械類9 液化天然ガス9 原油6

5 スペインとアメリカの影響—フィリピン

① かつてスペイン，次いでアメリカの植民地であった。民族も複雑で，80以上の言語がみられる。宗教はカトリックが中心であるが，南部にはムスリムもくらす。

② プランテーションの**バナナ**は，おもに日本向け。工業化を進めている。
▶シグマ先生の世界巡り→p.13

6 ドイモイで発展するベトナム

① 独立後，フランスやアメリカの干渉で南北に分かれていたが，1976年に南北ベトナムが統一された。
▶ベトナム戦争

② **資源の北と農業の南**…ベトナムの北部は，鉱産資源が豊かで工業がさかん。いっぽう，南部はメコン川デルタを中心に稲作がさかんである。

③ **ドイモイ**（刷新）…1980年代後半から，ドイモイ（刷新）政策を積極的に推進→日本やアメリカなど先進国からの投資を積極的に受け入れて，工業化を進めている。

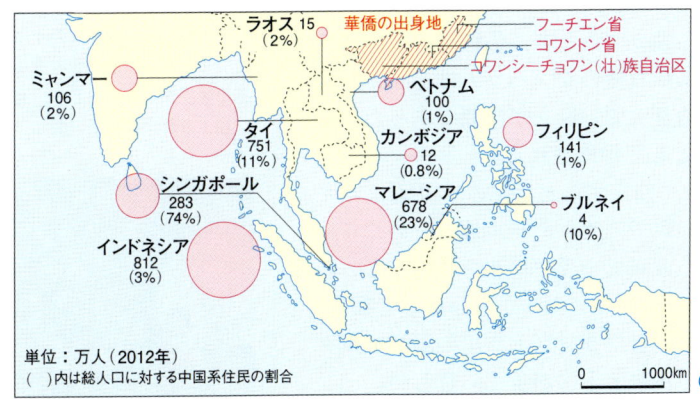

●東南アジアの華人

東南アジアには，3000万人ともいわれる中国系住民（華人，華僑）（→p.209）が住んでいる。華人は，その勤勉さと経済感覚，地縁血縁にもとづく強い相互的結びつきによって，各地で経済上の実権をにぎっている。

チャイナタウンは，東南アジアに限らず世界各地でみられる。とくに中国とアジアNIEs，ASEANとの経済的な関係は，華人によるネットワークが大きな役割をはたしている。

マレーシアでは，先にみたように，華人の強い勢力に対してマレー系住民に政治，経済上の優先権を与えている。

シンガポールは，住民の70％以上を華人が占める，中国系中心の多民族国家である。そのため，中国，台湾に次ぐ「第三の中国」ともいわれる。

ラオス 15 (2%)
華僑の出身地：フーチエン省，コワントン省，コワンシーチョワン(壮)族自治区
ミャンマー 106 (2%)
ベトナム 100 (1%)
タイ 751 (11%)
カンボジア 12 (0.8%)
フィリピン 141 (1%)
シンガポール 283 (74%)
マレーシア 678 (23%)
ブルネイ 4 (10%)
インドネシア 812 (3%)

単位：万人（2012年）
（ ）内は総人口に対する中国系住民の割合

○ 東南アジアの華人の分布

14章 アジアとアフリカ 213

5 南アジアの国々

1 大陸なみのスケール──大国インドの精神はヒンドゥー教

① **インドの地形**…インドの北部には，**ヒマラヤ山脈**がそびえたち，中南部には，**綿花栽培で有名なデカン高原**が広がる。その間に母なる**ガンジス川**
▶レグール
が流れ，流域には**ヒンドスタン平原**がある。

② **インドの気候**…**モンスーン**（季節風）の吹きつける西海岸とヒマラヤ山脈は，夏に多雨。とくに，紅茶で有名な**アッサム地方**は世界的な多雨地域。

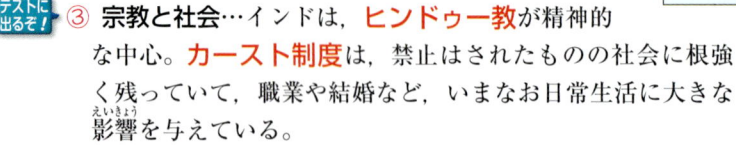

③ **宗教と社会**…インドは，**ヒンドゥー教**が精神的な中心。**カースト制度**は，禁止はされたものの社会に根強く残っていて，職業や結婚など，いまなお日常生活に大きな影響を与えている。

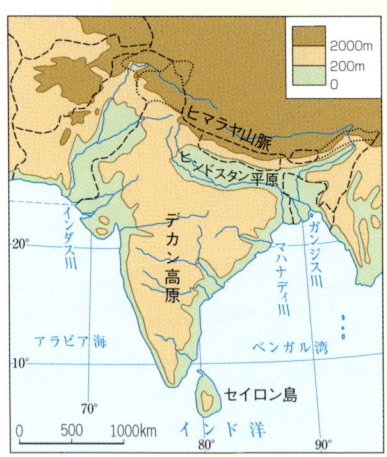

⊙インドの地形

2 インドの資源と産業

① **農業中心とはいうものの**…インドは，人口増加に対応するために，「**緑の革命**」（→p.68）などによって食料生産に力を入れてきた。はたらく人の5割が農民で，穀物も自給できるようになったが，大地主制が残り，問題も残っている。

② **意外なハイテク国**…インドは，工業のレベルが高い。原子炉や自動車を生産できるハイレベルな重工業が発達している。近年は，英語が公用語であること，アメリカとの時差を利用できることから，**コンピュータソフト**などの開発がさかんで，
▶ソフトウェアはインターネットで送受信される
BRICsの1つとして注目される。成長の反面，貧富の差は非常に大きく，問題となっている。

③ **インドのシリコンヴァレー**…デカン高原南部の**バンガロール**のこと。IC工場やソフトウェア産業が集中している。

3 その他の南アジア

① **「光り輝く」スリランカ**…独立するとき，仏教徒の多いスリランカが分離した。おもに仏教徒のシンハラ人は約80％，ヒンドゥー教のタミル人は約9％で，対立が深刻であった。茶の栽培がさかんで，**紅茶**として輸出される。

② **イスラームのパキスタン**…独立するとき，ムスリムはパキスタンを建国。インドとの間で，カシミール地方をめぐり，対立。**パンジャブ地方**は，灌漑で小麦や綿花を栽培している。

③ **貧困に悩むバングラデシュ**…パキスタンから分離して独立。ムスリムが多い。ガンジス川とブラマプトラ川の湿潤デルタで，**米**や**ジュート**を栽培。洪水と干害が多く，貧しい。

4身分	バラモン（祭司）
	クシャトリヤ（王族・貴族）
	ヴァイシャ（庶民）
	シュードラ（隷属民）
	ダリット（不可触民）

農村の分業体制／結婚や祭祀／接触　を規制

⊙**カースト制度**　上の4つの身分と，4000ともいわれる世襲の職業による社会集団（ジャーティ）からなる。

▶**ジュート**は，熱帯アジア原産の繊維原料となる作物。**黄麻**ともよばれ，高温多湿の土地でつくられる。草丈3〜5m。茎の表皮から繊維をとり，布に加工され，穀物用の袋によく使われる。

214　3編　現代世界の地誌的考察

3 乾燥地域のイスラーム世界 西アジアと中央アジア

▶右のイラストは，イスラームの礼拝の順序。1日5回，メッカの方角へおこなう礼拝はとても重要な儀礼だ。

▶西アジアと中央アジアは，似ている点が多い。

1 西アジアの国々

1 広大な乾燥地域 アラビア半島は，亜熱帯高圧帯の支配下にあるため降雨が起こりにくく，**砂漠**が広がる。

2 伝統的なくらし 降水量がごく少ないため，**遊牧**（→p.70）を生業としてきた。オアシスや灌漑により，**灌漑農業**（オアシス農業）（→p.70）もおこなわれる。
▶外来河川や地下水路

3 豊富な原油資源 ペルシア湾岸を中心に，多くの油田がみられる。**原油**は，巨大なタンカーで世界中に輸出されるほか，パイプラインを通して地中海，ヨーロッパ方面へも送られる。

4 イスラーム世界 三大世界宗教（→p.170）の1つである，**イスラーム**（イスラム教）が広く根づいている。聖地**メッカ**は，サウジアラビアにある。**ムスリム**（イスラーム教徒）は，1日5回の礼拝，メッカへの巡礼，**断食**などをおこなう。
▶西アジア，北アフリカ，東南アジアに多い
▶イスラーム暦の9月，日中の飲食を断つ

5 おもな国々
① **サウジアラビア**…世界最大級の原油埋蔵量，産出量，輸出量をほこる。**OPEC**（→p.185）の中心国として，アラブ地域はもとより，国際社会に与える影響力が大きい国。
② **アラブ首長国連邦**…ペルシア湾岸に位置する，経済発展のめざましい国。原油に依存するモノカルチャー経済から抜け出すため，産業の多角化に力を入れている。**ドバイ**が有名。
▶7つの首長国からなる
▶商業・運輸のハブ

2 中央アジア

乾燥地域が広がり，かつてシルクロードの交易でさかえた。ムスリムが多い。冷戦期はソ連の一部だったが，ソ連の解体で各国が独立。**アラル海**の縮小は，20世紀最大の環境破壊といわれる。**レアメタル**など鉱産資源の埋蔵が多く，近年注目を集めている。
▶（→p.121）
▶希少金属

プラスα

●**イスラームのおしえ**
①信じるべきこと
・唯一神アッラー
・コーラン（クルアーン）など
②行うべきこと
・1日5回の礼拝
・巡礼（一生に一度メッカへ）
・断食　　　　　　　　　　など
③禁じられていること
・豚肉やきめられた作法で調理されていない肉を食べること
・お酒を飲むこと
・左手を使って食べたり，物の受けわたしをしたりすること　　　　　　　など

●**アラル海**
旧ソ連時代，**綿花栽培**のために大規模な灌漑がおこなわれたため，アラル海に流れこむ水が激減した。アラル海は面積が著しく減少し，塩分濃度の上昇により漁業は壊滅。周辺地域では，無計画な灌漑により土壌の**塩類化**が進み，**砂漠化**が問題となっている。

14章 アジアとアフリカ

4 さまざまな困難をかかえる地域 アフリカ

▶ アフリカは，サハラ砂漠以北の北アフリカと，それより南の中南アフリカに区分される。
▶ 北アフリカは乾燥帯，中南アフリカは熱帯の地域が広い。アフリカっていうと，ライオンなんかがいる野生の王国，年中暑いというイメージがあるが，それは，中南アフリカの一部。そうじゃないアフリカの方が，もっと広いんだ。

北アフリカ サハラ砂漠以北のアフリカをさし，地中海沿岸には地中海性気候がみられるが，それ以外には乾燥気候が広がる。地中海沿岸やナイル川流域をのぞき，農業はきびしい。原油の産出が豊かなアルジェリアやリビアなどもある。西アジアから北アフリカにかけての地域は，イスラームが浸透していて，アラブ諸国とまとめられることもある。

西アジアの地図と説明は，p.204をみてね！

⬇ アフリカの農業と資源

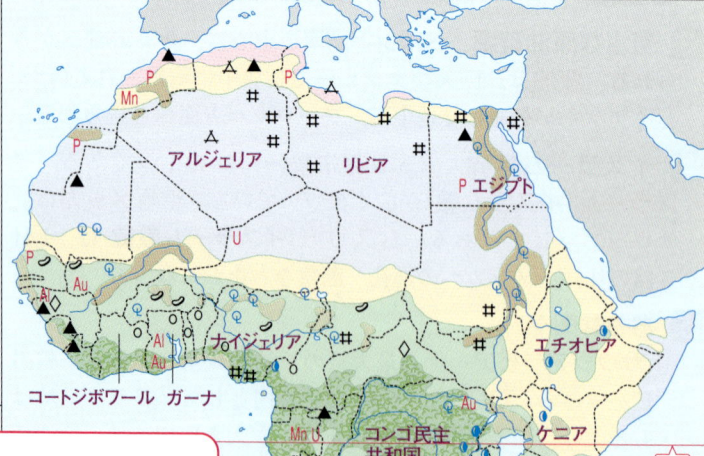

中南アフリカ 熱帯雨林気候のむし暑い西海岸の西アフリカ，野生の王国も残る東海岸の東アフリカ，さらに地中海性気候までみられる南アフリカなどに区分される。すべての国がかつてヨーロッパの植民地であったことから，民族間の対立やモノカルチャー経済の問題をかかえ，貧しい国々が多い。近年は，レアメタルをはじめとする豊富な鉱産資源の存在などから，各国の注目を集めている。

216　3編　現代世界の地誌的考察

1 アフリカのあらまし

1 台地状の大陸 アフリカ大陸は、台地や高原が多く、おもに**卓状地**(→p.37)からなる。平均すると1000mほどの、古い大陸(安定陸塊)である。
▶アフリカ卓状地

2 さまざまな気候 アフリカというと熱帯林やサバナの草原をイメージするかもしれないが、その気候は多種多様。赤道を境に南北の高緯度側へ順に、
▶ギニア湾やヴィクトリア湖を横断する
Af→Aw→BS→BW→Csと展開していく。大陸北部には世界最大の**サハラ砂漠**、南部にはナミブ砂漠、カラハリ砂漠などが広がる。サハラ砂漠南縁の**サヘル**は、砂漠化が著しく進行する地域として有名。

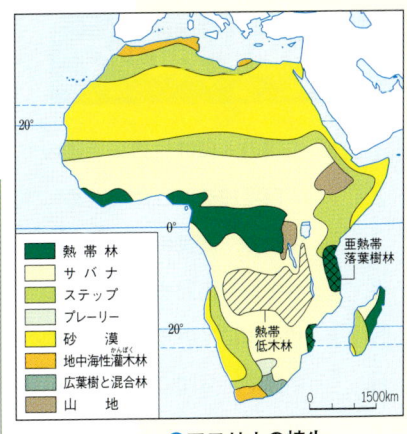

↑アフリカの植生

3 大きく異なる文化圏 サハラ砂漠を境として、アフリカ大陸はその南北で特徴が異なる。
① サハラ以北…西アジアとの結びつきが強い。**イスラーム**を信仰するアラブ人が多い。
② サハラ以南…黒人が中心。キリスト教を信仰する人が多い。

4 独立はしたけれど 経済的、政治的に不安定な国が多い。植民地時代からつづく**モノカルチャー経済**、貧困、紛争など問題は多い。鉱産資源の埋蔵が多く、先進国の注目を集めている。

プラスα

▶中南アフリカには楯状地もみられる。

● **アフリカの年**
アフリカには、今日50をこえる国があるが、第二次世界大戦以前に独立していた国は4か国しかなく、大半はヨーロッパ諸国の**植民地**となっていた。戦後、各国は独立を果たし、とくに1960年は17もの国が一気に独立したことから「アフリカの年」といわれる。

2 アフリカのおもな国々

① **エジプト**…砂漠気候が大半を占めるが、**ナイル川**により古
▶外来河川
来より人々が豊かにくらしていた。**スエズ運河**は、アジアとヨーロッパをつなぐ重要な交通路。2011年には、「アラブの春」といわれた民主化運動も起こった。

② **ナイジェリア**…豊かな**原油**資源をもつ国である。250をこえる民族が暮らす多民族国家であり、原油資源の利益をめぐって、民族間でのはげしい内戦も起こった。
▶ビアフラ戦争(1967〜70年)

③ **ケニア**…赤道直下であるが、高原地域が広がり比較的すごしやすい国である。イギリス植民地時代に始まった**茶**の生産、輸出がさかんで、野生動物を観察するツアーなども有名。

④ **南アフリカ共和国**…アフリカ大陸最南端の国。金、ダイヤモンド、チタンなどの**鉱産資源**が、豊富に産出し、それらを
▶2010年に、アフリカ初のサッカーワールドカップ開催
もとに工業化が進められた。かつて、**アパルトヘイト**(→p.169)という人種隔離政策がおこなわれていた。

民族対立はなぜ起こる?
かつてのイギリスなど植民地をもつ国(宗主国)にとって一番こわいのは、人々が団結して抵抗すること。これを防ぐには、各民族を対立させておけばよい。不満を宗主国に向かわせないためだ。
アフリカの国々が独立した後は、植民地時代に民族と関係なく引かれた国境や、宗教の対立、資源などがもとで、人々の争いはつづいている。

14章 アジアとアフリカ 217

テスト直前チェック　定期テストにかならず役立つ！

1. □ 中国の人口は世界一。このうち90％以上を占めるのは，何民族か？
2. □ 人口増加をおさえるために中国がおこなった政策は，何政策か？
3. □ 中国で，農民の意欲を引き出して農業不振を解決しようとした制度を，何というか？
4. □ ペキンを上回る人口をもつ，商工業・金融業がさかんな中国東部の都市は，どこか？
5. □ 1997年にイギリスから中国へ返還され，資本主義の経済体制をつづける都市は？
6. □ 中国で，外国の資本や技術を導入するために設けられた地区を，何というか？
7. □ 問6のうち，問5の都市に接するその代表的な地区の名は？
8. □ 問5の都市，台湾，韓国，シンガポールは，まとめて何とよばれるか？
9. □ 下の写真⑫は，チベット仏教の総本山ポタラ宮。何という都市にあるか？
10. □ 韓国第2の都市で，対馬海峡に面し，日本の高速船も行き来する港町はどこか？
11. □ 韓国と北朝鮮をへだてるのは，およそ北緯何度か？
12. □ 北朝鮮の首都はピョンヤン，では韓国の首都は，どこか？
13. □ 東南アジアで唯一，植民地を経験していない国は，どこか？
14. □ 東南アジアで経済に大きな影響力をもつ中国系住民を，漢字2文字で何というか？
15. □ 1967年結成の東南アジア諸国連合，略称では何とよぶか？
16. □ 国土は小さいが工業，金融，貿易に強く，マラッカ海峡にのぞむ，東南アジアの国は？
17. □ マレーシアではマレー系住民優遇政策をおこなってきた。これを何政策というか？
18. □ マレーシアで近年栽培がさかんな，パーム油の原料となる作物は，何か？
19. □ 東南アジアで唯一，OPECに加盟したことのある国は，どこか？
20. □ 市場開放政策により，ベトナムには海外からの投資が増加した。この政策は何か？

解答

1. 漢民族
2. 一人っ子政策
3. 生産責任制
4. シャンハイ
5. ホンコン
6. 経済特区
7. シェンチェン
8. アジアNIEs
9. ラサ
10. プサン
11. 北緯38度
12. ソウル
13. タイ
14. 華人
15. ASEAN
16. シンガポール
17. ブミプトラ政策
18. アブラやし
19. インドネシア
20. ドイモイ〔刷新〕（政策）

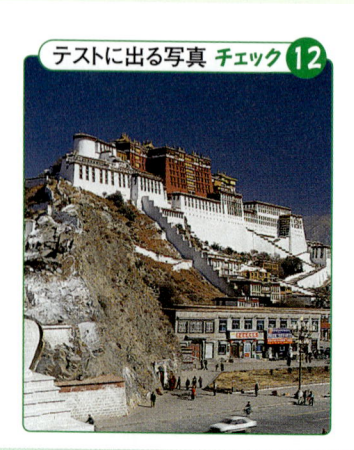

テストに出る写真 チェック⑫

21 ☐	環太平洋造山帯に含まれ，インドの北に広がるのは，何山脈か？
22 ☐	インドで，ヒンドゥー教と関連した身分制度を何というか？
23 ☐	ガンジス川の流れるインドの平原で，農業もさかん。何平原か？
24 ☐	食料の自給をめざしてインドなどでおこなわれた，品種改良などの農業改革は？
25 ☐	スリランカで多数を占めるシンハラ人が，おもに信仰する宗教は，何か？
26 ☐	インドの西に接し，カシミール地方の帰属をめぐって争っている国は，どこか？
27 ☐	西・中央アジアには○○が多く，ひじょうに乾燥した地域が多い。○○にあてはまる地形は？
28 ☐	ペルシア湾岸で多く産出し，日本へ輸出されている鉱産資源は，天然ガスと何か？
29 ☐	西アジアから北アフリカにかけて広く信仰されている宗教は，何か？
30 ☐	下の写真⓭は，サウジアラビアにある問29の宗教の聖地の神殿のようす。聖地の名は？
31 ☐	アラブ首長国連邦にあり，金融や観光などで産業の多角化がさかんな都市は，どこか？
32 ☐	中国やアフリカ，中央アジアなどに分布し，需要の高い「希少金属」。カタカナでは？
33 ☐	北アフリカにある世界最大の砂漠は，何というか？
34 ☐	世界最大の砂漠の南縁に広がり，砂漠化の進行が著しい地域を，何というか？
35 ☐	かつて欧州諸国は，アフリカ各地を占領し○○○としていた。○○○にあてはまる語は？
36 ☐	アフリカで17の独立国が生まれ，「アフリカの年」とよばれるのは，西暦何年か？
37 ☐	アフリカで，サハラ砂漠以北に多いのは，何人か？
38 ☐	世界最長のナイル川が流れ，スエズ運河をもつ国は，どこか？
39 ☐	ギニア湾沿岸に位置する，アフリカ有数の産油国は，どこか？
40 ☐	かつて，アパルトヘイトとよばれる人種隔離政策がおこなわれていた国は，どこか？

解答

21. ヒマラヤ山脈
22. カースト制度
23. ヒンドスタン平原
24. 緑の革命
25. 仏教
26. パキスタン
27. 砂漠
28. 原油（天然ガス）
29. イスラーム（イスラム教）
30. メッカ
31. ドバイ
32. レアメタル
33. サハラ砂漠
34. サヘル
35. 植民地
36. 1960年
37. アラブ人
38. エジプト
39. ナイジェリア
40. 南アフリカ共和国

テストに出る写真 チェック⓭

14章 アジアとアフリカ

Tea Time

HOW TO 世界巡り
あれこれtip集
チップ

車窓

●旅行はつかれる。そこでバスなどで移動中はグーグー。観光地につけばニッコリ笑ってVサインで写真撮影のくり返し。モッタイない。せっかく高いお金を払ってやってきたのに，車窓からみえる山や川，町や畑なんか，そこでしかみられないんですよ。観光地の写真ならガイドブックにでものってるでしょーといっても，なかなかわかってもらえない。次から次へ広がる車窓のパノラマこそ，旅の発見なんだけどなあ。

両替

●国によって通貨がちがうのは仕方ない。でもあわただしい国めぐりのツアーだと毎日国が変わり，通貨が変わる。そのたびに両替で悩む。替えすぎると手数料がムダになるし，少ないと無一文同様で困ることもあるし。ホンコンのここの店であのハンドバッグ3000ホンコンドルって，これ安いの，高いの？ 頭がパニック寸前になってしまう。海外旅行はとかく日本とようすがかわってくる。これも旅のおもしろさなんだけど。

言葉

●外国へ行くと困るのが，言葉。残念ながら日本語は，世界中で通じるわけじゃない。できれば少々の英語ぐらいは，となるわけだ。でも，英語も万能じゃない。たしかに国際語といわれることが多いけれど，全然通じないところも多い。英語圏でなければ，ま，しゃべれるにこしたことはないくらいに考えておいた方がいいみたい。言葉がダメならボディランゲージという手だってある。身ぶり，手ぶりで意志を伝えることだ。「人間同士，わかってくれるさ」で，実際，大体通じてしまう。

　でも，現地のマナーは守らないと大変なことになる。例えばタイでは頭は神さまがいて神聖だとされている。だからかわいい子どもでも頭をなでることはよくない。インドでは右手が神聖，左手が不浄。だから左手で人にさわるといやがられる。どこの国でも宗教上のことはわかりにくく，しかも厳格だから注意した方がいい。

地理の楽しみは，何といっても旅すること。地理が好きで旅行がきらいなんていう人は，まずいないんじゃないかな。ヒマをみつけては，お金をひねり出してどっかに行ってしまう。むかしに比べ，海外旅行も行きやすくなった。もしかしたらもう行ったよ，何ていう人もいるんじゃないかな？「まだだよ」というキミも近いうちにきっと行けることだろう。そこで，あれこれ助言，秘けつ，用心集を──。

安全
●「日本人は水と安全はタダでもらえると思いこんでいる」といった人がいる。たしかに欧米なんかの大都市では強盗，スリ，かっぱらいなど日本に比べて多い。ボーッとしてるとすぐ被害にあってしまう。そこで対策は…現金をたくさんもたない。財布をズボンのうしろポケットなど盗ってくださいといわんばかりのところへ入れない。ショルダーバッグは右肩から左腰，みたいにたすき掛け，などなど……。
　でも，あんまり気にしすぎても，旅の楽しさが半減してしまうのがむずかしいところ。

チップ
●日本ではあまりなじみはないが，ヨーロッパ系の文化の国で悩みのタネがチップ。英語でtip。訳して「心づけ」。本来は自分の感謝の気持ちをお金で表すこと，である。でもタクシーにのればメーターの1割ちょっとくらいをプラスして渡すとか，ホテルの部屋では小銭を枕もとにおくとか，ほぼ一率で決まってしまっている。チップをもらうことで生活が成り立っている人も多いから，わり切って渡すことが必要だ。しかし，少なすぎてバカにされないだろうかとか，多すぎてもったいないとか，慣れていないと，迷ってしまって大変。行先の国に合わせてさりげなく渡せるようになれば，旅もプロ級？

みやげ
●旅につきものなのがみやげ。行くまえから悩んでいる人もいる。逆に買物のために旅に出る人もいる。たしかに旅の記念のみやげはいいものだけど，あの人にはどれくらいのものがよいだろうと悩んでばかりでは，何のための旅行かわからない。その土地でしか売っていないものもあるけれど，今やインターネットを使えば，海外の商品を日本に居ながらにして買うこともできるようになった。それに，「この商品，日本でも売ってた！」「ヨーロッパで買ったのに，"MAID IN CHINA"って書いてある！」なんてことも……。旅の思い出をおすそわけ，くらいの品がみやげにはいいかもしれない。むしろ，旅の思い出がいちばんのみやげかも？

14章　アジアとアフリカ

15章 ヨーロッパとロシア

→ユーロトンネルとユーロスター

1 単一のヨーロッパが目標 EUとその拡大

▶ 今, 姉がフランスに留学しているんだ。休みの日には鉄道を使って, ベルギーやオランダまで出かけることもあるんだって。別の国へ行くのは, 大変じゃないのかな。
▶ EU加盟国どうしだったら, パスポートなしで国境を越えられるよ。ユーロを導入していたら, お金もそのまま使えるんだ。EU域内では, 運転免許や資格も共通なんだって。

1 欧州共同体 テストに出るぞ！

1 ヨーロッパの栄光と没落
① **過去の繁栄**…ヨーロッパは, 世界に先がけて**産業革命**を成功させ, アジア, アフリカ, 南北アメリカを植民地として支配した。植民地の資源を利用して工業をおこし, できた商品を売りつけて繁栄してきたのである。
▶18世紀後半～
② **ヨーロッパの没落**…しかし, ヨーロッパ内部で領土争いをつづけ, 植民地獲得競争で争い, ついには, 2度にわたる世界大戦の戦場になったことにより, ヨーロッパの没落がはじまった。代わって, **アメリカ合衆国**や旧ソ連が世界の大国になり, ヨーロッパの地位は低下した。

2 ケンカより一致団結
① **ECへの道のり**…仲の悪かったヨーロッパの国々が地位を回復するためには, 手をつながなければ…, というわけで, 団結への道のりが始まった。とくに, **ベルギー**, **オランダ**（ネーデルラント）, **ルクセンブルク**のベネルクス3国（→p.103）の関税同盟などの団結は, 大きな手本となった。

【面 積（万km²）】（2012年）
アメリカ 962.9
E U 438.1
日 本 37.8

【人 口（億人）】（2012年）
E U 5.1
アメリカ 3.2
日 本 1.3

【輸出額（ドル）】（2012年）
E U 5兆6810億
アメリカ 1兆5468億
日 本 7986億

【GNI（ドル）】（2012年）
E U 16兆6619億
アメリカ 16兆5145億
日 本 6兆1492億
（「世界国勢図会」などによる）※EUは28か国の数値

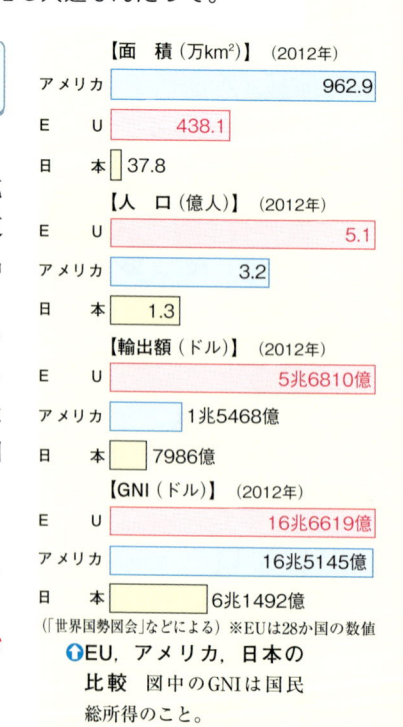

⬆EU, アメリカ, 日本の比較 図中のGNIは国民総所得のこと。

```
欧州石炭鉄鋼共同体 ─┐
▶ECSC              ├→ 欧州共同体（EC）
欧州経済共同体     │   ▶1967年
▶EEC               │       ↓
欧州原子力共同体 ─┘   欧州連合（EU）
▶EURATOM（ユーラトム）  ▶1993年
```

222　3編　現代世界の地誌的考察

西ヨーロッパ
西ヨーロッパ
南ヨーロッパ
北ヨーロッパ

東ヨーロッパ
バルト3国
CIS諸国

西ヨーロッパ 広い意味の西ヨーロッパとは，旧社会主義圏のソ連や東ヨーロッパ諸国に対する資本主義圏を指した。地域的には，狭い意味での西ヨーロッパ，北ヨーロッパ，南ヨーロッパに分けられる。大航海時代以降，世界中で多くの植民地を獲得し，産業革命を経て世界をリードする存在に。しかし，2度の世界大戦で地位が低下したため，EU（欧州連合）をつくって団結している。先進国として近代工業が発達し，農業も合理的。

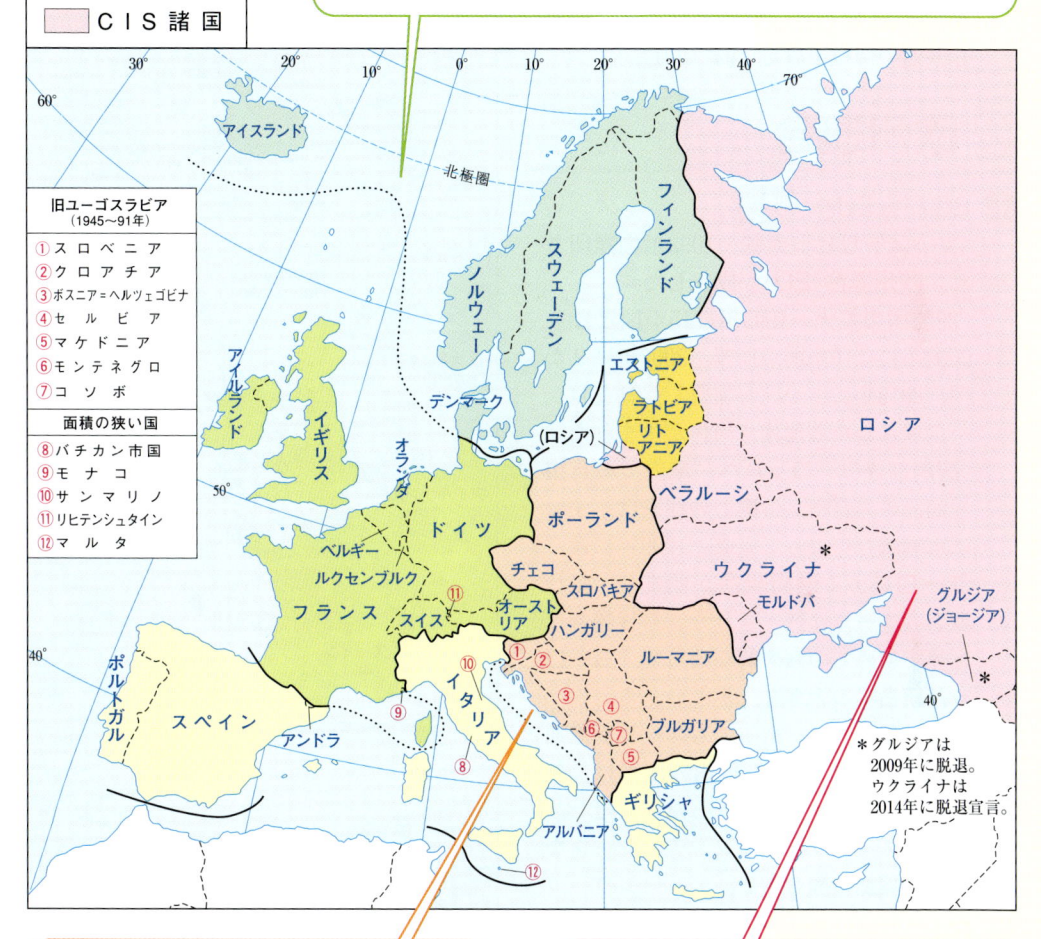

旧ユーゴスラビア（1945〜91年）
① スロベニア
② クロアチア
③ ボスニア＝ヘルツェゴビナ
④ セルビア
⑤ マケドニア
⑥ モンテネグロ
⑦ コソボ

面積の狭い国
⑧ バチカン市国
⑨ モナコ
⑩ サンマリノ
⑪ リヒテンシュタイン
⑫ マルタ

＊グルジアは2009年に脱退。ウクライナは2014年に脱退宣言。

東ヨーロッパ ソ連とともに社会主義圏を形成したが，ソ連の崩壊と前後して政治の民主化と経済の自由化が進んだ。民族主義も高まり，チェコスロバキアは2つに，6共和国の連邦であったユーゴスラビアは7か国に分裂。経済の遅れをとり戻すため，経済投資の受け入れを進める。EU加盟国が増加。

CIS諸国 ロシアを中心とした独立国家共同体（CIS）は，旧ソ連から独立した15か国のうちバルト3国を除いて形成（当初）。ロシアは世界一の国土をもち，気候はきびしいが，資源は豊富。体制の変化と市場経済の導入にともなって大きな混乱が生まれたが，豊かな資源をいかして経済を発展させている。

15章 ヨーロッパとロシア

② **ECの誕生**…1967年に，それまでにできていた3つの共同体を統合して，**欧州共同体(EC)**が成立。加盟国は6か国であったが，その後，12か国になった。
③ **ECによる市場統合**…EC域内では，労働力や観光客などの「**人**」，商品の「**物**」，資本の「**金**」の移動を完全に自由にする**市場統合**が完成。貿易では，域外に対し共通の関税を設定(関税同盟)。

② 欧州連合

1 ECからEUへ〈テストに出るぞ！〉

① **マーストリヒト条約**…1993年に調印され，**欧州連合(EU)**が成立した。
② **加盟国の拡大**…1995年に15か国となり，2004年には10か国が加盟。2007年に2か国，2013年に1か国が加盟し，ヨーロッパ全域にわたる地域共同体が生まれた。
③ **国境なきヨーロッパへ**…域内での自由な商品の売買や，労働力の往来は，すでに市場統合によって完成。1999年には，**ユーロ**による**通貨統合**が始まり，銀行取引もユーロに統一された。通貨統合は，世界で初めての画期的な政策で，**ヨーロッパ統合**への大きな一歩といえる。
　2002年からは，街中でもユーロが流通するようになり，EU域内の国民は，皆，同じ通貨を使うようになった。ただし，イギリス，スウェーデン，デンマークなど，不参加の国もある。
▶シグマ先生の世界巡り→p.195

2 EUのおもな機関

① 立法府にあたる**EU理事会**と，行政府にあたる**ヨーロッパ委員会**は，ブリュッセルにある。EU理事会の上に，最高意思決定機関の**ヨーロッパ理事会**。
▶ベルギーの首都
▶加盟国の首脳会議
② ルクセンブルクにある**ヨーロッパ議会**は，EU理事会とともに立法府としての権限をもつ。リスボン条約で権限が強化された。
▶会議はストラスブール(フランス)とブリュッセルでおこなう
▶2007年調印，2009年発効

●ECとEUの拡大

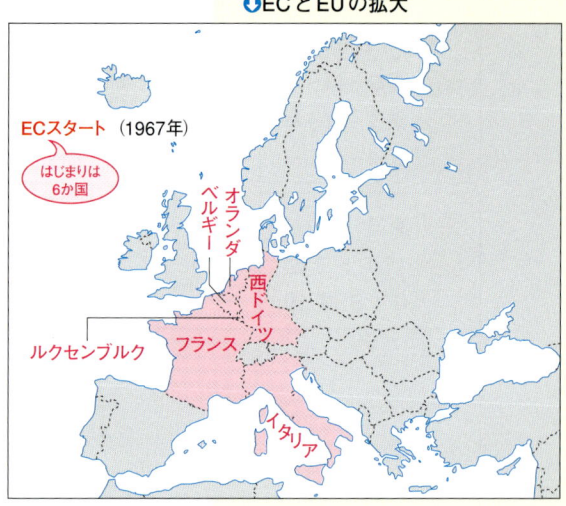

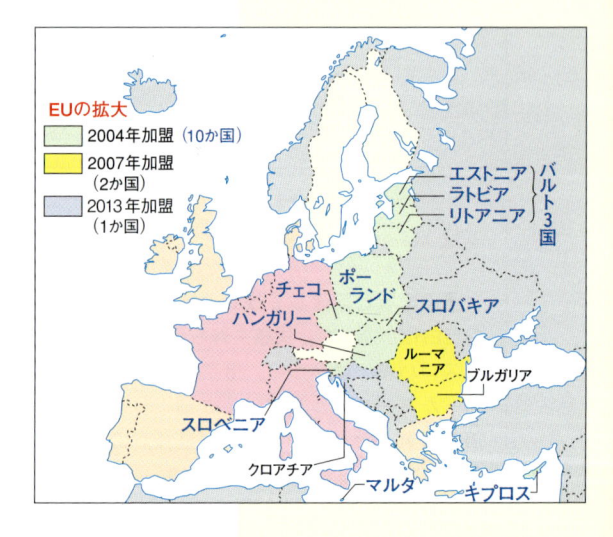

ECスタート(1967年)
はじまりは6か国
オランダ／ベルギー／西ドイツ／ルクセンブルク／フランス／イタリア

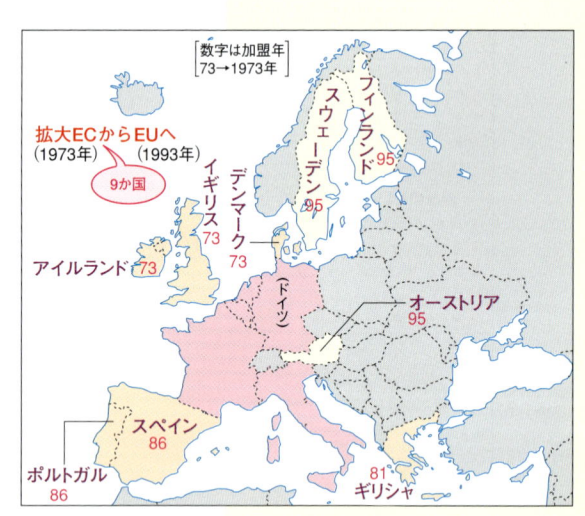

拡大ECからEUへ
(1973年)(1993年)
9か国
〔数字は加盟年 73→1973年〕
フィンランド95／スウェーデン95／デンマーク73／イギリス73／アイルランド73／(ドイツ)／オーストリア95／スペイン86／ポルトガル86／ギリシャ81

EUの拡大
□2004年加盟(10か国)
■2007年加盟(2か国)
■2013年加盟(1か国)
エストニア／ラトビア／リトアニア／バルト3国／チェコ／ポーランド／スロバキア／ハンガリー／ルーマニア／ブルガリア／スロベニア／クロアチア／マルタ／キプロス

2 おしゃれで魅力いっぱい ヨーロッパの国々

▶ ヨーロッパって，おしゃれな感じ。パリも，ロンドンも，ローマも，あ，そうそうアルプスも！　行きたいところばっかり！
▶ 明治時代から，ヨーロッパは，日本人にとってあこがれの土地だったからね。せっかくだから，いろいろな国のようすをみてみよう。

1 フランス

1 EU最大の農業国 <テストに出るぞ!>　フランスは温和な気候と広い平地にめぐまれ，EU最大の農業国であり，小麦，乳製品などの食料を輸出している。しかし，スペインやイタリアなどのほうが，フランスよりコストが安いので，競争はきびしい。このため，家族中心のこれまでの農業から，規模の大型化，作物の専門化へと進む傾向にある。

2 工業も一流　航空機や原子力産業は，世界でもトップクラス。かつては内陸部に工業地域があったが，最近はナント＝サンナゼール地区，ルアン＝ルアーヴル地区など臨海部に移ってきた。

3 ヨーロッパの中心パリ　首都パリはヨーロッパの中心として，国際政治の舞台になることも多い。フランスではパリに人口や機能が集中しすぎていることが問題となっている。

2 イギリス

1 連合王国　イギリスは，正式にいうと「グレートブリテン及び北アイルランド連合王国」。あんまり長いので，「連合王国(United Kingdom)」と略すことが多い。

- イングランド……イギリスの首都ロンドンがある。
- スコットランド…北部。
- ウェールズ………西部。
- 北アイルランド…アイルランド島の北部。

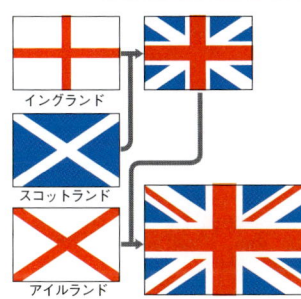

↪ イギリスの国旗

➕ プラスα

●チーズとワイン
　フランスは，チーズの生産，輸出とも，世界のトップクラス。ぶどうの生産とワインの生産でも，世界で有数。チーズとワインといえば，フランス！

ヨーロッパのチーズ
　ヨーロッパ各地のチーズの名称(種類)は，それぞれの町の名によっている。カマンベール(フランス)，チェダー(イギリス)，エダムやゴーダ(オランダ)，グリュイエール(ドイツ)などが代表的。
　アムステルダム(オランダ)の近くのアルクマールでは，町の広場で伝統的なチーズ市が開かれていて，観光客が多い。

●スコットランドの独立
　2014年，スコットランドの独立の是非を問う住民投票がおこなわれた。一時は独立賛成派が多数となり，イギリス政府は，必死で独立を阻止しようとした。投票の結果，独立は見送られたが，独立賛成派が勝っていたら，左の国旗も変更されていたかも？

15章　ヨーロッパとロシア

2 **世界の工場**　世界初の産業革命を成功させ，広大な植民地を支配してきたイギリスは，「**世界の工場**」としてさかえた。しかし，アメリカの台頭や2度の世界大戦，植民地の独立などで，その勢いは失速し，政策の失敗なども重なって，1960〜70年代には「**イギリス病**」とよばれる不景気におちいった。

3 **ヨーロッパのイギリスへ**　産業を立て直すため，政府は主要産業の国有化やEC加盟，政策の転換をおこなう。**北海油田**の成功もあり経済はもち直した。今でもイギリスの中心産業は工業であるが，かつて内陸部にあった工業地域は，海外からの資源に頼るようになったため**臨海部**へ移っている。

4 **少数精鋭の農業**　農業人口率は**わずか1.5%**（日本は2.2%，2010年）。農民は少ないが，広い農地に機械も使い生産性は高い。
▶国土の約7割

5 **ニュータウン**　早くから工業が発達したため都市に住む人の割合が高い。とくに**ロンドン**では，大気汚染などの都市問題が深刻になった。そこで第二次世界大戦後，ロンドンの郊外に**ニュータウン**をつくった。**職場と住宅を近くに配置した職住近接**が特徴である(→p.158)。

③ ドイツ

1 **東西ドイツの統一**　ドイツは，第二次世界大戦後，資本主義国でアメリカなどの支援をうけた**西ドイツ**と，社会主義国でソ連の支援をうけた**東ドイツ**に分裂した。1980年代後半から，政治の民主化と経済の自由化が進むなかで，1990年，西ドイツが東ドイツを吸収する形で統一された。首都は**ベルリン**。

経済発展の遅れた旧東ドイツ地域との経済格差は，まだ残っていて，失業率は旧東ドイツ地域の方が高い。

◎ロンドンの箱型タクシーと2階建てバス

●**北アイルランド問題**
アイルランドがイギリスから独立したとき，北部だけは**イギリス系(プロテスタント)**住民が多かったため，イギリスに残った。しかし，北アイルランドに住むケルト系で**カトリック教徒のアイルランド人**は，アイルランドとの統合をめざして，イギリス系住民と武力で対立してきた。1998年に包括的和平合意ができたが，解決にまではいたっていない。

古くて新しい国・英国
国会でいまだに貴族院が残っているのはイギリスくらいなもの。ロンドンのタクシーは箱型で黒塗りのタイプが有名で，新型車が導入されてカラフルな車が増えても，やはり黒と箱型の車は残っている。ともかく古いものを大切にする。
ところが，ビートルズ，ミニスカート，パンクロック…と，その時々の世界の流行の発信地でもある。古くて新しい国，これがイギリス。

◎大ロンドン計画とニュータウン

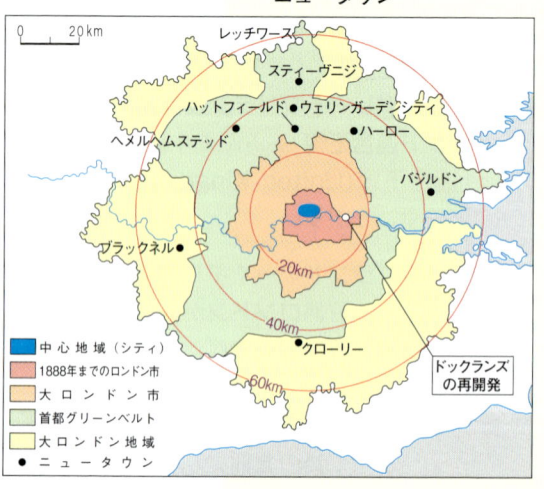

226　3編　現代世界の地誌的考察

2 EU最大の工業国 <テストに出るぞ！> ドイツは2度の世界大戦に敗れたが，西ドイツは奇跡とよばれるほどに復興。現在，ドイツはEU最大の工業国となっている。とくに，北西部のルール工業地域(→p.102)で，重工業が発展してきた。近年は，南部のミュンヘンやシュットガルトが工業生産の中心となっている。

3 きびしい農業 ドイツはもともと土地がやせていて気候も冷涼なため，工業に比べて農業の生産性は高くないが，農地の集約化を進めて穀物の輸出国に。農作物栽培と家畜飼育を組み合わせた混合農業が中心。

4 まじめで，はたらきもの ドイツ人はゲルマン系の民族が大部分。まじめで，はたらきものといわれることが多い一方，ユーモアに乏しいなんていわれることもある。大部分がキリスト教徒で，北部はプロテスタント，南部はカトリックが多い。工業の発展で国は豊かだが，人々の生活は決してぜいたくではなく，環境問題にも熱心にとりくんでいる。

● 西ドイツでは，1961年から1973年まで，公式に外国人労働者を受け入れてきた。その結果，トルコ，旧ユーゴスラビア，イタリア，ギリシャ，スペインなどの外国人が，単純労働などに従事して，高度成長の基礎をささえた。1990年ごろ，家族をふくめて約450万人の外国人がいて，総人口の7.3％にあたっていた。
● 1970年代以後，経済が停滞すると，失業率が高まった。また，ドイツ人による外国人労働者への排斥運動が起こったりした。しかし，全般的には，少数者(マイノリティ)の権利を尊重し，それぞれの文化を尊重する多文化主義が強調されるようになっている。

⇧ ライン川流域の古城
（カッツ城）

● **アウトバーン**
日本に輸入される外国車は，フォルクスワーゲン，BMW，ベンツ，アウディなど，ドイツ車が圧倒的に多い。高速道路のアウトバーンできたえられた技術が信頼されるのだろうか。時速200kmでぶっとばす車も多いが，これが大気をよごしているとの批判もある。
▶シグマ先生の世界巡り→p.195

→ じゃがいもとソーセージぐらいがドイツ料理だ，とグルメのフランス人は悪口をいうこともある。

4 イタリア

1 太陽と歴史の国 歴史の都ローマのあるイタリアは，緯度からいうと，日本の北海道や東北地方とほぼ同じ。しかし，地中海性気候で，冬でも温暖で陽光にめぐまれている。
▶夏は砂漠のように乾燥，冬に雨

2 先進の北部 イタリアの北部は，産業や文化の進んだ地域だ。工業は，トリノ，ミラノ，ジェノヴァを結んだ三角地帯が中心である。農業では，ポー川流域のパダノ＝ヴェネタ平野が中心で，大規模な混合農業のほか，稲作もみられる。

3 遅れた南部 南部は開発が遅れている。農業はぶどうやオリーブ栽培と，羊などの移牧(→p.75)がみられるが，土地はやせており，生産性は低い。失業率も南部のほうが高く，北部との経済的な格差が大きい。これが「イタリアの南北問題」。

4 第3のイタリア 技術力のある中小企業で発展(→p.104)。

⇩ 古代ローマの遺跡
（コロッセウム＝円型闘技場）

15章 ヨーロッパとロシア　227

5 ベネルクス3国

1 ベルギー 狭い国土だが，言語が異なる。北部の**ゲルマン系住民**は**オランダ語**（フラマン語）を使い，南部の**ラテン系住民**は**フランス語**（ワロン語）を使う。ほかにドイツ語やフランス語も。EUの本部が，首都ブリュッセルにある。

2 オランダ <テストに出るぞ！> 国土の10%以上が**ポルダー**とよばれる干拓地であり，風車は低い土地の排水用として使われていた。ロッテルダムの西の新マース川の河口には，EUの玄関口として**ユーロポート**がつくられ，**石油化学コンビナート**がつくられている。
▶ヨーロッパの港の意味

オランダは低地が広く，**CO₂の増加→地球の温暖化**（→p.116）
▶二酸化炭素
による海面の上昇に強い危機感をもっている。そこで，CO₂の排出量に応じて課税したり，自動車の数を減らそうとしている。こうした動きは，ヨーロッパ各国に広がってきている。

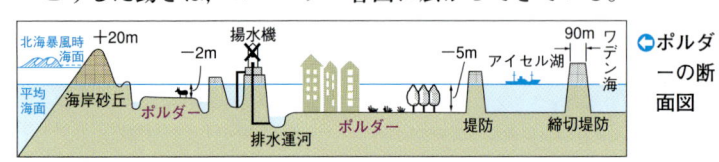

↑ベルギーの言語分布

●ベネルクス3国
　ベルギー，オランダ（ネーデルラント），ルクセンブルクの3国をまとめたよび方。3か国をあわせても北海道より狭い。しかも，西にフランス，東にドイツと大国にはさまれ，立場は弱い。したがって，団結力が強く，これがEC結成のお手本になった。

●炭素税
　地球の温暖化の対策で，二酸化炭素（CO₂）の排出を抑制するため，その排出量に応じて課される税金。1990年，フィンランドが世界で初めて導入し，その後，オランダ，デンマーク，ノルウェー，スウェーデンなどでも導入。

↑ポルダーの断面図

3 ルクセンブルク かつて主役の鉄鋼業は低迷。現在は，小国ながら世界有数の金融センター。ベネルクス関税同盟以来，EUの統合促進が国是。
▶1948年

6 スイス

1 永世中立国 19世紀以来の中立政策で，経済が発達してきた。

2 都市と産業 **チューリヒ**は最大の都市で，国際的な金融業の中心地の1つ。**ジュネーヴ**は，多くの国際機関の本部があり，アルプスの観光でも有名。北部の**バーゼル**は，ライン川水運の基点。各地で精密機械工業，化学工業，食料品工業がさかん。**移牧**で**酪農**をおこなう（→p.75）。

↑スイスの言語と宗教

7 スペイン

1 かつて植民地帝国 南アメリカの大半は**スペイン語**圏。
▶ブラジルのみ，公用語がポルトガル語。

2 産業と経済
① 農業…北部では混合農業が，中部では**メセタ**とよばれる高原で羊やヤギの放牧が，南部ではオリーブ，オレンジの栽培がさかん。ただし，大土地所有制が残り，生産性は低い。
② 鉱工業…EC加盟(1986年)後は，域内各国の資本が進出し，工業がさかんとなり，経済成長をとげた。
③ 観光業…地中海沿岸には数多くのリゾート地があり，太陽を求めてヨーロッパ北部から多くの人々がバカンスに集まる。

8 北ヨーロッパの国々

1 **白夜の国々** 北ヨーロッパには，スカンディナヴィア半島にスウェーデン，ノルウェー，フィンランド，ユーラン半島にデンマーク，北大西洋上には島国のアイスランドがある。どの国も北緯55度より北にかたより，**白夜**が有名。暖流の**北大西洋海流**とその上を吹いてくる**偏西風**のおかげで，沿岸は**西岸海洋性気候**となっており，緯度の割には寒さはましだ。
▶シグマ先生の世界巡り→p.196

2 **充実した福祉** 北ヨーロッパの国々は，各種の年金など社会福祉が充実しており，所得水準も高い。その反面で税金の負担も多い＝高福祉高負担。

3 **水と木と鉄の国スウェーデン** 南北に細長いスウェーデンはかつて氷河におおわれ，けずられたあとの湖が多い。この湖（▶氷河湖）から流れおちる水をエネルギーとして**水力発電**がさかん。また国土の60％が森林で，しかも価値の高い**針葉樹林**である。鉱産資源では**キルナ**，**マルムベリエト**（▶イェリバレ）を中心にした**鉄鉱石**の産地がある。これら国内の資源を，高い技術力で活用し，鉄鋼，自動車，造船，パルプ製紙業がさかん。

4 **ヴァイキングの伝説ノルウェー** ノルウェー海→大西洋に面し，**ヴァイキング**として世界の海で交易をおこなっていた。その伝統が今も**水産業**や**海運業**にうけつがれている。豊かな水力資源で工業化。北海油田で石油を産出。

5 **森と湖の国フィンランド** 国土の70％が森林，20％が湖におおわれているので，「森と湖の国」といわれる。おもな産業は林業だが，近年，携帯電話を中心とした**電子工業**が，急速に発達した。

●ヨーロッパの緯度
　日本で秋田付近(八郎潟干拓地)を通る北緯40度線は，ヨーロッパではスペイン中部，地中海，イタリアやギリシャ南部を通っている。
　ロンドンやパリは北緯50度前後で，樺太(サハリン)中部にあたる。
　スウェーデンの首都ストックホルム，ノルウェーの首都オスロ，フィンランドの首都ヘルシンキは，いずれも北緯60度付近で，これは，カムチャツカ半島のつけ根やアラスカのアンカレジに近い。

●北ヨーロッパの気候
　暖流の北大西洋海流と，その上を吹いてくる偏西風のおかげで，寒さはましだ。とはいうものの，北ヨーロッパは，さすがに位置が北によっている。北緯59度のストックホルムでは夏至の日は日の出2時30分ごろ，日の入り21時10分ごろで夜がきわめて短い。ところが，冬至の日には日の出8時40分ごろ，日の入り14時50分ごろで，夜が長い。太陽が恋しくなってしまう。
　なお，北極圏(北緯66.6度)では夏は太陽が沈まない日(**白夜**)，冬は太陽が昇らない日がみられる(**極夜**)。
　北ヨーロッパの人が，バカンスで太陽がいっぱいの地中海方面へ出かけたがるのも，当然!?

●IT大国フィンランド
　高緯度に位置するフィンランドの年平均気温は，氷点下0.4度。首都ヘルシンキがある南部は比較的温暖だが，5度しかない。こうした気候の中，従来からの林業中心の産業を多様化させる政策で，金属機械工業が発達。中でも，**携帯電話機の生産が世界有数のノキア**という会社がとくに有名。国民の携帯電話の普及率，インターネットの利用率などは，世界最高水準で，**IT大国**といわれる。ITとは情報通信技術のことで，その技術開発力は高く，近年はゲーム産業も発展。

15章 ヨーロッパとロシア　229

3 かつてはアメリカのライバル ロシアと東ヨーロッパ

▶昔は，ソ連っていう国があったんだって？　アメリカのライバルだったって聞いたよ。
▶ソ連が解体したのは1991年だったね。それまで，社会主義という経済のしくみで，資本主義のアメリカと対立，競争をつづけてきたんだ。ヨーロッパも，西の資本主義圏と東の社会主義圏に分かれ，それぞれ，西側，東側の国々といわれていたんだよ。

1 ソ連の成立と解体

1 世界初の社会主義国
① **ロシア革命**…1917年，**ロシア革命**が起こり，世界初の**社会主義国**であるソビエト社会主義共和国連邦（略して**ソ連**）が生まれた。▶当時のロシアは皇帝が専制支配　社会主義国では，土地や，工場など生産手段を国有化し，国が経済をコントロールする**計画経済**が進められた。
② **重化学工業優先**…重化学工業に重点をおき，工業レベルはアメリカに追いつく勢いを示した。しかし，国民が使う**消費財**の生産は軽視され，ほしいものが買えない状態がつづいた。▶軍事力も対等になった
③ **農業は停滞**…農業はコルホーズ（集団農場），ソフホーズ（国営農場）でおこなわれたが，個人意識が強い農民の意欲と合わず，気候のきびしさもあり，慢性的な食料不足がつづいた。

2 ペレストロイカから資本主義へ
1980年代には，硬直した体制を立て直す，**ペレストロイカ**（体制改革）が進められたが，抜本的な改革にはならなかった。1991年に，ソ連は解体し，**ロシア**を中心に，12の国が**CIS**（独立国家共同体）を構成することになった。▶シグマ先生の世界巡り→p.197　以後，社会主義の道をやめ，**市場経済**にもとづく**資本主義**の国になったのだ。

2 ロシアの自然

1 広い国土
ロシアの国土面積は世界第1位。日本の45倍もある。東西に細長く，国内だけで9もの**標準時**が決められている。東西の時差は，8時間だ。

2 ヨーロッパロシア
ウラル山脈より西側の地域。ロシアの4分の1を占め，人口の3分の2が集中する。ゆるやかな丘のつづく**東ヨーロッパ平原**が広がる。ロシアの中では，寒さもまだましだ。

➕ プラスα

●社会主義とは？
① マルクスの考えが基本。失業や貧富の格差のない平等な社会をめざす。
② 工場や土地などの生産手段（利潤を得られるもの）を，原則として…
　国または共同組合がもつ
　　→社会主義
　個人がもつ→資本主義
③ 国全体の経済運営を…
　国がコントロールする
　　（計画経済）→社会主義
　市場にまかせる（市場経済）→資本主義

⬇旧ソ連から独立した15の国々　エストニア，ラトビア，リトアニアのバルト3国は，CISには不参加。グルジア（ジョージア）は2009年に脱退，ウクライナは2014年に脱退宣言。

230　3編　現代世界の地誌的考察

3 **寒冷のシベリア** ウラル山脈より東のシベリアは，オビ川やエニセイ川の流れる西シベリア低地と，その東の中央シベリア高原，さらに東部の山地に分けられる。大部分は亜寒帯に属していて，冬はひじょうに寒く，生活はきびしい。かといって，夏はけっこう暑くなり，快適とはいえない。

3 ロシアの資源と産業

1 スケールも悩みも大きい農業

① **南から北へ**…ロシアの農業地域は，東西に帯状に細長く伸び，南から北へ移っていく。

② **きびしい自然**…農地は広いから生産力はあるはず。ロシアの耕地面積はインド，アメリカ，中国に次いで，世界の8％を占める農業大国である。かつては輸入品のトップを穀物や肉類など食料品が占めていたが，2000年前後からは，経済の復調にともなって農業生産も回復し，現在は小麦などの主要な輸出国となっている。しかし，干害や冷害など気候の変化の影響をうけやすく，不安定さも残る。

2 資源を活用したい工業

① **コンビナート**…ソ連の工業は，資源産地を結びつけて工業化を進めるコンビナート方式。ロシアになってからは，計画経済から**市場経済**への移行がうまくいかず，経済は停滞した。

② **豊かな鉱産資源**…埋蔵の多い東部地域の**シベリア**や**極東**，北極海沿岸地域で，近年開発がさかん。停滞していた経済は，原油価格の高騰などを背景に2000年代には急速に回復し，BRICsの1つに数えられる発展をみせている

覚え得

●**ロシアの9つの標準時**

ロシアの国土は，東西に長く，その経度差は，170度にもなる。そこで，**9つの標準時**が設定されている。

9つの標準時がある中，西の端と東の端とでは，8時間の時差が生じている。西のモスクワが午前8時のとき，東端のチュコト半島では，すでに午後3時になっている。日本に近いウラジオストクは，モスクワと時差が6時間。ウラジオストクが午前8時のとき，モスクワは，まだ真夜中の午前2時である。

ロシア紅茶

ロシアといえば，お茶。紅茶にたっぷりの砂糖を入れて飲む。でも，茶も砂糖も輸入に頼る。いずれも世界有数の輸入国。

茶は，ソ連時代に同じ国であった現在のグルジア（ジョージア），アゼルバイジャンからの輸入が多い。

また，紅茶を入れるときに使う独特の湯沸かし器は，サモワールという。

永久凍土とは？

シベリアには永久凍土という凍結層がある。地中深くは，年中とけないが，表層は，夏に1～2mだけとける。家を建てるとき，長い支柱で高床式にしておけば，冬は家の熱で凍土がとけるのを防ぐことができ，夏はとけた表層の上で家が傾いたりするのを防ぐことができる。

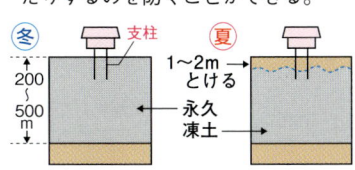

⬇**ロシアとその周辺の国々の地形**

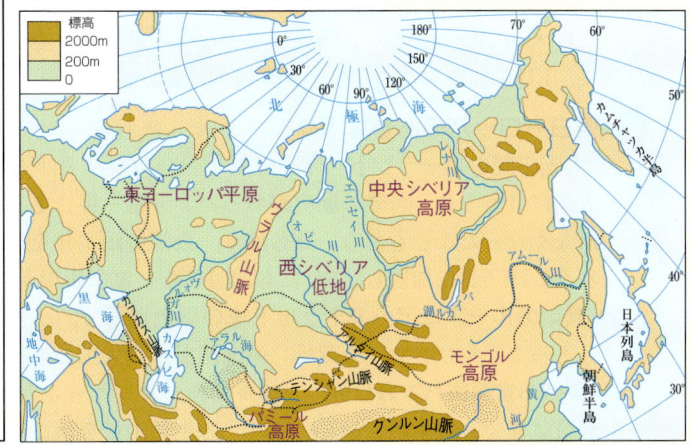

15章 ヨーロッパとロシア 231

4 西側水準をめざす東ヨーロッパ

1 ソ連グループだった歴史

① **社会主義国へ**…東ヨーロッパの地域は，かつて大地主が支配する，遅れた農業国だった。第二次世界大戦後は，ソ連の指導のもと，社会主義の道をたどることになった。

② **民族と文化**…ロシアと同じ<u>スラブ系</u>で<u>正教会</u>（東方正教）の国が多いが，ルーマニアはラテン系，ハンガリーはウラル語族のマジャール人，ポーランドはカトリック（→p.170）といったちがいもある。

③ **脱社会主義**…経済の停滞，政府の圧制に，人々の不満は高まった。1989年にハンガリーで始まった改革，<u>経済の自由化</u>と<u>政治の民主化</u>を求める運動は，東ヨーロッパ中に広がった。東ドイツの場合は，西ドイツに吸収されて統一ドイツになった（1990年）。1991年にソ連も解体し，各国は**市場経済**へ移行することになった。

2 けわしい道のりの経済再建

① **分業から自立へ**…東ヨーロッパは，ソ連の主導のもと，コメコン（経済相互援助会議）(→p.184)体制で各国が分業をしてきた。1991年のコメコン解体後は，経済の自立を迫られた。

② **道はけわしい**…しかし，経済の急激な変革は大きな混乱をもたらした。チェコスロバキアが，チェコとスロバキアに分かれ，旧ユーゴスラビアは，民族対立から分裂して内戦状態になってしまった。そのほかの国も，高い失業率やインフレ，政府の財政赤字などに悩むことが多い。

③ **めざせEU**…経済をたて直すために，外国資本を積極的にうけ入れている。また，西ヨーロッパへの仲間入りをめざして，EUに加盟した国が多いが，財政問題が課題に。

3 東ヨーロッパのおもな国々

① **大国の間のポーランド**…ポーランドは，ロシアとドイツの大国にはさまれ，苦難の歴史があった（▶カトリックが多い）。分割・併合されて国がなくなったこともある。いち早く，政治の民主化を進めてきた。OECDに加盟し，EUにも加盟した。鉱産資源が豊か。

② **農業のルーマニア**…ドナウ川下流の<u>黒土地帯</u>で，小麦やとうもろこし，ひまわりを栽培。産油国だが輸入国でもある。

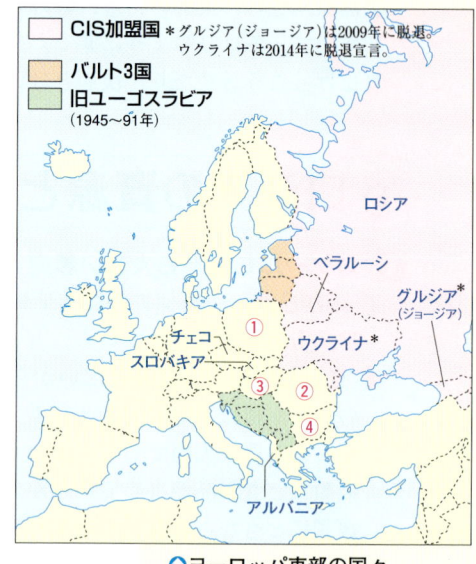

③ **東欧の食料庫ハンガリー**…ウラル語族のマジャール人（▶マジャール語（ハンガリー語））の国。温帯気候で，農業がさかん。東欧一の生活水準をほこる。
▶プスタの温帯草原とレスの土壌→p.58

◯ヨーロッパ東部の国々
図中の①はポーランド，②はルーマニア，③はハンガリー，④はブルガリア。これら4国の輸出入相手国をみると，ドイツやイタリアが上位となり，ドイツの影響力が強い。

●東西格差

東ヨーロッパは西ヨーロッパと比べ，経済発展が進んでおらず，賃金の格差や失業率の高さなどが問題になっている。

しかし，その賃金の安さから，西ヨーロッパの工場が移転してきている。近年は，インフラの整備が進み，ヨーロッパ以外の国からの投資や工場の進出も多い。この場合，西ヨーロッパに近いこともメリットだ。

一方，工場が移転した西ヨーロッパでは，「産業の空洞化」が問題に。

テスト直前チェック　定期テストにかならず役立つ！

1. □ ヨーロッパ統合をめざすEU。以前は何といった？
2. □ どんどん拡大するEU。2014年現在，何か国が加盟しているか？
3. □ EUは1999年から通貨統合を進めている。じゃ，その単位は？
4. □ 平地が広く，気候は温暖なフランスは農業大国。輸出するおもな農産物は？
5. □ イギリスの4地域。イングランド，ウェールズ，北アイルランド，残りは？
6. □ 都市問題が深刻なロンドン郊外に，新しくつくった街を，何というか？
7. □ ライン川流域にある，ドイツ最大の工業地域を，何というか？
8. □ ドイツ名物の高速道路網。第二次世界大戦前からある，この道路の名は？
9. □ 冬に雨，夏は砂漠なみに乾燥。オリーブ畑のある下の写真⑭の地域の気候は？
10. □ イタリア北部で，工業の発達した三角地帯の3つの都市は？
11. □ 狭い国土に，複数の言語共同体。EUの本部もある，この国はどこか？
12. □ EUの玄関港で最大の貿易港，「ヨーロッパの港」という意味の港の名は？
13. □ スペイン中部の，羊やヤギの放牧がさかんな高原を，何というか？
14. □ 水力発電と，国土をおおう森林と，キルナなどの鉄鉱石が有名。北欧のこの国はどこ？
15. □ 「ノキア」ブランドでおなじみの携帯電話など，電子工業のさかんな国はどこ？
16. □ 東西に長い国土のロシア。標準時はいくつあるか？
17. □ ソ連が解体して，ロシアなどいくつかの国で再出発。西暦何年だったか？
18. □ ソ連の解体後，独立した12か国が結成した協力組織を漢字で書くと？
19. □ スラブ系の多い東ヨーロッパで，ウラル語族の言語を使用する人々の国はどこ？
20. □ 正教会（東方正教）の多い東ヨーロッパで，カトリックの国はどこ？

解答

1. EC（欧州共同体）
2. 28か国
3. ユーロ
4. 小麦，乳製品（チーズ）
5. スコットランド
6. ニュータウン
7. ルール工業地域
8. アウトバーン
9. 地中海性気候
10. トリノ，ミラノ，ジェノヴァ
11. ベルギー
12. ユーロポート
13. メセタ
14. スウェーデン
15. フィンランド
16. 9
17. 1991年
18. 独立国家共同体
19. ハンガリー
20. ポーランド

テストに出る写真 チェック⑭

15章　ヨーロッパとロシア

16章 南北アメリカとオセアニア

⇨アンデス山脈中の先住民の遺跡（マチュピチュ）

1 世界の巨人とそのパートナー アメリカとカナダ

▶アメリカは自由の国という感じがするよ。友だちにもアメリカ留学したいって子が多い。
▶アメリカはやはり世界の超大国だし，みんなが知っていることも多いと思うね。でも断片的な情報だけじゃなく，まとめてアメリカという国を理解してほしい。長所も短所もね。

1 アメリカの国土と歴史

1 利用価値の高い3位――アメリカの国土
① **日本の25倍**…アメリカの面積は963万km²（日本の25倍）。ロシア，カナダに次いで**世界第3位**だ。しかも，農業などに利用価値の高い土地が多い。
② **48プラス2**…アメリカ国旗の星の数は，州の数をあらわす。本土に**48州**，カナダの北西に**アラスカ州**，太平洋に**ハワイ州**があり，全部で50州。各州は日本の都道府県よりもはるかに強い自治権をもっている。
③ **西経100度**…国の中央に**西経100度**の経線が走っているが，これが**年降水量500㎜**の線とほぼ一致する。これ
▶アメリカ農業上重要な線
より東は雨が多く，西は雨が少ない。

2 2つに分けられる気候
① **湿潤の東部**…東部の大西洋岸は，日本と同じ**温暖湿潤気候**。雨が多く，夏は暑いが，冬の寒さも結構きびしい。南北に走る**古期造山帯のアパラチア山脈**は丘陵性の山地。
② **乾燥の西部**…西部は高くてけわしい**新期造山帯**の**ロッキー山脈**の麓まで乾燥気候におおわれ，ステップや砂漠がみられる。太平洋岸のカリフォルニア州には**地中海性気候**もあり，すごしやすい。

プラスα

●**アメリカ合衆国**
アメリカと略してよぶことが多い。50の州からなる連邦国家。「合衆国」とは，連邦という意味で，各州は，憲法や広範な統治権限をもち，独自の行政をおこなっている。

⇩北アメリカの地形

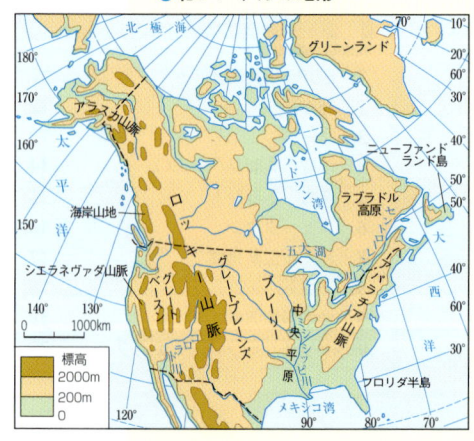

234　3編　現代世界の地誌的考察

アングロアメリカ

北アメリカ大陸の**アメリカ合衆国**と**カナダ**の2か国の地域。アングロサクソン(イギリス)系の人々が中心であるため,アングロアメリカという。しかし,カナダではフランス系の人も多く多文化主義をとっており,アメリカでも多文化社会となっているので,よび方としてふさわしくない面もある。

1991年ソ連が崩壊してからは,アメリカは唯一の超大国として,「一人勝ち」状態となっている。北側のカナダとの結びつきは,かねてから深かったが,北米自由貿易協定(NAFTA)の結成で,南側の**メキシコ**との経済的な結びつきも強めている。

北アメリカと南アメリカ

文化を基準に分けたアングロアメリカとラテンアメリカに対して,自然地形のようすで分けると,北アメリカ(大陸)と南アメリカ(大陸)とに区分される。この境界は,幅が最も狭いパナマ地峡。

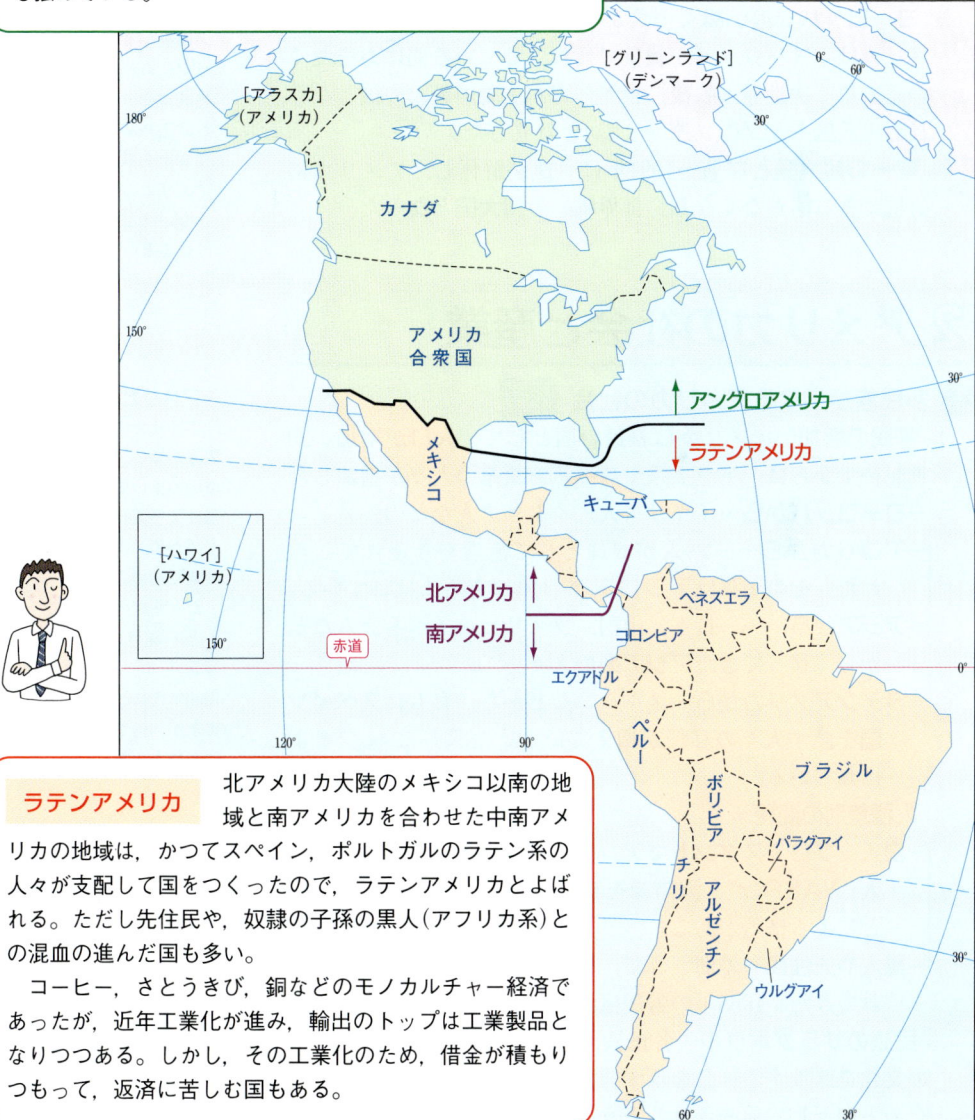

ラテンアメリカ

北アメリカ大陸のメキシコ以南の地域と南アメリカを合わせた中南アメリカの地域は,かつてスペイン,ポルトガルのラテン系の人々が支配して国をつくったので,ラテンアメリカとよばれる。ただし先住民や,奴隷の子孫の黒人(アフリカ系)との混血の進んだ国も多い。

コーヒー,さとうきび,銅などのモノカルチャー経済であったが,近年工業化が進み,輸出のトップは工業製品となりつつある。しかし,その工業化のため,借金が積もりつもって,返済に苦しむ国もある。

16章 南北アメリカとオセアニア　235

3 200年で世界の超大国──アメリカの歴史 [テストに出るぞ！]
① **先住民（ネイティブアメリカン）**…北アメリカ大陸には先住民が住んでいた。ヨーロッパ人によって，かつてインディアンとか，エスキモーとよばれた人々である。
　　　　　　　　　　　　　　　▶北極圏に近い地域のイヌイット
② 移民の国…18世紀からヨーロッパ人の移民が増え，1776年に**東部13州**がイギリスから**アメリカ合衆国**として独立した。その後，他の国から土地を買収したり，戦争で奪いとったりして，国土を拡大した。もちろん，その過程で先住民たちは居住地を追われ迫害された。白人など移民の勢力圏の先端は，「**開拓前線**」とよばれ，西へ西へと移っていった。
▶フロンティア
③ ヨーロッパを追いぬく…豊かな資源と多くの人口をもつアメリカは，ヨーロッパが戦争で疲れはてている間に力をたくわえ，第二次世界大戦後，世界の資本主義国最大の国となり，社会主義国トップのソ連（→p.230）と対立した。
④ 唯一の超大国となる…1991年にソ連が解体し，アメリカに対抗できる国がなくなり，世界唯一の**超大国**となった。

2 アメリカの社会と産業

1 多民族からなるアメリカの社会 [テストに出るぞ！]
① 移民の増加…アメリカは移民の国として，人口が増加。20世紀後半からは，アジア系やスペイン語系の人々が増加した。
　─ヨーロッパから…イギリス人，イタリア人などの**白人**。
　─アフリカから……**黒人**が奴隷として無理やり連れてこられた。その子孫は**アフロアメリカン**ともよばれている。
　　　　　　　　　　　▶アフリカ系アメリカ人
　─アジアから………日本，中国，フィリピン，ベトナムなどから，移ってきた**アジア系**の人々。
　─ラテンアメリカから…メキシコなどから，おもに**スペイン語**を話す人々の移民が増えている。**ヒスパニック**とよばれている。
② 人種差別の問題
　─白人…プロテスタントでアングロサクソン（イギリス）系白人（**WASP**）が上流階級を形成。白人の中でも，民族などによる格差がある。
　　　　▶White Anglo-Saxon Protestant
　─黒人や先住民…差別されて，社会的に低い地位に追いやられてきた。1965年の**公民権法**などで，差別が禁止された。
③ **民族のサラダボウル**…各民族が共存し，お互いの文化を尊重する社会を示す言葉。これからの社会の方向として強調されるようになってきた。

ウェットバック

アメリカは現在，移民が入ってくるのを制限している。しかし，アメリカは賃金が高く，密入国者はあとをたたない。何せメキシコでの週給分が，アメリカでは1日でかせげるといわれている。

メキシコとの国境には**リオグランデ川**があるだけだが，この川をゴムボートやときに泳いで渡ってくる密入国者をとくに**ウェットバック**（「ぬれた背中」）という。アメリカの警備隊に見つかれば送り帰されるが，このウェットバックがいないと，アメリカの農園はやっていけないほどの労働力になっているという。

●アメリカの都市問題

アメリカの都市の**都心部**は犯罪が多い。お金のある人は環境のよい郊外へ移り，都心部は**スラム**化しがちである。そのため，都心部の**再開発**が各地で進められている。

たとえば，ギャングと落書きと不潔さで悪名高かったニューヨークの地下鉄は，1980年代に改装が始まり，落書きが一掃され，今日のように面目を一新した。

2 底力はたいしたもの，アメリカの工業力 テストに出るぞ！

① **世界トップクラスの工業力**…一時，日本やNIEs諸国などの工業製品が入ってきて，アメリカ製品が苦境に追いこまれるケースもあった。しかし，高い技術力と多くの資本が必要な**宇宙，航空，エレクトロニクス，原子力，バイオテクノロジー**などの**先端産業**や基礎的研究の分野では，圧倒的に強い。また軍と企業の結びつきが強いのも特徴である。こうした結合は，**軍産複合体**とよばれる。

② **巨大企業と多国籍企業**…アメリカの巨大企業グループは，巨額の資本をもち，小国の経済を上回るほどの売り上げをほこる。また海外へ進出する**多国籍企業**（→p.90）が多い。

③ **サンベルト**への立地移動…1970年代から，**北緯37度**以南の温暖な地域で，エレクトロニクス産業などが発展（→p.110）。

3 農業も世界のトップクラス テストに出るぞ！

① **少ない農民と多い生産**…農業人口率は2%だが，広い農地と徹底した機械化により，農業生産はきわめて多い。農産物の多くが輸出され，**世界の食料庫**の役割を果たしている。

② **生産過剰**…農業の生産性が高いため，生産過剰になりやすい。生産調整の一方で，海外への売り込みに懸命である。

③ **アグリビジネス**…農業関連企業のこと。アメリカの農業全体に大きな支配力をもつようになっている（→p.78）。

④ **アメリカの農業の問題点**…土壌や水などの生産基盤を酷使し，破壊しながら収穫を増やしてきた面がある。
- 等高線耕作（→p.79）の無視による**土壌侵食**（表土流出）。
- **センターピボット農法**など，**地下水**の大量使用→枯渇。
- 過度の灌漑による**塩害**で，耕作放棄へ。
  ▶地表に塩分が集積

4 第3次産業の時代

① **大量消費**…アメリカは，第3次産業がきわめて発達した国であり，**大量生産・大量消費**を早くからおこなってきた。しかし，1973年の石油危機（→p.88）以降，省エネルギーも考えられるようになった。また高カロリーの食事が成人病のもとになることから，**ダイエット**が大はやりだ。

② **伝統的な生活も**…時代の先端を走る都市生活がみられる反面，農村部ではピューリタニズムの伝統をうけついだつましい生活も残る。さまざまな生活が並存するのがアメリカだ。

③ **これからのアメリカ**…アメリカは人種差別や移民問題，都市の荒廃などの問題をかかえているが，一方でコミュニティ形成へのバイタリティーは，アメリカならではといえる。アメリカの動向が世界に与える影響は大きい。

コンパクトカー

アメリカのクルマは，かつてやたらでかかった。エンジンの排気量は5000ccぐらいであたりまえ。ガソリンがぶのみのクルマだった。しかし省エネ時代になって，日本車の燃費の良さと故障の少なさが注目され，日本車がよく売れた。

その後，日本車を模範にしてつくられたアメリカ車は，燃費も性能も格段によくなっている。

●センターピボット農法
井戸を中心に，半径数百mの灌漑用アームが回転する。中心の井戸からは，ディーゼルエンジンで地下水をくみ上げている。

3 アメリカの各地 テストに出るぞ!

1 アメリカ発祥の地──東部

① **アメリカは東から**…アメリカは東部の**ニューイングランド地方**から歴史が始まった。今でも**ボストンからニューヨーク**を経て**ワシントンD.C.**まで大小の都市が連なり、**メガロポリス**(→p.151)を形成して重要な地位を占めている。

② **ニューヨーク**…略して**N.Y.**と表記。アメリカ最大の都市であり、アメリカはもちろん**世界経済の中心**となっている。**国際連合**(→p.186)の本部もおかれている。
▶シグマ先生の世界巡り→p.198

③ **政治の都ワシントンD.C.**…ポトマック川のほとりにある、計画的につくられた首都で、大統領官邸のホワイトハウスがある。どの州にも属さない連邦政府の**直轄地**。
▶シグマ先生の世界巡り→p.198

④ **ヨーロッパの香り**…ボストンはニューイングランド地方の中心で、近年はエレクトロニクス産業が急成長している。

2 いかにもアメリカ──中部

① **酪農の中西部**…五大湖の南岸地方は夏でも冷涼な気候で、土地はやせているが、大都市が近く、酪農がさかん。

② **とうもろこしの中南部**…中央平原は**プレーリー土**という肥えた土地と温暖な夏の気候にめぐまれている。ここでは、とうもろこしをはじめ**大豆**などの畑作をおこない、それらを飼料に牛や豚などの家畜を大規模に飼育しており、**コーンベルト**(→p.79)とよばれている。ここへはロッキー山脈の麓の牧場で育った子牛が送られてきて、短期間のうちに太らされ、**肉牛**としてシカゴの市場で売られる。
▶フィードロット→p.80

③ **資源にめぐまれた工業**…五大湖南岸の**アパラチア炭田**などの石炭と、五大湖西岸の**メサビ**などの鉄鉱石を、**五大湖の水運**で結びつけた鉄鋼業が**ピッツバーグ**などで始まった。その後、**デトロイト**で**自動車工業**がさかんとなった。

3 太陽のめぐみ──アメリカ南部

① **コットンベルト**…南部では、かつて黒人を使った綿花栽培がおこなわれ、**コットンベルト**(→p.79)とよばれた。南部はアメリカ国内では農業中心の、遅れた地域であった。

② **サンベルト**…南部は1970年代から、急速に工業化してきた。豊富な原油資源があり、賃金水準が比較的低いこともあって、カリフォルニア州などをふくめ、北緯37度以南の温暖な地域では、**宇宙産業、航空機工業、エレクトロニクス産業、石油化学工業**がさかんとなった。これらの地域は「太陽のめぐみ」という意味で、**サンベルト**とよばれている。

● **ニューヨークの交通位置**

ニューヨークは**ハドソン川**の河口にあり、そのハドソン川は**ニューヨークステートバージ運河(エリー運河)**によって五大湖の1つである**エリー湖**とつながっている。つまりニューヨークは、五大湖方面と大西洋を結ぶ交通の要所にあるといえる。

▶**ワシントンD.C.**のD.C.とはDistrict of Columbiaの略で、連邦政府直轄地であることをあらわす。

トルネード

内陸部のオクラホマ州あたりのうれしくない名物が竜巻。トルネードというが、ひどいのは風速100m以上というから台風どころじゃない。人や家畜、クルマはもちろん建物だって、あっという間に破壊してしまう。アメリカ国内では、年平均で1300個もの竜巻が発生するというから、おどろきだ。

● **デトロイト**

かつて自動車工業でさかえたデトロイトだが、生産の落ちこみなどから、自動車生産は衰退している。都市部の再開発事業などもおこなわれたが、市全体の復興にはおよばず、2013年には市が財政破たんを申請した。

● **フロストベルト**

サンベルトに対して、旧来の北東部は、フロスト(霜)ベルトとか、スノウ(雪)ベルトとよばれる。ラスト(さび)ベルトということもある。

4 スケールが雄大──アメリカ西部
① **ロッキーの麓**…ロッキー山脈の東側には南北に**グレートプレーンズ**がのび，牛や羊の放牧と小麦の栽培がさかん。 ▶大平原
② **雄大な自然**…西部はアメリカで最も自然が残る地域である。世界最初の国立公園の**イエローストーン**や，峡谷美の**グランドキャニオン**があり，多くの観光客を集める。
▶シグマ先生の世界巡り→p.8〜9

5 発展・急加速──アメリカ太平洋岸
① **新しい歴史**…歴史の新しいアメリカの中でも，太平洋岸の歴史はさらに新しい。第二次世界大戦後，急速に発展し，とりわけ**カリフォルニア州**は人口，農業生産額，工業生産額が全米でトップクラスとなった。安定期に入った東部や中部に比べて，南部とともに太平洋岸は成長期といえる。
② **進んだ産業**…夏に雨の少ない**地中海性気候**が広がり，灌漑をして果物や野菜などを栽培する。最近はワインも高評価だ。
　工業は**宇宙産業**，**航空機工業**や**エレクトロニクス産業**がさかんで，サンフランシスコ南方の**シリコンヴァレー**にはエレクトロニクス関連の企業が集中している。
▶サンノゼあたり。シグマ先生の世界巡り→p.199
③ **ロサンゼルスとサンフランシスコ**…太平洋岸の中心都市。**ロサンゼルス**(L.A.)はシカゴを抜いてアメリカ第2の人口となった。工業がさかんで，映画の都**ハリウッド**やディズニーランドもある。**サンフランシスコ**は坂の多い港町として知られ，名物のケーブルカーが街を上り下りする。

6 ここもアメリカ？──アラスカとハワイ
① **アラスカ**…面積こそ全米一だが，そのほとんどが未開発の土地である。森林や水産資源のほか，**ノーススロープ地方**で原油を産出し，北岸の**プルドーベイ**から南岸のバルジーズまで，アラスカを縦断するパイプラインも完成した。アラスカ州最大の都市**アンカレジ**は，冷戦時代は，ソ連上空をう回する北極航空路の中継地として知られた。 ▶現在はロシア上空を通過する
② **ハワイ**…太平洋上のハワイは**熱帯**の海洋性気候で，リゾート地として有名。パイナップル，さとうきびなどの農業がさかん。**日系人**が多い。

● シリコンヴァレーではたらく外国人
アメリカの大学には，中国，韓国，インドや東南アジア諸国からの留学生がひじょうに多い。アメリカは，先端技術をふくめた学術水準が高いため，それに関連した博士号などを取得してから，アメリカで就職することをめざすのが，最も多いコース。シリコンヴァレーは，半導体などのIC工場が集中し，IT関連の企業も多い(→p.110)ので，ここに職を得てはたらく外国人は多い。外国人だからといって差別されることが少なく，高い収入が得られるので，家族をよび寄せる例も珍しくない。

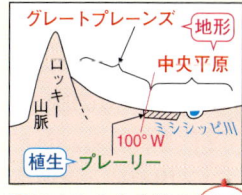

---

❶ アメリカ中央部の 覚え得
平原と草原

白人が開拓する以前，プレーリーは丈の高いイネ科の草におおわれていた。プレーリーはフランス語で「大草原」を意味する。ロッキー山脈の麓は，乾燥するので，丈の低い草におおわれていて，広い平原という意味で「グレートプレーンズ」とよばれた。

カリフォルニア米
世界の米の主流は細長いインディカという品種であるが，日本人には丸っこいジャポニカ種が口に合う。インディカ種はパサパサして日本ではあまり売れない。ところで，カリフォルニアの「国宝」などのブランド米はジャポニカ種。おいしくて，しかも日本米の半額とか。アメリカ政府は，日本が米の輸入を自由化するよう主張しつづけ，ついに，1995年から重量限定ながら輸入が始まった。現在は，関税さえ払えば，制限はない(その関税はひじょうに高い)。関税が引き下げられれば，カリフォルニア米が，ドッと入ってくるかも。

16章　南北アメリカとオセアニア　239

4 広大なカナダ

1 世界2位の国土
カナダの国土面積は，ロシアに次ぎ世界2位を占める。ただし，人口や産業は，南東部の**セントローレンス川**ぞいと南西部の**太平洋岸**といった**アメリカとの国境付近に集中**している。北部には寒さのきびしい針葉樹林帯や樹木のないツンドラ地帯が広がる。

▶カナダの国土は，アメリカより広い（日本の26倍）が，人口はアメリカの約9分の1（日本の4分の1）の3000万人ほどしかない。

◑カナダの住民
（2006年）
計3124万人
イギリス系 25%
フランス系 11
その他ヨーロッパ系 23
先住民 4
その他
（外務省資料などによる）

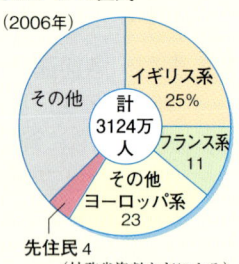

2 カナダの社会 〈テストに出るぞ！〉
① **複雑な民族**…先住民は**インディアン**と**イヌイット**だが，17世紀以後，フランスとイギリスが植民地にしようと争って，結局イギリスの植民地となった。このため，**イギリス系とフランス系**の住民が中心であるが，その他のヨーロッパ系，アジア系などの移民もいる。

② **カナダの中のフランス**…カナダのフランス系住民の多くは，**ケベック州**に集中している。ここでは約80%の人がフランス語を話し，「**カナダの中のフランス**」になっている。

③ **ケベック独立運動**…イギリス系住民の支配に不満をもつケベック州では，分離独立運動も起こっている。1995年の住民投票では，わずかの差で独立反対派が上回った。
▶独立賛成49.4％，反対50.6％

④ **2つの文化を対等に**…連邦政府は，1965年にイギリスの植民地であったことを示す**国旗**のデザインを改め，1969年にはイギリス系とフランス系の**二国語主義（バイリンガリズム）**の公用語法を定めた。その後，**多文化主義（マルチカルチュラリズム）**を進めている。
▶シグマ先生の世界巡り→p.200

⑤ **イヌイットに自治権**…1999年，北部のイヌイットに自治権を認めた**ヌナブト準州**が誕生した。中心都市は，バッフィン島のイカルイト。
▶グリーンランド（デンマーク領）にもイヌイットの自治政府がある

イヌイット
カナダの広い極地に住んでいるのがイヌイット（以前はヨーロッパ人が「生肉を食べる人」という意味でエスキモーとよんでいた）。日本人と同じモンゴロイド系の民族である。狩猟生活を中心とし，冬はイグルーとよぶ氷でできた家に住む地域もある。肉をナマで食べると聞いてエーッとおどろく人もいるかもしれないが，野菜の得られぬ生活では貴重なビタミン源。やはり，その土地ならではの理由があるものだ。

3 資源と産業
① **セントローレンス川流域**…カナダの中心地域。農業は酪農が中心であり，トロント，モントリオールを中心に工業化。ただし，**アメリカ資本**の企業が多く，経済的にもアメリカとの結びつきがひじょうに強い。

② **南西部**…西の平原は，アメリカのプレーリーやグレートプレーンズのつづきにあたり，**春小麦**の栽培，**牛や羊の放牧**がおこなわれている。また，カナダの油田地帯は**アルバータ州**にあり，州都エドモントンでは石油化学工業もさかん。
　太平洋岸の**ヴァンクーヴァー**は西の玄関口の役割を果たしており，日本へ大量に輸出される**小麦，木材，石炭，肉類，魚介類**などはここから船積みされる。

● **NAFTA**（北米自由貿易協定）
1994年に結成。**アメリカ，カナダ，メキシコ**3国で相互に関税を大幅に引き下げ，EU（欧州連合）のような自由市場をつくることが目的。

240　3編　現代世界の地誌的考察

2 日本からいちばん遠いラテンアメリカ

▶ラテンアメリカは，たしかメキシコより南の中南アメリカのことだったね。それにしても，日本からいちばん遠いんだよね。

▶なにしろ，日本からみて地球の反対側だからね。成田からリオデジャネイロまで，飛行機で24時間もかかる。そんなに遠くても，日系移民から現在の貿易まで，関係は深いよ。

1 自然と社会

1 熱帯の大陸・南アメリカの自然
① **背骨のアンデス**…南北アメリカ大陸とも，西側に高くてけわしい新期造山帯の山脈が連なる。南アメリカ大陸では**アンデス山脈**となり，アコンカグア山(6960m)などの6000m級の高山もみられる。大陸の東側には**ギアナ高地**，**ブラジル高原**があり，その間に**アマゾン盆地**などの低地がある。

② **熱帯の自然**…南アメリカ大陸は熱帯の占める割合が高い。赤道直下の**アマゾン川**流域には，**セルバ**とよばれる**熱帯林**が茂り，その周辺に熱帯草原の**サバナ**(**リャノ**，**カンポ**，**グランチャコ**)や，**ステップ**(**パンパ**)の草原が広がる。

2 古代文明から植民地へ──ラテンアメリカの社会
① **古代文明が花開く**…ラテンアメリカでは低地が暑く，住みにくい。そこでアンデス山脈など高地で文化がさかえた。メキシコの**アステカ文明**，**マヤ文明**，アンデスの**インカ文明**など，高度な**インディオ**の文明であった。

② **スペインとポルトガルの侵入**…16世紀ごろ**スペイン**や**ポルトガル**に侵略され，インディオの文明は破壊された。スペインとポルトガルは金銀などの鉱産資源をもち帰り，ラテン系文化やプランテーション農業をもちこんだ。

③ **複雑な人種・民族構成**…先住民のインディオに，白人や黒人が混じり，**混血**も多い。さらに世界各地からの移民も加わり，民族構成は複雑。

3 典型的なモノカルチャー経済
① **モノカルチャー経済**…国の経済を，特定の農産物や鉱産物の輸出に依存している。

② **大土地所有制**…大地主は都市で優雅にくらし，労働者は農場に住みこんで，労働する。

プラスα

インディオは日本人と親類？

標高4000mの高地にさかえたインカ帝国。最大時にはほぼアンデス全域にわたる大帝国を形成。この先住民は，何とアジア系。ベーリング海峡を越えて，はるばると北アメリカ経由でやってきたのだ。

●ラテンアメリカの住民

先住民のインディオなどは，近年では，**ネイティブアメリカン**ともいわれる。また，白人とインディオの混血は**メスチーソ**，白人と黒人の混血は**ムラート**といわれる。

↓南アメリカの自然

16章 南北アメリカとオセアニア 241

[ラテンアメリカの大農場(大牧場)のよび方] 覚え得

- **ブラジル**…大農場を**ファゼンダ**という。
  - コーヒー＝ファゼンダが代表的。
- **アルゼンチン**…大農場を**エスタンシア**という。
  - 牧場ではたらく牧夫は**ガウチョ**。牛や羊を管理。

なお、グアテマラではフィンカ。メキシコ、チリ、ペルー、コロンビアなどではアシエンダ。ウルグアイではエスタンシア。

③ **資源は豊かだが…** ラテンアメリカでは鉱産資源が豊か。しかし、外国資本を導入して工業化を進めた結果、対外債務がふくらみ、国民の貧富の差は拡大。

- ベネズエラ ┐
- メキシコ ┴─ 原油
- チリ ───── 銅
- ボリビア ── すず
- ペルー ───── 鉛
- ブラジル ── 鉄鉱石
- ジャマイカ ── ボーキサイト

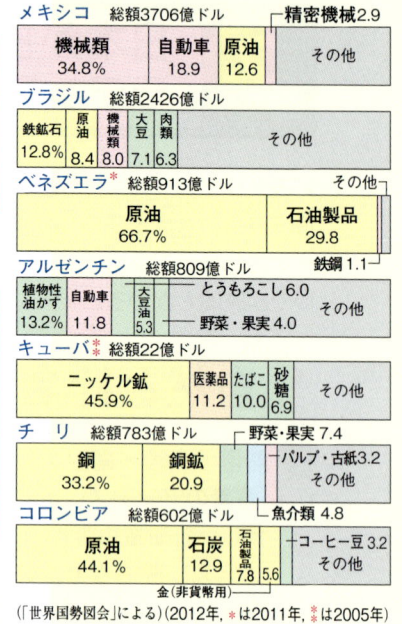

メキシコ 総額3706億ドル			精密機械2.9
機械類 34.8%	自動車 18.9	原油 12.6	その他

ブラジル 総額2426億ドル					
鉄鉱石 12.8%	原油 8.4	機械類 8.0	大豆 7.1	肉類 6.3	その他

ベネズエラ* 総額913億ドル		その他
原油 66.7%	石油製品 29.8	

アルゼンチン 総額809億ドル ─ 鉄鋼1.1
| 植物性油など 13.2% | 自動車 11.8 | 大豆油かす 5.3 | とうもろこし 6.0 | その他 |
| | | | 野菜・果実 4.0 | |

キューバ** 総額22億ドル				
ニッケル鉱 45.9%	医薬品 11.2	たばこ 10.0	砂糖 6.9	その他

チリ 総額783億ドル ─ 野菜・果実7.4
| 銅 33.2% | 銅鉱 20.9 | パルプ・古紙3.2 | その他 |

コロンビア 総額602億ドル ─ 魚介類4.8
| 原油 44.1% | 石炭 12.9 | 石油製品 5.6 | コーヒー豆3.2 その他 |
金(非貨幣用)

(「世界国勢図会」による)(2012年、*は2011年、**は2005年)

↑ラテンアメリカ諸国の輸出品

2 ラテンアメリカの国々

1 ブラジル
① **農業**…**コーヒー**はブラジル高原の**テラローシャ**(→p.58)とよばれる土壌で栽培されている。今でもコーヒー生産は世界一だが、価格が不安定なため、オレンジ、さとうきび、サイザル麻など、経営の**多角化**がはかられている。
② **工業**…ブラジルはラテンアメリカ有数の工業国で、**サンパウロ**、**リオデジャネイロ**、**ベロオリゾンテ**などに鉄鋼、機械、化学工業などの重化学工業が発達。
  ▶シグマ先生の世界巡り→p.201
③ **社会**…ポルトガル系の白人が最も多く、**ポルトガル語**が公用語。混血、黒人、アジア系などが入り混じる。

2 アルゼンチン
エスタンシアとよばれる**パンパ**の大農場で、小麦、とうもろこしの栽培や、肉牛、羊の牧畜がさかんである。最近、工業製品の輸出が増加。

3 メキシコ
高原の国。経済の柱は**原油**で、**タンピコ**などメキシコ湾岸で採掘される。銀の生産も世界有数。工業化が進む。

4 チリ
アンデス山脈にそって細長くのび、**砂漠気候、地中海性気候、西岸海洋性気候**の3気候区がみられる。**銅**の産出量は世界一をほこる。

5 キューバ
カリブ海に浮かぶ島国で、**さとうきび**、のちに**ニッケル**のモノカルチャー経済。1959年の**キューバ革命**以後、さとうきびなどのプランテーションは国有化された。 ▶砂糖を輸出

●メキシコのマキラドーラ

メキシコは、1960年代からアメリカ国境に輸出加工場**マキラドーラ**を設定し、外国企業の進出に対して、税制その他の優遇措置をとって、企業誘致による工業化を進めた。

サンディエゴ(アメリカ)と**ティファナ**(メキシコ)では、国境をまたぐ会社もある。

このマキラドーラの成功で、これを全国に広げたのが、**NAFTA**(北米自由貿易協定)(→p.240)。

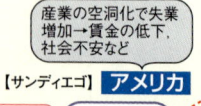

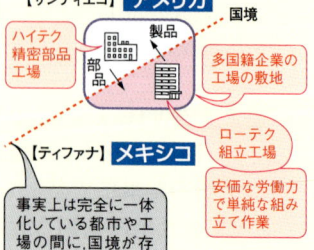

産業の空洞化で失業増加→賃金の低下、社会不安など

【サンディエゴ】 アメリカ
ハイテク精密部品工場 → 製品 国境
多国籍企業の工場の敷地
部品
【ティファナ】 メキシコ
ローテク組立工場
事実上は完全に一体化している都市や工場の間に、国境が存在している
安価な労働力で単純な組み立て作業
■ マキラドーラ

3 南の先進国 オーストラリアとニュージーランド

▶あれ，この地図おかしいよ。南と北が逆だ。
▶北半球中心の考え方に対する，ささやかな抵抗だと思うね，この地図は。世界をこういうふうにみると，また新鮮で，ハッとするね。

1 オーストラリア

1 水の足りない大陸オーストラリア
① **乾燥大陸**…オーストラリアは世界第6位の広い面積をもつ。北部で熱帯，東部と南部で温帯が少しみられるが，国土の3分の2は**乾燥帯**になっている。
② **グレートアーテジアン（大鑽井）盆地**…**被圧地下水**（→p.61）があり，掘り抜き井戸で水が自噴する（→p.83）。残念ながら地中の塩分が混じるため農作物には使えないが，**羊の飲み水**としては貴重だ。

2 移民の国オーストラリア
① **アボリジニー**…オーストラリアの先住民で，古くから住んでいたが，移民の白人に迫害され，一時は35万人に激減。
② **白人の移民**…18世紀後半，イギリス人が植民地にし，移民が増えた。現在，ヨーロッパ系住民が90％以上を占める。
③ **白豪政策**…オーストラリア（豪州）が，かつて白人以外の移民を制限してきたこと。第二次世界大戦後，周辺のアジアの国々との関係強化に乗り出し，白豪政策は廃止された。
④ **脱イギリス**…かつてイギリスの植民地であり，その後も貿易面で強い結びつきがあったが，現在では，アジア，太平洋諸国との関係が深くなっている。とくに，**中国**，**日本**，**韓国**，**アメリカ**などとの貿易額が多くなっている。

3 「羊の背に乗る」農業
① **世界一の羊毛**…**年降水量250～500mmのステップ気候の地域**で牧羊→羊毛の生産。羊は，毛用として優秀な**メリノ種**。
② **肉牛と乳牛**…肉牛は北部や北東部などやや降水量の多い地域，乳牛は南東部など，人口の集中した地域で多い。
③ **小麦**…**年降水量500mm**ほどの地域で栽培され，その多くが輸出に向けられている。日本も輸入。

プラスα

▶オーストラリアは面積は広いが地形は単調である。西部が台地，中央部が低地，東部が山地と，明確に区分できる。

サンタはサーフボードに乗ってくる

真っ赤なお鼻のトナカイさんがひくソリに乗って，クリスマスイブの日，サンタクロースのおじいさんがやってくる。オーストラリアでは12月24日は夏。ソリに乗ってなんて似合わない。あの服だって暑苦しい，かくしてオーストラリアのサンタさんは，なんとサーフボードに乗ってやってくるのだ。

16章 南北アメリカとオセアニア

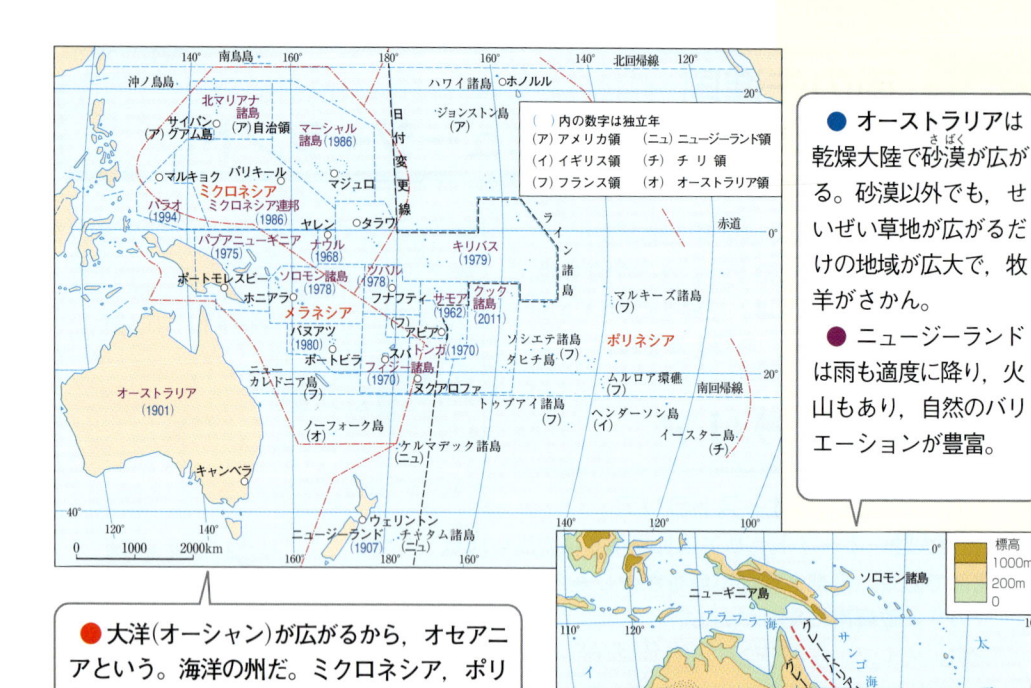

● 大洋（オーシャン）が広がるから，オセアニアという。海洋の州だ。ミクロネシア，ポリネシア，メラネシアの島々とオーストラリア大陸，ニュージーランドからなる。世界の陸地の6％しかなく，人口ならわずか0.5％にすぎない。この地域の陸地のうち，91％はオーストラリアが占めている。

● オーストラリアは乾燥大陸で砂漠が広がる。砂漠以外でも，せいぜい草地が広がるだけの地域が広大で，牧羊がさかん。

● ニュージーランドは雨も適度に降り，火山もあり，自然のバリエーションが豊富。

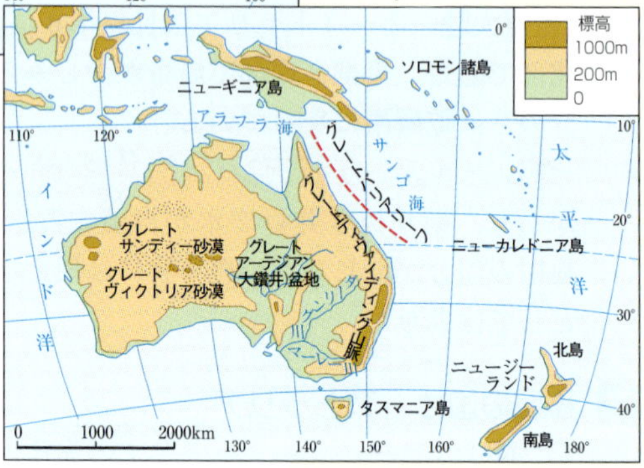

4 資源と工業 鉄鉱石，石炭，ボーキサイト（▶アルミニウムの原料）など，各種資源が豊富。とくに<u>西部の鉄鉱石</u>と<u>東部の石炭</u>は，中国や日本へ大量に輸出している。工業化は，アメリカなど外国資本を導入して進めている。

2 ニュージーランド

1 自然 日本と同じ<u>環太平洋造山帯</u>（→p.37）に属し，火山や地震が多い。気候はマイルドな<u>西岸海洋性気候</u>で，寒暖の差が小さい。降水量は安定し，偏西風のため西岸で多め。

2 住民と社会 先住民は<u>マオリ</u>だが，18世紀からイギリス系白人が移住し，現在は白人が多数を占める。早くから社会保障整備が進み，福祉国家を形成している。

3 資源と産業 世界でも指おりの先進農業国で，<u>肉類</u>（羊肉），<u>羊毛</u>，<u>乳製品</u>などの農畜産物の生産と輸出をおこなう。オーストラリア，中国，アメリカ，日本と関係が深い。

● オーストラリアの貿易相手国の変化 日本は，オーストラリアから，石炭，鉄鉱石，アルミニウム，液化石油ガスや，肉類，小麦などを輸入。

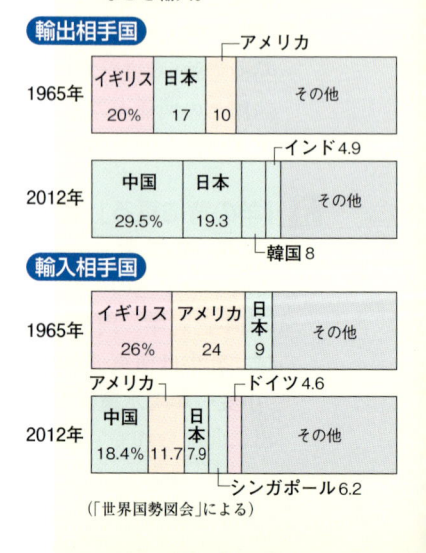

輸出相手国

1965年：イギリス 20％／日本 17／アメリカ 10／その他
インド 4.9

2012年：中国 29.5％／日本 19.3／その他
韓国 8

輸入相手国

1965年：イギリス 26％／アメリカ 24／日本 9／その他
アメリカ　ドイツ 4.6

2012年：中国 18.4％／日本 11.7／7.9／その他
シンガポール 6.2

（「世界国勢図会」による）

テスト直前チェック　定期テストにかならず役立つ！

1. □ 世界有数の広さをもつアメリカの国土。面積は世界何位か？
2. □ とうもろこしなどをエサにして，牛や豚を飼う。アメリカ中部を何ベルトとよぶか？
3. □ アメリカは，民族の○○○○○○○とよばれる。あてはまるのは？
4. □ アメリカ南部はサンベルト。昔はコットンベルトとよばれ，何をつくっていたか？
5. □ アメリカ最大の都市はニューヨーク。では，第2の都市は？
6. □ カナダの中のフランス，フランス系住民の多いこの州は，何州というか？
7. □ アングロアメリカとラテンアメリカ，境界はメキシコ国境とパナマ地峡，どちらか？
8. □ 赤道直下のアマゾン盆地に広がる，下の写真⑮の熱帯林を何というか？
9. □ ラテンアメリカの複雑な民族構成，白人とインディオの混血を何というか？
10. □ ブラジル高原に分布するコーヒー栽培に適した土を，何というか？
11. □ 7000m近い高山をかかえ，南アメリカ大陸にある世界最長の山脈を，何というか？
12. □ ラテンアメリカの大農場のよび方，ブラジルでは何というか？
13. □ アルゼンチンのパンパにおける大農場のよび方を，何というか？
14. □ 今では数少ない社会主義国キューバ。農業の特産品はたばこと，あと1つは何か？
15. □ オーストラリアの国土の3分の2を占める気候帯は，何か？
16. □ 井戸を掘ると水が自噴する，オーストラリアの大盆地を何というか？
17. □ かつて白人以外の移民を拒んだオーストラリアの政策を，何といったか？
18. □ オーストラリアの牧羊地，多い地域は年降水量500mm以上と未満，どちらか？
19. □ オーストラリアに資本を投資した国，第二次世界大戦前はどこが中心だったか？
20. □ ニュージーランドで羊の多い東海岸は，西岸より雨が多い，少ない，どちらか？

解答

1. 3位
2. コーンベルト
3. サラダボウル
4. 綿花
5. ロサンゼルス
6. ケベック州
7. メキシコ国境
8. セルバ
9. メスチーソ
10. テラローシャ
11. アンデス山脈
12. ファゼンダ
13. エスタンシア
14. さとうきび（砂糖）
15. 乾燥帯
16. グレートアーテジアン（大鑽井）盆地
17. 白豪政策
18. 500mm未満
19. イギリス
20. 少ない

テストに出る写真 チェック⑮

16章　南北アメリカとオセアニア

17章 日本の特色と課題

1 変動帯にあり不安定 日本の地形

▶日本は，環太平洋造山帯の一部をなす弧状列島だ。南北に細長い国土で，面積のわりに地形は複雑。海岸線も，岬や入り江などが多く，美しい風景にめぐまれている。一方，火山の噴火や地震などがいつ起こっても不思議でないほど，日本列島は不安定な状態でもある。

1 日本列島と地形の特色

1 **環太平洋造山帯の一部**
　日本列島は，海のプレートと，陸のプレートとが衝突する変動帯の「**狭まる境界**」に位置し，▶太平洋プレート，フィリピン海プレート　▶ユーラシアプレート，北アメリカプレート　**新期造山帯**の**環太平洋造山帯**の一部をなしている（→p.37）。**火山活動や地震が活発**で，地盤が不安定。太平洋の沖合には，**海溝**が形成。

2 **フォッサマグナ（大地溝帯）で東西に二分**　テストに出るぞ！
　日本列島は，**糸魚川・静岡構造線**を西端とする**フォッサマグナ（大地溝帯）**によって，東西に二分，さらに**中央構造線（メジアンライン）**によって，計3つの地域に区分される。

3 **多い山地と火山**　けわしい山地が多く，国土の4分の3が山地。火山も多い。

4 **河川は短く急流**　国土が細長く，山地が海岸にまでせまっているところが多いので，河川は一般に短く急流→水力発電には有利。

5 **山間部にV字谷，山麓に扇状地が発達**　高くけわしい山地と豊かな降水量により，河川の侵食，堆積作用がさかん→**沖積平野**が分布。

プラスα

●**日本の地体構造**
　フォッサマグナと**中央構造線**がポイント。フォッサマグナの西縁は糸魚川・静岡構造線（糸魚川―松本―諏訪―静岡）である。東縁とされる駿東線は，富士山などの火山活動のため，明確ではない。

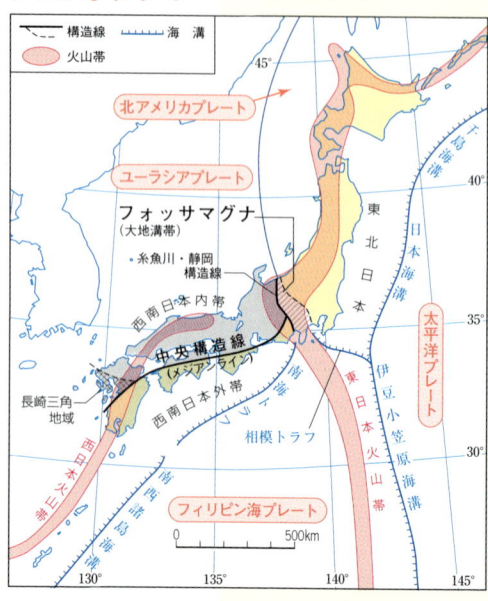

6 **規模の小さい平地** 平野や盆地は規模が小さく，大部分が海岸や川にそって散在。ただし，平野や盆地には人口が集中。

7 **複雑な海岸線** リアス海岸（→p.42）が各地に発達。海岸は一般に複雑で，変化に富む。

日本の山地と平地

山地 72%	山地	54%
	火山地	7%
	丘陵	11%
平地 28%	山麓 火山麓	4%
	台地	11%
	低地	13%

（「日本統計年鑑」による）

2 似たもの同士の比較

日本と似ているのは，どちらだろう？

1 イギリス（グレートブリテン島）

大半は古期造山帯。なだらかな山容。かつて氷河におおわれたやせ地（ヒース）が分布。北部にフィヨルド。偏西風で温暖。

2 ニュージーランド

国土は新期造山帯で，環太平洋造山帯の一部。火山や温泉が多い。南島にフィヨルド。偏西風で温暖。

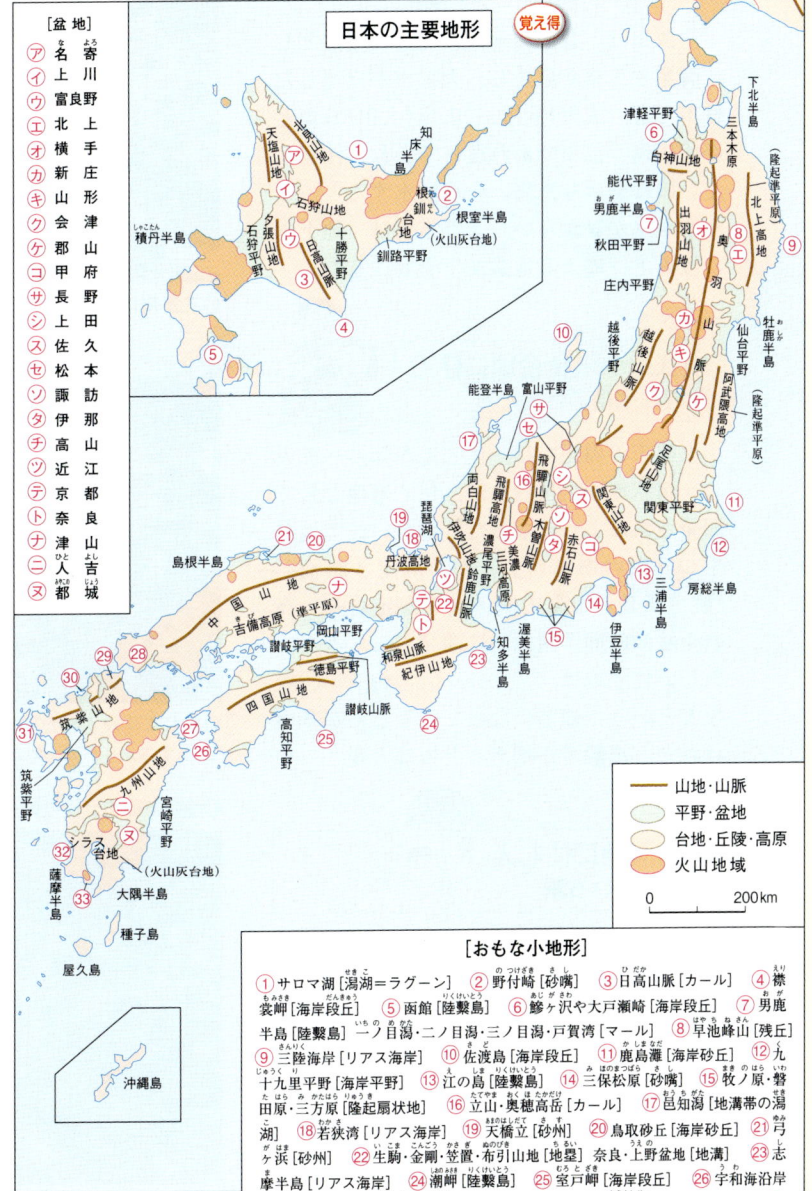

[盆地]
ア 名寄
イ 上川
ウ 富良野
エ 北上
オ 横手
カ 新庄
キ 山形
ク 会津
ケ 郡山
コ 甲府
サ 長野
シ 上田
ス 佐久
セ 松本
ソ 諏訪
タ 伊那
チ 高山
ツ 近江
テ 京都
ト 奈良
ナ 津山
ニ 人吉
ヌ 都城

日本の主要地形

凡例:
― 山地・山脈
平野・盆地
台地・丘陵・高原
火山地域

[おもな小地形]
① サロマ湖［潟湖＝ラグーン］ ② 野付崎［砂嘴］ ③ 日高山脈［カール］ ④ 襟裳岬［海岸段丘］ ⑤ 函館［陸繋島］ ⑥ 鰺ヶ沢や大戸瀬崎［海岸段丘］ ⑦ 男鹿半島［陸繋島］ ⑧ 早池峰山［残丘］ ⑨ 三陸海岸［リアス海岸］ ⑩ 佐渡島［海岸段丘］ ⑪ 鹿島灘［海岸砂丘］ ⑫ 九十九里平野［海岸平野］ ⑬ 江の島［陸繋島］ ⑭ 三保松原［砂嘴］ ⑮ 牧ノ原・磐田原・三方原［隆起扇状地］ ⑯ 立山・奥穂高岳［カール］ ⑰ 邑知潟［地溝帯の潟湖］ ⑱ 若狭湾［リアス海岸］ ⑲ 天橋立［砂州］ ⑳ 鳥取砂丘［海岸砂丘］ ㉑ 弓ヶ浜［砂州］ ㉒ 生駒・金剛・笠置・布引山地［地塁］ 奈良・上野盆地［地溝］ ㉓ 志摩半島［リアス海岸］ ㉔ 潮岬［陸繋島］ ㉕ 室戸岬［海岸段丘］ ㉖ 宇和海沿岸［リアス海岸］ ㉗ 臼杵や佐伯付近［リアス海岸］ ㉘ 秋吉台［カルスト地形］ ㉙ 平尾台［カルスト地形］ ㉚ 志賀島［陸繋島］ ㉛ 長崎や佐世保付近［リアス海岸］ ㉜ 吹上浜［海岸砂丘］ ㉝ 開聞岳［成層火山］ 池田湖［カルデラ湖］ 鰻池［マール］

Tea Time

地形でみる住宅地の選び方 キミはどこに住むか？

三角州に住む人 都心の人たち

　三角州は，昔から水陸の交通の接点として商業や工業が発達し，大都市が立地した。日本でも，大阪(淀川)，広島(太田川)などが代表例。都市であれ農村であれ，注意したいのはやはり水害。一度浸水すると，なかなか水がひかない。大都市では，地下水の汲み上げによる地盤沈下も要注意だ。

🠗三角州に発達した大都市(広島市)

扇状地や洪積台地に住む人 新興住宅地の住民たち

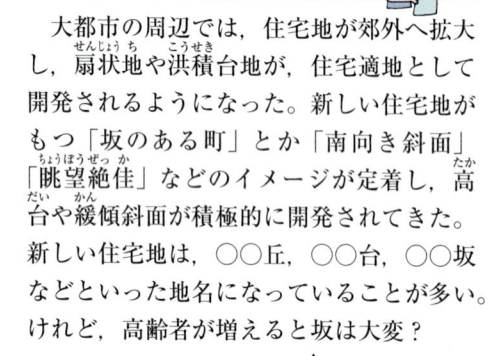

　大都市の周辺では，住宅地が郊外へ拡大し，扇状地や洪積台地が，住宅適地として開発されるようになった。新しい住宅地がもつ「坂のある町」とか「南向き斜面」「眺望絶佳」などのイメージが定着し，高台や緩傾斜面が積極的に開発されてきた。新しい住宅地は，○○丘，○○台，○○坂などといった地名になっていることが多い。けれど，高齢者が増えると坂は大変？

🠗高台に建設された高級住宅地(千葉市)
「あすみが丘」の一角の「チバリーヒルズ」。

🠗堤防で囲まれた低地(木曽三川公園付近)

後背湿地に住む人 今にみていろ派

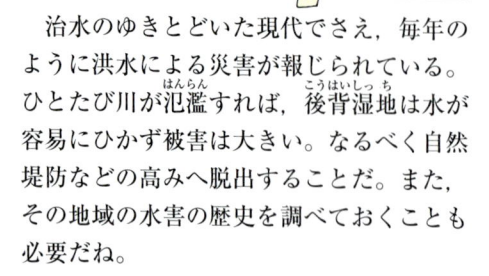

　治水のゆきとどいた現代でさえ，毎年のように洪水による災害が報じられている。ひとたび川が氾濫すれば，後背湿地は水が容易にひかず被害は大きい。なるべく自然堤防などの高みへ脱出することだ。また，その地域の水害の歴史を調べておくことも必要だね。

3編　現代世界の地誌的考察

2 夏は熱帯，冬は亜寒帯 日本の気候

▶ ご存知のとおり，ケッペンの気候区分によると，日本は，北海道や高山などの亜寒帯(冷帯)湿潤気候Dfをのぞけば，温暖湿潤気候Cfaということになる。
▶ でも，毎日のニュースや天気予報をみていると，そう簡単に2つの気候区だけでは説明できないほど，日本の気候は変化に富んでいる。

1 日本の気候の特色

1. **南北の気温の差が大** 日本列島は，南北に細長い列島で，緯度差が約25度もあり，亜寒帯(冷帯)から亜熱帯までの気候が分布。したがって気温の差が大きい。
2. **東岸気候で気温の年較差が大** 日本はアジア大陸の東岸に位置しているため，緯度のわりには冬の寒さがきびしい。
3. **季節風(モンスーン)の影響が大** 東アジアの季節風帯にあり(→p.48)，夏は太平洋から南東の季節風，冬はシベリアから北西の季節風が吹く。
4. **梅雨と台風** 毎年，5〜7月にかけて梅雨の長雨がつづく(北海道はのぞく)。梅雨末期には集中豪雨もある。7〜9月には台風(熱帯低気圧)がおそい，風水害をもたらす。

プラスα

● 世界有数の多雨地日本
日本の平均年降水量は1700〜1800mmであるが，ヨーロッパは平均550mm，北アメリカは平均650mmである。
日本海側の山間部での積雪は毎年数mに達するが，対岸のウラジオストクでは，わずかに数cmである。

⬇ 冬の季節風

⬆⬇ 日本の気候に影響をおよぼす気団とそれぞれの特徴

気 団	特 徴
シベリア気団	シベリア高気圧に対応。北西の季節風をもたらす。シベリアではひじょうに冷たく乾燥しているが，日本海に出ると水分を吸収し，日本列島にあたって日本海側に多量の雪を降らせる。山を越えて太平洋側に来るときは，乾燥し好天となる。
オホーツク海気団	オホーツク海高気圧に対応。初夏〜夏の冷涼な北東風(やませ)は冷害の原因。小笠原気団との境に梅雨前線をつくる。
小笠原気団	小笠原高気圧に対応。南東の季節風をもたらす。暖かく水分が多いが，きわめて天気が良い。日射が強いと，積乱雲にまで発達し，雷雨をもたらす。
揚子江気団	移動性高気圧に対応。この中では暖かく積雲を生ずるが，積乱雲にまではならない。わりに乾燥して良い天気になり，晩霜(おそ霜)をもたらすことがある。揚子江は長江の別名。

17章 日本の特色と課題 **249**

2 日本の気候区分

季節風と海流の影響で生じる，気温と降水量の季節的な特徴により区分される。北海道から北日本の一部にかけては，**亜寒帯（冷帯）湿潤気候Df**が広がり，冬の寒さがきびしく，夏も冷涼。

1. **日本海側の気候** テストに出るぞ！ 冬は，北西の季節風による雪や雨が多く，降水量が多い。とくに北日本に多く，北陸地方には世界有数の積雪がある。

2. **太平洋側の気候** テストに出るぞ！ 夏は，南東の季節風や梅雨による降水量が多く，冬は乾燥する。北日本では冬の寒さがきびしいが，雪は少ない。

3. **内陸の気候** 山地が多く，年間を通じて降水量が少なめで，冬の気温が低い。
（長野県，岐阜県北部，山梨県など）

4. **瀬戸内の気候** 瀬戸内海沿岸の地域で，年間を通じて降水量が少なめで，冬もやや温暖。

5. **南日本の気候** 夏は暑く，冬も温暖。梅雨が明確。

6. **南西諸島の気候** 奄美大島から沖縄にかけての島々。冬はとくに温暖で，夏は海洋性の気候。台風の通路にあたる。

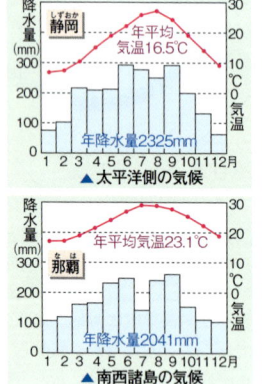

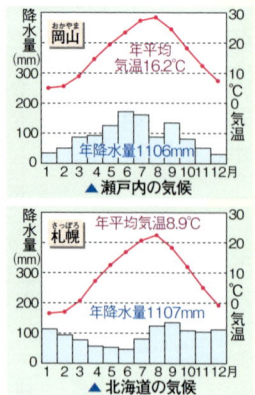

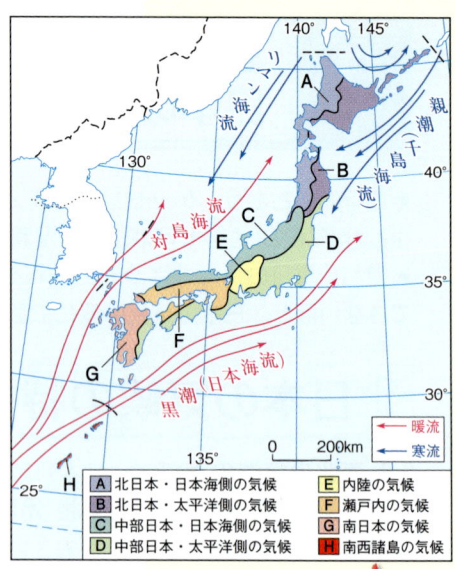

↑日本の気候区分

A 北日本・日本海側の気候
B 北日本・太平洋側の気候
C 中部日本・日本海側の気候
D 中部日本・太平洋側の気候
E 内陸の気候
F 瀬戸内の気候
G 南日本の気候
H 南西諸島の気候

▲日本海側の気候（新潟 年平均気温13.9℃ 年降水量1821mm）
▲太平洋側の気候（静岡 年平均気温16.5℃ 年降水量2325mm）
▲瀬戸内の気候（岡山 年平均気温16.2℃ 年降水量1106mm）
▲内陸の気候（松本 年平均気温11.8℃ 年降水量1031mm）
▲南西諸島の気候（那覇 年平均気温23.1℃ 年降水量2041mm）
▲北海道の気候（札幌 年平均気温8.9℃ 年降水量1107mm）

↑日本各地の気候

3 日本の気象災害

1. **台風** 豪雨や強風などで人命や家屋に被害をうける。

2. **やませ** 北海道や東北地方の太平洋岸に吹く初夏の北東風。低温のため，**冷害**による稲などの農作物の被害が大きい。

3. **干ばつ** 主として，瀬戸内など西日本に発生。

● 都市の小気候

大都市の内部では，建築物の蓄熱や人工的な発熱（自動車など）が大きいため，高温になりやすい。とくに都心部は高温で，**ヒートアイランド**（熱の島）となっている。

また，高層ビルの周辺では，地上でも方向の複雑な強風が吹くことがあり，**ビル風**とよばれている。

以上のような都市の小気候（比較的狭い範囲の気候）を，**都市気候**とよぶことがある。

● 不快指数

気温と湿度を組み合わせ，人体が感じる快・不快の程度を数字で示したもの。指数70以上は一部の人が不快，75以上は半数ほどが不快，80以上は全員が不快。日本の夏は，80以上の日がある。

3 これからどうなるのか？日本の農業

▶日本の各農家がもっている耕地は，ひじょうに狭く，生産を拡大するのは難しい。工業の生産性が向上するにつれて，農家は減少し，高齢化も進んでいる。
▶頼みの綱であった米も，減反，価格低下で，稲作農家の悩みは深い。野菜の生産は増えてきたが，中国などからの安価な輸入品も多い。これから，どうなる？

1 日本の農業の特色

1 零細な農業経営 農家1戸あたりの耕地面積は**約2ha**と狭く，1ha未満の耕地しかもっていない農家が全体の半分をこえ，きわめて零細な経営といえる。
▶北海道は22ha

▶**高い土地生産性と低い労働生産性** 狭い耕地に多くの人手をかけ，肥料や農薬も多く用いる**集約的農業**で，**土地生産性**が高い。しかし，狭い耕地に多くの労働力を用いるので，就業者1人あたりの生産額は少なく，**労働生産性**は低い。
▶単位面積あたりの生産性
▶1人あたりの生産性

2 農家の減少と高齢化 自家用の作物栽培を中心とする**自給的農家**が約3分の1を占める。それ以外の**販売農家**の中でも，若い農業労働力をもち，農業収入を主とする**主業農家**は少なく，農業以外の収入が多く若いはたらき手がない**副業的農家**が多い。農家全体の数は減少，就業者の高齢化も著しい。

3 稲作中心からの変化
① **以前は日本の農業の中心**…米は日本の主食。稲作は，栽培技術の進歩と，政府による米の買い上げ（食糧管理制度）によって，安定した部門だった。
▶食管制度（1994年廃止）

② **稲作の地位の低下**…米の消費量の減少によって生産過剰となり，1969年からは**生産調整**（作付制限＝**減反**）がおこなわれるようになった。1994年からは，米の自由販売が始まったが，価格は下落。1995年からは，**米の輸入**も開始されたので，国内の農業における稲作の地位は急速に下がっている。稲作に頼ってきた農家の経営は苦しい。
▶ミニマムアクセス米

プラスα

●**日本の耕地と農家**

耕地面積…454万ha
（国土の約12%）
〔うち田が54%〕
（2013年）

農家数…253万戸
├販売農家…65%
│├主業農家……14%
│└副業的農家…35%
└自給的農家……35%
（2010年）
（「日本国勢図会」による）

●**農業総産出額の構成**

米の地位が大きく低下している。野菜，花の割合は増えている。畜産では，乳牛の割合が高まっている。

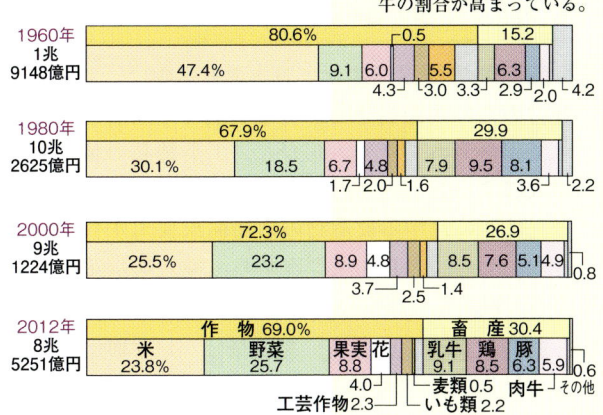

年	米	野菜	果実	畜産	その他
1960年 1兆9148億円	47.4%	9.1	6.0	15.2(5.5/3.3/2.9/2.0)	4.3/3.0/6.3/4.2
1980年 10兆2625億円	30.1%	18.5	6.7/4.8	29.9(7.9/9.5/8.1)	1.7/2.0/1.6/3.6/2.2
2000年 9兆1224億円	25.5%	23.2	8.9/4.8	26.9(8.5/7.6/5.1/4.9)	3.7/2.5/1.4/0.8
2012年 8兆5251億円	米23.8% 野菜25.7 果実8.8 花4.0	乳牛9.1 鶏6.5 豚6.3 肉牛5.9	0.6

工芸作物2.3／麦類0.5／いも類2.2
（「日本国勢図会」による）

○地域別の農業粗生産額のうちわけ

中国 4456億円: 米32.4, 野菜16.4, 畜産17.9, その他33.3%
近畿 4709億円: 米18.1, 野菜26.7, 畜産25.0, その他30.2%
北陸 4502億円: 米63.5%, 野菜15.0, 畜産8.6, その他12.9
北海道 1兆536億円: 米13.7, 野菜18.2, 畜産51.4, その他16.7
合計8兆5251億円
東北 1兆3296億円: 米39.1%, 野菜15.6, 畜産17.1, その他28.2
九州・沖縄 1兆7478億円: 米12.5%, 野菜25.7, 畜産39.3, その他22.5
四国 4058億円: 米22.2, 野菜28.6, 畜産33.5, その他15.7
東海 7457億円: 米15.9%, 野菜29.1, 畜産29.1, その他25.9
関東・東山 1兆9615億円: 米20.0%, 野菜37.3, 畜産18.8, その他23.9

(2012年)（「日本国勢図会」による）

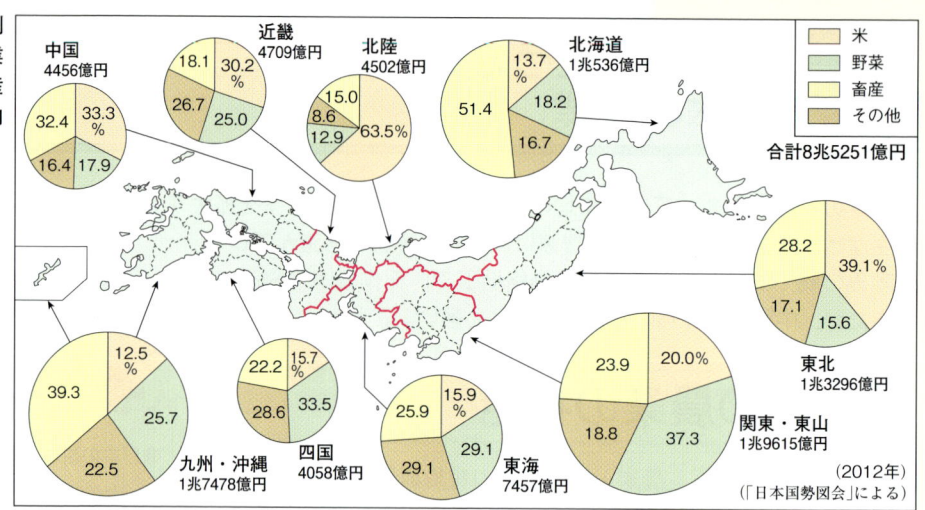

4 日本農業の地域的特色

① **北海道**…農家1戸あたりの経営規模が大きく，労働生産性は高い。畑作物と酪農が中心。
② **東北**…米(単作)を中心に，畜産や果実を組み合わせているところが多い。▶年に1回，米をつくるだけ
③ **関東・東海・近畿**…人口の集中した大都市を市場として，畜産や野菜の多い近郊農業が中心。
④ **北陸**…米の単作地帯であり，米の生産が多い。
⑤ **中国・四国**…米，畜産物，野菜，果実などを組み合わせているところが多い。
⑥ **九州**…とくに南九州は自然条件と交通などの制約から，畜産と工芸作物などの畑作物に重点がおかれている。畜産は大規模化している。

2 増大する食料の輸入

1 農産物の貿易自由化 日本の農産物は，零細経営のため国際競争力が極端に弱く，政府によって保護されてきた。しかし，工業製品の輸出増大によって各国との**貿易摩擦**がはげしくなると，日本に対する農産物の市場開放要求が強まった。その結果1960年ごろから，輸入制限をゆるめて自由化を進めた。

2 おもな農産物の輸入 輸入量は，年々増加。
① **おもな輸入農産物**…小麦などの穀物，とうもろこしなどの飼料，大豆，肉類，果実など。
▶シグマ先生の世界巡り→ p.202

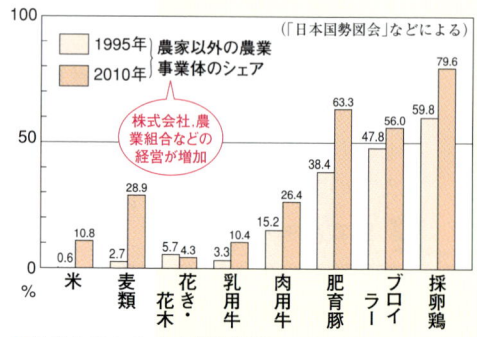

○農業生産に占める農家以外の農業事業体のシェア
（「日本国勢図会」などによる）
1995年 / 2010年 農家以外の農業事業体のシェア
株式会社，農業組合などの経営が増加

米: 0.6 / 10.8
麦類: 2.7 / 28.9
花き・花木: 5.7 / 4.3
乳用牛: 3.3 / 10.4
肉用牛: 15.2 / 26.4
肥育豚: 38.4 / 63.3
ブロイラー: 47.8 / 56.0
採卵鶏: 59.8 / 79.6

○日本のおもな農産物の輸入先 (2013年)

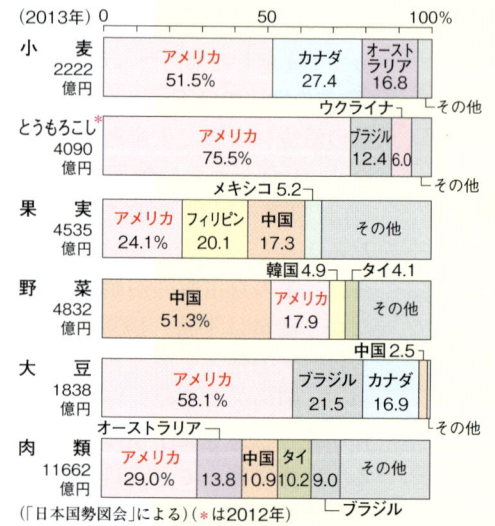

小麦 2222億円: アメリカ 51.5%, カナダ 27.4, オーストラリア 16.8 — その他
とうもろこし* 4090億円: アメリカ 75.5%, ブラジル 12.4, ウクライナ 6.0 — その他
果実 4535億円: アメリカ 24.1%, フィリピン 20.1, 中国 17.3, メキシコ 5.2, その他
野菜 4832億円: 中国 51.3%, アメリカ 17.9, 韓国 4.9, タイ 4.1, その他
大豆 1838億円: アメリカ 58.1%, ブラジル 21.5, カナダ 16.9, 中国 2.5, その他
肉類 11662億円: アメリカ 29.0%, オーストラリア, 中国 13.8, タイ 10.9, 10.2, 9.0 ブラジル, その他

（「日本国勢図会」による）（*は2012年）

② **おもな輸入先**…アメリカが最も多い。次いで，中国，オーストラリア，カナダ，タイ，ブラジルなど(2013年)。

3 **日本の食料自給率** <テストに出るぞ！> 主食の米は，ほぼ100％自給できるが，食用農産物全体の自給率は低い。
① **自給率の低いもの**…**小麦**，**大豆**はかなり低い。
② **自給率が低下してきたもの**…野菜，果物，肉類，牛乳や乳製品，魚介類などの自給率が，低下しつつある。
③ **畜産物**…肉類，牛乳・乳製品，鶏卵などは，もとになる飼料をほとんど輸入しているので，実際の自給率はさらに低い。
▶とうもろこしや大麦など

(年度)	1960	2012
米	102%	96%
小　麦	39%	12%
大　豆	28%	8%
野　菜	100%	78%
果　実	100%	38%
肉　類	93%	55%
牛乳・乳製品	89%	65%
魚　介　類	108%	53%
供　給　熱　量	79%	39%

⬆日本の食料自給率
(「食料需給表」による)

③ 野菜，果実，畜産

⬆日本の野菜，果実，畜産

1 **野菜の生産** 種類，生産量ともに増加してきたが，近年は，外国産の安価な野菜の輸入が増えて，打撃をうけている農家もある。安全でおいしい野菜が求められている。

① **近郊農業**…大都市の市場をめあてに，新鮮な野菜や生乳を生産。関東各県や，愛知県，兵庫県など。

<テストに出るぞ！> ② **遠郊農業**(**輸送園芸**)
▶ **促成栽培**…夏野菜を冬〜春に出荷。高知県，宮崎県。冬も暖かい気候をいかし，ビニルハウスなどの**施設**で生産。野菜は，トラックなどで大都市へ輸送。
▶ **抑制栽培**…冬野菜を春〜夏に出荷。夏も涼しい長野県などの高冷地で栽培され，**高原野菜**として大都市へ輸送。
▶八ケ岳の山ろくなどの高原

	おもな生産県(飼育県)…( )の数字は全国に占める%					合計
さつまいも	鹿児島(37)	茨城(21)	千葉(14)	宮崎(9)	熊本(3)	88
じゃがいも	北海道(78)	長崎(5)	鹿児島(4)	茨城(2)	千葉(1)	250
レタス	長野(34)	茨城(15)	群馬(10)	兵庫(6)	長崎(5)	57
キャベツ	愛知(18)	群馬(18)	千葉(9)	茨城(7)	神奈川(6)	144
ピーマン	茨城(24)	宮崎(18)	高知(9)	鹿児島(8)	岩手(6)	15
なす	高知(10)	熊本(9)	群馬(7)	福岡(6)	茨城(5)	33
みかん	和歌山(19)	愛媛(15)	静岡(15)	熊本(10)	長崎(7)	87
りんご	青森(56)	長野(21)	岩手(6)	山形(6)	福島(3)	79
ぶどう	山梨(25)	長野(15)	山形(10)	岡山(8)	福岡(5)	20
茶*	静岡(38)	鹿児島(30)	三重(8)	宮崎(5)	京都(4)	8
乳用牛*	北海道(57)	栃木(4)	岩手(3)	熊本(3)	群馬(3)	142
肉用牛*	北海道(20)	鹿児島(13)	宮崎(10)	熊本(5)	岩手(6)	264
豚*	鹿児島(14)	宮崎(9)	千葉(7)	群馬(6)	北海道(6)	969

(＊は2013年，その他2012年)(「日本国勢図会」など)【合計は万トンまたは万頭】

2 **果実の生産** みかん，りんご，ぶどうなどが代表的。みかんでは増産が進み生産過剰ぎみ。オレンジ，グレープフルーツなどの輸入自由化とともに，国内生産を圧迫している。

3 **畜産業の発展** 食生活の洋風化が進み，肉類などたんぱく質の摂取量が増え，牛乳・乳製品の消費量が増大。そのため，**肉牛**，**豚**などの家畜数が増加している。
しかし，牧草地や放牧地は国土の2％と少なく，畜舎飼いで輸入飼料にたよるため，畜産物は割高で，経営基盤は弱い。

●**農家以外の農業事業体**
日本で農業といえば，農地をもつ農家が家族で経営するのが一般的であった。しかし，近年は，輸入品に対抗して大規模化したり，資金の融資をうけやすくするために，株式会社や農業組合などの経営が増えている。商社やスーパーが大規模な家畜飼育に乗り出したり(鹿児島県や宮崎県)，共同組織で小規模農家から稲作を受託する(請け負う)といった例が代表的。

17章 日本の特色と課題 **253**

4 大好きな魚も輸入モノが増える 日本の水産業

▶日本人は，世界でも指おりの魚好きの国民。とくに新鮮な魚を好み，1人あたりの魚介類の消費量は世界有数。日本人にとって，魚は昔から欠かすことのできないたんぱく質源。
▶当然，漁獲量を増やしたいところだが，世界の海から日本だけが魚をとりまくるわけにはいかない。近海のめぐまれた漁場を大切にしていかなければ！

1 日本の水産業の特色

プラスα

1 世界有数の水産国 各地で水産業がさかん。漁獲量に加え，その技術や水産物の利用なども，世界有数のレベル。

2 多い漁獲物の種類 日本近海は**北西太平洋漁場**に属す。寒暖両流が会合する**潮境（潮目）**があり，魚種が豊富。

3 増大する水産物の輸入 世界の国ぐにが自国の沿岸から**200海里**(約370km)までの水域を，**排他的経済水域**に設定するようになった(→p.256)ため，日本の漁獲量は減少し，輸入が増大。

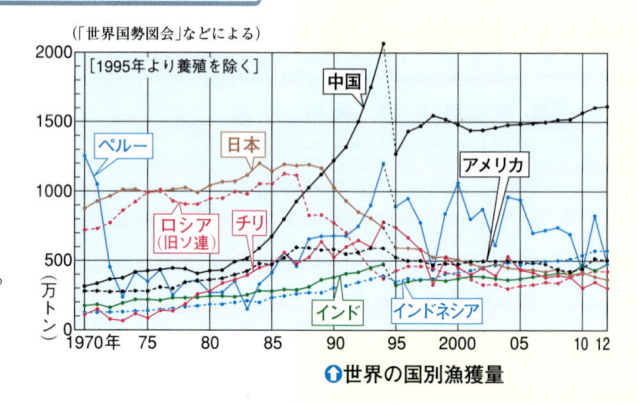

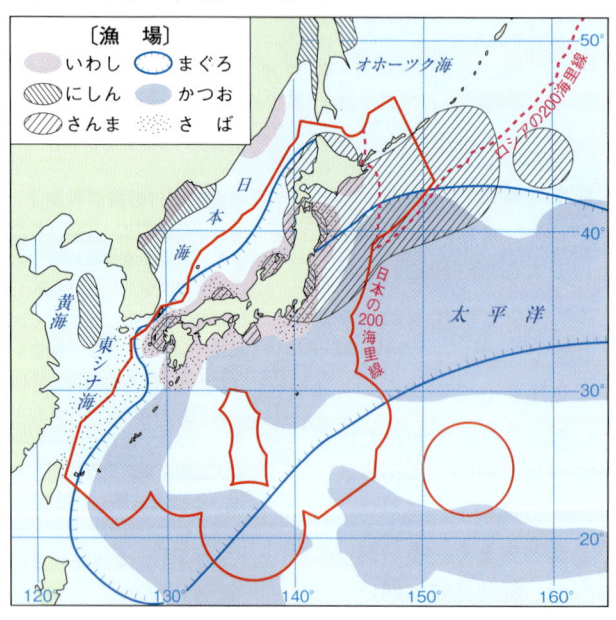

↑世界の国別漁獲量

↓漁業の種類別の漁獲量 **覚え得**

◎日本近海の漁場と200海里水域
　世界の主要国が200海里水域を設定するようになったため，日本も1977年以来，200海里漁業専管水域を設定した。1996年，国連海洋法条約の批准にともない，**排他的経済水域**にすることを宣言した。

❷ いろいろな漁業

1 沿岸漁業 日帰りが可能な、海岸のごく近くで操業。多数の零細な漁家による。海岸の埋め立て、海水の汚濁、魚の乱獲などにより漁場が縮小し、一時は漁獲量が減少したが、近年は、ほぼよこばいをつづけている。

2 沖合漁業 浜から1日～数日間の範囲の沖合で操業。中小漁業会社や漁家、漁業組合などによる。三陸沖や日本海などの巻き網漁、九州西方の底引き網漁など。すけとうだら、いわし、さばなどの漁獲量の変動が大きく、1990年代には漁獲量が大きく減少した。

3 遠洋漁業 大資本の漁業会社が中心で、世界各地の海へ何か月も出漁する。1970年代以後、石油危機（→p.88）により燃料が高騰したこと、200海里までの排他的経済水域（→p.256）を設定する国が増えたことなどの影響をうけて、漁獲量は減少した。その分、輸入が激増している。

4 育てる漁業 [テストに出るぞ！] 沿岸の水産資源の減少にともなって、「とる漁業」にかわる「育てる漁業」が注目されている。
① 養殖…自然に育った稚魚などをとってきて、大きくなって出荷するまで、いけすの中などで人の手で育てる漁業。
② 栽培漁業…卵をふ化させて、ある程度まで育てた後で、海に放流する漁業。人工ふ化や放流などの技術開発は、おもに国や県の栽培漁業センターがおこなっている。瀬戸内海のくるまえび、たい、北海道のさけなどが有名。

●**各地の養殖**
　瀬戸内海のはまちやくるまえび、浜名湖周辺のうなぎ、広島湾や仙台湾のカキ、志摩半島沿岸や宇和海などの真珠、東北や北海道各地のこんぶ、わかめ、ほたて貝が有名。

●**はまちの養殖**
　波の静かな瀬戸内海では、はまちの養殖がさかん。海で捕獲してきた体長3～5cmの稚魚を、大きないけすの中で育てる。えさは、近海でたくさんとれるいわしなどをミンチ状にして与える。
　養殖はまちの体重を1kg増やすのに、いわしが8～9kg必要といわれる。食べ残したえさが海底に沈んだり、病気を防ぐ薬を使うといった問題がある。そのため近年は、固形飼料の開発・使用も進んでいる。
　はまちは、およそ2年で60～80cm、3～4kgに成長し、出荷される。おもに刺身として食べる。自然の海では、はまちがさらに成長したものをぶりという。

↓ いろいろな漁法

漁法	網	魚種	漁法	網	魚種
底引き網（トロール）	50～1000m / 30～35m	底魚（あまり動かない魚）かれい、すけとうだら、ずわいがに、くるまえび	定置網	400m / 100m / 4000m	沿岸性の移動する魚 ぶり、いわし、あじ、さば、さけ
巻き網（巾着網）	100m / 1500m	表層や中層の魚（密集した群れ）まいわし、あじ、さば、かたくちいわし	一本釣		餌や集魚灯に群れる表層や中層の魚 かつお、さば、いか
刺網（底刺網）	～200m / 400～2400m	沿岸性の底魚（甲殻類）くろだい、たら、かれい、たらばがに、いせえび	延縄（浮延縄）	100km / 1.2m / 全体で2000本	まばらな群れで移動する表層や中層の魚 まぐろ、かじき

17章　日本の特色と課題　　255

③ 日本の水産業の諸問題

1. **水産物の輸入増加** 1970年ごろから輸入額が急に増え、今では世界有数の水産物輸入国となっている。
   ▶おもな輸入水産物…えび，まぐろ，さけ，かに，うなぎ，いか，たこ，たらなど。

2. **水産資源の育成** 沿岸・沖合漁業をみなおし，水産資源の保護と育成をはかることが必要。そのため，①<u>赤潮</u>，原油流出などの海水の汚濁防止，②<u>乱獲</u>の防止，③<u>人工漁礁</u>の設置など漁場の整備，④<u>栽培漁業</u>の振興，などの対策をとる。

3. **200海里水域の問題** 1970年代，沿岸の資源を重視した発展途上国が，**領海12海里**と，**200海里**の**経済水域**や**漁業専管水域**を主張。▶それまでは3海里 ▶約370km 1977年以後，アメリカなど主要国も，200海里水域を設定した。こうして，沿岸国の主権が認められるようになったため，それまでのような自由な漁業は不可能となった。
   - 漁業専管水域…沿岸国が水産資源の所有権を主張。
   - 経済水域…水産資源にとどまらず，鉱産資源などすべての権利をもち，他国の干渉を許さない＝**排他的経済水域**。

4. **商業捕鯨の全面撤退** IWC(国際捕鯨委員会)は1980年以降の母船式捕鯨の全面禁止に次いで，1986年以降の**商業捕鯨の全面禁止**を決定した。日本はIWCの決定にしたがって，1988年に南氷洋をはじめ，すべての商業捕鯨から撤退した。
   ▶肉などを販売するために鯨(くじら)をとること
   ▶現在おこなわれているのは調査捕鯨

●赤潮
海水の過栄養化によってプランクトンが異常発生し，海の色が赤褐色になる現象。はまちの養殖をはじめ，漁業に大きな被害を与える。瀬戸内海や琵琶湖などで発生。

◐日本が輸入している水産物

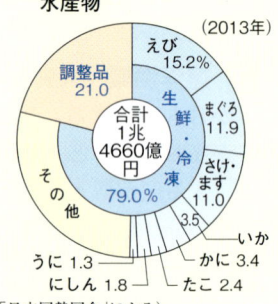

(2013年)
合計 1兆4660億円
- 生鮮・冷凍 79.0%
- 調整品 21.0
- えび 15.2%
- まぐろ 11.9
- さけ・ます 11.0
- かに 3.4
- いか 3.5
- たこ 2.4
- にしん 1.8
- うに 1.3
- その他

(「日本国勢図会」による)

[調整品は加工，調理済の水産物をさす。うなぎのかば焼きなど。その他は干物，塩づけ，くん製，魚粉(飼料)などがある。]

◐世界の200海里水域

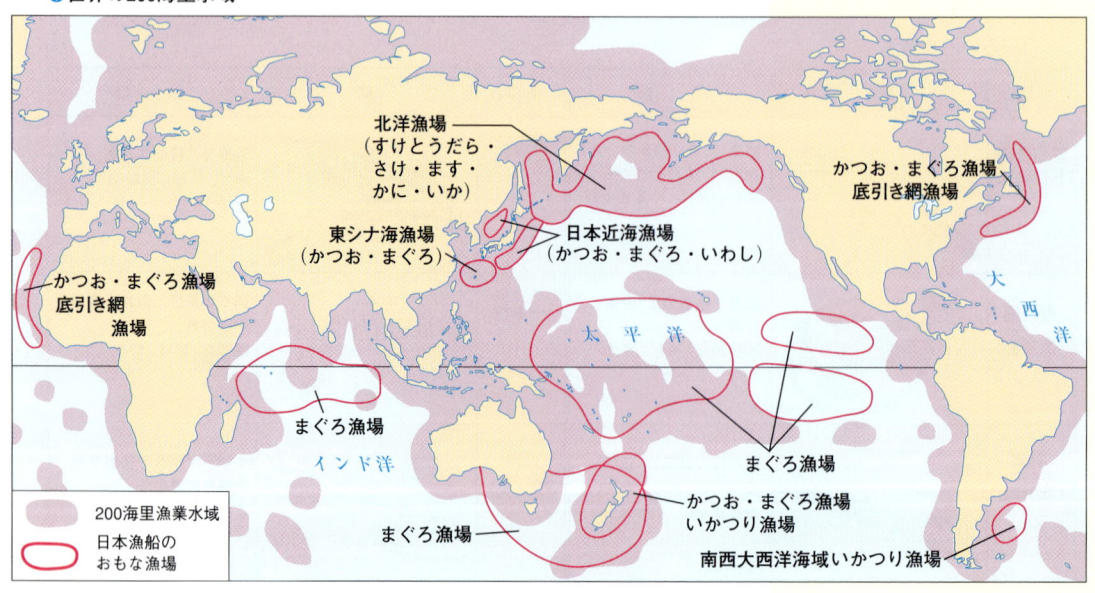

- 北洋漁場 (すけとうだら・さけ・ます・かに・いか)
- 東シナ海漁場 (かつお・まぐろ)
- 日本近海漁場 (かつお・まぐろ・いわし)
- かつお・まぐろ漁場 底引き網漁場
- かつお・まぐろ漁場 底引き網漁場
- まぐろ漁場
- まぐろ漁場
- まぐろ漁場
- かつお・まぐろ漁場 いかつり漁場
- 南西大西洋海域いかつり漁場
- 太平洋
- 大西洋
- インド洋

凡例：200海里漁業水域／日本漁船のおもな漁場

5 種類は多くても量は少ない 日本の資源

▶ 日本は，よく「鉱物の標本室」といわれる。この言葉はどういう意味だろう？
▶ 日本は，世界でも指おりの経済大国，工業国となっているが，その工業の原動力となる燃料や原料は，まったくといってよいほど国内ではとれない。大部分を外国から輸入して消費している。

1 日本のエネルギー資源

1 エネルギー資源の推移

① **1950年代まで**…国産の**石炭**が約50％を占め，水力，木炭，薪炭などを加えると，約70％を自給していた。

② **1960年代からの高度経済成長期以後**…エネルギー消費量が急増するとともに，**エネルギー革命**（→p.88）の進行によって，**石油（原油）**の輸入量が激増し，その輸入依存度がきわめて高くなった。

③ **現在**…1973年の**石油危機**（→p.88）の後，エネルギーの安定供給をはかるために，石油備蓄，石炭の見直し，原子力発電の推進がおこなわれた。**クリーンエネルギー**の**天然ガス**や**自然エネルギー**の開発が進められている。

なお，自然エネルギーとは，太陽光，地熱，風力，波力，潮力（潮汐）などをさす（→p.123）。

🔽**日本のエネルギー供給割合** 加工されていない1次エネルギーによる割合を示す。それを加工，変換した電力，コークスなどを2次エネルギーとよぶ（→p.87）。近年は，石油の割合が減少して，天然ガスや原子力の割合が増えていたが，**福島第一原子力発電所事故**により，その割合は変化することになる。なお，日本の1次エネルギーの自給率は11.2％（2011年）にとどまっている。

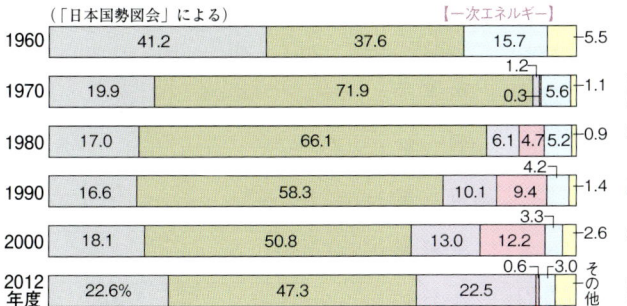

【一次エネルギー】（「日本国勢図会」による）

年	石炭	石油	天然ガス	原子力	水力	その他
1960	41.2	37.6	—	—	15.7	5.5
1970	19.9	71.9	1.2	0.3	5.6	1.1
1980	17.0	66.1	6.1	4.7	5.2	0.9
1990	16.6	58.3	10.1	9.4	4.2	1.4
2000	18.1	50.8	13.0	12.2	3.3	2.6
2012年度	22.6％	47.3	22.5	0.6	3.0	4.0

プラスα

● **日本の石炭産業の動向**

第二次世界大戦後，石炭産業は日本経済復興のけん引車となったものの，1950年代半ばから始まった「エネルギー革命」の結果，石油に主役の座を奪われた。

1950年代の後半には，年間5,000万tの石炭を生産し，約900の炭鉱で30万人の労働者がはたらいていた。

その後，1980年代後半からの急激な円高で輸入炭が大量に入ってきた。その結果，石炭の国内生産量は急減した。

2001年に池島炭鉱（長崎県），2002年に太平洋炭鉱（北海道）が閉山し，大規模な坑内掘をおこなう主要な炭鉱は，すべて閉山してしまった。

🔽**日本のエネルギー資源の海外依存度** 原子力発電のもとになるウラン鉱も，100％を海外に依存。

	1980年	2011年，*2000年
石炭	80.1％	99.3％
原油	99.8	99.6
石油製品	6.5	15.0*
天然ガス	91.2	96.8

（「日本国勢図会」などによる）

17章　日本の特色と課題　257

2 電力 発電機(タービン)を回転させて電力をつくる。落下する水(→**水力発電**)、石油などの燃焼による水蒸気(→**火力発電**)、核分裂エネルギーで発生させた水蒸気(→**原子力発電**)などを使用。

① **水力発電**…1960年ごろまでは、日本の電力構成は、**水主火従**のタイプ。
▶水力が主で火力が従

② **火力発電**…その後、熱効率の高い大規模な火力発電所の建設が進み、火力中心の**火主水従**の型に転換した。燃料は、石油、天然ガス、石炭などの輸入資源に依存。

③ **原子力発電**…日本の原子力発電所は、1966年に茨城県東海村で操業が始まった。その後、福島県や福井県などであいついで建設された。しかし、原子力発電は、事故による従業員や付近住民の放射線被爆と環境汚染、放射性廃棄物の処理問題など、多くの課題をかかえている。

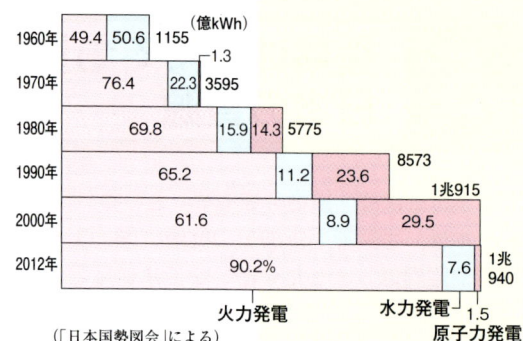

●**原子力発電にともなう事故** 原子力発電所や、核燃料の製造工場などの事故では、放射性物質が外部に放出されると、人の健康に被害をもたらす。旧ソ連の**チェルノブイリ原子力発電所**の事故(→p.118)のほか、日本でも、1999年の茨城県東海村の核燃料工場での事故などが起きている。2011年の東日本大震災にともなう福島第一原子力発電所の事故は、周辺地域はもとより、広大な地域に影響を与えている。

年	水力発電	火力発電	原子力発電	合計(億kWh)
1960年	49.4	50.6	1.3	1155
1970年	76.4	22.3		3595
1980年	69.8	15.9	14.3	5775
1990年	65.2	11.2	23.6	8573
2000年	61.6	8.9	29.5	1兆915
2012年	7.6	90.2%	1.5	1兆940

(「日本国勢図会」による)

↑日本の発電量の推移
単位の「kWh」はキロワットアワー(キロワット時)。%は、その他(地熱、風力、太陽光)をのぞく割合。

●**揚水式発電** 覚え得
深夜に余った電力を利用して上の貯水池(ダム)に水をあげておき、昼間、この水を下のダムに落下させ必要な電力をおこす方式。出力調整の難しい原子力発電を補うためにおこなわれている。

2 日本の鉱産資源

1 鉱産資源の特色 日本は地質が複雑で鉱床が小さいため、鉱産資源の種類は多いが、生産量はきわめて少ない。このことから、日本は「**鉱物の標本室**」とよばれる。このため、鉄鉱石、銅鉱などの鉱産物は**大部分を輸入**しており、外国の安価な鉱石の流入や、枯渇などにより、国内の鉱山は多くが**閉山**に追いこまれた。国内でほぼ自給できるものは、**石灰岩**と**硫黄**ぐらいしかない。

2 日本企業の海外進出 鉱産資源の海外への依存度が高まるとともに、日本の鉱業企業は豊富な技術や経験をもとに、海外の資源開発にのりだしている。

→石灰岩は、セメントの原料となるほか、鉄鋼業でも原料の1つとして使われる。
→硫黄は、硫酸など化学薬品の原料。現在、鉱物の硫黄の採掘はおこなわれておらず、原油精製の段階で回収される硫黄が使われている。

↓日本の主要鉱産物の輸入先

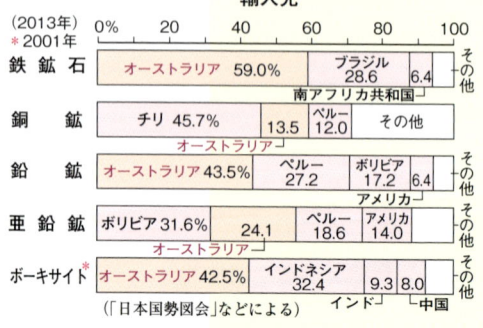

(2013年) *2001年

鉄鉱石	オーストラリア 59.0% ブラジル 28.6 南アフリカ共和国 6.4 その他	
銅鉱	チリ 45.7% 13.5 12.0 その他	
鉛鉱*	オーストラリア 43.5% ペルー 27.2 ボリビア 17.2 6.4 その他 アメリカ	
亜鉛鉱	ボリビア 31.6% 24.1 ペルー 18.6 アメリカ 14.0 その他 オーストラリア	
ボーキサイト*	オーストラリア 42.5% インドネシア 32.4 9.3 8.0 その他 インド 中国	

(「日本国勢図会」などによる)

6 太平洋ベルトの三大工業地帯が中心 日本の工業

▶近代工業の発達した先進資本主義国といえば，トップはアメリカ。次いで，ドイツやフランスなどのEU(欧州連合)諸国や，日本となる。
▶太平洋ベルトにある三大工業地帯は，日本の工業の中心であるばかりか，世界的な大工業地域となっている。日本の工業や工業地域の特色をみていこう。

1 日本の工業の特色

1 貿易にたよる工業 わが国は国内資源に乏しいため，工業原料を多く輸入し，それを加工してその製品を輸出する**加工貿易**をおこなっている。そのため，資源の海外依存度はきわめて高い(→p.257)。

2 多い中小企業 経営規模の小さい**中小企業**が多い。これらの中小企業は，数は多いが，生産額(出荷額)に占める割合は小さい。中小企業は大部分が大企業の**下請(関連工場)**となっており，大企業の製品の部品生産を分担している。

3 進む重化学工業化 第二次世界大戦前は**軽工業**が中心であり，**繊維工業**が日本を代表する工業であった。戦後は金属，機械，化学などの**重化学工業**が発展，現在では重化学工業が全工業出荷額の約3分の2を占める。

4 工業生産の地域的な偏在 日本の工業生産は，原料の輸入と製品の輸出に便利な太平洋側の**臨海地区に集中**している。とくに，かつての四大工業地帯を中核とする**太平洋ベルト**への集中度がきわめて大きい。

プラスα

▶中小企業基本法によると，製造業(工業)では，従業員300人以下または資本金3億円以下の工場。

●**太平洋ベルト** 〔覚え得〕
三大工業地帯をはじめ，その間に位置する東海，瀬戸内および北九州工業地帯を含めた太平洋側の帯状の地域。各種の交通機関や施設が整い，工業の集積，人口の集中などがみられる。

🔽 工場の規模別にみた構成比

2012年の場合，事業所数では0.1％しかない1000人以上の大工場が，従業員数では12.7％を占め，出荷額では26.2％に達する。大工場ではそれだけ効率的な生産がおこなわれていることがわかる。

(「工業統計表」などによる)	事業所数(%)		従業員数(%)		出荷額(%)	
	1970年	2012年	1970年	2012年	1970年	2012年
1～99人	97.6	97.0	51.6	50.0	32.0	25.9
100～299人	1.8	2.3	15.9	20.3	16.9	21.2
300～999人	0.5	0.6	15.0	17.0	21.1	26.7
1000人以上	0.1	0.1	17.5	12.7	30.0	26.2
計	100.0	100.0	100.0	100.0	100.0	100.0

🔽 工業の種類別の出荷額の構成

	1935年	70年	80年	90年	2012年
その他					1.4
繊維(軽工業)	32.3	7.7	5.2	3.9	11.7
食料品	10.8	10.4	10.5	10.2	14.9
化学	16.8	10.6	15.5	9.7	—
機械	12.6	32.4	31.8	43.1	43.7
金属	18.4	19.3	17.1	13.8	13.8

(「工業統計表」による)

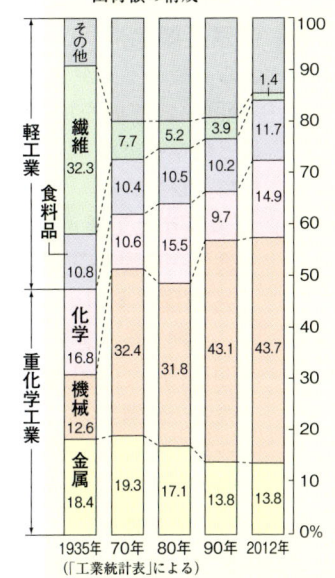

⬆三大工業地帯の出荷額の割合

かつては北九州をふくめて「四大」とされたが、現在は京浜・中京・阪神で三大工業地帯というのが一般的。

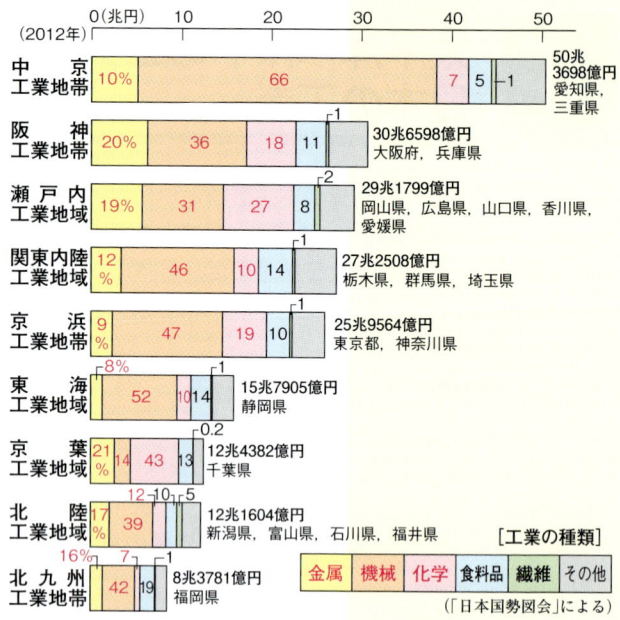

⬆日本の工業地域の出荷額とその内わけ

2 三大工業地帯

1 工業地帯の成立 第二次世界大戦前には，**京浜，中京，阪神，北九州**の**四大工業地帯**が形成された。戦後，他の地域の発展などで，相対的に北九州工業地帯の地位が低下し，今日では**三大工業地帯**が中心。

2 中京工業地帯 日本最大の出荷額がある。機械工業がさかん。

① 範囲…**名古屋**を中心に，愛知県全域と岐阜県南部，三重県の伊勢湾沿岸にのびている。

② 工業都市と工業
- **豊田**…**自動車工業**がさかん。
- **名古屋**…多種の重化学工業，繊維工業，窯業など。
- **四日市**…**石油化学コンビナート**。 ▶三重県
- 東海…鉄鋼業。
- 一宮…毛織物工業。
- 瀬戸，常滑，多治見…窯業（陶磁器の産地として有名）。 ▶岐阜県
- 大垣，岐阜…繊維工業。 ▶岐阜県

⬇日本の工業地域

260　3編　現代世界の地誌的考察

3 **阪神工業地帯** 第二次世界大戦前は，日本最大の工業地域であった。重化学工業が発達しているが，中小工場も多い。
① 範囲…大阪，尼崎，神戸の臨海地域を中心とした地域。
② 工業都市と工業 〈テストに出るぞ！〉
　┬ 大阪，堺，尼崎，神戸の臨海地域…鉄鋼，機械，造船，化
　│　▶以下は兵庫県　学などの重化学工業が集中。
　├ 内陸の門真，守口…電気機械。
　└ 泉南地区の岸和田，貝塚など…綿織物などの繊維工業。

4 **京浜工業地帯** 戦後，長らく日本最大の出荷額があったが，現在はじょじょに出荷額が減少している。重化学工業をはじめ，各種の工業が発達。　▶2002年の減少は出版業が統計からはずれたため
① 範囲…東京，川崎，横浜の臨海地域を中心とした地域。
　現在は { 千葉県→京葉工業地域 / 栃木，群馬，埼玉県→関東内陸工業地域 } に分類される。
② 工業都市と工業 〈テストに出るぞ！〉
　┬ 東京，川崎，横浜の臨海地域…鉄鋼，機械，造船，化学な
　│　▶以下は神奈川県　どの重化学工業が集中。
　├ 東京の中心部…印刷業や出版業が集中している。
　└ 東京の江東地区…玩具，日用雑貨などの中小工場が多い。

❸ 各地の工業地域

1 **北九州工業地帯** 北九州(市)の鉄鋼業が中心。金属，化学，
　　▶福岡県
セメントなどの素材生産が中心で，地位が低下した。下関では
　　　　　　　　　　　　　　　　　　　　　　　　　▶山口県
食料品工業など。

2 **新しい工業地域** 〈覚え得〉

工業地域	立地条件	おもな工業都市と工業の種類
瀬戸内	水運，阪神と北九州の中間	石油化学コンビナート…倉敷〔水島地区〕，岩国，周南 鉄鋼業………………………倉敷〔水島地区〕，福山 機械工業……………広島で自動車，呉，因島などで造船
関東内陸	広い用地 京浜に近い	伝統的な繊維工業から，機械工業中心へ変化。桐生，足利，太田，伊勢崎，前橋，秩父など。
東海	豊富な工業用水と電力	富士，富士宮(紙，パルプ)。浜松(楽器，オートバイ)。沼津，三島(機械，化学)。
京葉	京浜の延長 広大な埋立地	臨海部の重化学工業が中心 { 鉄鋼業…千葉，君津 / 石油化学コンビナート…市原 }
北陸	豊富な電力と工業用水	福井県や石川県で繊維工業。富山，高岡(化学，鉄鋼，機械)。新潟，上越(石油化学)。伝統的な絹織物，金属製品，薬品，陶磁器，漆器など。

● **京浜工業地帯の出荷額が減少してきたワケ**
京浜工業地帯の中心の東京では，企業の研究開発(R&D, Research and Development)の機能が集中する一方で，生産工場は海外移転が進んでいる。このような工場の減少を，産業の空洞化という。研究開発や試作は国内でおこなうが，大量生産の工場は労働力の安い海外へ流出するというパターンは，先進国の大企業に共通する動きとなっている(企業内の国際分業→p.130)。

工業地帯と工業地域は，どうちがうのか？
結論からいうと，ただ習慣的にそうよび分けているだけ。内容的には，ちがいはない。京浜，中京，阪神，北九州の4つは，戦前に成立した工業地域で，出荷額も多かったため，習慣的に「工業地帯」とよんできた。その他の新しい工業地域は，すべて「工業地域」とよぶ。近年は，相対的に地位の低下した北九州を工業地域とよぶようになっている。

Tea Time

日本の未来をになうハイテク産業

■**ハイテク**とは，ハイ(高度)，テクノロジー(技術)。日本語では，**先端技術**や，**高度科学技術**と訳す。いろいろな分野で，ハイテクが注目されているが，その開発には巨額の資本が必要なため，先進工業国のごく少数の巨大企業の独壇場となっている。

■**エレクトロニクス**(**電子工業**)…電子部品と，その応用。
- **マイクロエレクトロニクス**…微細な加工で集積回路(IC)などの各種電子部品をつくる。 ▶マイクロ
- **オプトエレクトロニクス**…光を利用した電子部品，光ファイバー，レーザー光線などを使う。 ▶光学＝オプティカル
- **メディカルエレクトロニクス**…精密な医療用の機器。各種の検査，診断に用いる。 ▶メディカル
- **その他**…IT(通信技術)，**ロボット**，**航空宇宙産業**(ロケットや航空機)，**コンピュータ**なども，エレクトロニクスを利用。

⬇IC工場(NEC提供)

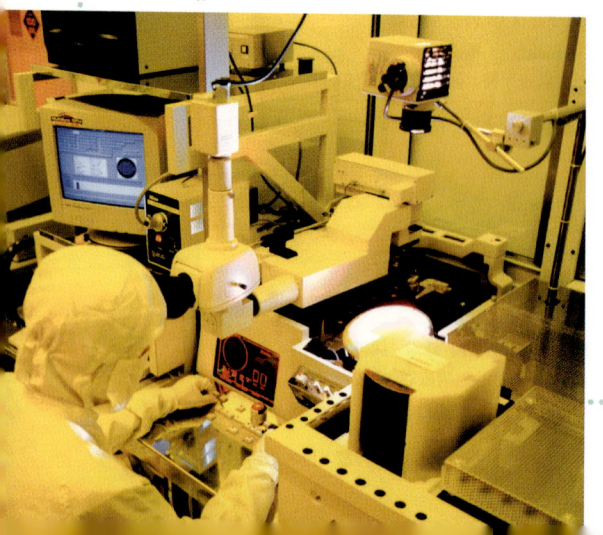

■**新素材**…新しい性質をもった素材。
- **ファインセラミックス**…合成した原料を高温高圧で加工。新しい窯業。人工骨や自動車エンジン部品など。 ▶セラミックスとは焼き物
- **ファイバー**…ガラス繊維，炭素繊維などの新しい繊維。 ▶繊維のこと
- **金属材料**…形状記憶合金，超電導合金などの新合金。
- **機能性プラスチック**…エンジニアリング＝プラスチック(CD-ROM，パソコン，携帯電話などに多用するいろいろな性質をもつプラスチック)，導電性プラスチックなど。 ▶略してエンプラ ▶電気を通す

⬇ファインセラミックスの人工骨(京セラ提供)

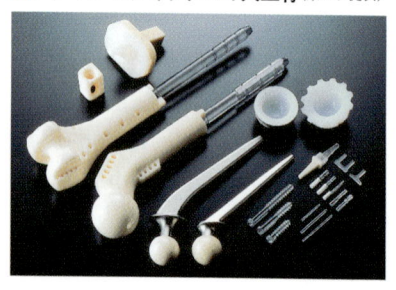

■**バイオテクノロジー**(**生命工学**)…生命の元である遺伝子などを操作する技術。
- **バイオ医薬品**…制ガン剤など。
- **遺伝子組み換え作物**…除草剤耐性作物，害虫抵抗性作物など(→p.140)。
- **クローン動物**…羊，牛などの増殖。
- **バイオマス**…植物などの生命体からエネルギーを得ること(→p.123)。
- **生物情報科学**…遺伝子情報を解析して遺伝子の機能をさぐる。

7 世界各国との結びつきの中で生きる日本の貿易

▶日本は資源小国の工業国。貿易なしでは，とてもやっていけない。原料の資源がなければ，何もつくれない。食料を輸入できなければ，ハラペコではたらくこともできない。
▶貿易なしではやっていけない日本なら，世界の国々との平和的な関係を大切にし，貿易のルールも守らないといけない。このごろ日本は，どうだろうか。

1 貿易品目の推移 テストに出るぞ！

1 **加工貿易** 原料を輸入し，それを製品に加工して輸出する貿易のこと。日本の工業は，加工貿易によって発展してきた。

2 **戦前は軽工業の加工貿易** 第二次世界大戦前は，綿花などの**繊維原料**を輸入して，綿織物などの**繊維製品**を輸出する加工貿易が中心。工業の中心が，**軽工業の繊維工業**であったことに対応している。

3 **戦後は重化学工業の加工貿易** 戦前と同じ加工貿易ながら，**鉄鉱石，石炭，石油**などの重化学工業の原料や燃料を輸入し，**鉄鋼，船舶，自動車**などの**重化学工業製品を輸出**。

4 **最近は製品輸入が増大** 1990年代以後，アジア諸国の工業化が進展し，日本企業が工場を移転することが増え，**機械類，衣類**などの**製品輸入が増えた**。
▶日本が輸出する工業製品は，より付加価値の高いものに移っている

プラスα

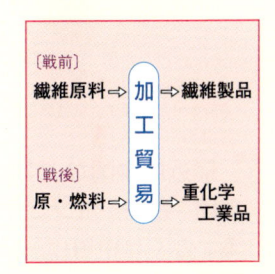

〔戦前〕
繊維原料 ⇒ 加工貿易 ⇒ 繊維製品

〔戦後〕
原・燃料 ⇒ 加工貿易 ⇒ 重化学工業品

●**戦後の日本の貿易品目の推移** 日本の工業は，戦後，鉄鋼や機械などの重化学工業が中心になった。現在は，工業化の進むアジア諸国からの工業製品の輸入が増えてきたため，加工貿易の形から少し離れてきている。

2 貿易相手国の推移

1 **戦前の相手国** 輸出では，**中国**が重要な市場であった。輸入では，**アメリカ**に頼ることが多かった。

2 **戦後はアメリカ** 第二次世界大戦後は，中国との国交がとだえ，
▶国交回復は1972年
アメリカが最大の相手国となった。

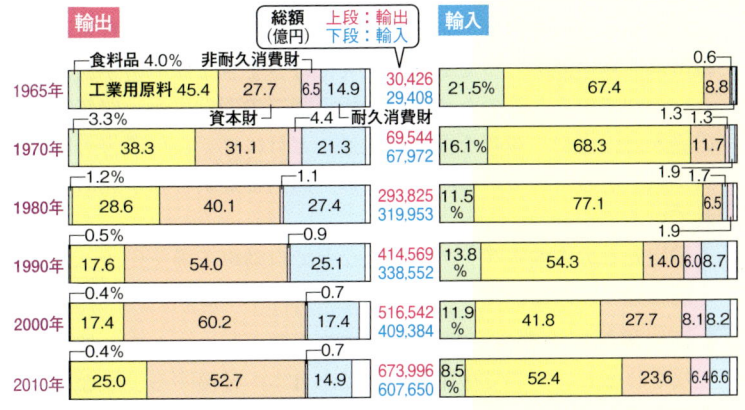

年	輸出 食料品	工業用原料	資本財	非耐久消費財	耐久消費財	総額(億円) 上段:輸出 下段:輸入	輸入			
1965年	4.0%	45.4	27.7	6.5	14.9	30,426 / 29,408	21.5%	67.4		8.8 / 0.6
1970年	3.3%	38.3	31.1	—	21.3	69,544 / 67,972	16.1%	68.3		11.7 / 1.3 1.3 4.4
1980年	1.2%	28.6	40.1	1.1	27.4	293,825 / 319,953	11.5%	77.1		6.5 / 1.9 1.7
1990年	0.5%	17.6	54.0	0.9	25.1	414,569 / 338,552	13.8%	54.3	14.0	6.0 8.7 / 1.9
2000年	0.4%	17.4	60.2	0.7	17.4	516,542 / 409,384	11.9%	41.8	27.7	8.1 8.2
2010年	0.4%	25.0	52.7	0.7	14.9	673,996 / 607,650	8.5%	52.4	23.6	6.4 6.6

*　**工業用原料**（粗原料，鉱物性燃料，化学工業製品，金属など）
　資本財（一般・電気・輸送機械など）　**非耐久消費財**（繊維製品など）（「日本の100年」による）
　耐久消費財（家庭用品，家庭用電気機器，乗用車など）

17章 日本の特色と課題　263

輸出

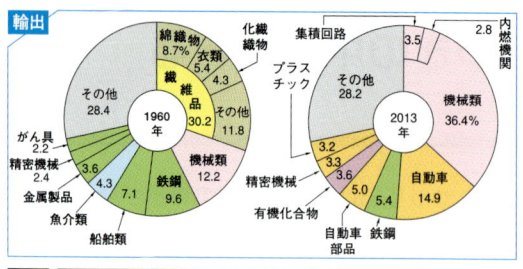

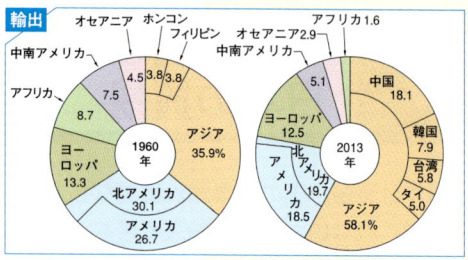

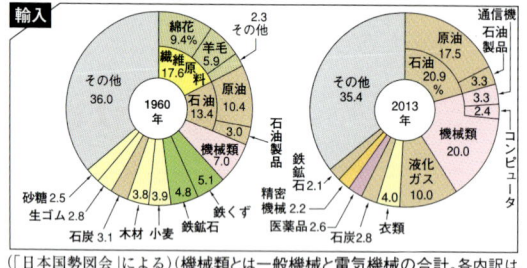

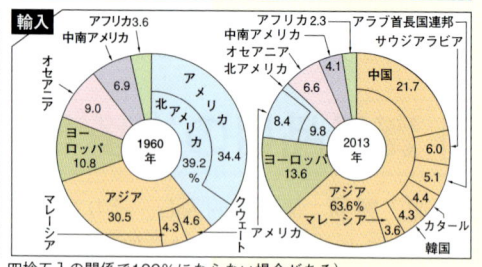

1960年
- その他 28.4
- 繊維品 30.2
  - 綿織物 8.7%
  - 衣類 5.4
  - 化繊織物 4.3
- 機械類 12.2
- 鉄鋼 9.6
- 船舶類 7.1
- 魚介類 4.3
- 金属製品 3.6
- 精密機械 2.4
- がん具 2.2

2013年
- その他 28.2
- 機械類 36.4%
  - 内燃機関 2.8
  - 集積回路 3.5
  - プラスチック 3.2
  - 精密機械 3.3
  - 有機化合物 3.6
  - 鉄鋼 5.0
  - 自動車部品 5.4
- 自動車 14.9

輸入

1960年
- その他 36.0
- 繊維原料 17.5
  - 綿花 9.4%
  - 羊毛 5.9
  - 2.3その他
- 石油 13.4
- 機械類 7.0
- 石油製品 3.0
- 鉄鉱石 2.1
- 鉄くず 5.1
- 精密機械 2.2
- 木材 3.9
- 小麦 4.8
- 石炭 3.1
- 生ゴム 2.8
- 砂糖 2.5

2013年
- その他 35.4
- 原油 17.5
- 石油 20.9
- 3.3
- 3.3
- 2.4
- 機械類 20.0
  - 通信機 石油製品
  - コンピュータ
- 液化ガス 10.0
- 鉄鉱石 4.0
- 医薬品 2.6
- 石炭 2.8
- 衣類

輸出

1960年
- その他 4.5
- オセアニア 3.8
- ホンコン 3.8
- フィリピン
- 中南アメリカ 7.5
- アフリカ 8.7
- ヨーロッパ 13.3
- アジア 35.9%
- 北アメリカ 30.1
- アメリカ 26.7

2013年
- アフリカ 1.6
- オセアニア 2.9
- 中南アメリカ 5.1
- ヨーロッパ 12.5
- 北アメリカ 19.7
- アメリカ 18.5
- アジア 58.1%
  - 中国 18.1
  - 韓国 7.9
  - 台湾 5.8
  - タイ 5.0

輸入

1960年
- アフリカ 3.6
- 中南アメリカ 6.9
- オセアニア 9.0
- ヨーロッパ 10.8
- 北アメリカ・アメリカ 39.2%
- アジア 30.5
- マレーシア 4.3
- クウェート 4.6
- アメリカ 34.4

2013年
- アフリカ 2.3
- 中南アメリカ 6.6
- オセアニア 8.4
- 北アメリカ 9.8
- ヨーロッパ 13.6
- アメリカ 4.1
- アラブ首長国連邦
- サウジアラビア
- 中国 21.7
- アジア 63.6%
  - 6.0
  - 5.1
  - 4.4
  - マレーシア 4.3
  - カタール 3.6
  - 韓国

(「日本国勢図会」による）（機械類とは一般機械と電気機械の合計。各内訳は，四捨五入の関係で100％にならない場合がある）

❶日本の輸出入品と輸出入相手国

▶日本の輸入相手国では2002年，輸出相手国では2009年，中国がアメリカをぬいてトップになった。

3 最近は中国などアジア諸国
1990年代以後，**中国**をはじめ，**韓国**，**台湾**，**ホンコン**や，**ASEAN諸国**との貿易が拡大している。▶東南アジア諸国連合 とくに中国は，経済の開放政策を進めてきた結果，<u>日中貿易</u>がきわめてさかんになっている。

③ 貿易をめぐる問題 テストに出るぞ!

1 海外の資源開発
資源を買うだけではなく，日本が資金や技術を提供して，外国の資源を開発するケースが増えている。日本にとっては資源の安定確保というプラス面があるが，相手国の経済発展に寄与する方向でないと継続できない。

2 貿易摩擦
日本とアメリカ，EU諸国との貿易は，日本の輸出超過がつづいており，日本に対する風あたりは強い。日本の輸出は「**集中豪雨**」型であり，輸入にはさまざまな障害があるといわれている。このため，<u>輸出相手国での現地生産，農産物の輸入自由化</u>や，複雑な国内の流通など目に見えない障害の除▶非関税障壁 去が強く求められている。このため，国内で規制緩和が進められている。

- 輸出先での現地生産…アメリカなどで自動車工場を建設。
- 農産物の輸入自由化…牛肉，オレンジ，米など（→p.252）。
  ▶シグマ先生の世界巡り→p.202

3 海外移転にともなう問題
日本の企業が低コストの海外に工場を移転し，そこで生産した製品を日本へ輸出するような例が増えている。しかし，労働慣行のちがいによるトラブルが発生しやすい。日本では，<u>産業の空洞化</u>の問題が起こる。
▶（→p.130）

ないものねだり

貿易によって，自国にないものも手に入れることができる。

果物のたくさんとれる台湾で，あこがれの果物は何かといえば，なんとリンゴ。台湾では暖かすぎてリンゴがとれないからだ。

そういえば，日本でもかつてはバナナは高級品だったが，貿易でたくさん入ってくると，逆に値打ちが下がり，あまり喜ばれなくなってしまった。ありすぎるというのも，考えものか。

8 ピークをすぎてその後は？ 日本の人口と人口問題

▶日本の人口は，世界の国の中では十指に入る数であり，人口密度も高い方となっている。その人口が，日本の産業や経済発展の土台の1つとなってきた。
▶しかし，最近は，少子高齢化が進んでいて，子どもは少なく，老人が増えるという時代になってきた。総人口は，長期的な減少時代に入ろうとしている。

1 人口の特色

1 世界有数の人口から人口減少へ
① **総人口と人口密度**…日本の総人口は，**1億2730万人**ほどで世界10位を占める。人口密度は，**1 km² あたり300人**をこえ，これも世界有数（→p.133）。
② **急激な人口増加**…明治維新(1868年)時で3840万人であった日本の人口は，約100年間で3倍以上になった。
③ **これからは減少**…2005～2010年の人口増加率は0.2%で，第二次世界大戦後最も低かった。最近の出生率は，1973年をピークにして低下傾向にある。**総人口は2010年にピーク**をむかえ（1億2806万人），これから減少がつづくとされている。

2 人口分布の特色
① 日本の人口は，東京(首都圏)，名古屋(中京圏)，大阪(京阪神圏)，北九州を連ねた**太平洋ベルト**（→p.260）に集中。
② **市部人口**…総人口の約90％を占め，国民のほとんどが都市部に住んでいることになる。
③ **府県別の人口増減**…2011～12年の1年間で7都県以外減少。

プラスα

●**日本の人口データ**
人口……………1億2730万人
人口密度 ……343人／1km²*
人口増加率…………0.2%**
年齢別人口 ｛ 0～14歳……12.9%
　　　　　　 15～64歳……62.1%
　　　　　　 65歳以上……25.1%
産業別人口 ｛ 第1次産業…3.8%
　　　　　　 第2次産業…24.5%
　　　　　　 第3次産業…70.7%
(2013年。*2010年，**2005～10年)
(「日本国勢図会」による)

●**人口増加率の計算方法**
[問題] 日本の人口は，2000年に1億2693万人で，2005年には1億2777万人になった。この5年間の人口増加率(％)を計算する式を答えなさい。
[答]
(1億2777万÷1億2693万-1)×100。
または，(1億2777万-1億2693万)÷1億2693万×100。
電卓で計算してみよう。

⬇日本の人口

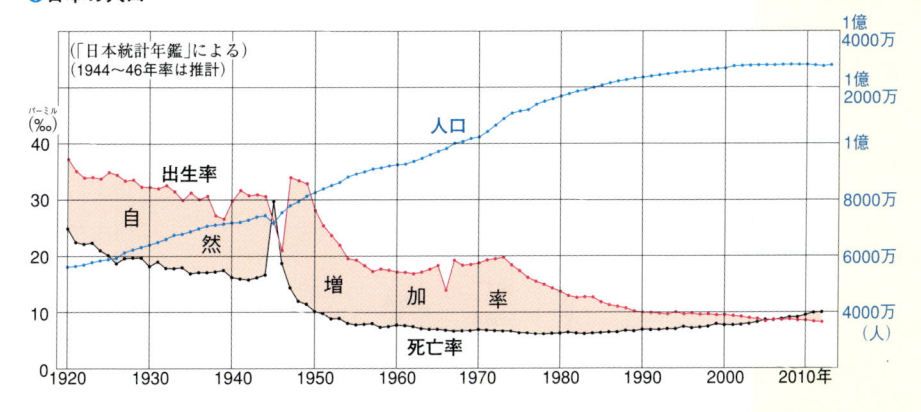

17章　日本の特色と課題

3 人口構成にみる特色

① **産業別人口構成**…第1次産業人口が減り，第3次産業人口が増加している（→p.135）。

② **年齢別人口構成**…ピラミッド型から，現在はつぼ型に移行している（→p.135）。

年	東京50キロ圏	大阪50キロ圏	名古屋50キロ圏	その他	総人口
1960年	16.9	11.0	5.8		9342万
1970年	21.2	13.2	6.5		1億372万
1980年	22.5	13.2	6.7		1億1706万
1990年	23.5	12.9	6.8		1億2361万
2013年	26.0	13.2	7.3		1億2730万

（「日本国勢図会」による）

⬆ **三大都市圏への人口集中** 各都市圏の示す％は，総人口に対する割合。

● **高齢化社会と高齢社会**

国連の定義では，65歳以上の人口が7％以上の場合，高齢化の進む社会＝**高齢化社会**という。その2倍の14％以上では，高齢化が定着した**高齢社会**と表す。さらに，21％以上の場合を**超高齢社会**とよぶ。日本はすでに超高齢社会となっている（25.3％，2013年）。

⬇ **日本の人口ピラミッド**

多産多死のピラミッド型から少産少死の釣鐘型をへて、つぼ型に変化している。

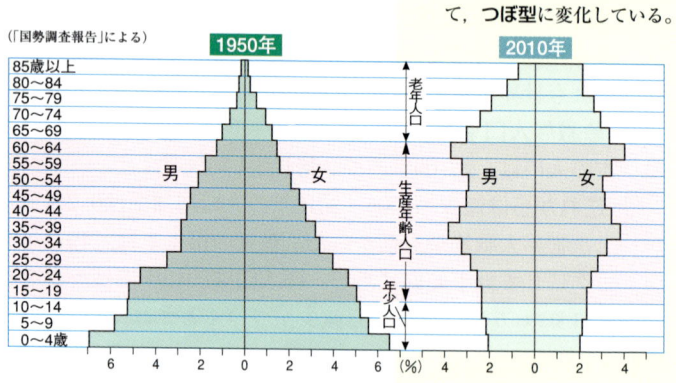

2 人口問題 テストに出るぞ！

1 少子化が進行
先進国に共通して，生まれる子どもの数が減少。1人の女性が生涯に出産する子ども数の平均（**合計特殊出生率**）は，2.1で人口維持，それ以下で人口減少となるが，日本はかなり下回っている。
▶2012年で1.41

2 高齢化が進行
少子化に加えて，平均寿命ののびで，人口の高齢化が急速に進行し，すでに**高齢化社会**をこえた**高齢社会**をむかえている。

高齢社会では，老人福祉の需要が増えて負担の問題が起こったり，経済活動が停滞するおそれがある。

3 他の先進国との比較
少子化，高齢化は，第二次世界大戦後，北ヨーロッパ諸国で顕著となり，やがて西ヨーロッパ諸国，さらにアメリカや日本でも共通して進行。

しかし，日本の高齢化は欧米諸国より速く進行している。老年人口が7％から14％に倍増するのに，スウェーデンは85年，ドイツは45年であったが，日本は26年しかかからなかった。

⬇ **日本の人口の年齢別内わけ**（「日本統計年鑑」による）

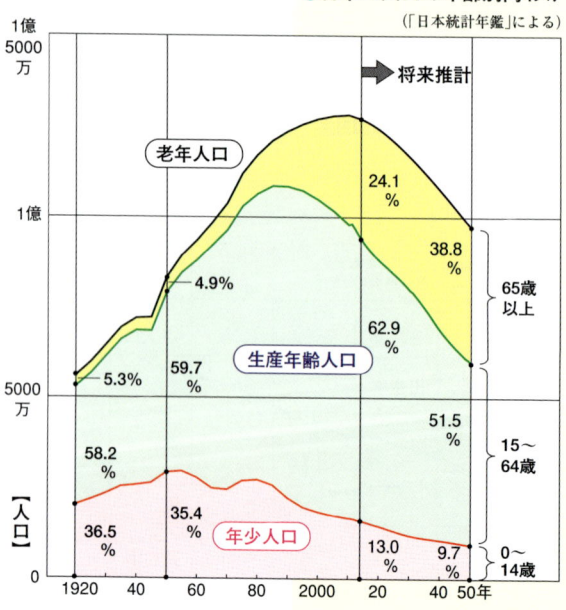

266　3編　現代世界の地誌的考察

テスト直前チェック　定期テストにかならず役立つ！

1. 「大きな溝」を意味し，糸魚川・静岡構造線を西端とする地形を，何というか？
2. 西日本を南北に分断するようにのびる断層線を，何というか？
3. 日本の平野はほとんどが，河川の堆積作用によってできた○○平野である。○○は？
4. 日本の太平洋側に吹く夏の季節風は，「高温多湿」と「高温乾燥」の，どちらか？
5. 冷たい○○からの季節風と日本海の湿気は，日本海側に大雪を降らせる。○○の方角は？
6. 東北地方では夏に「やませ」が吹くと，どんな災害が起こることがあるか？
7. 1960年代末から政府がおこなってきた，米の生産調整を，漢字2字で何というか？
8. 大豆，小麦，魚介類。自給率の低い方から順に並べると，どうなるか？
9. 下の写真⑯のような施設を使い，旬の時期より早く作物を出荷するのは，何栽培か？
10. 排他的経済水域の設定などで，最も漁獲量が減少したのは，どの漁業か？
11. 近年，水産資源の減少によって注目されている「育てる漁業」は，何か？ 2つ答えよ。
12. 日本は，鉱産資源の産出量は少ないものの，その種類の豊富さから，何とよばれるか？
13. 日本でほぼ自給できる鉱産資源は　鉄鉱石，石灰岩，銅鉱のうち，どれか？
14. 原材料を輸入し，それを製品にして輸出することを，何貿易というか？
15. 日本で工業や人口が集中している地域は，太平洋側と日本海側のどちらに多いか？
16. 愛知県豊田市を中心にさかんに生産され，輸出もされている工業製品は，何か？
17. 日本の最大の貿易相手国，以前はアメリカ合衆国，現在は？
18. 輸出相手国での現地生産や，農産物の輸入自由化は，日本では何が原因で実施されたか？
19. 先進国に共通している，生まれる子どもの数が減少することを，何というか？
20. 65歳以上の人口が7％以上を占めるのが高齢化社会，それでは高齢社会は何％以上か？

解答

1. フォッサマグナ（大地溝帯）
2. 中央構造線
3. 沖積
4. 高温多湿
5. 北西
6. 冷害
7. 減反
8. 大豆，小麦，魚介類
9. 促成栽培
10. 遠洋漁業
11. 栽培漁業，養殖（業）
12. 鉱物の標本室
13. 石灰岩
14. 加工貿易
15. 太平洋側
16. 自動車
17. 中国（中華人民共和国）
18. 貿易摩擦
19. 少子化
20. 14％

Test Time　アジア，アフリカ　人口は？　資源は？

答 → p.271

1 右の写真は，人口密度が高いことで知られるバングラデシュの街のようすです。この写真に関連することがらとして，正しくないものを，次から1つ選びなさい。

① 世界で人口が最大の国は中国で，国全体の人口密度も世界有数の高さをほこる。

② インドでは，人口が増加していて，過密都市も多い。近い将来，人口が世界1位になると予測されている。

③ アフリカでは，保健衛生の改善や医療技術の発展などから，死亡率が低下傾向にあるが，出生率は依然高いので人口が増加している国が多い。

2 右の写真は，アラブ首長国連邦にあるリゾート施設で，石油の輸出などで得られた利益でつくられました。この写真に関連することがらとして，正しいものを，次から1つ選びなさい。

① 世界の原油埋蔵量のうち，約5割をアジア州が占め，そのほとんどは東アジアに集中している。

② アルジェリアは，アフリカ有数の産油国で，OPECとOAPECの両方に加盟している。

③ 中央アジアの国々は，豊富な鉱産資源から得られる莫大な利益により，経済を発展させてきたが，近年は，脱資源依存の経済をめざしている。

268　3編　現代世界の地誌的考察

Test Time ヨーロッパ，南北アメリカ 経済は？ 産業は？

答→p.271

3 右の写真は，株式や証券をあつかう取引所のようすです。この写真に関連することがらとして，正しいものを，次から1つ選びなさい。

① 2008年に，アメリカ合衆国の金融機関が破たん（リーマンショック）したのをきっかけに，世界同時不況が発生した。

② ユーロに参加しているイギリスの財政危機をきっかけに，2010年に欧州全体に金融不安が広がった。

③ 欧州連合に加盟する国々の間では，経済の格差が問題となってきたが，欧州議会の取り組みによって，その格差は解消された。

4 右の写真は，工場や企業が集積している地域のようすです。この写真に関連することがらとして，正しいものを，次から1つ選びなさい。

① アメリカ合衆国では，おもに北緯37度以南の地域がフロストベルトとよばれて，先端技術産業や航空宇宙産業などが集積し，発展している。

② ブラジルでは，エスタンシアとよばれる大農場でコーヒー豆生産がさかんで，近年は鉄鉱石や機械類などの生産が経済成長をけん引している。

③ メキシコは，メキシコ湾の石油のほか，機械類や自動車などの輸出もさかんで，NAFTA（ナフタ）に参加している。

Test Time
オセアニア，日本 文化は？ 貿易は？

答 → p.271

5 右の写真は，オーストラリアの先住民が描いた壁画です。この写真やオーストラリアに関連することがらとして，正しくないものを，次から1つ選びなさい。

① オーストラリアの先住民はアボリジニー，ニュージーランドの先住民はマオリとよばれる。

② オーストラリアは，当初フランス系移民を中心に建国されたが，その後は，アジアをはじめ各国からの移民が増えている。

③ オーストラリアは，かつて白豪政策によって白人以外の移民を規制したが，現在は，多文化主義をかかげる政策をとっている。

6 右の写真は，日本へ小麦が輸入されるようすです。この写真に関連することがらとして，正しいものを，次から1つ選びなさい。

① 日本はこれまで多くの食料品を輸入してきたが，近年の食料自給率の上昇にともなって，その量は減少してきている。

② 日本は，国内の産業を保護するため，輸入される多くの商品に関税をかけており，自由化を進めるような動きはない。

③ 1970年代以降，排他的経済水域を設定する国が増えたため，日本の魚介類の輸入量は増加した。

270　3編　現代世界の地誌的考察

Test Time これまでのテストの正解と解説

【p.34】
1 ①　正距方位図法は，図の中心点からの距離が正しい。最も近いのはロンドン。ブエノスアイレスは最も遠い。

2 ③　2地点の時差は(135＋120)÷15＝17時間。成田の出発時間から17時間もどし，飛行時間とサマータイムの1時間を加えればよい。

【p.174〜178】
1 ③　オーストラリアの中央部は，広大な卓状地。東部の産地は古期造山帯。新期造山帯の地域はみられない。

2 ③　ヒマラヤ山脈は，褶曲によって形成された褶曲山地。断層山地ではないので，断層崖はあてはまらない。

3 ③　ケニアの自然公園のあたりの植生は，サバナ。雨季と乾季のある気候によって形成されたもの。

4 ①　ポルトガルのコルクがし栽培といえば，地中海性気候。夏は乾燥し，冬には雨が降る。

5 ②　じゃがいもの原産地は，ラテンアメリカ。

6 ②　海外で安く生産して逆輸入することで，価格を下げることができる。

7 ③　遺跡周辺の森林がなくなったのは，過去の過伐採が原因。遺跡の劣化は，酸性雨や風化によるもの。

8 ②　熱帯林の減少は，二酸化炭素の増加をもたらす。熱帯の土壌は養分に乏しいため，一度流出すると回復しにくい。

9 ②　厳密な意味で単一民族の国は，ほぼ存在しない。国連など世界的な機関では，英語やフランス語などが，公用語として使用されている。

10 ③　①はキリスト教，②は仏教の説明。

【p.268〜270】
1 ①　中国の人口は都市部に集中しており，国全体の人口密度は日本よりも低い。

2 ②　原油埋蔵量は，西アジアに多く，その利益で経済を発展させてきた。中央アジアの資源は，未開発のものが多い。

3 ①　イギリスはユーロに不参加。財政危機はギリシャで起こり，経済格差はEUで大きな問題となっている。

4 ③　アメリカの南部は，サンベルトとよばれている。ブラジルの大農場はファゼンダ。エスタンシアはアルゼンチンの大農場。

5 ②　オーストラリアは，イギリスからの移民を中心に建国された。

6 ③　日本の食料自給率は，長期的にみて減少，近年は横ばいがつづいている。海外からは貿易の自由化が求められており，一部はすでに自由化が進められている。

さくいん

A～Z

- A・A会議 ……………………… 183
- Af ……………………………… 51,53
- AL ……………………………… 185
- Am ……………………………… 51,53
- APEC(エイペック) …………… 185
- ASEAN(アセアン) ……… 185,212
- ASEAN4(アセアン4) ………… 99
- AU ……………………………… 185
- Aw ……………………………… 51,53
- BRICs(ブリックス) …… 97,112,130
- BS ……………………………… 52,54
- BW ……………………………… 52,54
- CBD ……………………………… 151
- Cfa ……………………………… 51,54
- Cfb ……………………………… 51,55
- CIS ……………………………… 223,230
- CO2 ……………………………… 116
- COMECON(コメコン) … 184,232
- Cs ……………………………… 51,55
- Cw ……………………………… 51,54
- DAC ……………………………… 129
- Df ……………………………… 51,55
- Dw ……………………………… 51,55
- EC ……………………………… 224
- ECSC …………………………… 222
- EEC ……………………………… 222
- EF ……………………………… 52,56
- EFTA(エフタ) ………………… 184
- EPA ……………………………… 129
- ET ……………………………… 52,56
- EU ……………………………… 184,224
- ──の農業政策 …………………… 73
- EU理事会 ……………………… 224
- EURATOM(ユーラトム) …… 222
- FTA ……………………………… 129
- G8 ……………………………… 184
- G20サミット …………………… 184

- GATT(ガット) ………………… 128
- GIS ……………………………… 30
- GMT ……………………………… 20,32
- GPS ……………………………… 30
- H気候 …………………………… 56
- ICE ……………………………… 124
- IMF ……………………………… 128
- IT ……………………………… 126
- LDC ……………………………… 130
- LNG ……………………………… 88
- MERCOSUR(メルコスール) … 185
- NAFTA(ナフタ) ……………… 185,240
- NATO(ナトー) ………………… 183
- NGO ……………………………… 119
- NIEs(ニーズ) ………… 97,112,130
- NPO ……………………………… 119
- OAPEC(オアペック) ……… 88,185
- OAS ……………………………… 185
- OECD …………………………… 119,129,184
- OPEC(オペック) … 88,130,185,215
- OSCE …………………………… 184
- PPP ……………………………… 119
- TGV ……………………………… 124
- TOマップ ……………………… 19
- TVA ……………………………… 110,120
- UN ……………………………… 186
- UNCTAD(アンクタッド) …… 129
- U字谷 …………………………… 43
- WASP(ワスプ) ………………… 236
- WTO ……………………………… 128

あ

- アイスランド …………………… 105
- アイヌ民族 ……………………… 172
- アウトバーン ………………… 125,227
- 青いバナナ ……………………… 101
- アオザイ ………………………… 160
- 赤潮 ……………………………… 256

- 亜寒帯 …………………………… 51,55
- 亜寒帯湿潤気候 ………………… 51,55
- 亜寒帯低圧帯 …………………… 48
- 亜寒帯冬季少雨気候 …………… 51,55
- 亜寒帯林 ………………………… 90
- 秋吉台 …………………………… 44
- 悪臭 ……………………………… 115
- アグリビジネス ……………… 78,237
- アクロン ………………………… 109
- アジアNIEs
  ………… 96,98,130,209,210,212
- アジア・アフリカ会議 ………… 183
- アジア太平洋経済協力会議 …… 185
- アシエンダ ……………………… 81
- アジェンダ21 …………………… 119
- 足尾鉱毒事件 …………………… 114
- アステカ文明 …………………… 241
- アスワンハイダム ……………… 121
- アセアン ……………………… 185,212
- アセアン4 ……………………… 99
- アゼルバイジャン ……………… 171
- ──の鉱工業 …………………… 106
- 亜炭 ……………………………… 88
- アッサム地方 …………………… 49
- アッラー ………………………… 171
- アネクメーネ …………………… 133
- 亜熱帯高圧帯 …………………… 48
- アノラック ……………………… 160
- アパラチア山脈 ………………… 234
- アパラチア炭田 ……………… 109,238
- アパルトヘイト ……………… 169,217
- アブラやし ……………………… 69
- アフリカ ………………………… 217
- アフリカの角 …………………… 171
- アフリカの年 …………………… 217
- アフリカ連合 …………………… 185
- アフロアメリカン ……………… 236
- アボリジニー …………………… 243
- 尼崎 ……………………………… 261

272 さくいん

アマゾン川……………………241	イスラーム（イスラム教）171,215	ウォーターフロント…………152
アマゾン盆地…………………241	イスラーム文化圏……………181	ウォール街……………………152
アムステルダム………………103	緯線………………………………20	ヴォルガ＝ウラル油田………106
アムダリア川…………………121	イタイイタイ病………………115	ヴォルガ地域…………………107
アムール川……………………182	イタビラ鉄山…………………111	ヴォルガ＝ドン運河…………120
アメニティ……………………158	イタリア………………………227	右岸（谷・川）…………………28
アメリカ合衆国………………234	――の鉱工業…………………104	浮稲………………………………68
――の鉱工業…………………108	――の農業……………………74	ウクライナ………………76,106
――の農業……………………77	1次エネルギー…………………87	ウズベキスタン………………106
アメリカンメガロポリス……151	1次産品………………………130	宇宙産業………………………238
アモイ……………………………96	市場町…………………………146	ウバーレ…………………………44
アラスカ………………………239	1万分の1地形図………………26	ウーハン………………………208
アラビア語……………………170	一国二制度……………………209	海風………………………………49
アラブ首長国連邦……………215	一般図………………………24,26	ウラル山脈……………………230
アラブ石油輸出国機構……88,185	一本釣…………………………255	ウラル地域……………………107
アラブ連盟……………………185	遺伝子組み換え作物…………140	ウラン鉱…………………………88
アラル海……………121,140,215	緯度………………………………20	ウルサン……………………98,210
アルゼンチン…………………242	糸魚川・静岡構造線…………246	
――の農業………………………81	稲作…………………………66,167	**え**
アルバータ州…………………240	イヌイット……………………240	
アルプス山脈………………36,182	移牧………………………………75	英語……………………………170
アルプス＝ヒマラヤ造山帯……37	いも類…………………………162	永世中立国……………………228
アルミニウム……………………90	インカ文明……………………241	衛星都市………………………148
アンガラ＝バイカル地域……107	イングランド…………………225	エイペック……………………185
アンカレジ……………………239	印刷業…………………………261	液化天然ガス……………………88
アンクタッド…………………129	インターネット……31,126,127	エクメーネ……………………133
アングロアメリカ……………235	インチョン………………………98	エケルト図法……………………21
アンシャン…………………94,208	インディアン…………………240	エコシステム…………………120
安全保障理事会（安保理）……186	インディオ……………………241	エジプト………………………217
アンチモン………………………94	インド……………………171,214	エスカー…………………………43
アンチョビ………………………62	――の鉱工業……………………99	エスタンシア………………81,242
安定陸塊…………………………39	インドネシア…………………212	エスチュアリ……………………42
アンデス山脈……………182,241	インド文化圏…………………181	エッセン………………………102
アントウェルペン……………103	インド洋…………………………59	エドモントン…………………240
	インナーシティ………………158	択捉島…………………………172
い	インフラストラクチャー（イン	エネルギー革命………………88,257
	フラ）…………………………157	エネルギー資源…………………87
イエス…………………………171		エネルギー問題………………122
イェリヴァレ…………………105	**う**	エフタ…………………………184
硫黄……………………………258		エラトステネス…………………18
囲郭都市………………………145	ヴァイキング…………………229	エリー運河……………………238
イギリス………………………225	ヴァスコ＝ダ＝ガマ……………18	エルグ……………………………44
――の鉱工業…………………100	ヴァンクーヴァー……………240	エルツ山脈……………………182
――の農業………………………74	ウェゲナー………………………38	エルニーニョ現象………………62
イギリス病……………………226	ウェットバック………………236	エレクトロニクス……………262
池袋……………………………151	ウェーバー………………………91	エレクトロニクスハイウェー
出雲平野………………………144	ウェールズ……………………225	…………………………………108

さくいん **273**

縁海·················59	オランダ··············228	華人(華僑)······209,211,212,213
塩害············117,140,237	——の鉱工業··········103	ガストアルバイター······136
遠隔探査··············30	——の農業············75	カースト制度··········214
沿岸漁業·············255	オリッサ州············99	化石エネルギー······87,122
円形都市·············145	温室効果·············118	河跡湖···············40
園芸農業············65,73	温室効果ガス··········116	河川国境············182
塩湖················44	温帯··············51,54	河川水···············60
遠郊農業·············253	温帯針葉樹林··········58	過疎化·············144
円弧状三角州··········40	温帯林···············90	カタカナ············167
円村················143	温暖湿潤気候········51,54	華中··············208
遠洋漁業·············255	温暖冬季少雨気候·····51,54	褐色森林土···········57
	隠田百姓村··········142	褐炭···············88
お		ガット·············128
	か	カトリック··········171
オアシス············54		カナダ·············240
オアシス農業········65,70	海岸砂漠············54	——の鉱工業········111
オアペック········88,185	海岸段丘············41	——の農業··········80
オイルサンド········123	海岸平野············41	カナート············70
オイルシェール······123	階級区分図··········26	カーナビゲーション····30
オイルショック······88	外国人労働者······102,137	河南··············208
欧州共同体··········224	海上交通············125	ガーネット種·········80
欧州経済共同体······222	塊村················143	過放牧·············117
欧州原子力共同体····222	街村················143	華北··············208
欧州石炭鉄鋼共同体··222	開拓村·············142	過密············152,157
欧州連合········184,224	海底地形············59	カラガンダ炭田······106
——の農業政策······73	快適環境···········158	カラクーム運河······121
黄色土··············57	開発援助委員会······129	カラジャス鉄山······111
黄土············58,208	海面更正············47	ガラビア············160
黄麻···············69	海洋···············59	カリフォルニア海流····59
大井川下流平野······144	海洋エネルギー······123	カリフォルニア州···80,239
大型専門店·········153	海洋汚染···········122	火力発電············88
大阪··············261	海洋国境···········182	カール·············43
大手町············152	海洋性気候··········48	カルスト地形········44
小笠原気団········249	外来河川············44	カレー·············162
沖合漁業··········255	海流···············59	涸川···············44
オークリッジ·······110	街路形態···········148	カレンフェルト······44
オーストラリア·····243	カイロワン········94,208	川崎·············261
——の鉱工業······111	カカオ············71,140	為替相場············128
——の農業········82	化学工業············93	灌漑農業············70
オセアニア········244	可容人口···········137	環境アセスメント····119
オゾン層の破壊····116	河岸段丘··········28,41	環境開発サミット····119
落合集落·········141	学術都市···········148	環境基本法·········115
オーデル川········182	核兵器·············118	環境と開発に関するリオ宣言
オプトエレクトロニクス···262	加工貿易········259,263	·····················119
オペック·····88,130,185,215	カザフスタンの鉱工業··106	環境破壊···········114
オホーツク海気団····249	カシミール紛争······171	環境保全···········119
親潮···············59	火主水従·········88,258	環境問題······116,122,140

274 さくいん

寒極 … 55	北アメリカ … 235	グランドキャニオン … 239
環濠集落 … 143	北大西洋海流 … 59,85,229	栗色土 … 57
観光都市 … 148	北大西洋条約機構 … 183	クリヴォイログ鉄山 … 106
韓国 … 98,130,210	北朝鮮 … 98,210	クリーヴランド … 109
漢字 … 167	北ヨーロッパ … 229	グリニッジ標準時 … 20,32
ガンジス川 … 214	——の鉱工業 … 104	クリーンエネルギー … 122,257
緩衝国 … 212	機能性プラスチック … 262	クルアーン … 171
関税 … 128	機能地域 … 180	クルド人 … 171
関税同盟 … 128	キブル … 160	グレートアーテジアン盆地 … 243
関税と貿易に関する一般協定 … 128	キプロス問題 … 171	グレートソルト湖 … 44
岩石砂漠 … 44	着物 … 167	グレートプレーンズ … 79,239
乾燥限界 … 52,133	キャッサバ … 162	黒潮 … 59
乾燥帯 … 52,54	旧教 … 171	クロトーネ … 104
乾燥地形 … 44	牛肉 … 162	グローバル化 … 130
乾燥農法 … 79	キューバ … 242	グローバル＝スタンダード … 130
乾燥パンパ … 81	共通農業政策 … 73	黒部川扇状地 … 144
環村 … 143	強粘結炭 … 88	黒森 … 116
寒帯 … 52,56	峡湾 … 42	クローン動物 … 262
間帯土壌 … 58	漁業専管水域 … 182,254,256	クワシオルコル … 25
環太平洋造山帯 … 37	極限界 … 133	軍事都市 … 148
関東内陸工業地域 … 261	極高圧帯 … 48	
干ばつ … 250	局地風 … 49	**け**
カンポ … 58,241	極東（ロシア） … 107,231	計画経済 … 230
漢民族 … 206	極偏東風 … 48	計画都市 … 148
寒流 … 59	極夜 … 229	計曲線 … 27
関連工場 … 259	居住問題 … 159	軽工業 … 93
	漁村 … 144	経済開放地区 … 96
き	巨帯都市 … 151	経済技術開発区 … 96
ギアナ高地 … 241	曲降盆地 … 41	経済協力開発機構 … 119,129,184
気温 … 46	拒否権 … 186	経済社会理事会 … 186
気温の逓減率 … 47	魚粉 … 62	経済水域 … 256
機械工業 … 93	キリスト教 … 171	経済相互援助会議 … 184,232
企業城下町 … 149	キルト … 160	経済特区 … 96,207
企業的農業 … 65,77	キルナ … 105,229	経済ブロック … 128
気候因子 … 46	近郊圏 … 151	経済連携協定 … 129
気候区分 … 50	金鉱都市 … 147	経線 … 20
気候変動枠組条約 … 119	近郊農業 … 253	経度 … 20
気候要素 … 46	巾着網 … 255	京浜工業地帯 … 261
気象 … 46		京葉工業地域 … 261
希少金属 … 90	**く**	ケスタ … 39
季節風 … 48,214	クズネック炭田 … 106	結節地域 … 180
北アイルランド … 225	グード図法 … 21	ゲットー … 157
北アイルランド問題 … 226	国後島 … 172	ケッペン … 50
北アフリカ … 216	国の3要素 … 181	ケニア … 217
——の農業 … 70	クライモグラフ … 56	ケベック … 171,240
	グランチャコ … 58,241	ゲーリー … 109

ゲル……………………………166	交通都市……………………147	米………………………140,162
ケルン…………………………102	交通問題……………………157	コメコン……………………184,232
限界集落……………………144	後背湿地……………………40	雇用問題……………………159
圏谷……………………………43	後発発展途上国………97,130	コーラン……………………171
懸谷……………………………43	鉱物の標本室………………258	『孤立国』……………………64
原子力エネルギー…………122	神戸……………………………261	コルカタ………………………99
原子力産業…………………108	公民権法……………………236	コルホーズ…………………76,230
原子力発電…………………88,258	公用語……………………170,171	コロンブス……………………18
減反……………………………251	硬葉樹林………………………58	混合農業………………65,73,227
ケンテ…………………………160	こうりゃん……………………67	混合林…………………………90
原油………………98,212,215,257	高齢化社会・高齢社会……266	コンゴ川………………………182
原料指向型……………………91	コーカソイド…………………169	コンテナ船……………………125
	古期造山帯……………………37	コンビニエンスストア………154
こ	国営農場……………………76,230	コンプレックス………………106
	国際河川……………………125	コーンベルト………………79,238
広域計画……………………158	国際司法裁判所……………186	
交易都市……………………147	国際石油資本………………88,130	**さ**
黄河……………………………208	国際通貨基金………………128	
公海……………………………182	国際分業……………………128,130	再開発………………………158
郊外型ショッピングセンター	国際連合(国連)……………186	サイクロン……………………48
……………………………153	黒人……………………………236	最高気温………………………46
公害対策基本法……………115	コークス……………………87,88	再生可能エネルギー………122
光化学スモッグ……………115	谷底平野………………………41	最低気温………………………46
工業都市……………………147	黒土…………………………57,76	在日韓国・朝鮮人(コリアン)
鉱業都市(鉱山都市)………147	国土……………………………182	……………………………172
工業の集積と分散……………92	国土基本図……………………26	栽培漁業……………………255
工業の分類……………………93	国土形成計画………………121	栽培限界………………………64
工業の立地条件………………91	黒土地帯……………………232	サウジアラビア……………215
高距(高度)限界…………64,133	国民……………………………181	左岸(谷・川)………………28
航空交通……………………125	国民党………………………209	砂丘……………………………28
合計特殊出生率……………266	穀物メジャー…………………78	ザクセン炭田…………………102
高原野菜……………………253	国連憲章……………………186	砂嘴……………………………42
高山気候……………………52,56	国連人間環境会議…………119	刺網(底刺網)………………255
恒常風…………………………48	国連平和維持活動…………186	砂州……………………………42
高新技術産業開発区…………96	国連貿易開発会議…………129	砂糖……………………………140
香辛料………………………162	ココやし………………………83	さとうきび…………………71,242
硬水……………………………91	コジェネレーションシステム	サドバリ………………………111
降水量…………………………49	……………………………123	讃岐平野……………………144
合成液体燃料………………123	湖沼水…………………………60	砂漠……………………44,58,215
洪積台地………………………41	五大湖………………………109,238	砂漠化…………………………117
構造平野………………………39	国境……………………………182	砂漠気候……………………52,54
高速道路……………………125	コットンベルト……………79,238	砂漠土…………………………57
豪族屋敷村…………………142	コナーベーション…………151	サバナ………………………58,241
紅茶…………………………214	コーヒー………………71,140,242	サバナ気候…………………51,53
郷鎮企業………………………95	5万分の1地形図……………26	サハラ砂漠…………………117,217
交通…………………………124	ゴミ発電システム…………123	サービス圏…………………150
交通指向型……………………92	小麦……………140,162,225,253	サヘル………………………117,217

276　さくいん

サミット……………………184	自給率低下……………………139	宗教都市……………………148
サリー………………………160	資源カルテル…………………89	重工業三角地帯……………101
サロン………………………160	資源ナショナリズム…………89	集積指向型……………………92
酸栄養湖………………………60	子午線…………………………20	集村…………………………143
三角江…………………………42	色丹島………………………172	住宅都市……………………148
山岳国境……………………182	時差………………………20,32	住宅問題……………………157
三角州………………………27,40	支持価格……………………139	集団の農業…………………65,76
三角点…………………………27	市場経済…………………207,230	集団農場……………………76,230
山岳氷河………………………43	市場指向型……………………91	自由地下水……………………61
残丘……………………………39	市場統合……………………224	集中豪雨……………………249
産業革命……………………100	自然エネルギー…………122,257	12海里…………………………182
産業関連社会資本…………157	自然増加率…………………134	自由貿易協定………………129
産業構造の高度化…………135	自然堤防………………………40	集約の農業………………65,251
産業の空洞化………………130,261,264	自然的国境…………………182	重量減損原料…………………91
産業別人口構成……………135,266	持続可能な開発…………118,119	儒教…………………………167
サンクトペテルブルク……107	下請…………………………259	主業農家……………………251
サンシヤ(三峡)ダム………208	自治権………………………171	主曲線…………………………27
鑽井………………………61,83,140	自治領………………………181	縮尺……………………………27
酸性雨……………………116,122	湿潤パンパ……………………81	宿場町………………………146
散村…………………………143	実測図…………………………26	主権…………………………181
山村…………………………144	シティ(ロンドン)…………152	主題図………………………24,26
サンソン図法…………………21	自転……………………………19	出生率………………………134
三大工業地帯………………260	自動車………………………124	シュツットガルト………102,227
三大穀物……………………162	自動車工業…………………260	出版業………………………261
三大世界宗教………………170	シドニー……………………111	ジュート………………………69
三大洋…………………………59	寺内町………………………146	ジュネーヴ…………………228
山地……………………………37	地盤沈下……………………115	主要国首脳会議……………184
サンノゼ……………………110	渋谷…………………………151	ジュロン………………………98
サンパウロ…………………242	シベリア…………………107,231	準平原…………………………39
サンフランシスコ………110,239	シベリア気団………………249	純林……………………………90
サンベルト…………108,110,237,238	死亡率………………………134	荘園集落……………………142
三圃式農業……………………72	島国…………………………182	正角図法………………………21
サンメンシヤ(三門峡)ダム…208	事務局(国連)………………186	城郭都市……………………145
	シャカ………………………171	城下町………………………146
し	社会資本……………………157	商業的混合農業………………73
	社会主義…………………206,230	商業的農業……………………65
シーア派……………………171	社会増加率…………………134	商業都市……………………147
ジェット気流…………………48	じゃがいも…………………162	商業捕鯨……………………256
ジェノヴァ………………104,227	ジャマイカ…………………242	上座部仏教…………………171
シェンチェン……………96,209	ジャムシェドプル……………99	少産少死…………………135,137
シェンヤン…………………208	ジャルカンド州………………99	少子高齢化…………………137
潮境(潮目)………………60,254	ジャングル……………………53	小縮尺…………………………26
死海……………………………44	シャンハイ………………94,208	少数民族……………………171
シカゴ………………………109	シャンパーニュ地方…………74	鍾乳洞…………………………44
時間距離……………………153	首位都市……………………159	常任理事国…………………186
自給的農家…………………251	シュヴァルツヴァルト……116	消費財工業……………………93
自給的農業……………………64	重化学工業(重工業)…………93	消費都市……………………147

さくいん 277

城壁国境……………………183	新田集落……………………142	**せ**
情報格差……………………126	神道…………………………167	
情報社会……………………126	振動…………………………115	生活関連社会資本…………157
条坊制………………………146	人民公社………………………67	西岸海洋性気候………51,55,229
照葉樹林………………………58	針葉樹林…………………58,229	西岸気候………………………55
条里集落……………………142	森林資源………………………90	正教会…………………171,232
職住近接…………………158,226		正距方位図法…………………21
植物帯…………………………58	**す**	西経……………………………20
植民地………………………181		西経100度…………………234
食料自給率…………………253	水産都市……………………147	西経141度…………………183
食料需給……………………139	水質汚濁……………………115	生産過剰……………………139
食料問題……………………139	水準点…………………………27	生産財工業……………………93
女性の年齢別労働力率……137	水上交通……………………125	生産責任制………………67,207
ションリー油田…………94,208	スイス………………………228	生産調整……………………251
シリコンアイランド………110	──の鉱工業…………………104	生産都市……………………147
シリコンヴァレー………110,239	──の農業……………………75	生産年齢人口………………135
シリコンデザート…………110	水素エネルギー……………123	政治都市……………………148
シリコンフォレスト………110	垂直貿易……………………130	正積図法………………………21
シリコンプレーン…………110	水半球…………………………36	生態系の破壊………………120
シリコンマウンテン………110	水平貿易……………………129	成帯土壌………………………57
シリコンロード……………110	水陸分布………………………36	西部大開発………………96,207
シルダリア川………………121	水力エネルギー………………87	生物エネルギー……………123
シロッコ………………………49	スウェーデン………………229	生物情報科学………………262
シロンスク…………………107	──の鉱工業…………………105	生物多様性条約……………119
人為的国境…………………182	数理的国境…………………183	正方位図法……………………21
新エネルギー………………123	スエズ運河………………125,217	生命工学…………………108,262
シンガポール………98,130,212	スカンディナヴィア山脈……182	勢力圏………………………151
新期造山帯……………………37	図形表現図……………………26	世界遺産条約………………119
新教…………………………171	スコットランド……………225	世界の衣服…………………160
人工漁礁……………………256	スコール………………………53	──の気候……………………46
新興工業地域………97,112,130	すず鉱…………………………98	──の漁場……………………84
人口増加率…………………265	スーダン……………………171	──の言語…………………170
人口の都市集中…………137,159	スーチョワン地域……………96	──の穀倉……………………77
人口爆発…………134,137,159	ステップ…………………58,241	──の国家群………………183
人口ピラミッド……………135	ステップ気候……………52,54	──の自然環境……………36,46
人口問題…………………137,138	ズデーテン山脈……………182	──の住居…………………166
人工林…………………………90	ストリートチルドレン……159	──の食事…………………162
『人口論』……………………137	砂砂漠…………………………44	──の人口…………………133
心射図法………………………23	スプロール現象……………152	──の人口移動……………136
シンジュー…………………209	スペイン……………………228	──の水産業…………………84
人種…………………………169	スペイン語…………………170	──の大地形…………………37
人種隔離政策………………169	スラブ系……………………232	──の地形環境………………36
新宿…………………………151	スラム……………………157,159	──の農業……………………64
侵食平野………………………39	スリランカ………………171,214	世界の工場………94,100,226
ジーンズ……………………160	ずれる境界……………………38	世界標準……………………130
新素材………………………262	スワトウ………………………96	世界貿易機関………………128
神通川………………………115	スンナ派……………………171	潟湖……………………………42

278 さくいん

積算温度……………………64	ソ連(ソビエト社会主義共和国連邦)……………230	太陽エネルギー………………123
石筍………………………44		大陸移動説……………………38
赤色土……………………57	村落の立地……………………141	大陸性気候……………………48
石炭………………87,88,98,111,244		大陸棚…………………………59
赤道………………………20,217	**た**	大陸氷河………………………43
石塔原………………………44		大量生産・大量消費…………237
石油………………………87,88,257	タイ……………………211,212	大ロンドン計画………………121,158
石油化学コンビナート……93,260	第1次産業……………………136	台湾……………………………130,209
石油危機……………………88,257	第2次産業……………………136	タウンシップ制………………144
石油輸出国機構……………88,130,185	第3次産業……………………136	多円錐図法……………………23
石灰岩………………………44,258	第3のイタリア………………104,227	多角化…………………………81
絶対距離……………………153	ターイエ………………………94,208	ターカン………………………94
瀬戸内工業地域………………261	ダイオキシン…………………115	滝線都市………………………146
瀬戸内の気候…………………250	タイガ…………………………58,90	卓状地…………………………37
狭まる境界…………………38,246	対外開放地域…………………96	竹島……………………………172
セルバ…………………53,58,241	大学都市………………………148	蛇行……………………………40
扇央…………………………40	大韓民国………………………98,210	多国籍企業………………90,108,130,237
尖閣諸島………………………172	大気汚染………………………115	多産少死………………………135,137
全国総合開発計画……………121	大気の大循環…………………48	多産多死………………………135
尖状三角州……………………40	大圏航路………………………23	タジキスタン…………………106
扇状地………………………27,40	大航海時代……………………18	ターチン………………………94,208
先進国…………………………181	対向集落………………………141	楯状地…………………………37
──の貿易…………………129	大鑽井盆地……………………83,243	タートン………………………94
浅堆……………………………59	第三世界………………………183	田中正造………………………114
センターピボット農法……140,237	大縮尺…………………………26	谷風……………………………49
扇端……………………………40	大乗仏教………………………171	谷口集落………………………141
先端産業………………………237	大豆……………………………253	ターバン………………………160
全地球測位システム…………30	大西洋…………………………59	多文化主義……………………240
扇頂……………………………40	大西洋北西部漁場……………85	タミル人………………………212
セントローレンス海路………109	大西洋北東部漁場……………85	多民族国家……………………171,181
セントローレンス川…………240	対蹠点…………………………36	多面体図法……………………23
専用船…………………………125	代替エネルギー………………122	ダモダル炭田…………………99
	大地溝帯………………………246	ダラス…………………………110
そ	大都市圏………………………150	タラント………………………104
	大土地所有制…………………81	タロいも………………………162
騒音……………………………115	第二水俣病……………………115	タワーカルスト………………44
総会(国連)……………………186	タイの農業……………………68	単一耕作………………………81
総合開発………………………120	台風……………………48,249,250	単一民族国家…………………181
総合都市………………………150	太平洋…………………………59	タンカー………………………125
総合保養地域整備法…………154	太平洋側の気候………………250	タングステン…………………94
ソウル…………………………98,210	太平洋南東部漁場……………85	ダンケルク……………………103
促成栽培………………………253	太平洋の島々の農業…………83	炭鉱都市………………………147
ソグネフィヨルド……………42	太平洋ベルト…………………259,265	断層角盆地……………………41
底引き網………………………255	太平洋北西部漁場……………85	断層盆地………………………41
育てる漁業……………………255	太平洋北東部漁場……………85	炭素税…………………………228
ソフホーズ……………………76,230	ダイヤモンド…………………103	タンピコ………………………242
粗放的農業……………………65	タイユワン……………………95	暖流……………………………59

さくいん 279

ち

地域開発	120
地域区分	181
地域生産複合体	106
地域調査	30
地域の単位	180
チェコ	107
チェチェン共和国	171
チェルノーゼム	57,76
チェルノブイリ原子力発電所	118
チェンチェン	207
地下水	60
地球温暖化	116,122
地球温暖化防止京都会議	119
地球儀	20
地球サミット	119
地球に関する数値	20
地球の傾き	20
地形図	27
——の基本原則	27
——の読図	27
地形断面図	28
地形の侵食輪廻	38
地溝盆地	41
知識集約型	98
地質時代の区分	38
千島海流	59
地図	26
地図化	24
地図記号	29
地図の図法	20
地中海	59
地中海式農業	65,73
地中海性気候	51,55
地熱エネルギー	123
チベット	171
チベット高原	209
チベット仏教	171,209
地方風	49
チマ，チョゴリ	160,210
茶	71,140
チャオプラヤ川	68
チャドル	160
チャパティ	162
チャレンジャー海淵	59

長江	125,208
チャンチュン	95,208
中央アジア	215
中央構造線	246
中央集権国家	182
中華民国	209
中京工業地帯	260
中国(中華人民共和国)	206
——の鉱工業	94
——の農業	67
中国語	170
中縮尺	26
中小企業	259
中心業務地区	151
中心地機能	150
沖積平野	40
中南アフリカ	71,216
宙水	61
チューニョ	162
チューネン	64
チューハイ	96
チュメニ油田	106
チューリヒ	104,228
鳥趾状三角州	40
朝鮮戦争	210
朝鮮民主主義人民共和国	98,210
超大国	236
潮流	60
直交路型	148
チリ	242
地理情報	30
地理情報システム	30
地理的視野の拡大	18
地力の低下	117
沈水海岸	42

つ

通貨統合	224
通勤圏	153
通信	126
つぼ型	135
梅雨	249
釣鐘型	135
ツンドラ	58
ツンドラ気候	52,56
ツンドラ土	57

て

ディスカウントショップ	153
定置網	255
デカン高原	69,214
適地適作	78
テグ	98
デジタル＝デバイド	126
鉄鋼業	93
鉄鋼コンビナート	95
鉄鉱石	89,111,229,244
鉄鋼都市	147
鉄道	124
デトロイト	109,238
テネシー川	120
デービス	38
デファクトスタンダード	110
デュースブルク	102
デュッセルドルフ	102
寺百姓村	142
テラローシャ	58,242
テラロッサ	58
デルタ	40
田園都市構想	158
転向力	48
電子工業	108,262
天井川	40
テンチン	94,208
天然ガス	87,88,98,257
天然ゴム	71
天王寺	151
デンマーク	229
——の鉱工業	105
——の農業	75
電力	87,88
電力・用水指向型	92

と

ドイツ	226
——の鉱工業	101
——の農業	74
ドイモイ(刷新)	213
銅	242
東海工業地域	261
東海道メガロポリス	152
等角航路	23

東岸気候	55	
東京	261	
東経	20	
統計地図	26	
銅鉱	90	
等高線	27	
等高線耕作	79,140	
東西格差	232	
東西対立	183	
東西貿易	130	
銅鉱都市	147	
等質地域	180	
等値線図	26	
東南アジア	205,211	
——の鉱工業	98	
——の農業	68	
東南アジア諸国連合	185,212	
東部13州	236	
東方正教	171	
東北地方太平洋沖地震	118	
とうもろこし	140,162	
トゥールーズ	103	
独立国家共同体	230	
都市	145	
——の形態	148	
——の分類	147	
——の立地	146	
都市化	152	
都市気候	250	
都市計画	158	
都市公害	157	
都市災害	157	
都市地域（都市圏）	150	
都市問題	157	
土壌	57	
土壌汚染	115	
土壌侵食	140,237	
都心	151	
土地生産性	73,251	
ドックランズ	152	
ドットマップ	26	
ドナウ川	125,182	
ドーナツ化現象	152	
砺波平野	144	
ドニエプル工業地域	106	
ドネツ炭田	106	
ドバイ	215	

豊田	260	
ドラムリン	43	
ドリーネ	44	
トリノ	104,227	
トルティヤ	162	
ドルトムント	102	
トルネード	238	
トロール	255	
トロント	111	
屯田兵村	142,144	
トンボロ	42	

な

ナイジェリア	171,217	
内陸河川	44	
内陸水路交通	125	
内陸の気候	250	
ナイル川	217	
凪	49	
名古屋	260	
ナショナルトラスト	119	
ナトー	183	
ナフタ	185,240	
納屋集落	142	
ナルヴィク	105	
ナン	162	
南緯	20	
ナンキン	95	
軟水	91	
南西諸島の気候	250	
南船北馬	206	
南伝仏教	171	
南南問題	97,130	
南米南部共同市場	185	
南北問題	97,129,130	
難民	136	

に

新潟水俣病	115	
二期作	66	
二国語主義	240	
二酸化炭素	116	
西アジア	204,215	
——の農業	70	
2次エネルギー	87	

西側	183	
西ドイツ	226	
ニジニーノヴゴロド	107	
24時間都市	154	
西ヨーロッパ	223	
ニーズ	97,112,130	
日較差	47	
日韓基本条約	211	
ニッケル	111,242	
日中貿易	264	
日朝国交回復交渉	211	
200海里水域	182,254,256	
日本	246	
——のエネルギー資源	257	
——の気候	249	
——の公害	114	
——の工業	259	
——の鉱産資源	258	
——の食料問題	140	
——の人口	265	
——の水産業	254	
——の生活様式	167	
——の地形	246	
——の年中行事	168	
——の農業	251	
——の貿易	263	
——の民族	172	
——の領土問題	172	
日本海側の気候	250	
日本海流	59	
日本人	172	
日本列島	246	
2万5千分の1地形図	26	
二毛作	66	
ニューイングランド	238	
ニューオーリンズ	110	
ニュージーランド	244	
——の農業	83	
ニュータウン	158	
ニュータウン計画	121	
ニューディール政策	120	
ニューヨーク	109,238	
ニューヨークステートバージ運河	109,238	
人間環境宣言	119	

ぬ〜の

ヌーシャテル	104
ヌナブト準州	240
ネイティブアメリカン	236
ネグロイド	169
熱帯	51,53
熱帯雨林	58
熱帯雨林気候	51,53
熱帯収束帯	48
熱帯草原	58
熱帯低気圧	48,249
熱帯モンスーン林	58
熱帯夜	47
熱帯林	90,117
年較差	47,249
年降水量500mm	234
年少人口	135
燃料電池	122
年齢別人口構成	266
農業地域区分	65
農産物の輸入	252
農村	144
ノーススロープ地方	239
ノルウェー	229
——の鉱工業	105

は

ハイウェー	125
バイオテクノロジー	108,262
バイオマス	122,123,262
バイカル＝アムール鉄道	124
ハイサーグラフ	56
廃村	144
排他的経済水域	182,254
ハイデ	74
ハイテク産業	108,262
ハイナン	94,96
ハイパーマーケット	153
バイリンガリズム	240
延縄(浮延縄)	255
パオトウ	94,209
パキスタン	214
白豪主義(政策)	169,243
白人	236
瀑布線都市	146

バクー油田	106
ハザードマップ	30
パジ	210
バスク人	171
パスタ	162
バーゼル	104,228
バター	162
パダノ＝ヴェネタ平野	227
ハック耕	71
発展途上国	97,181
——の貿易	130
パトカイ山脈	182
パナマ運河	125
ハブ＆スポークス構造	126
ハブ空港	126
歯舞群島	172
ハマダ	44
バーミンガム	100
バーミングハム	110
パーム油	69
バリ	104
パリ	225
ハリウッド	239
ハリケーン	48
パリ大都市圏	103
パリ盆地	39
春小麦	79,240
ハルビン	95
パレスチナ問題	171
ハワイ	239
パン	162
ハンガリー	232
バンガロール	99,214
バンク	59
バングラデシュ	214
バンコク	159
ハンザ同盟都市	145
パンジャブ地方	69,214
阪神工業地帯	261
半農半漁	144
パンパ	58,81,241,242
販売農家	251
ハンブルク	102,145
ハンメル図法	21
氾濫原	40
万里の長城	183

ひ

被圧地下水	61
東アジア	205
東アジア文化圏	181
東側	183
東グリーンランド海流	85
東ドイツ	226
東日本大震災	118
東ヨーロッパ	223,232
東ヨーロッパ平原	230
ヒスパニック	136,236
日付変更線	32
ピッツバーグ	109,238
非鉄金属	90
ヒートアイランド	250
非同盟諸国首脳会議	183
一人っ子政策	206
日向集落	141
ヒマラヤ山脈	214
白夜	229
ヒューストン	110
ビュート	39
氷河湖	43
氷河地形	43
標準時	20
標準都市	150
氷床	43
氷雪気候	52,56
氷堆石	43
表土の流出	117
ピョンヤン	211
ひらがな	167
ビル風	250
ピルバラ地区	111
ピレネー山脈	182
広がる境界	38
貧栄養湖	60
ピンシャン	94,208
ヒンドゥー教	171,214
ヒンドスタン高原	214

ふ

ファイバー	262
ファインセラミックス	262
ファゼンダ	81,242

ファベーラ	159	
フィッシュミール	62	
フィードロット	80	
フィヨルド	42	
フィラデルフィア	109	
フィリピン	171,213	
フィンランド	229	
——の鉱工業	105	
風力エネルギー	123	
富栄養湖	60	
フェーン	49	
フェーン現象	49	
フォガラ	70	
フォス	103	
フォッサマグナ	246	
不快指数	250	
副業的農家	251	
福島第一原子力発電所	88,118	
副都心	151	
プサン	98	
富士山型	135	
フーシュン	94,208	
フーシン	94	
プスタ	58	
付属海	59	
双子都市	146	
豚肉	162	
仏教	167,171	
フホホト	95	
ブミプトラ政策	212	
麓集落	142	
冬小麦	79	
プライメートシティ	159	
ブラジル	242	
——の鉱工業	111	
——の農業	81	
ブラジル高原	241	
プラハ	107	
プランクトン	84	
フランクフルト	102	
フランス	225	
——の鉱工業	103	
——の農業	74	
フランス語	170	
プランテーション	68	
プランテーション作物	139	
プランテーション農業	65,71	

ブリックス	97,112,130	
ブリュッセル	103,228	
プルドーベイ	239	
ブルーバナナ	101	
ブルンジ	171	
プレート	38	
プレートテクトニクス	38	
ブレーメン	145	
プレーリー	58,79	
プレーリー土	57,238	
フロストベルト	238	
ブロック経済	128	
プロテスタント	171	
フロリダ半島	80	
フロンガス	116	
文化圏(文化地域)	181	
文化国境	183	
文化財保護	119	
文化大革命	206	
フンボルト海流	59	

へ

平安京	146	
米州機構	185	
平城京	146	
平野	39	
ペキン	208	
ベドウィン	70,166	
ベトナム	213	
——の農業	69	
ベネルクス3国	228	
——の鉱工業	103	
ペルー海流	59	
ベルギー	228	
——の鉱工業	103	
ペルシア湾沿岸	88	
ベルリン	226	
ペレストロイカ	230	
ベロオリゾンテ	242	
ベンゲラ海流	59	
偏西風	48,229	

ほ

ホイットルセイ	64	
方位	27	

貿易	128	
貿易風	48	
貿易摩擦	252,264	
放射環状路型	148	
放射性廃棄物	118	
放射性物質	118	
放射直交路型	148	
放射能汚染	122	
ボーキサイト	90,98	
北緯	20	
北緯22度	183	
北緯38度線	210	
北緯49度	183	
北西大西洋漁場	85	
北西太平洋漁場	85,254	
北伝仏教	171	
北東大西洋漁場	85	
北米自由貿易協定	185,240	
北陸工業地域	261	
保護国	181	
補助曲線	27	
ボストン	108,238	
ボーダーレス化	130	
北海油田	100,226	
北方領土	172	
ポドゾル	57	
ポハン	98,210	
ホームレス	157,159	
ホモ=サピエンス	169	
ホモロサイン図法	21	
保養都市	146,148	
ポーランド	107,232	
ポリエ	44	
掘り抜き井戸	61,83,140	
ポリネシア	244	
ボリビア	242	
ボルダー	75,121,228	
ボルティモア	109	
ポルトガル語	242	
ボルドー地方	74	
黄河	208	
ホーン(ホルン)	43	
ホンコン	96,130,209	
本初子午線	20	
盆地	41	
ポンチョ	160	
ボンヌ図法	21	

さくいん 283

ま

- マイクロエレクトロニクス …262
- マオリ……………………244
- 巻き網……………………255
- マキラドーラ……………242
- マサン…………………98,210
- マスコミュニケーション（マスコミ）……………………126
- マーストリヒト条約………224
- マゼラン……………………18
- 真夏日………………………47
- マニオク…………………162
- 真冬日………………………47
- マヤ文明…………………241
- マラッカ海峡……………212
- マリアナ海溝………………59
- マルクス…………………230
- マルサス…………………137
- マルセイユ………………103
- マルチカルチュラリズム…240
- 丸の内……………………152
- マルムベリェト………105,229
- マレーシア………………212
- ──の農業…………………68
- マングローブ林……………46
- 万元戸………………………67
- 慢性ヒ素中毒症…………115
- マンチェスター…………100
- マントウ…………………162
- マントル……………………38
- マンハイム………………102

み・む

- 三日月湖……………………40
- ミクロネシア……………244
- 水無川………………………40
- 水の枯渇…………………140
- 水の循環……………………61
- ミッドランド……………100
- 緑の革命………………68,139,214
- 港町………………………146
- 水俣病……………………115
- 南アジア………………204,214
- ──の農業…………………69
- 南アフリカ共和国………217
- 南アメリカ………………235
- 南日本の気候……………250
- 水主火従…………………258
- ミネット鉱………………103
- ミュンヘン……………102,227
- 名田百姓村………………142
- ミラー図法…………………23
- ミラノ…………………104,227
- 未利用エネルギー………123
- ミルウォーキー…………109
- 民工の盲流………………207
- 民族………………………169
- 民族意識…………………169
- 民族宗教…………………171
- 民族対立…………………217
- 民族のサラダボウル……236
- 民族紛争…………………171
- 無煙炭………………………88
- ムスリム…………………215
- ムハンマド………………171
- ムラート…………………241
- ムンバイ……………………99

め・も

- 迷路型……………………148
- メガロポリス…………151,238
- メキシコ………………171,242
- メキシコシティ…………159
- メキシコ湾岸……………110
- メキシコ湾流……………59,85
- メコン川…………………182
- メコン川デルタ…………213
- メサ…………………………39
- メサビ鉄山……………109,238
- メジアンライン…………246
- メジャー………………88,130
- メスチソ…………………241
- メセタ……………………229
- メッカ……………………215
- メッシュマップ……………26
- メディカルエレクトロニクス………………………262
- メトロポリス……………151
- メトロポリタンエリア…150
- メラネシア………………244
- メリノ種………………82,243

や・ゆ

- メルカトル図法……………21
- メルコスール……………185
- 綿花…………………………71
- 麺類………………………162
- 木炭…………………………87
- モスクワ…………………107
- モナドノック………………39
- モノカルチャー……………81
- モノカルチャー経済…130,217,241
- モルワイデ図法……………21
- モレーン……………………43
- モンゴロイド……………169
- モンスーン……………48,214
- モンスーンアジア…………66
- 門前町……………………146

や・ゆ

- 焼畑農業………………65,71
- ヤク…………………………67
- 山風…………………………49
- やませ……………………250
- ヤムいも…………………162
- ユイメン……………………94
- 有畜農業……………………73
- 遊牧……………………65,70
- ユーゴスラビア…………171
- 輸出加工区……………98,212
- 輸出指向型…………………98
- 輸出自由地域………………98
- 輸出用商品作物…………139
- 輸送園芸…………………253
- 輸送費………………………91
- ユダヤ教…………………171
- ユニバーサル横メルカトル図法…………………………23
- 輸入代替型…………………98
- ユーラトム………………222
- ユーロ……………………224
- ユーロポート…………103,228

よ

- 溶食…………………………44
- 養殖………………………255
- 揚水式発電………………258
- 揚子江気団………………249

幼年人口	135
余暇	154
ヨークシャー	100
抑制栽培	253
ヨーグルト	162
横浜	261
四日市	260
四日市ぜんそく	115
４つの現代化	207
ヨーロッパ安保協力機構	184
ヨーロッパ委員会	224
ヨーロッパ会議	224
ヨーロッパ自由貿易連合	184
ヨーロッパの玄関	103
ヨーロッパの農業	72
ヨーロッパ文化圏	181
ヨーロッパメガロポリス	152
ヨーロッパ理事会	224
ヨーロッパロシア	230
弱い乾季のある熱帯雨林気候	51,53
四大公害裁判	115

ら

ライン川	125,182
酪農	65,73
落葉広葉樹林	58
ラグーン	42
ラサ	209
ラテンアメリカ	235,241
──の農業	81
ラトソル(ラテライト)	57
ラニーニャ現象	62
ラブラドル海流	59,85
ラムサール条約	119
ランカシャー	100
ラングドック・ルシヨン	154
ランチョウ	209
ランドサット	30
ランベルト正積方位図法	21

り

リアス海岸	42,247
リエージュ	103
リオグランデ川	182

リオデジャネイロ	111,242
陸風	49
陸繋砂州	42
陸繋島	42
陸上交通	124
陸半球	36
利潤方式	106
リーズ	100
離水海岸	42
リゾート	154
リモートセンシング	30
リャノ	58,241
隆起三角州	41
隆起扇状地	41
流線図	26
リューベク	145
領域	181,182
領空	182
領土	182
リヨン	103
林業都市	147
輪作	72

る・れ

ルクセンブルク	228
──の鉱工業	103
ルックイースト政策	212
ループ	152
ルーマニア	107,232
ルール工業地域	102,227
ルール炭田	102
ルレオ	105
ルワンダ	171
レアアース	90
レアメタル	90,94
冷害	250
冷戦	183
冷帯	55
冷帯林	90
冷凍船	82
礫砂漠	44
瀝青炭	88
レグール	58
レス	58
列村(連村)	143
レッチワース	158

連合王国	225
連接都市(連合都市)	151
連邦国家	182

ろ・わ

労働集約型	98
労働生産性	73,251
労働費	91
労働力指向型	92
老年人口	135
ロサンゼルス	110,239
ロシア	230
──の鉱工業	106
──の農業	76
ロシア革命	230
ロシア語	170
路村	143
ロッキー山脈	234
ロッテルダム	103
露天掘り	94
ローマ	227
ロレーヌ	103
ロンイエン	94,208
ロンドン	20,100,225
ワイン	74
ワジ	44
輪中集落	142
ワシントンD.C.	238
ワシントン条約	119
ワスプ	236
渡良瀬川	114
渡頭集落	141
和服	167
ワルシャワ条約機構	183

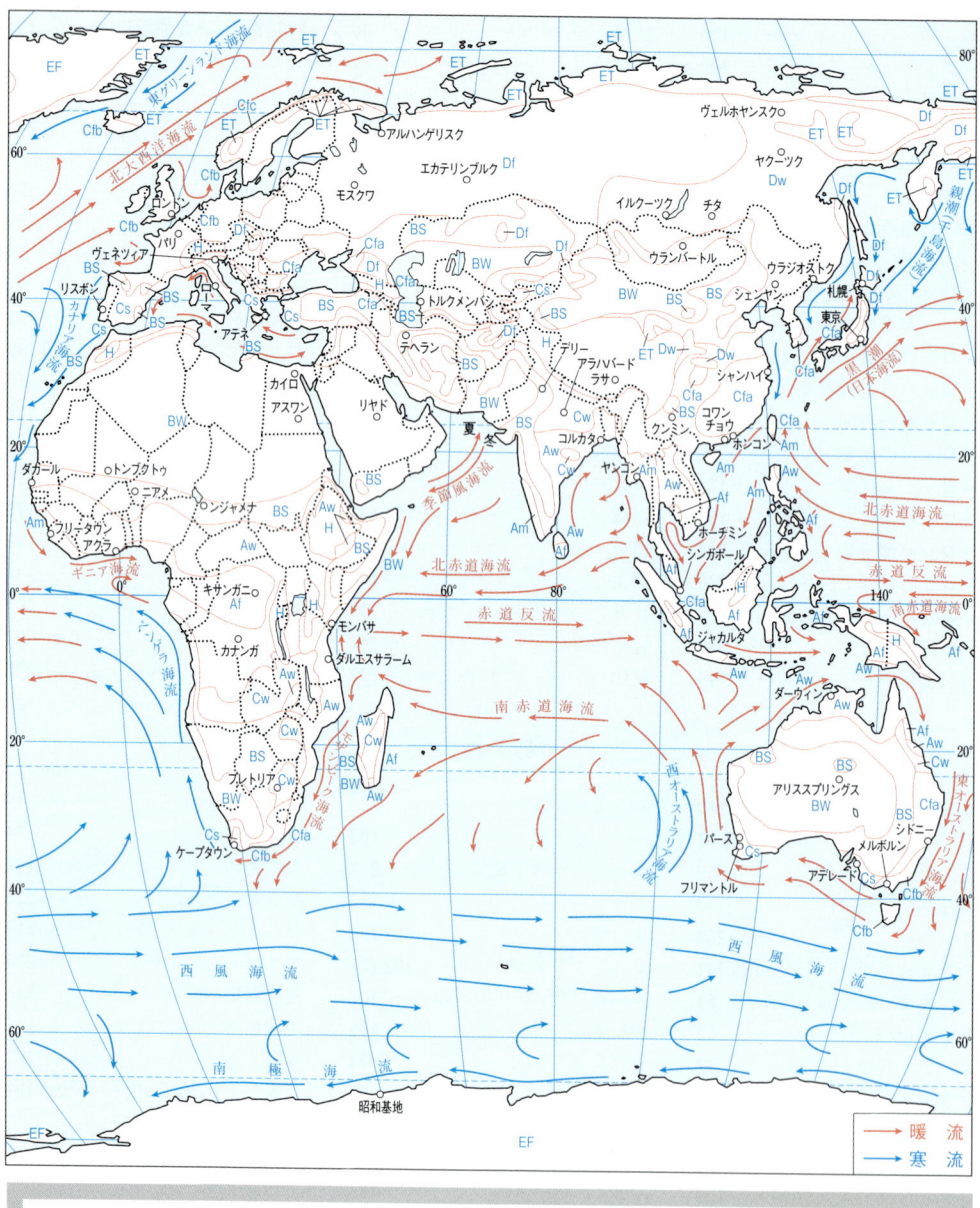

【色をぬり気候区分図をつくろう！】

- Af 熱帯雨林気候
- Am 弱い乾季のある熱帯雨林気候
- Aw サバナ気候
- BS ステップ気候
- BW 砂漠気候
- Cs 地中海性気候
- Cw 温暖冬季少雨気候
- Cfa 温暖湿潤気候
- Cfb 西岸海洋性気候 (Cfc)
- Df 亜寒帯湿潤気候
- Dw 亜寒帯冬季少雨気候
- ET ツンドラ気候
- EF 氷雪気候
- H 高山気候

ふろく

【世界の気候区分】

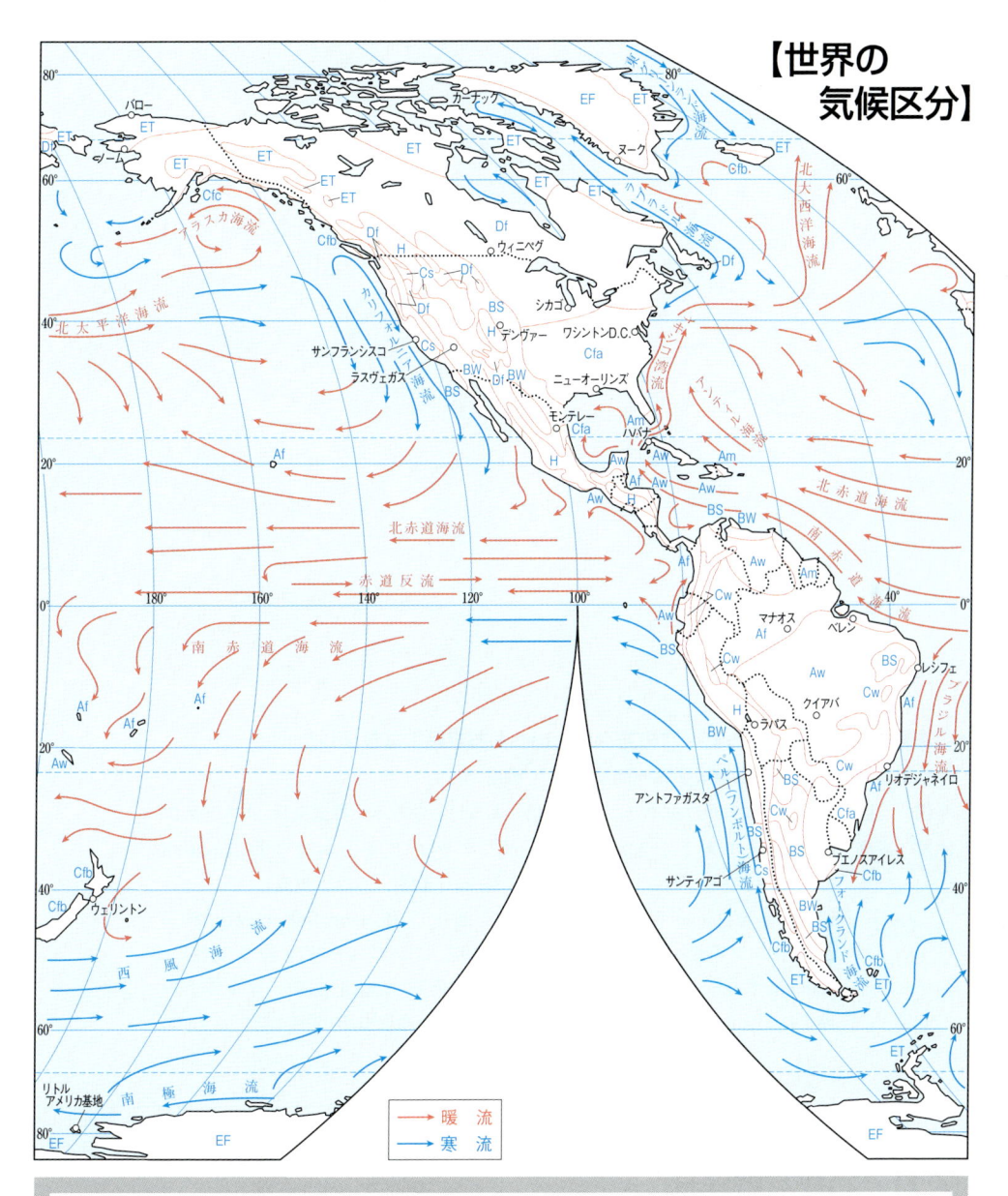

【各気候区の代表的都市を,地図上で確認しよう！】

Af → キサンガニ, ジャカルタ, シンガポール, ベレン, マナオス,
Am → フリータウン, ヤンゴン
Aw → アクラ, カナンガ, クイアバ, コルカタ, ダーウィン,
　　　ダルエスサラーム, ハバナ, ホーチミン, モンバサ,
　　　リオデジャネイロ, レシフェ
BS → ウランバートル, ダカール, テヘラン, デリー, デンヴァー,
　　　ニアメ, モンテレー, ンジャメナ
BW → アスワン, アリススプリングス, アントファガスタ, カイロ,
　　　トルクメンバシ, トンブクトゥ, ラスヴェガス, リヤド
Cs → アテネ, アデレード, ケープタウン, サンティアゴ,
　　　サンフランシスコ, パース, フリマントル, リスボン, ローマ

Cw → アラハバード, クンミン, コワンチョウ, ホンコン, プレトリア
Cfa → ヴェネツィア, シドニー, シャンハイ, 東京,
　　　ニューオーリンズ, ブエノスアイレス, ワシントンD.C.
Cfb → ウェリントン, パリ, メルボルン, ロンドン
Df → アルハンゲリスク, ウィニペグ, エカテリンブルク, 札幌,
　　　シカゴ, モスクワ
Dw → イルクーツク, ヴェルホヤンスク, ウラジオストク,
　　　シェンヤン, チタ, ヤクーツク
ET → カーナック, ヌーク, バロー
EF → 昭和基地, リトルアメリカ基地
H → ラサ, ラパス

■ 本書をつくるにあたって，次の方々にたいへんお世話になりました。
● 執筆協力　竹原英司(関西大学第一高等学校)　鳴滝 岳
● 図　　版　千手ビジュアルワークス　田中雅信　ふるはしひろみ　株式会社 ユニックス
● 写　　真　時事通信フォト／Mark Smith(p.8, グランドキャニオン)／Cristian Ordenes(p.14左, ウユニ塩原)／Kris Krüg(p.14右, ウユニ塩原)／Christine & Hagen Graf(p.188, ナンキン通り)／Raelene Gutierrez(p.189, ナンデムン市場)／Niyam Bhushan(p.191, コンピュータを使う女性)／Ashwin Kumar(p.191, バンガロールのIT企業)／MM(p.191, コルカタの路上)／Andreas Dantz(p.198, ニューヨーク証券取引所)

シグマベスト	編　者	文英堂編集部
これでわかる地理B	発行者	益井英郎
	印刷所	株式会社　天理時報社
本書の内容を無断で複写(コピー)・複製・転載することは，著作者および出版社の権利の侵害となり，著作権法違反となりますので，転載等を希望される場合は前もって小社あて許諾を求めてください。	発行所	株式会社 文英堂 〒601-8121 京都市南区上鳥羽大物町28 〒162-0832 東京都新宿区岩戸町17 (代表)03-3269-4231
Ⓒ BUN-EIDO　2015　　　Printed in Japan	●落丁・乱丁はおとりかえします。	